GÉNÉRATION KALACHNIKOV

Du même auteur

Trafic de drogue... trafic d'États, Fayard, 2002 (avec Éric Merlen).

Carnets intimes de la DST, Fayard, 2003 (avec Éric Merlen).

Parrains et Caïds. Le grand banditisme dans l'œil de la PJ, Fayard, 2005.

Parrains et Caïds II. Ils se sont fait la belle, Fayard, 2007.

Parrains et Caïds III. Le Sang des caïds. Les règlements de comptes dans l'œil de la PJ, Fayard, 2009.

Ce que je n'ai pas dit dans mes carnets. Entretiens avec Yves Bertrand, Fayard, 2009.

La Prison des caïds, Plon, 2011.

L'Intérieur. Un ancien directeur général de la police témoigne, Fayard, 2012.

Secrets d'avocats, Fayard, 2012 (avec Éric Merlen).

Vol au-dessus d'un nid de ripoux, Fayard, 2013.

Frédéric Ploquin

Génération kalachnikov

Les nouveaux gangsters

Parrains et Caïds IV

Fayard

Couverture : Atelier Didier Thimonier
© Getty Images

ISBN : 978-2-2136-7230-4

GÉNÉRIQUE

La conversation qui suit, pour le moins virile, a été saisie au vol par des micros espions dans les geôles d'un hôtel de police du sud de la France. Fraîchement interpellés dans une affaire criminelle, les deux hommes (dont nous tairons évidemment les noms) affichent haut et fort leur acrimonie envers ceux dont ils croient savoir qu'ils les ont fait « tomber ». La trentaine, ils commencent par une référence appuyée aux chefs de file du milieu corso-marseillais censés régner sur la deuxième ville de France, les frères Campanella et Barresi, aussi bien installés dans le paysage de la voyoucratie qu'eux ont tout à prouver : « Ah ! si on s'appelait Campanella, ils [les policiers] nous auraient amené les croissants et le chocolat chaud, et les pains au chocolat !, lance le plus virulent, pas en reste de forfanterie. Vous allez entendre la rouste que je vais leur mettre, à Barresi et à Campanella, quand je vais les croiser à Luynes [la prison], attendez, ha ! Vous allez leur voir la tête, elle va changer leur tête, je vais les ouvrir de la tête aux pieds, je vais les ouvrir ! »
Son interlocuteur, enfermé dans la cellule voisine, remet au centre du débat leurs « vrais » ennemis, ceux qu'ils retrouveront peut-être le jour du procès à la barre des témoins, à qui il semble vouer une haine irrépressible :

« Il faut les prendre, il faut les déchirer, il faut les défigurer, trois cents poings dans la figure il faut leur mettre. D'abord j'ai demandé mon transfert aux Baumettes [la prison] rien que pour ça, hein ! Je vais venir aux Baumettes, je vais mettre au moins cinq cents ou six cents poings dans la figure à deux ou trois, et après ils m'envoyent où ils veulent. (Silence.) Même je vais payer mon collègue, là, le surveillant, je vais lui donner 20 000 euros, il va me faire rentrer un calibre, je vais t'en lâcher trois ou quatre là-bas dedans.

– Ouais...

– Tu vas voir. Je vais prendre les Baumettes en otage, je vais tous les zigouiller, ces bâtards.

– Tu lui crèves les yeux, crève-z'y les yeux à ce bâtard ! Fais-lui au moins cinq poings dans la tête.

– D'abord à la juge je vais y dire, si elle m'envoie pas aux Baumettes, quand je rentre je tacle le chef du bâtiment ; ils m'envoient à Grasse, je tacle celui de Grasse ; ils m'envoient n'importe où, je les tacle à tous ! Voilà, je vais lui dire : si vous voulez que je reste tranquille, vous m'envoyez aux Baumettes maintenant. Et après je vais le déchirer, le petit bâtard ! (Silence.) Je vais lui envoyer un mot, là, au téléphone, à C. (Il parle d'un ami à lui qui est incarcéré aux Baumettes.) Je vais lui dire : demain, tu me prends le M. et le K. [il cite deux noms] et tu me les éclates. Si j'entends que tu les a pas éclatés, je vais venir, je vais t'éclater à toi, bâtard. Je vais lui ouvrir la figure en deux, à ce fils de pute ! (Silence.) Ho !

– Ho !

– Je crois que je vais m'arracher [m'évader], c'est facile là-bas !

– Arrête de parler dans les geôles, là ! Arrête de parler ! (Il s'énerve.) Ils nous écoutent !

– Je m'en bats les couilles, je fais venir un hélico, je vais tout faire péter, bande de fils de pute ! Vous entendez, bande de bâtards ! Et, après, je vais vous violer à vous ! Je vais me reconvertir dans l'islam. Même vos femmes, je vais attraper vos femmes, je vais les mettre en garde à vue ! »

Conversation sans valeur juridique, mais le ton est donné : cette nouvelle génération entend arracher ses galons par la force.

PRÉSENTATION

Kalachnikov : fusil d'assaut qui ne s'enraye pas, de petite taille, dont le manche se rabat et dont le bruit caractéristique impressionne. Tire trente coups en huit secondes. Capable de transpercer un blindage. Relativement facile à trouver et bon marché, parce que le stock est presque inépuisable. Réputé indestructible, même si on la plonge dans l'eau. Imprécise au demeurant, ce qui peut conduire à rater sa cible ou à occasionner des victimes collatérales. Médiatique, voire cinématographique, enfin : avec cet objet entre les mains, le caïd s'identifie facilement à un héros de fiction.

« C'est une arme nucléaire », résume un braqueur d'une trentaine d'années, un Français d'origine kabyle, non sans regretter que certains jeunes s'en servent à mauvais escient, par exemple pour braquer un bijoutier à son domicile. « Les flics ne rigolent pas avec ça, ajoute-t-il. Ils se couchent dès qu'ils en voient une. »

« Il y en a pour qui le certificat d'études compte plus que le reste, embraye un voyou un peu plus âgé. Dans les cités, c'est la kalachnikov[1] qu'il faut avoir.

---

1. Arme mise au point pendant la Seconde Guerre mondiale, à partir d'un fusil d'assaut allemand, par un fils de paysan russe, Mikhaïl Timofeïevitch Kalachnikov. Il est mort le 23 décembre 2013, à l'âge de 94 ans. L'un des plus grands succès commerciaux

Elle est encombrante, mais c'est leur signature. C'est une valeur sûre, une arme de guerre qui claque. »

« Celui qui possède la kalachnikov montre qu'il est le plus fort dans le quartier », tranche un cadre de la police judiciaire.

« Cette arme est l'expression de leur prétention à avoir de l'autorité, complète Mᵉ Frédéric Trovato, avocat (parisien) et défenseur de plusieurs fleurons de cette génération. Elle fait de son détenteur le mâle dominant, le chef de la tribu, le leader. »

Preuve supplémentaire de l'attachement des caïds à ce matériel : quand les têtes tombent dans un quartier, on balance tout, caches, guetteurs, rabatteurs, mais pas les armes. Les kalachnikovs, ce sont un peu les bijoux de famille, l'ultime garantie. L'orthodoxie grammaticale voudrait que l'on emploie le masculin, eu égard au type d'arme (un fusil-mitrailleur) et à son inventeur soviétique ; à l'usage, le féminin l'a emporté, ce qui en dit long sur le rapport que les garçons entretiennent avec cet engin meurtrier (qui se négocie sur le marché entre 2 000 et 3 000 euros, et a une portée de 300 à 400 mètres).

*

Le milieu traditionnel n'a pas dit son dernier mot ni tiré ses dernières cartouches (de 11,43), mais la « génération kalachnikov » se bouscule au portillon du crime organisé. Ce livre, quatrième tome de la série « Parrains et Caïds », est un portrait de cette relève poussée à l'abri de cités transformées en bastions. Une

---

de l'histoire militaire : on estime à 100 millions le nombre d'exemplaires en circulation. La proportion de kalachnikovs parmi les armes saisies chaque année en France reste cependant faible : 64, soit 1,60 % des 4 000 saisies en 2011. Calibre : 7,62 mm.

relève dopée par les luttes fratricides qui déchirent les anciens et remplissent les cimetières.

Les « mecs des cités » ne sont pas crédibles, entend-on parfois dans la bouche des « tradis », pas toujours heureux d'être bousculés dans leurs fiefs par des petits jeunes qu'ils ont du mal à considérer comme leurs égaux.

« Ces gars ne tiennent pas la route, c'est la génération "sandwich grec" », renchérissent ceux des policiers qui ont encore les yeux rivés sur l'ancien monde.

La « racaille » aurait-elle remplacé le milieu ? Un peu réducteur, tant cette relève a pour elle le nombre, la jeunesse et un savoir-faire qui s'affine de jour en jour.

« On ne les a pas vus grandir, reconnaît un policier spécialisé dans la lutte contre le crime organisé. On était sur les bandits traditionnels, entre attaques de fourgons et trafic international de cocaïne. Par snobisme, on préférait suivre William Perrin [un ancien pilier de la French Connection, désormais octogénaire] que "Momo" et ses amis, qui sont tout sauf idiots. On n'a pas mesuré l'importance du fric, des moyens et des pouvoirs que ça allait générer. »

La Brise de mer version « cités », ce n'est pas qu'un fantasme : quelques gangs structurés affichent ici et là des ambitions semblables à celles qui animaient la fameuse bande de bandits bastiais, braqueurs devant l'Éternel, au début des années 1980.

Sur le marché des stupéfiants, longtemps l'apanage des figures du grand banditisme, règnent aujourd'hui des jeunes de 25 ans passés en un éclair de la cage d'escalier aux placements financiers offshore. La succession ne s'est pas faite en douceur : ils ont doublé les vieux dont ils ont parfois été d'abord les salariés, puis en ont tué quelques-uns avant de prendre leur place. Campés à la tête de réseaux internationaux, ils se fournissent à la source. On les voit peut-être rouler en Twingo ou en Clio, du moins les plus subtils, mais ils disposent de leurs propres relais en Espagne, aux Pays-Bas, en Algérie, au Maroc ou dans les Caraïbes. Ils drainent dans leur sillage des sacs bourrés d'espèces, mais beaucoup ont compris qu'ils ne pouvaient pas briller au bas de leur immeuble, à Villepinte ou dans les quartiers nord de Marseille : ils laissent gentiment le 4 × 4 au bled et flambent à Bangkok ou à l'île Maurice pendant les vacances.

« Ils se partagent les cités de la même façon que les Corses se répartissent le gâteau insulaire », analyse un avocat toulonnais. Avec un petit avantage non négligeable : déracinés, ils ont moins de talons d'Achille que leurs homologues corses.

« Les jeunes vont se mettre en place tout doucement, pronostique Marc Bertoldi, 43 ans, impliqué en 2013 dans un spectaculaire braquage de diamants en Belgique. Ils sont nombreux et vaillants. Ce sont des mecs d'action, de terrain. Ils sont vifs et comprennent bien. Ils veulent la réussite et l'oseille. Ils ont faim. Quand ils en auront marre de se foutre sur la gueule, ils vont monter des équipes, comme le font déjà à Paris les Arabes et les Gitans. »

Devant un fonctionnaire qui rechignait à se mettre aux basques des « rebeus » (beurs en verlan), un patron de la PJ s'est récemment exclamé : « La French Connection, c'est fini ! Si vous n'évoluez pas, vous n'y arriverez pas ! »

Ceux qui parlent de « banlieusards » ont un RER de retard. La génération Playstation est bien là, lancée sur les rails du crime organisé depuis plus de vingt ans. La prison a brassé les hommes et leur a permis de regarder au-delà de l'horizon de la cité où ils ont grandi. Désormais autonomes, ils n'ont plus besoin de personne pour se procurer le plastic indispensable aux attaques à l'explosif (et aux évasions retentissantes). Ils cloisonnent leur univers comme les plus grands paranoïaques de la génération précédente ne l'ont jamais fait.

On est passé de William à Momo et ceux qui reprennent la « boutique » ne sont pas que des amateurs, même si tous n'ont pas les épaules pour durer. Ils ont un autre avantage, celui de l'anonymat : à la différence de leurs aînés dont les noms, de Gaétan Zampa à Francis le Belge, s'affichaient en grand dans les journaux, on les connaît peu. Un atout considérable, même si quelques-uns rêvent de célébrité et de reconnaissance.

*

La « génération kalachnikov » montre un goût immodéré pour les armes. C'est même sa marque de fabrique : les coups de couteau sont devenus des coups de flingue. Longtemps ils se sont ratés ; aujourd'hui, ils se vitrifient les uns les autres sur place. Et comme ils n'ont peur de rien, surtout pas de la confrontation avec la police, ils n'ont pas fini de provoquer des dégâts.

Avant, celui qu'on tuait était déjà « condamné à mort » par une sorte de tribunal invisible ; aujourd'hui, on tue sans prendre le temps de se concerter. Ce qui complique la tâche de la police qui a parfois du mal à dresser la liste des hommes susceptibles de mourir à brève échéance, comme elle avait l'habitude de le faire au siècle dernier. Certaines victimes ne sont même pas répertoriées en tant que voyous quand elles tombent sous les balles...

La course à l'armement bat son plein sur fond de défense du territoire : pour faire respecter ses frontières, le caïd a besoin d'un matériel lourd. La kalachnikov est l'arme fatale, surtout à cause de l'aura qu'elle confère, même si les caïds ne dédaignent pas complètement le Glock ou le Sig Sauer, armes de poing plus précises et plus discrètes que le fusil-mitrailleur.

Le bizness l'exige : quand on commande une tonne de shit à trois, que l'un descend en Espagne avec l'argent, sans date de retour précise, la suspicion peut rapidement prendre le dessus... Le fournisseur diffère-t-il la livraison ? Ceux qui sont restés dans l'Hexagone vont vite tâter le terrain, histoire de vérifier si leur partenaire n'est pas en train de faire travailler leur argent dans leur dos. Un peu énervés, car, dans le même temps, ils doivent faire patienter leurs clients, leur mentir pour qu'ils n'aillent pas se fournir ailleurs...

Plutôt professionnels, les membres de ces réseaux font parfois preuve d'une désinvolture qui désarme les enquêteurs (et sème une zizanie mortelle dans les rangs). Un jour, ils « carottent » (volent) la marchandise ; le lendemain, alors que tout le monde est sur le pont, ils manquent un rendez-vous parce qu'ils sont en train de recharger leur téléphone ou parce qu'ils ont eu envie de s'accorder une petite sieste. Une autre fois, parti pour deux jours en Espagne, le gars revient de sa mission... deux mois plus tard. Et la méchante machine à rumeurs s'emballe : il travaille pour la concurrence, il a flambé l'argent, il roule pour les « deks » (flics)...

Les sommes en jeu décuplent la violence, et ce n'est qu'un début à en croire cet observateur patenté : « Les "carottes", ça va être des "carottes" de 1,5 million d'euros, prévient-il. Et là, ça va être comme au Mexique : on ne comptera plus les morts... »

Face à cette génération aussi pressée de s'enrichir que de mourir, la police judiciaire est en phase d'adaptation rapide. Il était temps, à entendre le jeune El Hadj Top, de père sénégalais et de mère franco-italienne, passé d'un bac scientifique à l'arrachage du coffre de la boulangerie voisine, et aujourd'hui en prison pour de longues années pour s'être évadé avec un camarade de la maison centrale la plus sécurisée d'Europe :

« Dans les quartiers, tout le monde est dans le crime. Sur cent jeunes, quatre-vingts dealent, quinze braquent et cinq sont dans la religion. C'est une reconnaissance sociale qui va au plus violent. C'est la loi du plus fort : celui qui a une arme à feu est le plus respecté. Quand j'étais gamin, j'en voulais une : celui qui avait une mitraillette était craint dans toute ta ville. La kakachnikov m'a perdu... Cette arme ne s'enraye pas, ni dans l'eau ni dans le sable. Tu n'as même pas besoin de l'entretenir. C'est la meilleure arme pour les amateurs, et, en plus, les Gitans yougos commercialisent ça pour rien du tout. Les petits, quand ils ont cette arme, ils se croient des grands, des hommes. Les anciens bloquaient ce trafic : ils ne passaient pas ça aux gamins, pour éviter les ennuis. Aujourd'hui, il les vendent à n'importe qui. »

Et le jeune homme de conclure par ce cri du cœur :

« En créant les cités, ils ont fait une de ces erreurs ! »

*

Que disent d'eux-mêmes les caïds ? Qu'en pensent les policiers qui les traquent et les magistrats qui les poursuivent ? Quel regard les anciens portent-ils sur cette génération ? Que disent d'eux leurs avocats ? À quoi sert la prison ? Ces criminels n'ont-ils d'yeux que pour leur communauté ? Sont-ils les mêmes de Tourcoing à Nice et de Nancy à Mont-de-Marsan ? Réponses dans ces pages.

1.

Autoportrait d'une génération : profession braqueur

« J'aurais aimé bosser avec La Brise de mer... »

Rencontre fortuite dans une prison de la région parisienne. D'un côté, Salim, un trafiquant de Saint-Ouen (93) tombé après la saisie de quatre tonnes de résine de cannabis dans un camion frigorifique ; de l'autre, Farid, un braqueur de 35 ans condamné pour l'attaque d'un fourgon blindé.

Le trafiquant s'épanche sans cacher son admiration : « Ma mère ne savait pas ! La honte ! C'est pas comme toi. Toi, ce que t'as fait, c'est beau ! »

Même les surveillants affichent plus de respect pour les braqueurs que pour les dealers, c'est dire. Braqueur de fourgons blindés, cela confère un statut dans le milieu. « C'est quelque chose de magique, confie Farid avec un brin de forfanterie. C'est le must. Celui qui fait un fourgon, c'est un vrai bandit. »

Fraîchement libéré de prison, visage enjoué qui parfois s'assombrit abruptement, il affirme pourtant ne pas avoir choisi cette voie criminelle pour le prestige, mais pour l'argent.

« Attaquer un fourgon, c'est comme gagner la cagnotte au loto. Le plus dur, c'est de recruter des gens pour le faire. C'est pas parce que tu as braqué une banque que tu vas y arriver. J'ai connu un mec qui avait tout fait, jusqu'à la prise d'otages, et qui est arrivé sur le fourgon au bord de la crise cardiaque. Il était blanc. "Mon cœur est tombé par terre", disait-il. La peur se diffuse vite au sein d'un groupe. Elle est là, forcément, et te colle la diarrhée ou la nausée, mais une fois que le fourgon est immobilisé et que tu entres à l'intérieur, la peur disparaît. Tu sais que tu t'attaques à des gens armés et que ça peut dérailler. Tu peux y passer si une patrouille surgit, mais tu es concentré. »

Braqueur de fourgons, c'est un métier technique où tous les détails comptent, un peu comme dans le saut en parachute. Farid connaît la leçon par cœur à force d'entraînements et de bachotage. Les sacs blancs, c'est l'argent destiné aux distributeurs automatiques. Les sacs en toile de jute, c'est pour les supermarchés. Les sacs transparents, c'est les bons au porteur et les documents. Il y a parfois aussi le sac piégé, celui qui reste dans le fourgon, toujours isolé des autres...

Du moins était-ce ainsi avant que lui-même soit incarcéré plus de dix ans, peine moyenne infligée à ceux qui se font prendre. Selon ses plans, il faut être au moins cinq pour avoir une chance de succès. Les rôles doivent être soigneusement répartis. L'un dispose de quelques secondes pour menotter les convoyeurs en évitant les coups de crosse inutiles. Un autre reste en couverture. Un troisième récupère les sacs au pied du camion dans lequel entre le quatrième. Le cinquième se charge d'incendier les véhicules restés sur place. Deux autres personnes sont nécessaires si le lieu de l'interception est fréquenté : postés à une centaine de mètres, ils bloquent les automobilistes... Autant de raisons pour lesquelles une minutieuse reconnaissance des lieux est indispensable.

On a beau anticiper les embouteillages et détecter les ronds-points, rien ne se passe jamais dans la vraie vie comme au cinéma. On a beau tout chronométrer, il y a toujours le risque de la minute fatidique. Farid n'en déroule pas moins son scénario théorique :

« Le chef d'orchestre dirige les musiciens. Il place ses pions pour tendre l'embuscade. Chacun sa radio. L'effet de surprise est important. Le conducteur du fourgon ne doit rien voir venir. Il faut immobiliser ce véhicule en n'oubliant jamais qu'il pèse six tonnes, occulter très vite la meurtrière et en même temps poser un pain de plastic sur le pare-brise. Le lance-roquettes est là pour impressionner. Un seul membre de l'équipe s'exprime : "Ouvre ou on fait tout péter !" Tirer sur le fourgon ne sert à rien. On a le nombre. On oppose des fusils d'assaut à des 357 magnum. Ils sont choqués. Ils sont conditionnés pour t'ouvrir. »

Les mains gantées, la camionnette postée en relais, des voitures disposées sur un parking sûr, le braqueur répète la scène des dizaines de fois, « comme le médecin dissèque la souris ». Au programme, une série de simulations à l'abri d'une forêt discrète. Où l'on découvre, entre autres dangers, « que ça peut partir en une fraction de seconde si le convoyeur sort du fourgon et met la main à son arme ». Ou qu'il faut impérativement coller au fourgon « comme le samouraï colle à son adversaire ». « Cinq mètres, c'est trop loin, le fourgon est une machine redoutable », commente doctement Farid, pour qui le nombre de soldats ne peut compenser le manque de professionnalisme. L'exemple à ne pas suivre dans le genre étant l'attaque d'un fourgon à Gentilly, en 2000, qui mobilisa, croit savoir Farid, quatorze personnes, alliance inhabituelle de Corses, de cadors de la Dream Team (une bande redoutable aujourd'hui anéantie) et de jeunes pousses issues des cités.

Entré dans le petit cercle des « braqueurs de tire-lires », Farid multiplie les rencontres. « Il fallait d'abord que je fasse mes preuves, raconte-t-il. Une belle immobilisation de fourgon, un beau mode opératoire : les voyous sont en admiration, sauf les jaloux. Les policiers aussi reconnaissent le travail bien fait, jusqu'au moment où ils découvrent que les auteurs ne sont pas leurs clients habituels. Là, ils changent leur fusil d'épaule et disent : "C'est qui, ces petits cons qui se prennent pour des grands ?" »

Les « petits cons » en question ne sortent pas du néant. « Les pionniers, on les a vus dans les journaux et on les a copiés, rapporte Farid. La bible, c'était *France-Soir, Le Parisien, Paris-Match*. On dévorait les pages faits divers avec l'impatience de ceux qui veulent avoir les clefs. Mohamed Badaoui, c'est l'homme dont on a entendu parler au milieu des années 1980. On avait 15 ans. On ne parlait que des "postiches", dont il était l'un des membres actifs. On voyait partout la photo de Badaoui, un Arabe de Belleville d'origine marocaine. Il avait grandi avec un Juif qui le considérait comme un frère. La misère les avait poussés à nouer des liens aussi indéfectibles que ceux qu'on tisse en prison. Ils avaient crevé la dalle ensemble et partagé à 17 ans la même copine, une superbe blonde… On l'appelait "Bada". Son père était coiffeur. C'était un héros dans le quartier. Il est parti en cavale avec une riche bourgeoise, jusqu'au jour où il s'est fait tuer par la police. "Celui qui ne réussit pas avec le Juif n'a plus qu'à se jeter dans le mur", me disait mon père avec sa sagesse coutumière. J'ai volé mes premières voitures avec des Juifs… »

Mohamed Badaoui n'a pas été la seule icône de Farid, ni le seul jeune issu de l'immigration à être « aspiré » par les voyous traditionnels. Dans la banlieue sud de la capitale, Michel Lepage, célèbre braqueur, associa Nordine Benali, alias « la Puce », à ses coups. Daniel Bellanger, pilier de la Dream Team du braquage, a « tapé » l'une de ses premières banques avec un garçon prénommé Idir. Les Manouches de

Montreuil, les célèbres frères Hornec, ont su s'adjoindre les meilleurs talents du moment, de Mohamed Amimer à Imed Mohieddine en passant par Nordine Mansouri. Daniel Merlini, solide braqueur lui aussi, marcha main dans la main avec un Karim Maloum. Le Corse Jacques Mariani a longtemps été en cheville avec Azzedine Diff. Le Lyonnais Patrick Laurent a prospéré dans le trafic, en cheville avec « Minou », « Kéké » ou « Abdou », de jeunes talents de Villeurbanne et de Vaulx-en-Velin, d'origine algérienne. Jusqu'à Antonio Ferrara, le petit Napolitain de la banlieue sud, auquel Farid accorde une place particulière :

« Antonio Ferrara a été la cheville ouvrière entre les voyous traditionnels et les jeunes de cité. Sa carte a d'abord été celle de la séduction. Il s'était évadé et était prêt à tout. Les braqueurs cherchent des gens courageux. S'il n'était pas là, jamais les jeunes Corses comme José Menconi [un Bastiais] ne travailleraient avec Moussa et Issa Traore ou Karim Bouabas [poursuivis par la justice pour quelques braquages retentissants]. Il a réussi à se faire accepter parce qu'il était en cavale, et surtout parce qu'il était italien. On a fermé les yeux sur ses potes, parce que c'est lui qui les ramenait. Il s'est mélangé, mais il est resté fidèle aux gangsters de cité. C'est dans ces quartiers qu'il fédère. »

Farid, lui, n'a jamais fait équipe avec les « tradis », mais ce n'est pas faute d'en avoir rêvé, comme il l'admet : « J'aurais aimé bosser avec la Dream Team ou avec La Brise de mer [bande bastiaise], mais les portes étaient fermées, alors on s'est faits tout seuls. Quand je dis "on", j'inclus aussi de purs Français. Les jeunes beurs et blacks, ça les dérange pas de bosser avec de jeunes Français. C'est leur façon de ne pas renvoyer le mépris qu'ils ont subi. Ils savent que les anciens n'ont pas voulu monter avec eux à cause de leurs origines et de ce qu'ils représentaient. »

Qu'est-ce qu'un « gangster » aux yeux de l'un des fleurons de la nouvelle génération de braqueurs ? À quelques nuances près, les traditions semblent solides, superlatifs compris, comme si le passage de relais virtuel avait bien fonctionné : « Un gangster s'exprime bien, soutient Farid. Il n'est pas jaloux ni envieux. Il est très à cheval sur les principes du bandit d'honneur, très réglo, et n'a qu'une parole. Il est très intelligent, cloisonne bien sa vie et ne parle pas, même de ceux qui sont morts. Il assume ses responsabilités et sa vie de gangster. Il est très courageux, très dangereux aussi. Il est fidèle en amitié et fait partie de la race des purs voleurs. Il est malin : tu ne peux pas lire ses émotions sur son visage. Il est à l'aise dans son environnement. Il a une aura, mais ne l'utilise pas. Au quartier d'isolement, c'est un sportif, sain, et il ne se mêle pas de ce qui ne le regarde pas. »

Voilà à quoi ce garçon à l'allure sportive aspire à ressembler. Avec, en prime, une forme de respect pour la vie humaine qui le distinguerait de nombre de ses congénères : « Quand j'étais jeune et que je cambriolais des appartements ou des magasins, il m'est arrivé de me faire courser, explique-t-il. Je partais en courant, mais, parmi mes amis, il y en avait qui s'arrêtaient et qui se tapaient avec le mec, qui le dépouillaient. Une heure après, alors que j'étais encore blême, ils bouffaient leur hamburger tranquillement en râlant : "Le fils de pute ! L'enculé ! Il a voulu jouer les héros, on lui a niqué sa mère !" »

Pas son genre, apparemment.

Des années plus tard, passé du stade « cambriolage » à celui du fourgon blindé, Farid manie des armes lourdes pour neutraliser les convoyeurs de fonds, mais il parle de violence « psychologique » : « Les victimes l'ignorent, mais je sais que je ne vais pas me servir de mon arme. Elles s'en tirent avec la peur de leur vie, mais je ne les brutalise pas. »

Ce n'est évidemment pas le cas de tous les braqueurs du XXIe siècle : plus désinhibés, les jeunes ne se contentent pas de brandir la menace, ils la mettent parfois à exécution, ajoutant le traumatisme physique au traumatisme mental. Des jeunes débridés à qui Farid tient à rappeler un dernier principe :

« Le gangster, c'est celui qui prend un jour une arme pour aller à sa banque ou à celle de ses parents, pas celui qui prend une arme pour attaquer le salon de coiffure de la cité, tenu par quelqu'un qui a grandi avec lui. »

L'autodidacte du banditisme

Sa propre équipe, José l'a montée seul, lui aussi. « Autodidacte du banditisme », comme il se définit, il a appris sur le terrain. Un ami lui a expliqué le maniement des explosifs, un autre l'a introduit auprès d'un fournisseur (albanais) de kalachnikovs. Il s'est senti le « courage » d'y aller :

« Je suis vaillant, confie ce garçon désormais quadragénaire, issu d'une famille ouvrière italienne et amateur de grosses cylindrées. Quand je baisse la cagoule, plus rien ne m'arrête. Je sais que j'y vais. L'homme le plus dangereux, c'est celui qui a peur. Je suis toujours très calme, posé, même en cas de chasse [poursuite policière]. Le grand délinquant qui a la fibre du pirate est voué à réussir. »

À ses yeux, un braquage important ne peut se concevoir à moins de huit personnes, avec un chef clairement identifié. Les autres conditions requises ? Le culot, une certaine « classe », savoir « s'imposer de manière intelligente », mais pas seulement : « Un braqueur doit avoir les moyens d'attendre, de prendre son temps. » Une qualité que ne partagent pas ceux qui ne vibrent que pour l'appropriation immédiate.

Produit remarqué de la première fournée de braqueurs issus des cités, José n'est pas peu fier de son parcours et de celui de ses complices : « J'aurais pu me mettre dans les stups, prendre le quartier en otage, déscolariser les gosses et finir go-fasteur[1], mais on a commencé à voler, raconte-t-il. On est partis d'une cage d'escalier avec rien. On n'est pas fils de... On y est allés seuls, et on a fait du bon boulot. On a marqué notre époque. »

Le premier braquage ? « C'est huit fois sur dix dans ta propre ville », dit-il à l'instar de Farid, avant d'invoquer ses grands anciens : Jacques Mesrine (qu'on ne présente plus) et André Bellaïche (figure du gang des postiches) ont commencé respectivement dans le 18e arrondissement de Paris et à Belleville, sur leur territoire. « Tu tapes d'abord chez toi, et après tu ne t'arrêtes plus : l'adrénaline, c'est comme la cocaïne, si tu y touches une fois, tu y reviens. »

Le fantôme de Mesrine hante la nouvelle génération. Quel gangster en herbe n'a pas jeté un oeil sur son fameux livre testament, *L'Instinct de mort* ? « Mesrine est le Scarface français », assure José. L'ex-ennemi public numéro un piétinait allègrement le milieu et ses règles de pacotille, expliquant à qui voulait l'entendre que les « vrais hommes » sont rares, à part lui évidemment, mais un voyou qui ne serait pas un brin mégalomane serait-il vraiment un voyou ?

« Pour devenir grand, il faut regarder les grands et les copier, poursuit José. Tu analyses leurs erreurs et tu essaies de les éviter... Le gang des postiches n'est pas tombé à cause d'un braquage : ils ont simplement commis l'erreur de laisser leurs empreintes dans leur planque. En les observant, j'ai compris l'importance de la perruque, des lunettes. J'ai aussi découvert qu'il fallait se méfier du milieu du grand banditisme où

---

1. Importateur de cannabis.

ça balance énormément. J'ai lu tout ce qui a été écrit sur eux. Je m'en suis imprégné. Le jour où je me suis retrouvé dans une banque en train de parler aux clients, j'avais autant d'aisance que si que je faisais ça depuis longtemps, alors que ce n'était pas vrai. »

José l'admet cependant : mieux que le cinéma, mieux que les livres, il y a la prison, creuset où les nouvelles équipes se complètent et se transforment au gré des évasions et des cavales des uns et des autres. On parle technique. On apprend qu'on ne peut pas tirer au lance-roquettes à cinq mètres de son objectif et qu'il faut absolument l'utiliser de face. On s'enthousiasme sur le RPG7[1], engin qui fort heureusement ne court pas les rues. On dessine des croquis de la maison d'arrêt de Fresnes au cas où il faudrait un jour aller y chercher un camarade par la force. On se repasse les bonnes adresses, comme celle de cet Israélien spécialiste des cadres explosifs et plutôt volontaire pour partager son art. On se réjouit de voir les flics scotchés sur le dos des « gros voyous »... et passer à côté de ce qu'ils appellent négligemment la « racaille ». On applaudit quand on apprend que les deux tonnes de cocaïne saisies en Martinique étaient destinées à un « petit Marocain » de Nantes tout juste âgé de 28 ans...

Comme Farid, José le moderne ne se sent pas très éloigné des « tradis ». Il se rangerait presque dans leur camp, lui qui marche avec eux dans les cours de promenade plutôt qu'avec les jeunes. Il se sent plus proche du braqueur toulonnais Franck Perletto que de la cité. Sa carte d'entrée dans ce cercle restreint ? Son « papier », autrement dit son cursus judiciaire, plaide pour lui : « Les voyous ont le nez pour sentir la bonne graine parmi les jeunes, affirme-t-il. Ils détectent le mec entier, le mec en métal, le méchant, le mec dangereux et intelligent, celui qui n'a pas besoin de la bande pour être fort. »

---

1. Lance-roquettes.

« *On peut être amené à tirer* »

« Monter sur un fourgon, c'est une opération lourde, très lourde, confie un trentenaire qui sait manifestement de quoi il parle. Ta capacité à défourailler doit être réelle. Tu peux te faire tuer et tu peux tuer, même si tu feras tout pour l'éviter… Celui qui dit qu'il n'a pas peur, il ne faut pas le prendre dans ton équipe. La peur est là, mais tu y vas. Tu as besoin d'argent rapide. Tu dois assurer ton train de vie. Tu n'as pas quinze années devant toi… »

Ces armes ne sont pas censées servir, mais l'actualité récente prouve que personne n'est à l'abri d'une bavure.

« Même si on est expérimenté, on peut être amené à tirer pour ne pas retourner en prison, admet Malik, d'origine algérienne. À la première rafale, si tu es flic, tu abandonnes, comme font les pros de la BRB [brigade de répression du banditisme] : ils savent qu'ils t'arrêteront dans quelques heures ou quelques jours. Si la police te tire dessus, tu es tout de suite dans un autre état : tu sais qu'ils peuvent te tuer. Toi aussi, si tu tires en rafales, tu prends le risque de tuer, mais, à ce stade, tu ne peux plus te rendre. »

À peu près le scénario qui s'est déroulé du côté de Villiers-sur-Marne, le 20 mai 2010. Une équipe composée de jeunes de cités, beurs et Manouches main dans la main, monte ce jour-là sur un coup, probablement le braquage d'un fourgon qui sortait de la Banque de France avec 15 millions d'euros à l'intérieur (l'affaire n'a pas encore été jugée). Un premier échange de coups de feu a lieu sur l'autoroute A4, entre une voiture de patrouille et la camionnette suspecte dont un passager lâche un extincteur. Plus loin, au sortir d'une bretelle, la camionnette se retrouve face à une voiture de la police municipale dont les occupants ne s'attendent pas à la confrontation qui vient. Les braqueurs n'ont nulle intention de se rendre. Des coups de feu sont échangés. Figure de la police municipale locale, Aurélie Fouquet, 26 ans, est mortellement atteinte ; un de ses collègues, bon tireur, riposte et touche un gangster à la tête : un certain Olivier Tracoulat dont la trace n'a jamais été retrouvée à ce jour...

« Déposer un blessé devant l'hôpital, c'est l'envoyer en prison à perpétuité », tranche Malik à qui rien de cet épisode n'a échappé.

Olivier Tracoulat a-t-il été remis sur pied et évacué ? Est-il mort et enterré ? L'enquête n'a pas tranché, mais une chose est certaine : cet « apprenti » n'aurait jamais dû se retrouver en centrale, avec les « gros », où il a été aiguillé parce qu'il « foutait le bordel » dans le centre de détention, selon les mots d'un de ses camarades qui affine le portrait : « Il faisait le fou, vendait du shit, s'embrouillait avec les matons et menaçait de mettre le feu. C'est un *borderline.* » Ce transfert l'a mis sur la route de ses futurs partenaires, à commencer par Malek Khider (présumé innocent jusqu'au jugement), un braqueur qui aurait côtoyé les valeurs sûres du milieu durant sa cavale, de Daniel Merlini à Antonio Ferrara en passant par Karim Maloum et Redoine Faïd, célèbre depuis son évasion explosive de la prison de Sequedin...

Ce n'est pas la première fois que des balles sont tirées à l'occasion d'une attaque de fourgon. Certaines fois, c'est même miracle qu'il n'y ait pas de victime. Car à cet instant, affirme Malik, « quand l'attaque dégénère et que les armes parlent, le braqueur ne calcule plus : il joue sa liberté ». Mais aussi sa vie et celle des autres.

« *Le haricot* », *gangster toutes options*

Une attaque à main armée a eu lieu le matin de notre rencontre du côté du Plessis-Robinson, en banlieue parisienne. Cible : le distributeur automatique de billets (DAB) d'une agence du Crédit Lyonnais. Moyen mis en œuvre pour venir à bout du blindage : une pelleteuse. Butin : néant. Ousmane, 22 ans, dit « le haricot » à cause de son corps longiligne, n'accable pas pour autant les auteurs. Ce Franco-Sénégalais parle de « beau coup », même s'il trouve « dommage » que ses auteurs ne soient pas allés jusqu'au bout : « Ils avaient préparé leur attaque, ils savaient qu'un camion était passé juste avant remplir le DAB. »

Ce ne sont plus les banques que vise la nouvelle génération de braqueurs, mais les distributeurs, ou, plus simple encore, les « dabistes », ceux qui alimentent les machines en cash. Facile ? « Cela demande un peu de filatures et des repérages, se défend Ousmane dont le look employé de bureau tranche sur celui de ceux que l'on appelle les "racailles". On ne tape pas à l'aveuglette. »

Certains apprennent sur le tas, beaucoup se perfectionnent au « placard », l'endroit rêvé pour gagner son « certificat d'embauche » dans une équipe. Ousmane affirme lui aussi qu'il s'est fait « tout seul ». Le voilà braqueur confirmé et fier de l'être.

« On n'est pas que des dormeurs, dans les cités, plaide-t-il, portant les couleurs de sa paroisse. On ne nous a pas pris au sérieux. Les flics avaient une très mauvaise image des jeunes de banlieue, ils se trompaient. Il y a des bons et des mauvais partout... Ils croient qu'on y va à la barbare parce qu'on vient de la cité. Mais, dans la banlieue, il y a des jeunes qui sont très pros et qui ont les couilles d'aller sur des trucs sur lesquels les grands voyous n'iront plus. C'est pas les vieux qui sont venus nous chercher. J'ai braqué avec ma petite équipe. Tu prends une cagoule, une arme : "Tout le monde à terre et ouvre le coffre !" Je n'ai jamais eu besoin des conseils de personne. »

Ousmane avait 15 ans quand il a attaqué la supérette, derrière sa cité, avec un ami d'enfance. Un « petit coup de folie » dont il se souvient presque avec nostalgie : « J'avais une arme factice, un pistolet à billes, la cagoule et des gants. On était méconnaissables, parce qu'on a tous la même dégaine, dans le quartier. On a pris 1 500 euros. Comme on n'avait pas de frais, c'était tout bénéfice. On a enchaîné avec des cambriolages dans la zone pavillonnaire, vers chez nous. On prenait les bijoux et l'argent, mais pas les tableaux, juste ce qu'on pouvait revendre tout de suite. On cherchait les téléphones, les gros Nokia de l'époque, qui partaient tous au bled. »

Avec l'argent, « le haricot » s'amusait. Il allait au cinéma, achetait un petit jean Levi's, se payait un « grec », sortait avec sa copine : « C'était de l'argent de poche vite et facile qu'on n'avait pas à demander aux parents », dit-il, affirmant les yeux dans les yeux qu'il n'a « jamais eu peur ».

« J'ai toujours été dynamique, poursuit le jeune homme. Ils me disent que j'ai "des puces dans le cul". J'ai toujours voulu devenir gangster, un beau modèle de gangster, un mec qui a réussi dans la vie. Je veux le million. Je veux percer pour montrer que les jeunes y arrivent, qu'on peut aller aider la famille en Afrique, construire des maisons... C'est pas pour le Porsche Cayenne et les boîtes de nuit, je n'irai pas claquer 3 000 euros dans la soirée. Je ne vis pas au jour le jour. J'ai un avenir, des ambitions, des projets et la tête sur les épaules. Je pense à mes enfants, à demain. Je veux que ma famille profite de cet argent. »

Incarcéré à plusieurs reprises, il utilise cet intermède pour s'« enrichir ». Il reste enfermé le moins possible et se réfugie très souvent à la bibliothèque. Il fait du sport, beaucoup de pompes. Il parle surtout avec « ceux qui ont pris de grosses années de prison », preuve que les conseils sont tout de même bons à prendre…

« Si tu as été interpellé, c'est que tu as été idiot. En prison, tu as le temps de réfléchir. Tu te concentres sur ton projet. Quand tu sors, tu reprends plus intelligemment, pour ne pas retomber. » Avec de nouveaux amis, car c'est au « placard » que « le haricot » rencontre ses futurs « associés ». Une petite entreprise dont il décrit ainsi le fonctionnement : « On se dépanne, mais il n'y a pas de chef, pas de grosse tête : c'est chacun sa débrouille, chacun son coin. Personne ne va donner des ordres à personne. Si tu commences à faire la misère à tout le monde, t'iras pas loin. Si tu veux faire le fou, vas-y, mais tu finiras entre quatre planches ! Je suis black, mais je suis là et je n'ai mis personne à l'amende pour y arriver. Les vieux voyous nous ignorent. Ils nous calculent même pas. Ils ne savent même pas qu'on existe. Ils traînent dans les bars, font leur petite vie. »

Son père a amené Ousmane cinq ou six fois au Sénégal. L'occasion de découvrir sa grand-mère, son sang, ses racines. « Si un jour je peux finir là-bas, pourquoi pas, lance-t-il sans qu'on sache si c'est pour rire ou pour de vrai. Dans la brousse, je suis bien. L'air est pur. C'est la vraie nature. On mange tout frais : la poule, le mouton. On boit le lait sur place parce qu'il n'y a pas de frigo. » Petit contraste relevé au passage par l'immigré de retour au bled : on le regardait comme un riche alors que, dans sa banlieue française, « les gens croient que tu tournes avec 1 200 euros par mois… ». « Ils pensent ce qu'ils veulent ! s'exclame le braqueur (qui a aussi une main dans le trafic de cannabis). Ils mettent tout le monde dans le même sac ! Mais, en prison, 85 % des détenus sont blacks ou beurs, et tous ne sont pas pauvres. »

Il y en a même un certain nombre qui ont pris de l'argent, et, visiblement, Ousmane, le gangster toutes options, en fait partie.

Les « joueurs »

« Il y a quinze ans, pour trouver de l'explosif, il fallait aller à la rencontre des Yougoslaves en Belgique, rapporte Tony (un alias), utilisateur régulier de ces substances. Aujourd'hui, le plastic est facile d'accès, mais les vendeurs restent radins avec les détonateurs. Ils t'en donnent deux ou trois pour un kilo. Du coup, on ne peut pas vraiment se faire la main. »

Inquiétant aveu qui explique plusieurs cas de surdosage, avec beaucoup de dégâts inutiles et de victimes potentielles, notamment dans le périmètre des distributeurs automatiques de billets. Comme s'ils confondaient pâte explosive et pâte à modeler...

Du côté des armes, c'est la même abondance, mais, cette fois, sans pénurie de cartouches : « Avec l'oseille, tu as ce que tu veux, admet Tony, 37 ans, dont dix sous les verrous pour braquage. Tout le monde a du matos de professionnel. » On veut bien le croire : lors d'une récente saisie à Gennevilliers (92), les policiers ont mis la main sur cinq kilos de shit, des gilets pare-balles, un M 16 et un AK 47. C'est l'autre grande différence avec la période précédente, quand les armes en circulation dans le milieu dataient souvent des parachutages de la Seconde Guerre mondiale. Ce n'est pas la seule : autrefois, les policiers remontaient jusqu'aux vendeurs d'armes et savaient les faire parler en cas de besoin ; dans le dédale des Balkans, il est aujourd'hui bien plus difficile d'identifier les fournisseurs. Un énorme atout pour les délinquants et une mauvaise nouvelle pour ceux qui ne le sont pas : la banalisation des armes et des explosifs entraîne une multiplication de ce que les professionnels de la PJ appellent, en faisant la moue, les « braquages de merde ».

« Certains d'entre nous ont un savoir-faire, admet Tony, mais beaucoup prennent des risques énormes au vu du gain. Ils sont ultraviolents, mais ne sont pas faits pour durer. C'est la Star Ac du banditisme : ils montent au fourgon comme qui rigole. Peu d'entre eux seront inscrits au fichier du banditisme dans dix ans ! »

Les braqueurs installés préparent leurs coups pendant des semaines pour être sûrs de toucher le jackpot ; ceux-là tapent le lundi, le mercredi et le samedi en se disant que ça finira bien par payer un jour. Ils n'ont peur de rien, honte de rien non plus, et se motivent en se disant qu'ils ouvriront tôt ou tard les « portes du paradis » (derrière lesquelles sommeille le butin), avant d'aller faire les beaux en Asie du Sud-Est, en République dominicaine ou au Maroc...

La génération « givrée » est capable de programmer une attaque de fourgon à deux. « Une folie », tranche Tony avant de s'interroger à haute voix : « Supposons qu'ils réussissent à stopper le fourgon, qui gère les convoyeurs ? Qui ramène les sacs ? Qui surveille les abords ? »

Signe d'improvisation supplémentaire, les deux kamikazes auront volé à 4 heures du matin le camion-benne de deux tonnes qu'ils entendaient utiliser le même jour, à 6 heures, pour stopper le fourgon. Le genre d'équipée nocturne qui avait toutes les chances de finir en mauvaise apothéose, avec des dizaines de balles tirées et autant de traces ADN laissées à bord des voitures...

« Ils ont des couilles, c'est sûr, ce sont des guerriers qui tiennent la route, des "pamplemousses", mais ça ne suffit pas », tranche Tony à qui cette scène rappelle l'attaque de bureaux de change en plein Paris, à la hache. Réussie, celle-là, comme l'attaque de bijouteries en plein centre de Lyon, à une heure de grande affluence, par des braqueurs équipés d'une disqueuse thermique et de kalachnikovs pour tenir les passants à distance. De simples voleurs de voitures passés un peu vite à la vitesse supérieure, apprendra-t-on par la suite – l'antigang était sur leur dos.

Les braqueurs confirmés évitent la confrontation avec la police, sauf si elle est inévitable ; les énervés prennent le temps d'affronter la police si elle pointe son nez, comme on attend la bande d'en face pour en découdre.

« Ils cherchent le rapport de forces, il va y avoir des dégâts, pronostique Tony en connaisseur, mais attention, ce n'est pas le gang des barbares : quand ils montent sur un coup, ils sont équipés de talkies-walkies, de voitures maquillées et de tout l'arsenal nécessaire. Ils connaissent les règles de la clandestinité, manient les faux papiers et savent se faire oublier. Ce qui leur manque quelquefois, c'est cette intelligence qui permet de comprendre qu'à un moment il faut savoir changer de vie. Sur le papier, si tu laisses ton sang dans une affaire, tu changes de pays. Je préférerais disparaître n'importe où, en Algérie ou même au Danemark, plutôt que de purger vingt-cinq ans à Poissy ! Mais ils ne sont pas toujours raisonnables… »

Pas raisonnables, en effet, ces garçons âgés de 19 à 22 ans qui se lancent à l'assaut d'un fourgon blindé alors que leur seul fait d'arme connu relève du gag, puisqu'il s'agissait du détournement d'un stock… de bonbons Haribo ! À l'heure de passer à la vitesse supérieure, ils ont pris un crédit, pour acquérir le matériel indispensable, par le biais d'un voyou que l'un d'eux avait rencontré en prison… Le fiasco est évidemment total. Non seulement le lance-roquettes refuse de fonctionner, mais les assaillants épuisent leur stock de cartouches, à voir les 70 impacts de balles relevés sur la carrosserie du fourgon – à proximité d'une école maternelle, bien sûr. Les convoyeurs ripostent et tuent l'un d'entre eux, malgré son gilet pare-balles, précisément celui qui conservait dans sa chaussette la clef de l'appartement où l'équipe avait prévu de se réfugier...

« Même le milieu commence à avoir la trouille de ces minots incontrôlables, avoue Tony qui semble regretter l'époque où les malfrats prenaient le temps de se former. Ce sont des joueurs. Ils ont 3 000 euros devant eux et misent tout comme au poker. Il y a 10 % de chances pour que ça leur pète à la tronche. Leur seul atout c'est la cité, où ils repèrent toute intrusion, où ils partagent voitures et téléphones, où ils planquent leur argent dans les caves. Ils vivent en vase clos, incapables de se fondre dans la masse, mais, pour le commissariat du coin, ce sont des petits merdeux qui volent des scooters. »

En avant !

« La marche arrière, elle n'existe que dans les voitures, pas dans la vie », philosophe ce garçon né en 1979 dans le sud-est de la France. La marche en avant commence, à l'entendre, quand sa mère l'abandonne : il n'a pas six mois, mais déjà une bonne dizaine de frères et sœurs. Dans la rue, il cambriole à 14 ans : le premier d'une longue série de vols. L'ancien qui le repère est un ferrailleur doué d'un sens de l'observation certain : il perçoit du premier coup d'œil les capacités de ce jeune homme d'origine algérienne à qui il offre une perspective inespérée : une vie hors du quartier où il a grandi.

Le jeune Marouane découvre la France et se fait peu à peu adopter par les « voyageurs », autrement dit les Gitans, ce qui lui vaudra plus tard le surnom de

« jouate ». À 20 ans il vit avec une Manouche dans une caravane de grand luxe, climatisation incluse, qu'il a payée une fortune. Ses nouveaux amis lui transmettent les techniques et le goût du vol.

Plus tard, Marouane s'essaiera avec un certain succès au marché des stupéfiants, mais aucun doute à ses yeux, le vol rapporte plus : « L'argent que tu brasses dans les stups, tu le dois, il n'est pas à toi, alors que, quand tu montes sur un casse et que tu prends 100 000 euros à deux, les 50 000 sont à toi tout de suite. Tu n'as pas besoin d'attendre. Les Manouches, c'est leur métier, c'est leur vie. Ils gagnent plus d'argent que ceux qui ramènent des tonnes de shit. »

Le « jouate » a quelques principes, comme le respect de l'avocat. En prison où il a passé quelques années, il sait se mettre bien avec le personnel afin de ne manquer de rien en termes d'épicerie ; par son comportement, sa façon de se mouvoir dans la cour de promenade, il attire la sympathie des professionnels du crime, ceux qui ont quelque chose à lui apprendre. Il connaît la misère et se méfie de la jalousie et de l'argent, à l'origine de la plupart des haines, dans les quartiers, parce que Untel pèse un million alors que son ancien camarade en pèse deux. Des « deks » (les policiers), dont certains de ses complices affirment qu'il faut « manger avec eux si on ne veut plus aller au placard », il a une vision bien arrêtée qui lui fait dire qu'il préfère « crever » que de travailler avec eux :

« Qu'est-ce que je vais faire avec les poulets ? Pour gagner quoi ? 20 000 euros ? Je vais pas prendre ce risque-là alors que je sais comment en prendre 150 000 ! »

Et le jeune homme de désigner clairement son « ennemi numéro un » : la justice, la police, l'État.

Aussi à l'aise à Cannes qu'à Marbella, à Lyon qu'à Tanger, le « jouate » affirme qu'il n'a « jamais eu de rêve ». Enfin si : il a parfois rêvé à l'amour d'une mère, cette mère dont il a guetté en prison la lettre qui n'est jamais venue. « Mais tout ce que j'ai aujourd'hui, se reprend-il, je l'ai acquis. Je suis soi-disant milliardaire, mais ce n'est pas vrai. Je vais bien, mais je prends des risques tous les jours. Dans ma vie, je côtoie des Christophe, des Pamela, des Jean-Pierre que je n'aurais pas approchés autrement. C'est nous, les nouvelles équipes montantes. Si demain je meurs avec deux balles dans la tête, ou si je repars pour dix piges en prison, c'est que j'ai perdu la partie. »

2.

Autoportrait d'une génération : profession dealer

Ils sont la pègre

« Le milieu traditionnel est largué, même à Marseille », lâche un Franco-Algérien d'une trentaine d'années en répertoriant le nombre d'affaires où la police a mis la main sur un magot supérieur au million d'euros. « Un million d'euros, c'est trois mois de boulot pour un point de deal qui fonctionne à peu près **bien**. Le pouvoir financier de ces garçons est d'autant plus énorme qu'ils ne doivent rien à personne. Ce sont des artisans, des autodidactes. Personne ne les calcule. Ils montent en grade sans qu'on s'en aperçoive. Ils économisent, ne dépensent rien, sauf pour partir en vacances en Thaïlande où ils se font plaisir. S'ils veulent une voiture, une Audi A8, une Ferrari ou une Mercedes classe 500, ils la louent pour trois jours sous **un nom** d'emprunt. »

Tous ne sont pas aussi sages. Il s'en trouve encore un certain nombre, heureusement pour la police, pour sortir en boîte, commander du champagne, acheter des véhicules à 25 000 euros et se fringuer comme des princes. L'apparence signe ostensiblement leur ascension sociale. C'est leur faille, celle qui permettra de les démasquer, ils ne tarderont pas à le comprendre, quand le GIR (groupe d'intervention régional) leur demandera des comptes sur leur Rolex et la Mercedes payée en cash...

Mais le fait est qu'ils ne doivent pas grand-chose aux aînés, comme l'affirme ce trafiquant déjà père de famille :

« Le milieu tradi ne nous a pas donné ses contacts. Il s'est fait supplanter, niquer. Il lui est arrivé la même chose qu'aux Colombiens : longtemps les boss, ils se sont fait distancer par les Mexicains hier à leur service. Ils contrôlent l'achat, comme la grande distribution et le détail. Ils sont Carrefour et Super U réunis. Celui qui vient leur parler de légalisation n'intéresse personne, ni ceux qui s'enrichissent, ni ceux qui sont en guerre contre eux... La France est irriguée par les réseaux de la drogue de Dreux à Creil en passant par Rouen. Dans n'importe quelle ville de 60 000 habitants, on a au moins quatre équipes de go-fasteurs qui approvisionnent les semi-grossistes, qui vendent dans les cités par deux ou trois kilos à des équipes qui revendent en barrettes... »

Quand on sait que la brigade des stups doit mobiliser plusieurs personnes plus de six mois durant pour avoir une chance de casser une équipe, on se dit que le combat n'est pas très égal. Implantés depuis plus de quinze ans dans le trafic, ceux qui ont ouvert la voie ont plus de 30 ans et des ambitions de vrais gangsters. Ils ont des associés, connaissent des « nettoyeurs » capables, en échange d'un billet, de faire le ménage parmi leurs « ennemis », ils sont au courant des ficelles du blanchiment et des meilleurs avocats. Tous les jours ils démentent ceux qui considèrent qu'ils n'entreront jamais dans le *Who's who* du milieu. Ils n'en sont plus à frapper aux portes de la pègre : ils *sont* la pègre. La discothèque qu'ils fréquentaient quand ils étaient jeunes, le Fun Raï, en banlieue parisienne, n'était-elle déjà pas la propriété d'un braqueur de fourgons d'origine algérienne, Mohamed Amimer, aujourd'hui reconverti dans le métier d'imprésario ? Un « rebeu », comme eux. La preuve que tout est possible, qu'ils peuvent y arriver sans même avoir besoin d'approcher les voyous patentés, fichés jusqu'au dernier abattis, grillés...

Eux n'auront peut-être même pas le temps d'être fichés. Avec un peu de chance, ils passeront au travers, car ils n'ont pas l'intention de dealer jusqu'à leur retraite. Ils vont essayer de s'arrêter à temps, de légaliser leur fortune et de passer à autre chose, par exemple devenir d'honnêtes chefs d'entreprise. C'est leur façon à eux de s'insérer dans la société sans demander l'aide de personne, après avoir enrichi les tour-opérateurs, les hôteliers, les loueurs de voitures de luxe et, pourquoi pas, les propriétaires de sociétés de jeux en ligne.

« Jo la douille », 25 ans, millionnaire

« J'ai toujours rêvé d'attaquer un fourgon blindé. C'est un rêve de jeunesse. Je sais manier les armes. Les séquestrations, le vol, ça me fait pas peur. Si tu connais des gens dans le milieu, que tu passes bien, que tu sais gérer les gros sous, que t'es un dur, tu te dis : pourquoi pas moi ? Les braqueurs se mettent bien dans les stups parce que ça paye, alors pourquoi pas l'inverse ? J'ai touché à tout. J'ai côtoyé les grosses têtes. Après, c'est à chacun son sérieux... Si demain on me demande d'investir un petit billet sur une affaire, je le fais... »

Ainsi s'enflamme « Manu », alias « Jo la douille », 25 ans et déjà millionnaire. « Je suis très calme, poursuit-il. J'ai le cœur sur la main, mais faut pas me chercher. Je ne me laisserai pas faire. Les gens savent qui je connais, ils savent que j'ai dépanné beaucoup de personnes en galère, quand j'étais jeune et trop gentil.

Maintenant c'est fini, c'est chacun sa merde, sauf avec mes deux associés : on est enfermés ensemble jusqu'à la mort. S'il y a une fusillade, on y va... »

Pas une déclaration de guerre, mais presque. Manu n'est pas vieux, mais c'est un « vaillant » : « J'ai mûri vite parce que j'ai toujours voulu aller de l'avant », clame-t-il, pas peu fier de ce « papier » – comme on dit en prison pour parler de son parcours criminel – qui force le respect de ses pairs. Pas complètement inconscient non plus, lui qui a tous les jours l'œil ouvert, à 6 heures du matin, « heure du laitier » à laquelle la porte peut voler en éclats – l'aube de la police.

Le papa travaillait dans les champs, au cœur du Sahel, en territoire malien. Il a quitté son village à pied, gagné la Côte d'Ivoire voisine, puis le Nigeria, avec un objectif : rejoindre la France. Ils étaient cinq à tenter l'aventure, tous âgés d'une vingtaine d'années, tous maliens. L'un d'eux est mort en chemin, les quatre autres ont atterri dans l'Essonne, au sud de la capitale, en 1969. Le papa a rapidement trouvé un emploi dans la branche « frigorifique », avant de faire venir son épouse avec laquelle il a pris racine dans une cité de L'Haÿ-les-Roses où grandissent leurs sept enfants. Manu est le seul à être « sorti des rails ».

« Tout ce qu'a gagné mon père, il l'a envoyé au village, raconte-t-il. Son idée, c'était de mettre la famille à l'aise. Il expédiait du riz, du blé. » Le paternel a construit la première maison en ciment (pour la grand-mère) et une autre à Bamako, capitale du Mali. Aujourd'hui à la retraite, il passe six mois par an là-bas, à la tête d'un cheptel d'une cinquantaine de vaches et d'autant de chèvres et de moutons. Parti de rien, il est le chef du village avec, en prime, une bonne réputation.

« Il nous a élevés à la dure », dit Manu. Une éducation qui apparemment n'a pas produit sur lui tous les effets escomptés : certes, il se met au travail, en bon élève de la tradition soninké sarakolé (plus travailleurs que les Bambaras « portés sur la fête », assure Manu), mais, dès l'âge de 6 ans, il commet ses premiers larcins. Il désosse des voitures, arrache des portables, se lance dans les cambriolages, d'abord à l'intérieur de la cité. Puis s'attaque aux sacs à main avant de le regretter, car ses victimes « peuvent être mères ».

« Je voulais des gros sous, vite et facilement. Je voulais avoir ce que les autres n'ont pas, porter la Rolex, être avec des jolies filles et ressembler à ces mecs "heureux" qui ne montrent aucun signe de faiblesse. Tous les petits veulent ressembler à ces grands-là ! C'est le modèle presque parfait. En grandissant, j'ai vu que c'était possible. »

Quand papa est en voyage, Manu s'éclipse et glisse vers la rue, là où on apprend, sans que maman se rende compte de rien. « Tu vois passer un grand avec une voiture, et toi aussi, tu vas en avoir une pareille. Tu apprends la discrétion. Tu apprends à planquer des trucs dans un jardin, un buisson, une cave ou la salle de bains d'une copine… »

Son idole, c'est Bob Marley, mais le rap français n'a pas de secrets pour lui. Avec l'école, il coupe court après le brevet, ne supportant plus de rester assis. « De bonnes capacités, s'aventure un professeur, mais ne va pas les exploiter. » Il a davantage de succès dans la vente de barrettes de shit, ce qui lui permet de mettre ses premiers sous de côté dès 14 ans. Les frères et sœurs ont sûrement des doutes, mais il cultive la discrétion.

« Tu montes en grade petit à petit. Tu commences avec tes petites barrettes, puis tu passes au niveau supérieur. »

Manu reste inconnu des services de police jusqu'au jour où il est coincé sur une moto volée… sans permis de conduire. « Il y avait les clefs dessus », avance-t-il au cours de la garde à vue. Première condamnation, avec sursis, après laquelle il enchaîne outrages et rébellions, avant de participer à un vol à main armée aussi mal ficelé que suicidaire : la séquestration à son domicile d'un commerçant équipé d'un coffre. À visage découvert. La victime reconnaît ses assaillants sur photos. Arrêté quinze jours plus tard, Manu découvre la prison de Nanterre où séjournent quelques « grosses têtes », comme il les appelle. L'occasion de se « durcir » et de faire des rencontres qui orientent la suite de sa « carrière » : libéré huit mois plus tard « grâce à un très bon avocat », le jeune homme se lance dans les stups.

Ils sont trois, un black (lui), un blanc et un beur, lorsqu'ils ouvrent leur premier « terrain » en 2007 : une cage d'escalier dans la cité des « tours grises », dont ils connaissent toutes les issues et détiennent toutes les clefs. Manu est le plus jeune de la bande, mais les autres le trouvent « sérieux ». « C'est la cité, ça parle, dit-il. Ils ont vu que je balançais pas, que je tenais la route en garde à vue. » Un cousin installé aux Antilles peut les aider à importer de la cocaïne ? Le filon fait le larron : le produit est assez pur, les clients se passent vite le mot, et le « terrain » démarre sur les chapeaux de roues. De midi à minuit, on fait la queue en bas de « leur » tour. Un guetteur surveille les abords, pas toujours le même, en échange de son « argent de poche ». Le point de vente est installé dans l'escalier, mais, à l'entendre, le manège n'importune pas les voisins :

« Les gens se doutent de ce qu'on fait, mais c'est propre. On respecte les lieux et les habitants. On aide les plus vieux à monter les escaliers, les mamans à porter les courses et les poussettes. Les voisins n'appellent pas les flics si vous ne les dérangez pas. Si tu pisses dans les escaliers, ton terrain est mort. »

Ce n'est pas le discours que tiennent, excédés, bien des habitants des cités qui s'estiment pris en otages, mais Manu ne le perçoit pas ainsi. « Si tu as un problème, tu sais que la cité est là », dit-il, affirmant qu'elle ne les a pas seulement acceptés, mais protégés. Il est vrai que cette génération ne sort pas de nulle part : le quartier a une longue histoire, lui qui a vu passer quelques figures du grand banditisme version banlieue sud. Déjà, il y a trente ans, on vendait du shit et de l'héroïne dans le secteur.

Les trois associés brassent rapidement beaucoup d'argent. « C'est un très bon bizness quand tu vas directement te fournir à la source », explique Manu qui témoigne évidemment avec la garantie de rester anonyme. C'était le privilège des voyous français du siècle dernier que de verrouiller l'approvisionnement de la France (et parfois des pays voisins) en produits stupéfiants. La « chance » du trio, c'est ce cousin antillais qui a un contact direct à la source, autrement dit en Colombie. Le genre de fournisseur que les anciens auraient payé très cher à fidéliser, car tout est ici question de tarifs et de qualité, comme avec n'importe quelle matière première.

La bande achète le kilo de cocaïne entre 7 000 et 8 000 euros, 6 000 s'ils commandent plus de 20 kilos. Débarqué à Paris, le kilo vaut cinq fois plus (entre 28 000 et 30 000 euros à l'époque, bientôt 35 000 après l'ouverture d'une antenne de l'Office central de répression du trafic illicite de stupéfiants (Octris) dans les Caraïbes (plus c'est dur, plus c'est cher). Pour le transport, ils recrutent de jeunes Français, si possible des couples, sans jamais leur forcer la main – « on n'est pas des chacals ». De la valise aux bouteilles de rhum, ils testent tous les contenants, mais se refusent à recourir à l'ingestion de boulettes enveloppées dans des préservatifs – « on risquerait de ne pas avoir la conscience tranquille ».

Ils sont sur le terrain tous les jours, veillent au ravitaillement, s'occupent du conditionnement sans oublier de solliciter des goûteurs pour évaluer la qualité de la marchandise. La cocaïne se revend autour de 70 euros le gramme (40 euros le demi-gramme). Le prix peut monter jusqu'à 170 euros quand il faut livrer une star de la télévision, du show-biz ou un footballeur.

« S'il y a la qualité, ils mettent le prix, assure Manu le commerçant. Les échos tournent vite. Si demain j'ai un bon produit, de "l'écaille de poisson", de la cristalline, j'ai toute la banlieue sur le dos. » Et s'il casse les prix ? « Il y a la queue devant ton terrain, comme dans le film [d'Olivier Marchal] *Gangsters*. »

À ses débuts, aux petits soins avec les clients VIP, la bande pratique la livraison à domicile. Certains leur prennent jusqu'à 400 grammes pour une grosse soirée. Pour fidéliser la clientèle, il leur arrive de faire crédit, jusqu'à 6 000 euros. Mais les clients sont exigeants, il faut parfois les ravitailler en pleine nuit, et Manu met fin aux livraisons en ville. Apparemment, la clientèle argentée ne se décourage pas : elle fait le déplacement en costume-cravate. « Comme on était derrière la caisse et qu'ils nous connaissaient, ils étaient rassurés. Pour venir chez nous, c'est tout droit par la nationale 7. Les jeunes du quartier laissent les bourgeois passer. Personne ne va les racketter. Ils savent qu'on a un bizness qui tourne bien. Ils prennent leur paye et savent qu'un jour ce sera leur tour et qu'ils gagneront gros, eux aussi. Tout le monde a intérêt à ce que ça marche. »

Les grammes à gauche ; les demi à droite : tout est fait pour que la transaction dure le moins de temps possible. En général, le consommateur vient avec l'appoint. Le marchandage est interdit et le crédit ne concerne que les clients réguliers. Petite règle qu'ils se sont fixée : un acheteur interpellé par la police, même une fois, est un acheteur perdu. Pour accroître ses revenus, la bande écoule aussi du « bedo » (du shit). Le prix du kilo varie selon la qualité, entre 1 800 et 4 000 euros, raison pour laquelle il faut là aussi s'appuyer sur de sérieux goûteurs capables de faire la différence entre un cannabis coupé au henné et une résine concentrée. Mais ils évitent la vente au détail : trop lourd à gérer.

Le chiffre d'affaires oscille autour de 1 500 euros par jour, les bénéfices entre 15 000 et 20 000 euros par mois, qu'ils partagent en trois parts égales. Un début en trombe mais les choses évoluent à grands pas. Les mois passant, les trois associés s'offrent le luxe de prendre du recul. Moins présents sur le terrain, plus indétectables, ils confient doucement les manettes à des sous-traitants. À charge pour eux de veiller à ce que tout se passe bien, que la clientèle parisienne aisée se sente en confiance et que les comptes tombent juste à la fin du mois. Ce qui est en général le cas, été comme hiver : Manu avoue avoir très peu ressenti les effets de la crise économique. Une régularité qui autorise certaines précautions, comme celle consistant à tenir à distance les trop grosses vedettes « qui amènent les flics ». Ou le fait de demander leur âge aux acheteurs qui leur paraissent un peu jeunes, comme ces gamines qui carburent à la coke pour rester éveillées toute la nuit en boîte. Trop risqué : mieux vaut privilégier les ouvriers qui en prennent pour tenir sur les chantiers, ou les travailleurs du tertiaire qui défilent en costard. Sans oublier les pères de famille du quartier, clients fidèles auxquels il faut savoir « faire une petite fleur », proximité oblige.

À l'affût des nouvelles filières, les trois associés prospectent le marché. Vers 2009, ils découvrent la nouvelle route de la cocaïne, celle qui passe par l'Afrique de l'Ouest, terre promise des grossistes colombiens. La drogue est transférée au large, en plein Atlantique, à bord de pirogues qui l'introduisent discrètement en Guinée-Bissau ou au Sénégal. Elle chemine vers le Mali avant de remonter vers l'Europe... Et, là encore, miracle, l'équipe a un contact direct, en l'occurrence avec un piroguier.

Le kilo est un peu plus cher qu'aux Antilles : entre 10 000 et 12 000 euros. La cocaïne est un peu moins pure, mais, entre le fleuve Niger et Bamako, Manu navigue en territoire familier. Il est lui-même sur place, au début, pour conditionner les paquets et recruter de jeunes couples susceptibles de transporter la drogue dans leurs valises. Puis, les semaines passant, il confie ces tâches à des hommes de confiance. À raison de trois ou quatre couples par semaine, l'approvisionnement est régulier. En cas d'arrestation par les douanes, l'avocat est payé. S'il faut, un petit billet est envoyé à la famille en guise de compensation.

« Plus t'es proche de la source, plus tu es gagnant, insiste Manu. Chaque intermédiaire empoche ses 3 000 euros. Plus il y a d'intermédiaires, plus c'est cher et plus il y a de risques, sans compter que la qualité baisse. » À part quelques retards sur la commande, l'équipe ne déplore aucun désagrément conséquent... du moins jusqu'à ce que le terrorisme et la guerre ne viennent compliquer cette voie terrestre.

Les premiers temps, Manu a donné le change vis-à-vis de sa famille. On le voyait sur les marchés, derrière un étalage de primeurs. Juste pour montrer qu'il « pouvait travailler », qu'il n'était pas un « branleur ». Peu à peu, il s'est installé à temps complet dans le « bizness », non sans soutenir ses parents, en réglant leur loyer ou en remplissant le réfrigérateur familial. À la maison, ils l'appellent « Bounty », à cause du peignoir blanc qu'il enfile au réveil ou du couteau et de la fourchette qu'il réclame à l'heure du repas, quand les autres mangent avec les doigts, comme au pays. Lui ne s'en offusque pas. « Je marche à la française, assume-t-il, même si j'adore mon pays. »

Manu s'éloigne peu à peu de la cité. Il prend des allures de cadre commercial, toujours élégant, toujours aimable, suffisamment pour qu'on lui loue un « petit meublé » dans les beaux quartiers de la capitale alors qu'il n'a pas même 23 ans. Une translation qui a ses mauvais côtés, notamment avec les filles qui ne comprennent pas toujours ses absences et les interprètent souvent mal.

Le « terrain » tourne tout seul, ou presque, entre les mains d'un « petit » qui sait ce qu'il lui en coûterait de gruger les aînés ; Manu et ses deux acolytes s'occupent des achats et veillent à la qualité du produit pour préserver la réputation du point de vente. Debout dès 7 heures du matin, le jeune homme ne coïncide décidément pas avec l'image souvent véhiculée qui voudrait que le lascar n'émerge pas de ses draps avant midi. Il lit *Le Parisien*, *Paris-Match* et *Voici* pour la vie des stars. Le soir, il est souvent au ciné. Une vie rangée, sans excès, si possible sans faux pas, où il ne s'agit pas de se prendre pour un surhomme.

Les flics, Manu ne les sous-estime pas : « Ils sont très forts, dit-il. Ils ont les moyens. Ils sont partout, habillés comme toi et moi. On évite la voiture, la moto, le téléphone. On devient parano ! »

Le risque est quotidien. « À plus de trois dans une voiture, on se fait repérer, explique le jeune dealer aux poches cousues d'or. Quand tu es black, ils ont plus l'œil sur toi. Même si je passe bien, je suis suspect, forcément délinquant, forcément trafiquant, comme me le disait encore un policier qui me contrôlait au volant d'une Clio à 7 000 euros, avenue Foch : "Toi, t'es un trafiquant de drogue ! – Non, je suis un bon travailleur", je lui ai répondu. Je suis resté zen. Ils ont retourné la voiture sans rien trouver : je ne fume pas, je ne bois pas, je suis sportif... Les flics d'aujourd'hui, c'est des fous furieux. Ils arrivent dans la cité, ils gazent tout le monde sur le terrain de foot et disparaissent. Ça se termine forcément avec des pierres... »

Les remous inhérents à la vie quotidienne dans les cités sont derrière lui. Désormais gradé dans l'ordre du crime organisé, Manu a d'autres soucis. Il évite de parler au téléphone, ou alors se débarrasse le soir même de la puce. En cas d'urgence, il y a toujours la cabine ou l'indémodable Tatoo. « On se parle par code », dit-il. Un sens de la survie qui se développe grandement après la chute d'un des trois compères, condamné à dix huit ans de prison pour 31 kilos de cocaïne, à cause d'écoutes téléphoniques particulièrement plombées et « parce qu'ils lui ont mis le compte pour d'autres choses dont ils le soupçonnaient ».

L'ennemi peut aussi surgir de l'intérieur. Les livraisons se déroulent dans des lieux neutres : parkings, supermarchés, souterrains, où chacun prend ses « précautions ». « On sort les armes et les gilets pare-balles pour les grosses transactions, quand il y a des gros sous en jeu, explique Manu. Surtout quand on connaît mal ceux qui sont en face. Les stups, c'est plus calme que le monde sauvage et barbare des braquos, mais c'est un monde vicelard. Si tu es honnête, sérieux, réglo, carré, posé, si tu rends service aux bonnes personnes et que tu ne casses les couilles de personne, tout se passe bien. Dès que tu n'es plus ponctuel, que tu carottes, c'est mort... et ça va mal se passer pour toi : tu vas te faire fumer. »

Le jeune homme a vite appris les règles de son nouvel univers. Avec autant de bonne volonté et de concentration que l'un de ses frères est devenu boucher, tandis qu'un autre a trouvé une place dans la restauration et un troisième dans un supermarché. « C'est la cité qui fait que je suis là, dit-il lorsqu'on l'invite à prendre un brin de recul. J'ai vu des mecs toujours bien habillés, avec de belles femmes et de belles voitures. J'ai pensé : je vais essayer d'être comme eux. J'avais un grand cousin qui avait commencé à taper dans les Brink's à 16 ans, pourquoi ne pas faire comme lui ? J'ai choisi le bizness par facilité : les braquos, c'est de plus en plus compliqué, les flics sont à donf [à fond]... »

Manu est économe. Quand il dégage 200 000 euros, il en met 50 000 de côté, ce qui lui permet, outre de rêver, de couvrir les pertes au cas où la marchandise s'égare en route… Mais il connaît la règle, qu'il résume ainsi : « La France, c'est prends ton argent et casse-toi, sinon tu perds tout. » Un jour, il aura un petit fast-food qui ne sera pas à son nom et dont il confiera la gérance à un homme sûr, car, « avec le GIR [la police main dans la main avec le fisc et les douanes], tu ne peux plus rien faire. » Un jour, il construira une belle villa au Mali, en prenant soin de ne pas trop se mettre en avant, par respect pour son père, peut-être aussi un joli hôtel. Un jour, il aura une belle voiture, mais pas en France où « il faut tout justifier et ne pas se faire remarquer ». En attendant, l'argent est en lieu sûr, et une seule personne est au courant, car « même la famille peut te la faire à l'envers ».

Voilà la nouvelle French Connection : un milieu structuré, soudé, composé de trafiquants qui ne portent plus le costume-cravate des ancêtres, mais tentent de passer pour de modestes travailleurs. Des jeunes grandis dans les cités qui ont cessé depuis longtemps de traîner dans la rue, enfilent le jogging à l'heure de rendre visite à leurs parents, pour ne pas attirer l'attention, se tiennent loin des discothèques, des grands restaurants et des machines à sous que prisaient, hier, les figures du milieu. Qui sont « gavés », comme ils disent, mais ne le montrent pas, dissimulant un séjour dans les palaces asiatiques derrière un voyage organisé, familiers du Brésil comme de l'Australie ou des Antilles, mais sans le crier sur les toits. Et qui assument ce qu'ils sont, à l'instar de Manu : « On se met en place doucement. On sait ce qu'on a à faire. Si on doit employer les gros moyens, on les emploie. »

La nouvelle génération est en marche, celle dont les icônes s'appellent Antonio Ferrara, Issa Traore et Moussa Traore, ces figures du milieu des cités, braqueurs téméraires, que Manu le dealer considère comme ses frères, ou presque. Il connaît bien son petit monde. Il fait la part des choses entre la légende brodée par les médias et la réalité, sait ce qu'un Ferrara doit à ses équipiers, qui est « vaillant » et qui l'est moins, qui n'a « peur de rien », pas même des balles, et qui ne monterait jamais sur un « gros coup ». Il sait comment repousser les frontières de la cité et nouer de nouvelles alliances, avec les limites qui s'imposent : « Je peux aussi bien travailler avec des Gitans du 91 [Essonne] qu'avec des blacks du 93 [Seine-Saint-Denis]. Il n'y a qu'avec les Corses que c'est plus difficile : ils se mélangent quand ils sont en prison, mais, une fois dehors, ils te calculent pas. »

Manu préférerait évidemment ne pas retourner derrière les barreaux, étape qu'il considère comme une « perte de temps ». Sans compter que l'argent n'y est pas d'une grande utilité, et qu'il ne supporte pas l'idée de voir les braqueurs condamnés à de plus lourdes peines que « ceux qui violent des gamines ». Prochainement, lui et ses amis revendront le « terrain ». Ou plutôt ils le loueront, car le nouveau gérant leur reversera une sorte de dîme. Façon de monter d'un cran dans la hiérarchie du trafic, à l'étage où on ne se montre plus dans la cité, mais où on investit sur les grosses transactions. La soif de prendre du grade le travaille au corps, mais, en même temps, il voudrait pouvoir bifurquer à temps. « Il faut savoir s'arrêter au bon moment », répète-t-il, mais il s'estime encore un peu jeune. Comme ces footballeurs qui empochent un maximum d'argent tant que leurs jambes et leur cœur tiennent le choc, il tournera un jour la page, si possible avant que la brigade des stupéfiants ne la tourne pour lui à un moment qu'il n'aura pas du tout choisi.

« Tu peux devenir fou, confie-t-il. Tu te mets en avant, tu achètes la grosse voiture, tu poses la bouteille de champagne sur la table, magnum de préférence, et tu suscites des jalousies. Si tu ne veux pas te retrouver en prison ou passer à la casserole, il faut savoir ne pas être trop gourmand, rester discret et ne se confier à personne... C'est toujours ton meilleur ami qui te la fait à l'envers : il voit que tu gagnes plus que lui, que tu avances. Les gens parlent beaucoup... Un jour ou l'autre on te balance. »

Les voyous d'avant ne rêvaient pas de la petite vie rangée de M. Tout-le-Monde. C'est l'une des grandes différences, en dehors de la couleur de peau, entre Manu et eux : il aspire à se marier et à mener une « vie tranquille, avec femme et enfants ». Parviendra-t-il à sortir de ce monde qui l'a adopté ? « Quand j'aurai 2 ou 3 millions de côté, car on ne sait pas ce que la vie peut réserver, je me poserai, assure-t-il. Je ne veux pas que mes enfants galèrent comme moi ni qu'ils aient une vie de gangster. Je les vois médecin ou avocat. Je leur interdirai de vivre comme moi... »

Le « boss » travaille en famille

Il a grandi à Aulnay-sous-Bois, Seine-Saint-Denis, de père kabyle et de mère française. L'école n'étant apparemment pas faite pour lui, il lui a rapidement tourné le dos. Il a en revanche observé avec un grand intérêt les voyous traditionnels qui naviguaient dans les parages. Au milieu des années 1990, il a 25 ans, lorsque ses amis le considèrent comme l'un des premiers « boss » de ce nouveau milieu qui éclôt aux portes de la capitale.

« L'essentiel, pour avancer dans cet univers criminel, ce sont les connexions », assure-t-il. Cela tombe bien : le « boss » a un ami d'enfance, kabyle comme lui, qui connaît deux figures de Montreuil, sans doute le terreau le plus fertile d'Île-de-France en matière de banditisme, passées à travers les mailles de la police et recyclées dans la gestion de bars et de restaurants. Il les écoute raconter les gros braquages auxquels ces hommes auraient participé. Leur mental, « celui de Robert De Niro dans le film *Heat* », déteint sur lui. L'un de leurs bars, à Villetaneuse, voit passer quelques stars de la banlieue sud dont il observe attentivement les manières.

Le jeune homme vend un peu de shit, il sera bientôt millionnaire, mais, en attendant, il apprend à « dribbler ». Il lit la presse, attentif aux faits divers. Épluche les livres du commissaire Broussard, depuis très longtemps à la retraite. S'imprègne de la saga des frères Zemour, ces Juifs pieds-noirs venus d'Algérie « qui faisaient 500 briques par mois ». Admire le « gang des postiches », mais aussi Mohamed Amimer et Nordine Mansouri qui ont sur lui quelques années d'avance et déjà pas mal de beaux casses à leur palmarès.

Prend ses marques en s'inspirant de ses modèles. Privilégie les rendez-vous dans le quartier de l'Opéra quand il vient dans la capitale. Embrasse ses amis à la mode marseillaise. Fréquente assidûment Le Triangle, la discothèque à la mode dans le Val-d'Oise, où les jeunes des cités se sentent comme à la maison. Devient un as du cloisonnement : à part la famille, personne ne sait ce qu'il fait. Même sa vie privée est très organisée : le samedi soir il est avec « madame », délaissant sa maîtresse…

Le « boss » règne bientôt sur une petite équipe, six garçons « unis comme les doigts de la main ». L'ambiance est clanique, au point que sa sœur épouse l'un de ses associés. La réussite ne tarde pas, puisqu'on leur fait suffisamment confiance pour leur concéder une demi-tonne de shit sans autre formalité : ils font leur marge et remboursent.

Deux précautions valant mieux qu'une, ils ont, du moins s'en vantent-ils, un flic véreux dans la poche à la préfecture de police de Paris. Instruits des méthodes de l'adversaire, ils savent qu'on place aujourd'hui des balises sous les voitures et des micros dans les appartements. Cela n'empêche pas les séjours en prison, mais, tant qu'ils ne sont pas tous enfermés en même temps, tout va bien. Quand un membre de la bande est libéré, les autres lui préparent une enveloppe et une grosse fête, histoire de l'aider à repartir du bon pied. Les deux mains dans le shit, ils ont aussi un œil sur le trafic de voitures, « qui assure des rentrées régulières », et un autre sur le recel de bijoux volés. La seule activité qu'ils s'interdisent, c'est l'attaque de fourgons blindés : ils ont trop peur. Les règlements de comptes ne leur réussissent pas non plus : la fois où ils s'y sont frottés, ils ont laissé leur victime en vie, les forçant à quelques mois de cavale en Espagne...

Du haut de sa réussite, le « boss » dépeint sa génération :

« On est tous égaux au départ. Au pied de la barre, une quinzaine de jeunes vendent des barrettes. Ils ont 14-15 ans, recrutent des plus jeunes pour le chouf. Ils font quelques carottes, puis se disciplinent pour ne pas faire fuir le client. Sur trois cents familles, ils sont une vingtaine à se lancer dans le bizness.

« Ils vont au collège avec une dizaine de barrettes cachées dans leurs chaussettes ou dans un paquet de cigarettes. Les premiers clients, c'est dans la cour de récré. Ils grattent 5 euros par barrette. Avec dix, ils arrivent à 50 euros. À 14 ans, ça fait plus que dépanner. Dans le mois, ils se font 200 à 300 euros, de quoi aller au Quick, acheter des baskets et un MP3, sans oublier de se payer un flan à la pâtisserie. C'est de l'argent facile, une revanche sur la misère. Aucun parent ne peut leur donner 100 euros par semaine. Tous les aînés sont au placard. C'est normal. Ça ne leur fait même plus froid dans le dos. Ils savent déjà ce qu'est une perquisition, une garde à vue. Ils envoient des mandats aux grands frères, du linge, du shit, des téléphones. Sans le vouloir, ils suivent une formation. Ils peuvent aussi jouer au foot ou faire leurs devoirs, mais la cité c'est aussi ça. Celui qui naît là a neuf chances sur dix de tomber, même si on va le chercher tous les jours à la sortie de l'école. Il est programmé pour basculer...

« Lequel va devenir une "figure" ? Un sur dix sort du lot. Il passe de la barrette aux kilos. Il fait tourner la marchandise, se constitue une clientèle, puis fournit tout le quartier. Il se transforme en semi-grossiste. C'est un radin. Il stocke, déniche deux "nourrices[1]", une pour le shit, une pour l'argent. S'il ne s'est pas fait griller, ce qui est rare, il avance. Il achète une Clio ou une Golf, une voiture neuve qui le distingue de ses comparses. Il s'offre un écran plasma, mais ne part pas encore en vacances.

« Il passe à coup sûr par le placard [prison], mais la cour de promenade de Meaux, c'est le bas de la cité. Tu as là une vingtaine de clans. Ils fument leur shit entre eux. Celui qui navigue bien "biznesse" les téléphones et le shit. Le clan n'est pas forcément communautaire. C'est un Français, un black et un beur. Ils ont grandi ensemble. Ils créent une fraternité, ça fait la différence. Tu calcules pas le reste. C'est des gens qui se lâchent pas. Ils se "gamellent" entre eux, comme font les Basques ou les Corses. Aux yeux des islamistes, ce sont des mécréants...

« Au placard, il en profite pour écouter ceux qui sont tombés pour 150 kilos. Quand il sort, il part au Maroc et il ouvre ses oreilles pour s'épanouir. Il achète 100 kilos en essayant de ne pas se faire carotter. Il garde le lien avec le quartier et le chantier [le point de deal]. Entre ses coups, le chantier et les barrettes, il se fait ses 10 000 euros par mois. À 18 ans, des gens lui proposent d'aller chercher 300 kilos en Espagne. Il fait l'ouverture ou la fermeture, payé au lance-pierre. Il repousse les limites, vend maintenant par 10 kilos. Il procède pas à pas, se fait tout seul.

---

1. Personne inconnue des fichiers, chez qui on cache drogue et argent.

« Grâce à un contact au pays, il charge un jour 200 kilos à un prix défiant toute concurrence. Il franchit encore un pas. Il devient un objectif pour la PJ. Il fréquente de gros restos à Paris, ne regarde pas le prix de l'essence, achète une voiture à sa femme, une autre à sa mère, investit dans une boutique de téléphonie ou une sandwicherie – très bien pour les espèces –, ouvre un resto hallal, offre un pavillon à ses parents avec un prêt adossé à la sandwicherie. Le banquier commence à le prendre pour quelqu'un d'important.

« Les autres en sont restés aux barrettes. Ils tiennent les murs, gardent la cage d'escalier, font six ou sept mois de taule par-ci par-là... Lui commence à peser lourd.

« Pendant des années, disons entre 1994 et 2000, la police a plus ou moins fermé les yeux. Elle les a rouverts en arrêtant les premiers go-fasteurs. Ils roulaient déjà en Lamborghini... On imagine qu'il y a des cerveaux derrière eux, mais ce sont eux qui ont mis au point le système et ils sont leurs propres patrons. Ils ont vu qu'il n'y avait plus personne aux frontières, avec la mondialisation. Bons pilotes, ils ont pensé que personne ne les arrêterait. »

Ainsi a pris forme le « milieu des cités », à en croire notre témoin désormais quadragénaire, bien installé dans le paysage et connu de tous les services de police. Un milieu composé « de mecs qui vont savoir gérer, qui vont accepter de gagner moins en devenant grossistes, pour gagner plus après ».

« Il faut de l'ambition pour sortir du lot, insiste-t-il, parlant de lui à la troisième personne. Il faut un côté affairiste et des amis solides. Il faut aussi savoir saisir les opportunités : s'il y a pénurie dans un quartier, il accourt. On le prend pour un artisan. On se moque quand on le voit manger son kebab, mais, derrière, il appelle le Venezuela avec son téléphone satellitaire et se rend au bureau de change avec un million d'euros. Puis, le soir, il fait sa prière et engueule ses enfants s'ils ne vont pas se coucher... »

« La vie de gangster est faite pour moi »

« Aujourd'hui, les flics savent qu'on contrôle les "terrains". Avec les années 2000, ça a pris de l'ampleur. Les cités ont évolué. Les gros trafiquants, c'étaient le Français et l'Espagnol. Aujourd'hui, c'est aussi le Marocain et l'Africain. On s'est pas mélangés. On a créé nos contacts par les cousins antillais, africains ou marocains. C'est pas venu des anciens. Chacun sa merde et Dieu pour tous. Je ne dois rien à personne. Je ne dépends de personne. »

Comme tous, « Koné », un Franco-Sénégalais de 24 ans, a commencé en vendant quelques barrettes. Il a « pris des sous », est passé au kilo, aux 400 kilos, puis à la tonne. Avec quelques autres, il a surtout ouvert son « terrain », ce qui réclame, à l'entendre, une certaine ancienneté et du discernement. « Il faut une cité un peu calme, mais pas trop non plus, dit-il. On a toujours besoin d'un peu de bordel pour focaliser les flics, qu'ils nous laissent travailler. » Celle où il a grandi offrait toutes les caractéristiques requises : toujours du monde autour, des magasins ouverts, des jeunes qui jouent au foot, du passage... Et puis, c'est toujours plus simple quand « on fait partie du paysage ».

« On apprend à être physionomiste, explique Koné. Les clients réguliers, on les connaît. Si on a un doute, on les questionne. On peut même faire une fouille, si on a un gros doute. On sait qui paye cash, qui prend un crédit. On sait qui vient le soir, qui vient le week-end, qui vient plusieurs fois par jour. On voit parfois passer des superbelles filles, bien habillées. Les réguliers, on leur met un gramme, les autres, c'est plutôt 0,8 gramme, emballage compris. »

Blacks, blancs, beurs, le terrain est propice au grand mix. « Maliens, Sénégalais, Algériens, Marocains, ça marche bien ensemble à condition que chacun soit correct, dit-il. S'il manque des sous à la fin de la journée, personne n'est payé. L'argent ne reste pas. Un million d'euros dans une armoire, comme celle que les flics ont ouverte à Tremblay-en-France, c'est n'importe quoi. Perdre autant d'argent d'un coup, ça fait mal au cœur ! »

L'équilibre de la terreur joue au sein du groupe, mais aussi avec les clients, les fournisseurs et les « boutiques » voisines. La règle, telle que la conçoit Koné, tient en quelques phrases : « Tant que tu ne détournes pas mes clients, ça se passe très bien. Sinon, c'est la guerre. Ça finit en bain de sang. On discute pour l'éviter, mais ne va pas vendre à 100 mètres de mon terrain ! Il faut être méfiant, ne bosser qu'à la confiance. Main droite, main gauche, tu donnes le produit, je donne l'argent. On sait qui aller voir en cas de souci. On sait sur qui se rattraper. Ça parle de 300 000 euros, de millions d'euros si on est plusieurs. Ça marche à la personnalité, au vécu, à l'image. Ça nous est arrivé de perdre, avec mes amis. C'est le bizness. S'il n'y avait pas de galères, on serait milliardaires ! C'est pas la vie en rose ! Parfois, les mecs nous mettent du sucre ou de la farine. C'est compliqué de courir après. C'est 10 à 15 kilos, soit 80 000 euros, plus les frais d'envoi. Tu peux chuter très vite si t'as pas trop d'argent de côté. Faut assurer ses arrières. La recette, c'est d'être deux ou trois, comme des frères. Si demain il y a une galère, l'autre prend un très bon avocat et aide la famille... »

La came est stockée chez les « nourrices ». Ceux qui emballent les doses se brûlent les doigts avec la bougie et le plastique. Le terrain est ouvert 24 heures sur 24, histoire de ne pas laisser l'argent dormir. Mais la vie de Koné ne s'arrête plus depuis longtemps aux portes du quartier : « J'aime le bowling, la relaxation, l'équitation, dit-il. Je voyage. Le Brésil, c'est impressionnant. Cayenne, c'est les filles en string dans la rue, le gramme de coke à 20 euros, les machettes… les flics qui ont peur. En Afrique, tu payes 15 euros et tu passes la douane avec ton conteneur. Ils te repèrent vite : au teint, à ta démarche. Tu as beau porté un boubou, ils te contrôlent : "Oh, le Parisien, viens ici !" Tu payes et, derrière, tu revends 30 000 euros le Porsche Cayenne que tu as acheté 3 000 euros en France. Ils te souhaitent même bonne route ! Avec les sous, là-bas, tu es sur un nuage ! Heureux ! Même si je me marie avec une Française, je lui montrerai la brousse ! Mes parents me le disent, que je finirai avec une Blanche ! (Il rit à gorge déployée.) Je préfère une fille qui a un bon boulot sur Paris à une banlieusarde qui vit chez ses parents. La banlieusarde est plus dangereuse ! »

Les armes n'ont pas de secrets pour Koné. Il a commencé en maniant le pistolet à billes, puis il a fréquenté un stand de tir et s'est entraîné dans les bois. « Les gens doivent savoir que tu es prêt à allumer en cas de problème, dit-il. Cela fait partie de ton image. Mais si tu as une arme et que tu ne sais pas viser, si tu tires à la barbare, c'est pas la peine. Si tu as un compte à régler, tu dois savoir tirer. C'est la meilleure façon de se faire comprendre, de dire : je suis présent, je suis là… » Les fournitures ? Simple comme un voyage en Belgique où Koné a sa filière. « Les Bulgares sont là pour ça, dit-il. Le M 16, la kalachnikov, ils ont tout ce qu'il faut, y compris les munitions. Il suffit d'avoir l'argent… »

Armé comme il se doit, il se passe en revanche de téléphone portable. « Il sonnerait toutes les trente secondes ! » s'exclame-t-il, mais, la vraie raison, c'est évidemment d'éviter le fil à la patte, de la même manière qu'il a renoncé au Pass Navigo (qui enregistre tous vos déplacements dans les transports en commun). Drôle de vie ? Lui aussi en connaît et en assume les limites et les périls. « Je sais que je peux perdre, finir en prison ou entre quatre planches. Cela fait partie de la vie du milieu. C'est un mode de fonctionnement que tu choisis et que tu comprends vite. Je sais ce que je fais. La vie de gangster est faite pour moi, mais si demain je suis perdant, et qu'il faut aller travailler, j'irai. »

Karim, le dealer qui n'avait rien
d'un Esquimau

« La justice me reproche d'aller quatorze fois au Maroc en quatre ans, mais je suis un Arabe, je suis pas un Esquimau ! »

Karim a de l'humour, et aussi quelques remarques assez acerbes à l'endroit de la police de la ville dans laquelle ses parents ont débarqué en 1964, dans l'est de la France. « Ils ont monté un dossier contre moi parce qu'ils croyaient tomber sur l'affaire du siècle », dit-il, digérant assez mal les coups de fils anonymes et autres « balances » qui lui ont valu une condamnation à six ans de prison, alors qu'il avait tout juste 35 ans et un casier judiciaire vierge. Il leur en veut d'autant plus, aux « keufs », qu'il les imagine en cheville avec ce type qui a inondé la ville en cocaïne, un « feuj » officiellement résident au Mexique, qui n'aurait eu de cesse de les « arroser ». Un homme qui aurait commencé dans le shit en Espagne, en cheville avec un autre « juif », avant d'écouler massivement une cocaïne en provenance directe des îles, « meilleur marché qu'en Hollande ». Avec une réussite insolente et tape-à-l'œil, de Porsche Panamera en Ferrari (modèle à 200 000 euros), et toujours une arme sur lui, un statut (peut-être imaginaire) qui inspire à Karim ce commentaire :

« Pour être un bon trafiquant, il faut être avec les flics, ils te donnent carte blanche. Il était le patron de la ville, pas seulement du commissariat ! Il passait mieux avec les flics qu'un bougnoule : l'Arabe a beaucoup de couilles mais pas de cervelle, on prétend même qu'il n'est pas fiable. »

Sauf que cette présumée protection n'a pas empêché le garçon en question de mourir dans un accident de voiture, en Allemagne, au volant d'un bolide lancé à 250 km/h...

Quand la PJ l'a interpellé, Karim a eu l'impression qu'ils le prenaient pour rien de moins que Mohamed Merah (l'islamo-braqueur toulousain). Lui ne perçoit pas tout à fait les choses de la même manière :

« Je faisais mon biz, tranquille. Ni je brillais ni je tuais des gens. Je ne comptais même pas faire ça toute ma vie. Quand ils sont venus me chercher, je croyais qu'ils bluffaient. Comme ils n'ont rien trouvé, ils ont affirmé que je dissimulais... »

Tout juste si Karim se considère comme un bandit, lui qui assure que la drogue, « c'est un commerce comme un autre », un commerce tout de même corrupteur, notamment en Espagne où les liaisons dangereuses avec la Guardia Civil, à l'entendre, ont été ravivées par la crise économique.

« Si j'avais habité sur Neuilly, j'aurais pas fait ça, assure-t-il. Je ne suis pas né dans le coton. T'as 14 ans, tu vois les paires de pompes des petits dealers, et ton père va pas te les payer. Le shit, c'est la facilité. Il est là, à ta porte, à toi de faire tes preuves. Tu commences avec les barrettes, tu mets de côté. Après, c'est comme à l'armée : tu gravis les échelons avec le temps. Il y en a qui vont trop vite et se cassent les dents, parce que l'argent leur monte à la tête. J'aurais pu faire les crapules, mais j'ai contrôlé mes pulsions. Je suis un mec de confiance, pas un voleur. Chacun son éducation. J'en fais pas trop. Je roule en Mini pour pas m'attirer les foudres. J'ai une vie simple. Ma femme fait ses courses au Lidl. J'ai juste fait l'inverse de ce que les flics attendaient. »

À ses yeux, malgré cette arrestation qui lui a valu quelques années de prison, Karim n'a pas commis beaucoup d'erreurs. « J'ai fréquenté des flambeurs qui voulaient m'amener au casino, j'ai dit non, explique-t-il. Ils dépensent beaucoup, et vite. C'est un engrenage. Ils jouent et se font michetonner par les filles, la famille, les amis. À 20 ans, j'avais un million [de francs, c'était avant l'euro], mais la famille ne voyait rien.

« Mes clients, ce sont des mecs propres, pas signalés, installés comme moi, pas des gens qui parlent de ça à longueur de journée. Je me tiens loin des "terrains" tenus par des mecs grillés qui n'ont rien à perdre et aucune conscience des risques. Je veux gagner dans la durée. Pour moi, le shit, c'est un tremplin pour partir en Algérie. Ça se vend bien si t'es compétitif en termes de prix, mais ce n'est pas un fleuve tranquille. Des jours, la marchandise n'arrive pas ; des jours, la qualité n'y est pas. C'est pas une science exacte. Si tu tapes à la mauvaise porte, t'as que des pertes. Et puis, tu n'es pas à l'abri du vol… »

Une crainte pas tout à fait infondée, à voir le nombre de braqueurs qui se sont laissé tenter par le braquage de dealers. Avec un retour de bâton sévère : les dealers ont fait appel à des « nettoyeurs », et les règlements de comptes ont été sanglants… Karim, lui, a juste vu la police fondre sur lui : un moindre mal.

3.

Les pionniers

Franck Berens met les Manouches en selle

La nouvelle génération n'est pas tombée du ciel. C'est dans l'Est parisien, entre Montreuil et Rosny-sous-Bois, que sont nées les premières vocations. Franck Berens est l'un de ceux qui, au début des années 1980, servent de guide aux jeunes pousses de l'époque, auréolé par dix années passées sous les verrous. Dans son bar, le Saint-Ex, défilent une bonne partie des futures figures du grand banditisme. Les « Rabouins » de Montreuil, comme il appelle les Manouches, croisent le jeune Mohamed Amimer, braqueur plein d'avenir. Les frères Hornec, puisqu'il s'agit d'eux, ont les dents longues, mais pas encore toutes les ficelles entre les mains. Marc Hornec vend des autoradios ; son frère Mario est doté d'« un flair inimaginable pour sentir l'argent » ; quant à l'aîné, Loune, il remet à leur place quelques « tailles basses » (allusion au port du jean) venues perturber la douce ambiance du Saint-Ex, prêt, s'il faut leur faire peur, à leur coller le canon d'un calibre sur la tête.

Franck Berens, qui a du flair, sent bien que ces Manouches sont des « cas à part ». Il décide de les emmener au braquage, et pas n'importe lequel : ils doivent attaquer un fourgon blindé en Suisse. Manque de chance, le fameux casse de l'UBS, mené par les bandits corses de La Brise de mer en juillet 1986, perturbe leurs plans. « On s'est rabattus sur une agence bancaire », racontait Franck Bérens avant d'être emporté par la maladie, livrant un témoignage inédit sur une famille dont il a mis en valeur les talents et qui tiendra le haut du pavé dans la capitale pendant près d'une décennie :

« Leur père, un ancien ferrailleur qui vivait chichement, m'appelait le "SS". Eux m'appelaient "le Vieux". J'avais une aura. Ils ont même donné mon prénom à un de leurs fils. Ils sont très famille. Quand Marc est tombé en prison, ils ont apporté des sous aux surveillants pour qu'il ait du "bon manger". Quand leur avocat leur a certifié qu'on pouvait acheter le juge pour un million, ils ont dit oui.

« Ils avaient trois maisons dans le sud de la France, avec piscine et camping-car dans le jardin. Au moins, disaient-ils, quand ils dormaient là-dedans, ils entendaient la pluie tomber. Ils avaient besoin d'un lit ? Ils cassaient une boutique et embarquaient sommier et matelas. Pour eux, acheter quelque chose, c'était un déshonneur. Ils étaient gavés, mais ils volaient le scooter.

« Quand j'ai été enfermé, ils sont devenus les rois de Paris. Tout le monde avait peur d'eux. Tout le monde donnait des sous, si bien qu'ils n'avaient même plus besoin de monter sur des coups. L'argent venait tout seul. Ils voulaient s'associer avec les Corses. Ils disaient que Richard Casanova [pilier de La Brise de mer] allait leur apporter de belles affaires. Les Corses avaient besoin d'un relais pour tenir les "multicolores" [les machines à sous].

« Markus et James, les enfants, mettaient des lunettes pour se vieillir. James est mort sur un cambriolage, d'une balle dans le dos. Il y avait aussi "la

Gelée" et "Imed", le fou et le gentil. C'étaient les porte-flingues. C'est Marc qui dirigeait. Ils se croyaient invulnérables. »

On connaît la suite, le couperet de la justice qui finit par s'abattre, les années de prison et la perte d'influence qui les accompagne. On sait moins comment cette famille a mis le pied à l'étrier, avec l'aide de ce « parrain » (au vrai sens du terme : ils sont un peu ses filleuls), et marqué une génération entière de voyous dans la région parisienne, pas seulement parmi les Manouches. Durant plusieurs années, ce seront eux les nouvelles stars. Ils vénèrent les films de Scorsese et se prennent pour des affranchis, citant à la volée des répliques du film :

« Tu balances jamais, même un fils de pute ! »

Ils portent des chaînes en or, flambent et aiment les belles voitures. Ils sont respectés, mais les mecs des cités ne vont pas les attendre longtemps : ils vont se faire tout seul et se surpasser, selon les règles de l'éternel recommencement qui régissent l'histoire du milieu.

Mohamed Amimer,
imprésario de la nouvelle génération

« Quand j'arrive en France en 1962, j'ai 7 ans. Je suis jeté dans le 93 et j'ai faim. »

Ainsi se raconte Mohamed Amimer, l'homme dont le nom est sur toutes les lèvres, braqueur émérite qui a gagné en prison l'étiquette de « détenu particulièrement showbiz », lui que l'administration classait plutôt parmi les « détenus particulièrement surveillés » (DPS).

« Il est devenu grandiose grâce aux boîtes de nuit, témoigne l'un de ceux qui l'ont littéralement admiré. Le Triangle, à Andilly, c'était "la boîte à Momo". Le 92, le 93, le 95, tout le monde allait là-bas. On pouvait y faire entrer mille personnes. On écoutait du R'n'B et du funk qui arrivaient de Los Angeles. Le garçon qui était aux platines, un Noir, c'était la star. »

C'était au milieu des années 1990. Sur le parking se croisaient BMW cabriolet, Porsche et Ferrari. Les serveuses venaient des cités. Les jeunes étaient entre eux, ils buvaient du champagne, acquéraient une respectabilité sous les sunlights de ces Bains-Douches version beur. Les futurs ballon d'or, disque d'or et blagueur en or – Zinedine Zidane, Cheb Khaled et autres Jamel Debbouze – faisaient parfois une apparition remarquée. Et c'est « Momo » qui leur ouvrait les portes, un type dont on disait qu'il braquait des fourgons blindés, qui connaissait des gars de la Dream Team et du gang des postiches, les mecs de la banlieue sud, les Hornec et les « figures » réfugiées en Espagne, que l'on croisait également, à l'occasion, dans l'établissement. Les mannequins ne dédaignaient pas les lieux, les judokas non plus. L'affluence était telle que la criminalité baissait, paraît-il, le week-end, dans la capitale entre 23 heures et 5 heures du matin (des policiers sarcastiques ont songé un temps à remettre une médaille à « Momo du Triangle »…)

Amimer a un tel entregent qu'on le voit investir le Palace, la boîte parisienne à la mode du faubourg-Montmartre, pour une soirée « Miss beur ». Il ouvre dans la foulée une autre discothèque, l'Élysée Raï, tout en s'affirmant comme une cheville ouvrière entre le milieu des cités et le milieu traditionnel, autant dire une légende vivante. Quand on l'envoie à Fleury à cause d'un mégot retrouvé dans un centre-fort, les gars n'en reviennent pas : « Putain, ils ont pété Momo avec l'ADN ! » Une première qui fera long feu…

Plus intelligent que la moyenne, Amimer, animé par un respect revendiqué pour les voleurs, a fait ses classes dans les années 1980 comme braqueur de banques. Comme tous, il a beaucoup appris en prison où il a su nouer de nouvelles connaissances. Une fois libéré, il a regagné son fief à Montreuil (93) où il reste bouche bée devant le braquage de la Brink's, à Colombes, au début des années 1990. Pourquoi ne pas se donner les moyens d'attaquer lui aussi, un centre-fort ?

Ça n'est qu'une idée, mais la police s'inquiète de le voir investir à tour de bras dans des établissements de nuit. Des années folles où il a parfois l'impression que Paris lui appartient. La PJ le voit (en cheville avec ses amis manouches) derrière tous les gros coups, de Perpignan à Bayonne en passant par Paris. Elle l'imagine en tandem avec un certain Farid Sanaa, un des premiers « jeunes de cité » à « monter » sur des bureaux de change où il empoche des millions (de francs) ? Qu'elle le prouve !

Lorsqu'il s'évade de la prison de Nîmes, Amimer confirme son statut. Qui a posé l'échelle derrière le mur ? Les frères Hornec, ses principaux camarades de jeux ? Certains, légende ou pas, affirment, que des jeunes sont venus le chercher par amitié, kalachnikov en bandoulière. La façon dont il a grimpé la corde qui lui a été lancée par-dessus le mur reste gravée dans la mémoire carcérale : il est monté « comme un marathonien », selon les mots d'un témoin marqué par l'image de ces prisonniers, crâne rasé pour la plupart, en train de faire leurs pompes dans la cour. « J'ai eu l'impression d'être tombé sur une secte, ma parole ! » lâchera-t-il.

« Momo » navigue un temps entre Algérie et Espagne. Ses amis lui demandent de patienter le plus longtemps possible, mais la vérité est plus crue : le fugitif est tellement signalé qu'ils hésitent à s'afficher avec lui. Quand il finit par revenir à Paris, poussé par la nostalgie et les pressions de la police algérienne, il comprend rapidement que tout a changé, que ses amis ont peur de l'ADN, que la parole n'a plus la même valeur et que les plus gros coups sont derrière eux...

Probablement mise sur la piste par un membre de son entourage, la PJ ne tarde pas à coincer le « clandestin » dans une cabine téléphonique de l'Est parisien. Cruelle désillusion pour cet autre fan des *Affranchis*, son film fétiche.

Le personnage n'en conserve pas moins son statut. Il restera l'un des premiers beurs à s'être lancés à la poursuite des fourgons blindés, mais Idir Hamdi, un Franco-Kabyle (né à Bougie en 1946) et ancien parachutiste, avait ouvert la voie : impliqué dans le casse de la Banque de France à Saint-Nazaire en juillet 1986, il aurait partagé avec ses complices un butin de 88 millions de francs (environ 13,5 millions d'euros), soit deux fois plus que celui ramassé par les amis de Spaggiari à Nice en 1976...

Mohamed Dridi boxe
dans la cour des grands

« Dans les quartiers nord de Marseille, dans la ZUP de Nîmes, à Montpellier, un mec de 15-16 ans gagne 150 euros par jour, soit 4 500 euros par mois. Il oublie l'école. Il regarde avec envie les noms qui ronflent : Zampa, Le Mat, Francis le Belge, qui, à leur époque, avaient recruté les plus "chauds" de leur quartier, ceux qui faisaient la pluie et le beau temps... »

« Momo » Dridi, né à Tunis en 1968, ancien champion du monde (mi-lourd) de kickboxing et de boxe anglaise, sait de quoi il parle : en son temps, lui aussi a été « choisi » par les grands. Invité à sortir du milieu gitano-arabe où il aurait dû faire carrière, il a été aspiré par le haut. Quinze ans plus tard, passé du banditisme à autre chose, il s'exprime librement...

À l'âge de 11 ans, debout devant le flipper dans un café de la porte de Montreuil, Momo apprend de la bouche d'un cousin qu'il est un enfant adopté. « Ton père est mort quarante jours avant ta naissance », lui dit-il en lui tendant une photo. Il fait sa première fugue et se retrouve chez un « tapin » qui le dépucelle et le gratifie de quelques billets, le soir venu. Jusqu'au jour où elle découvre qu'il lui a un peu menti sur son âge. Il rentre chez lui pour mieux fuguer à nouveau, et se lance dans les cambriolages avec un Gitan du quartier Saint-Paul, « pour payer la merguez-frites et l'hôtel ».

« On passait par les toits, se souvient-il. On tapait les chambres de bonnes et on raflait les pourboires [la cagnotte des serveurs de bistrots]. »

Première garde à vue, apprentissage de la rue et des embrouilles, développement de l'instinct de survie et... sexe gratuit : les prostituées lui ouvrent leur studio léopard, plus douillet que les placards de la tour Gambetta, à Bagnolet.

À 15 ans, Momo cambriole un bar. L'année d'après, il gagne son pain en protégeant le garçon qui l'assiste à l'heure des devoirs scolaires ; il passe dans la classe supérieure et comprend l'intérêt d'associer les talents. À 17 ans, on lui colle un vol à main armée sur le dos : il s'engage dans les « paras » à Beyrouth. Au retour, croix de guerre dans la poche, il investit dans une Mercedes 16 soupapes et fait le videur au Boy, rue Caumartin, une boîte où se pressent gays, transsexuels, voyous et « tapins ». Un matin, il « emplâtre » deux types, ce qui lui vaut rapidement la visite d'un garçon équipé d'un pistolet automatique... qui s'enraye. Il le « démonte », plus chanceux sur ce coup que sa Mercedes qui finit dans un mur parce qu'il a confondu marche arrière et marche avant...

À 21 ans, membre de l'équipe de France de boxe, Momo est amoureux de « Cathy la Marseillaise », de dix-huit ans son aînée, « une brique par jour au compteur » ; elle mourra sous les balles de la police. Il en trouve une autre qui lui offre son premier faux billet (de 50 francs). Quatre ans plus tard, il roule en Ferrari sans avoir fait escale par la case « vol d'autoradios ».

À l'époque, les bandits marseillais placent leurs machines à sous dans la banlieue parisienne : 77, 78, 93. Pour pénétrer le marché des cités, ils ont besoin d'alliés sérieux, de garçons capables de pousser les portes et de les tenir ouvertes. Momo Dridi a le profil, lui qui ne semble pas du genre à se mettre à table à la première alerte. Il tape dans l'œil de Roger Barresi, un des piliers du milieu corsico-marseillais, qui en fait son « associé ».

Passager de la Jaguar du chef immatriculée dans les Bouches-du-Rhône, « Momo » explore les quartiers pour « faire du relationnel ». Son rôle : « parler avec les têtes d'affiche du quartier » et négocier le placement de ces bandits manchots qui rapportent toujours plus dans les quartiers populaires.

« C'était un échange marchandise, raconte-t-il. Le type nous raccompagnait à la voiture et prenait un galon dans le secteur. Il touchait un billet quand il trouvait des places pour les machines, qu'il supervisait. En échange, on lui faisait comprendre qu'il avait une équipe derrière lui. »

Pour arrondir ses revenus, Momo rackette les discothèques et les « bars à gonzesses » de la capitale. Certains établissements sont pressurés de toutes parts. « le Chinois », « la Gelée » (un Kabyle de Chelles), « la Mèche blanche » (un Corse sur le retour), Mourad et Abdel, Daniel le Russe, tout le monde vient pomper dans la caisse d'un même bar de l'avenue Friedland. Momo a une technique infaillible pour rançonner les bistrotiers : il jette son dévolu sur un établissement, recrute des jeunes pour 150 francs (c'était avant les euros) la soirée, qu'il envoie boire sur place jusqu'à plus soif. Lui arrive sur le tard et commande un café peu avant que les jeunes n'annoncent à la cantonade qu'ils ne règleront pas leur addition. Et le tour est joué : moyennant 500 francs par jour, soit « une plaque » par mois, Momo, roi de la « boîte à gifles », assurera la sécurité de l'établissement...

« Je suis allé direct avec les vieux, dit-il. J'étais un meurt-de-faim, un crève-la-dalle, ça les arrangeait. »

Momo est un brin turbulent, mais les flics le surnomment « le Poète », allez savoir pourquoi. On le voit bientôt de retour à Tunis avec le costume de garde du corps de l'acteur Christophe Lambert ; l'occasion de rendre visite à sa mère qui découvre que son fils est passé du plat de pâtes au caviar et au saumon.

Momo est tous les soirs au Royal Villiers, un bar de la porte de Champerret considéré alors comme un repère de *bad boys*. C'est là qu'il a croisé pour la première fois le chemin de Roger Barresi. Le lendemain, il a réglé pour lui un problème du côté de Saint-Ouen. Son efficacité a plu. Il ne se droguait pas. Ce qu'il disait à 2 heures du matin tenait encore le lendemain midi. Et puis il s'y connaissait déjà en matière de machines à sous : il veillait sur un parc de quatre-vingts machines pour le compte d'un autre sudiste, « Jo d'Aubagne » qui, la soixantaine venue, ne se voyait plus « mettre des droites dans les bars ». Il supervise désormais une quarantaine de machines en plus avec le père Barresi.

« À Marseille, explique-t-il, les voyous ont l'habitude de travailler avec les Arabes pour protéger les bars. Cela a commencé dès les années 1970. À Toulon, [Jean-Louis] Fargette [parrain de la capitale varoise à l'époque] me considérait comme son fils. Il était déjà en affaires avec "la Puce" [Nordine Benali]. Les beurs ont prouvé depuis longtemps qu'ils n'étaient pas plus cons que les Marseillais. »

Avec les années 1990, c'est l'embellie. « Momo » fréquente assidument Le King, à Saint-Germain-des-Prés, où les « tapins » de la rue Saint-Denis passent facilement boire un verre ; il festoie avec « la Gelée » (Imed Mohieddine), « la Puce » et « Nordine le Tunisien » (Mansouri) qui tient un bar à Bondy (93) ; introduit partout, il suit de près la fin des années Francis le Belge, cette époque où le parrain marseillais entend régner sur le « carré d'or » parisien, depuis la rue de Ponthieu, avant que des associés lui fassent un enfant dans le dos, lui qui pensait que personne ne le « doublerait ». Il est encore aux premières loges quand le colosse Claude Genova, maître du pavé parisien, est abattu porte Maillot, à Paris, permettant à ceux qu'il avait pris sous son aile de s'épanouir, autrement dit de passer de Tati à Versace...

« Beurs et Gitans se répartissent à l'époque le territoire parisien, raconte-t-il. Si cela ne s'était pas terminé en pugilat, ils auraient pris toute la France, mais on a toujours trouvé le moyen de s'entre-tuer, et ce n'est pas fini : quand il y en a un qui tombe, ils sont au moins dix pour le piétiner. »

La revanche de Momo, c'est d'avoir su tourner la page, et le moins qu'on puisse dire est que ce n'était pas gagné.

Nordine Tifra et les « mecs de Paris »

La Courneuve, Seine-Saint-Denis, au début des années 1960 : Nordine Tifra naît dans une famille nombreuse qui mise sur les allocs pour boucler ses fins de mois. Le soir, le dîner se limite au bol de café au lait, accompagné les bons jours de pain et de beurre. Les factures rouillent sur la table. Les huissiers sont derrière la porte. Le père, algérien, s'embrouille régulièrement avec ses patrons ; le soir, il se déchire dans les bars, un couteau dans la chaussure, avec les coureurs de jupon et les joueurs invétérés...

Le jeune Nordine s'attarde le moins possible dans l'appartement familial. Il fugue, appelle parfois lui-même les flics pour dormir dans une « cellule tranquille » plutôt qu'à la maison. On le retrouve dans les bars de La Courneuve, près du flippeur, là où traînent quelques gros truands de l'époque, dont beaucoup d'Italiens qui compteront bientôt parmi ses modèles. « Je les respectais car ils étaient respectables, dit-il. Ils n'étaient pas violents. Ils avaient la classe. Ils se tenaient bien. »

Les « grands frères » friment au volant de voitures décapotables qui le font rêver, surtout quand ils lui proposent de faire un tour en ville à leur côté. « Ils vivent bien, je serais con de ne pas faire comme eux », se dit Nordine.

Prêt à tous les combats, il aurait voulu s'engager dans la marine pour cinq ans, mais son père s'y est opposé. Les stups ? Le shit est encore rare, quelques clans gèrent le trafic d'héroïne, mais ce milieu l'écœure. Il ne se voit pas « vendre de la mort » alors que plusieurs de ses copains crèvent d'overdose. Non, ce qui l'attire, ce sont les braqueurs et leur belle vie.

« J'aurais pu laisser ma mère pleurer, mon père picoler au bar et aller faire la manche, dit-il. Je suis devenu délinquant par la force des choses. »

Un jour, Nordine ramène « trois briques » à la maison et paie les loyers en retard. « T'as braqué une banque ou quoi ? » lui demande son père qui ne s'affole pas plus que ça. Pour le fils, qu'il ne le « démolisse » pas vaut caution.

Première condamnation : six ans de prison. Le jeune homme fête ses 20 ans au mitard à une époque où l'on pratique encore la camisole de force et le tabassage en cellule. Le petit « bougnoule » en prend plein la figure, mais il apprend le « métier » auprès des récidivistes auxquels il est mélangé. Quand il sort, il a la « haine » et une envie pressante d'« allumer » le premier qui se dresse devant lui.

« À l'époque, il y avait Marseille et les mecs de Paris. Quand ils en avaient besoin, ils prenaient les meilleurs parmi les jeunes. Si on réussissait, on devenait quelqu'un et on reproduisait le système : on montait nos propres équipes. »

Antonio Ferrara, le Napolitain de la banlieue sud, joue encore au ballon quand Nordine Tifra est convoité par les services de pointe de la PJ, de l'antigang à la BRB en passant par l'Office de répression du banditisme (rebaptisé depuis). Il marche avec un des fleurons de sa génération, Philippe Jamin, dit Fifi, qui s'est fait la main en volant des voitures du côté d'Aubervilliers avant de planifier l'un des casses les plus osés de l'époque : le premier braquage d'un fourgon blindé à Tokyo.

Nordine Tifra a trouvé ses maîtres – « celui qui n'a pas d'école ne va pas loin », dit-il. Ses aînés le trouvent « bon » ; il acquiert à leurs côtés expérience et notoriété. Bien sûr, il retourne en prison, mais il s'aménage une porte de sortie : une double formation de soudeur et de maçon.

La cinquantaine révolue, l'ex-bandit de La Courneuve ne renie pas ses amis et se débat avec ce passé qui ne le lâche pas. « Même quand tu as payé ta dette, tu restes un ancien taulard », dit-il. Difficile pour lui de se reconnaître dans l'extrémisme de la nouvelle génération, mais elle ne le surprend qu'à moitié.

« Si tu n'as plus confiance en personne, tu deviens le pire ennemi de la société, dit-il. On les pousse à la révolte. Ils se métamorphosent. Et puis il y a l'argent... Même à l'époque de la French Connection, les voyous se tuaient entre eux. Il y avait des guerres de clans, on se pourchassait pour de mauvaises paroles, mais on ne se tuait pas pour le fric. On pouvait considérer qu'un ami d'enfance méritait de mourir, mais on ne passait pas à l'acte. Quand il y avait quelque chose de grave, on se réunissait pour parler. Le self-control, c'était le début du professionnalisme. Si on flinguait, c'est qu'on n'avait pas le choix ; aujourd'hui, ça tire dans tous les sens. On ne peut pas passer son temps à se faire la guerre. On ne peut pas tuer juste pour gagner plus de sous... "Quand j'aurai un milliard, j'aurai réussi", disent-ils, mais ils oublient que la réussite, c'est d'abord dans la tête. Ils veulent devenir "le chef des mafieux" sans savoir qu'on ne vit pas longtemps avec cette idée, ou alors en prison. Ils pèsent cinquante kilos, mais ils ont un calibre...

« Ce qui était beau il y a trente ans, c'était le casse bien fait, sans violence. Les films, la télé, les jeunes croient que c'est la réalité. Ils ne savent pas que, quand on meurt, on meurt pour de bon. Ils pensent qu'ils sont invulnérables, surtout ceux qui ont la "double casquette" : ils travaillent pour les flics et se croient protégés... »

Une pause, puis Nordine Tifra reprend sur le ton de la révolte :

« Tout le monde bosse avec les flics, et ça passe comme une lettre à la poste ! Quand on veut être bandit, il faut aussi savoir être honnête, sinon on ne va loin. »

Fanfarons, immatures, les petits frères ? « Ils sont riches, donc ils ont raison et ils ont tout compris », tranche Nordine Tifra qui les entend d'ici clamer haut et fort : « Nous, on n'est pas des trimards, on n'est pas des polochons ! »

Pas très tendre avec lui-même, encore moins avec ses successeurs, l'ancien braqueur réserve les moins tendres de ses piques aux « vrais » responsables. « Dans une famille, dit-il, le père donne l'exemple ; dans une nation, c'est le président de la République. Quand les jeunes voient les comportements de ces personnes haut placées qui leur parlent de morale, ils se disent qu'ils ne peuvent leur interdire de faire ce qu'ils font. Le monde a évolué dans le mauvais sens. Pourquoi ils ne vivraient pas eux aussi comme des nababs ? »

Pour nombre de garçons de la génération de Nordine Tifra, la seule solution serait de légaliser le cannabis. Non seulement cela remplirait les caisses de l'État, disent-ils, mais le produit serait de qualité, il coûterait moins cher et cela éviterait bien des cadavres... En attendant, le crime organisé se porte plutôt bien, à l'entendre :

« La came arrive chaque année en plus grosse quantité, c'est shit à gogo. En même temps, ils ont accès à l'explosif, qui était encore rare à notre époque. Quand tu as le produit et que tu sais t'en servir, c'est comme si tu avais les clefs des fourgons. »

Redoine Faïd ouvre toutes les portes, même blindées

Redoine Faïd, né en 1972, pourrait à lui seul incarner cette génération pionnière. Lorsque paraît chez Fayard le premier volume de la série « Parrains et Caïds », en novembre 2005, le jeune braqueur originaire d'une cité de Creil est en prison, dans les quartiers réservés à l'élite, parmi les grands voyous que l'on soupçonne de concocter une évasion. Entre trois chapitres consacrés au milieu marseillais, autant au milieu corse et une cinquantaine de pages aux rois des Manouches, un passage laisse entrevoir le profil des gangsters qui occuperont bientôt les premières marches du podium. Redoine Faïd figure en bonne place parmi eux, au rayon « braqueurs de fourgons blindés » : un bref portrait à la suite duquel il prend contact par courrier avec moi.

Le fait d'être reconnu parmi les éléments les plus prometteurs de sa génération ne lui déplaît pas forcément, même s'il lui est difficile de l'admettre. Sa libération anticipée est une preuve supplémentaire de son talent : grâce à une promesse d'embauche signée par le directeur d'une société de travail par intérim, il retrouve le « jus de la rue » au terme d'une dizaine d'années de prison. Son patron est aussi juif que lui est arabe ? Avec Redoine Faïd, les frontières ne sont jamais là où l'on croit : il baragouine l'hébreu, mange facilement casher le midi, porte la kippa s'il le faut. Adaptable comme savent l'être les grands espions, il se targue d'avoir réussi ce que peu de caïds auraient tenté : une cavale en Israël. Ce n'est pas le seul atout dont dispose cet homme à l'allure sportive : charmeur pour deux, Redoine Faïd a l'humour tranchant et la repartie facile. Il a tout pour réussir, dans le crime ou ailleurs, comme le montrent ses premiers pas dans l'intérim : son patron se réjouit de l'efficacité de ce nouvel élément. Très vite tombe la première promotion, avec la promesse de nouveaux galons. La prison ne l'a pas abîmé, du moins en apparence. Jamais il ne s'est laissé abattre, attendant de pied ferme la visite du premier surveillant au petit matin, cellule en ordre et chaussures de sport aux pieds, plaisantant sans cesse avec ses voisins à travers les murs, toujours l'échine droite, l'œil vif et une vie plus saine encore que s'il avait été en liberté...

Redoine Faïd a l'appétit de celui qui a jeûné pendant de longs mois. Il donne le sentiment de toujours tout maîtriser jusque dans les moindres détails. Sa vie, son avenir, ses fréquentations n'appartiennent qu'à lui. Son aura est à son zénith. Son charisme a été décuplé par les années de prison. La seule chose qu'il jauge mal, c'est combien elles ont fait naître chez lui un irrépressible besoin de lumière. De reconnaissance aussi, celle que l'on doit aux professionnels.

Redoine Faïd, chemise blanche impeccable et costume sombre de bonne facture, se découvre une vocation de porte-parole. Il est habité par l'idée, pas complètement fausse, que les successeurs de Francis le Belge et de Gaétan Zampa n'ont pas grand-chose à lui envier, à lui et à ceux de sa génération. Il entend le clamer et s'en donne les moyens. Les jours pairs, il raconte son enfance et sa courte vie de gangster au documentariste Jérôme Pierrat ; les jours impairs, il me démontre, force détails à l'appui, combien sa place parmi les pionniers de la nouvelle génération n'est pas usurpée. Il rêve aussi de cinéma, et, comme pour le reste, se donne les moyens en frappant aux bonnes portes. Le tout sans qu'aucun de ses interlocuteurs se doute qu'il a de multiples fers au feu, faisant étalage d'un art du cloisonnement hors du commun. Son patron pourrait le confirmer : Redoine Faïd reste d'une ponctualité rare, d'une politesse irréprochable, d'un professionnalisme au-dessus de tout reproche ; pour un peu, il lui laisserait les clefs de la société.

Au fil des déjeuners, toujours un mot gentil pour la serveuse, toujours une poignée de main pour le restaurateur, l'enfant de Creil, désormais père de famille, évoque le monde du crime organisé avec la distance de celui qui a tourné la page. C'était son milieu, il ne le renie pas, mais il est passé de l'autre côté du miroir. À la casse, les kalachnikovs ! Derrière lui, le temps où il ne se déplaçait pas sans sauter d'un métro à l'autre, changeant de tenue régulièrement pour déjouer les surveillances, ne se fiant à aucune veste, aucune paire de chaussures, aucun véhicule peut-être piégé électroniquement par la police. En prime, comme pour mieux refermer la porte, ces longs entretiens où il parle au passé : de ses amis d'avant, qui le sont toujours, mais juste par fidélité ; de cette équipe à succès qu'il avait montée, jamais une erreur, jamais un mot de travers, pas la moindre prise offerte aux limiers de la PJ dont ses camarades et lui croient connaître autant les us et coutumes que les policiers ont une idée des leurs.

Redoine Faïd ne laisse pas entrevoir la moindre nostalgie. Il voudrait juste qu'il soit su de tous que la génération qu'il incarne n'est pas une génération d'amateurs, de trouillards, de demi-sels, mais un cru exceptionnel. Comment a-t-il réussi à couper les ponts, détrompant toutes les statistiques selon lesquelles le braqueur passé par la case prison replonge presque à tous coups ? À changer brusquement de mode de vie ? Le seul détail qui le rattache à la séquence précédente, celle où il passait pour un braqueur affamé, c'est le refus du téléphone portable. Qui l'en blâmerait ? Il lui arrive aussi, malgré lui, de se retourner dans la rue, mais on ne se débarrasse pas facilement de ses anciens réflexes de survie. Surtout quand on sait – c'est son cas – que la brigade de répression du banditisme a pour habitude de choyer (à sa façon) ses anciens clients.

Son autobiographie publiée (à La Manufacture du livre), un exercice auquel les voyous de l'ancienne génération ne se livraient pas avant d'avoir les cheveux gris, Redoine Faïd est aspiré par la ronde des plateaux de télévision. Le gangster repenti est une denrée médiatique appréciée ; on se sert de lui, mais il reste maître de son image. Un savoir-faire propre à son époque, avec un petit plus dû à une culture cinématographique au-dessus de la moyenne : les connaissances du Creillois au crâne dégarni ne s'arrêtent pas à *Scarface*, le film fondateur de bien des apprentis voyous. Il connaît la force de l'image et sait trouver la formule qui fait mouche. Les journalistes en redemandent.

La police, elle, ne l'entend pas de cette oreille. Peu sensible à cette offensive, elle croit reconnaître la main de Redoine Faïd derrière la tentative de braquage d'un fourgon blindé qui s'est soldée par la mort de la jeune Aurélie Fouquet, dernière recrue de la police municipale de Villiers-sur-Marne, dans la banlieue sud de la capitale. Elle le traque, piste son ADN, colle aux basques de ses amis, reconstitue son parcours carcéral pour démasquer d'éventuels complices, fouille les archives vidéo des stations-service de la région parisienne...

Se sait-il de nouveau dans le collimateur, lui qui a su rester invisible (de la police) de 6 à 24 ans, même quand il a eu besoin d'explosifs et de fusils d'assaut ? Le matin où elle débarque à son domicile, Redoine Faïd a pris la fuite. Vieille habitude consistant à se lever tôt au cas où on aurait envie de défoncer la porte ? Flair du chasseur ? Précaution minimale alors qu'une poignée de journalistes annoncent des arrestations imminentes dans l'affaire de Villiers-sur-Marne ? Être absent du domicile conjugal à l'heure du laitier ne constitue pas en soi une preuve de culpabilité. Cela fait cependant de lui l'ennemi public numéro un du moment, statut qu'ont occupé en leur temps Jacques Mesrine, le Guevara des jeunes gangsters, ou Antonio Ferrara, champion de l'évasion.

Lorsque, quelques mois plus tard, la PJ de Lille retrouve la trace de l'ex-terreur du plateau de Creil, l'autodidacte s'est laissé pousser la barbe. Ce n'est pas un juge, mais plusieurs qui veulent l'entendre. Plus seulement pour la fusillade mortelle, mais pour différents braquages. Retour brutal à la case départ, cette prison qu'il avait si bien domptée et depuis laquelle il clame désormais son innocence, expliquant à ses visiteurs qu'on a voulu l'éliminer du paysage parce que son éclat médiatique troublait l'ordre public.

Ultime message destiné à apporter sa touche personnelle à ce livre : « Depuis que les anciens se sont éliminés entre eux, la nouvelle génération truste les machines à sous et la cocaïne. La déferlante a commencé. Le jour où tous les clans se fédéreront, ils vont tout prendre. Paris, ce sera difficile, parce que c'est trop grand : celui qui met son drapeau se fait découper en morceaux. Mais ils sont en bonne voie à Marseille ou à Lyon. S'ils apprennent à vivre en réseau, s'ils forment l'axe Paris-Lyon-Marseille, ils seront les maîtres absolus. »

Il a bien tenté, depuis, de rejoindre la troupe à la faveur d'une spectaculaire évasion de la prison de Sequedin, mais Redoine Faïd n'aurait jamais dû rester près de Paris ni recruter un poisson pilote un peu trop jeune : il n'a pas fallu bien longtemps pour que les très nombreux policiers lancés à ses trousses le retrouvent dans la chambre d'un hôtel *low cost*, après avoir asticoté tous les indics possibles et imaginables.

Serge Lepage sur les chapeaux de roues

1971-2009. Propulsé dans le grand banditisme, toutes sirènes hurlantes, à l'âge de 16 ans, Serge Lepage, dit « Sergio », en sort à 38 ans par la mauvaise porte : celle qui mène au cimetière. Il repose désormais sous une plaque de marbre noire surmontée de quatre colonnes : le genre d'endroit dont on ne s'évade jamais, et pas seulement à cause des fleurs aimablement déposées par ceux qui vous ont aimé.

Qui ? Pourquoi ? Parmi les rares certitudes, celle-ci : « Sergio » Lepage disait à qui voulait l'entendre qu'il serait un jour un « patron » taille capitale. Il se voyait en haut de l'affiche, avec ses allures d'homme d'affaires soucieux de se démarquer de la « racaille ». Malheureusement pour ce fier héritier du « gang de la banlieue sud », des ennemis masqués, comme toujours dans ces cas-là, ont décidé de faire parler la poudre. Et de pousser définitivement hors jeu ce « monstre de gentillesse » (dixit un de ses camarades), membre, par sa mère, de la grande famille des « voyageurs », comme s'appellent entre eux les Manouches.

Ce soir-là, 29 janvier 2009, ils sont au moins trois à l'attendre, arme au poing, dans une rue peu éclairée de La Ville-du-Bois, dans l'Essonne, où les étrangers s'engagent précautionneusement. Sont-ils prévenus de l'arrivée de Serge Lepage ? Possible, tant le timing est parfait. La « cible » ouvre la porte du garage qui jouxte le pavillon où l'attendent femme et enfants, roule vers l'intérieur et coupe le contact. C'est le moment choisi par le premier tireur pour ouvrir le feu à l'arme longue. De dos. S'il le rate, il est mort – du moins en théorie, car « Sergio » n'est pas armé. Un deuxième tireur approche et inflige le coup de grâce à bout portant avec une arme de poing. Un chauffeur les attend, prêt à appuyer sur l'accélérateur d'une Peugeot 406 dont les plaques portent l'immatriculation d'une voiture appartenant à un habitant du quartier – la « doublette » parfaite...

Fin d'un « voyou d'honneur », comme dit l'un de ses amis au moment des adieux – entendez : d'un type qui ne pensait qu'à « rendre sa famille heureuse », d'un *morch* (un « dur » en manouche). Fin d'une carrière entièrement consacrée au crime, menée sur les chapeaux de roues avec des jantes plaquées or. Une carrière commencée en famille, dans le giron d'un père considéré comme un notable du grand banditisme, Michel Lepage, dit « le Gros » autant pour son embonpoint que pour le poids de son casier judiciaire. Un père qui l'initie très vite à la conduite des bolides sans lesquels un bandit cale devant la première patrouille venue, avant de l'embarquer dans l'une de ces virées au bout de laquelle, si tout va bien, on met la main sur un joli pactole : le braquage d'une banque en Suisse, le genre de truc qu'on ne fait généralement qu'après une longue période d'essais. Sauf quand on a un paternel qui vous adoube et vous fait franchir les échelons à vitesse accélérée.

La famille fourmille de projets grandioses, sûre de son flair et de sa dextérité, forte surtout des alliances novatrices qu'elle noue avec les premiers « caïds » maghrébins qui émergent du côté de la Seine-Saint-Denis, département prometteur. Nous sommes au début des années 1990, celles où les aristocrates du braquage découvrent la manne des stupéfiants. Quatre-vingts kilos de cannabis et deux kilos d'héroïne sont saisis dans un box loué au nom du père Lepage. Une paille, à côté des tonnes régulièrement récoltées depuis le début de l'année 2010 dans le sillage des caïds du « nouveau » milieu, mais suffisamment pour l'envoyer sous les verrous. Pas vraiment son truc, le « chtar » (prison) ; alors le paternel mise tout sur une sortie anticipée.

Sitôt dit, sitôt fait : le 4 octobre 1992, un hélicoptère arrache Michel Lepage aux murs de la maison d'arrêt de Bois-d'Arcy sous les yeux médusés de surveillants pas encore habitués à ce genre de scénario. La PJ se plie en quatre et retrouve la trace de la voiture utilisée pour capturer le pilote de l'hélicoptère. Décor : le parking d'un supermarché de Stains, en Seine-Saint-Denis. Celui qui descend du véhicule suspect n'a que 21 ans. C'est Serge Lepage, le fils de l'évadé, mais on ne l'arrête pas immédiatement, car il est en pleine action : pistolet-mitrailleur en main, il s'en prend avec deux complices au chauffeur d'une camionnette dans laquelle on retrouvera... 450 kilos de shit.

« Sergio » Lepage n'est pas vieux, mais, ce jour-là, le long interrogatoire des flics ne l'ébranle pas. La voiture ? Quelle voiture ? Son père ? Il l'adore, tout le monde le sait, mais il ne s'en fait pas pour lui. Il ne le dit évidemment pas, mais il le sait au chaud de l'autre côté des Pyrénées, cette frontière que prisent depuis plus d'une génération les voyous français. À l'abri chez ces accueillants Ibères, trop occupés à chasser le terroriste basque pour perdre du temps à rattraper des trafiquants français qui ne les dérangent guère. Aussi libre que lui est désormais prisonnier pour près de trois ans, largement le temps de se repasser le film de l'évasion : les messes basses au parloir avec son père, les horaires des rondes qu'il avait soigneusement mémorisés, le « oui » des trois potes qui ont accepté sans hésiter de s'embarquer avec lui dans cette opération périlleuse. Et cette conviction : pour la famille, il aurait fait n'importe quoi. Sans même chercher à comprendre. La prison ne l'angoisse pas plus que ça. « À cause de son charisme, les surveillants rampent devant lui », prétend un de ses codétenus de l'époque.

À peine dehors, à la veille de l'été 1995, le fils Lepage revient à la une de l'actualité. Professionnel du braquage, il ne rechigne devant aucune cible pourvu que cela paye. Un jour, c'est un entrepôt de vêtements griffés, le lendemain un fourgon blindé. Flingues, fringues et flambe : c'est le triptyque gagnant de ce garçon grandi entre Longjumeau et Vitry-sur-Seine ; son tremplin pour conquérir une avenue des Champs-Élysées où il voudrait se sentir chez lui. Sans jamais oublier pourquoi il a choisi cette vie : l'adrénaline.

Cagoules, fusils, neige carbonique (pour effacer les empreintes), paires de jumelles, tenues de chasse, voilà quelques-uns des accessoires dont sa petite équipe a besoin – sans oublier le pain de C4 que l'on manie au moment opportun derrière le pare-brise du convoyeur de fonds récalcitrant, menaces verbales à l'appui : « T'as trente secondes pour ouvrir ! »

« Sergio » Lepage peut compter sur un pilote hautement qualifié, son ami Marc Bertoldi, dit « le Grand » (1,98 mètre), un as du rallye à la droite duquel il n'a pas besoin d'airbag, tant il se sent en confiance. Un chauffeur comme bien des bandits en auraient rêvé, bon logisticien et plutôt fidèle.

Ses acolytes louent la grande expérience de « Sergio ». Les flics ne sont pas loin de partager ce jugement, eux qui voient sa main derrière quelques retentissantes attaques de fourgons. Ils croient même déceler son visage sur le cliché un peu flou d'un radar planté en bordure d'autoroute : il roule au volant d'une BMW de grosse cylindrée équipée de fausses plaques minéralogiques, le 19 janvier 1998. Un indice qui sera retenu contre lui à l'heure de mettre des noms sur les auteurs d'un audacieux braquage commis le lendemain matin aux dépens d'un « centre-fort » de la Brink's, à Soissons. Un indice mais pas une preuve : il passe au travers.

Un soir de bringue dans la capitale, au mois de mai 1998, Lepage junior frôle l'incident diplomatique. Il est aux alentours de 4 heures du matin lorsqu'il s'extrait d'une discothèque du quartier de l'Étoile en compagnie de deux joyeux fêtards, Eddy et Vincent, forains de leur état. Les trois hommes embarquent à bord de la Porsche de « Sergio » qui démarre en trombe. L'apparition d'un gyrophare à l'horizon lui fait monter le sang à la tête. Loin de ralentir, il enfonce l'accélérateur, tente le virage à 180 degrés, heurte un autre véhicule et s'immobilise. C'est la débandade. Tandis que ses deux accompagnateurs se font pincer en bonne et due forme, « Sergio » parvient à prendre la tangente et à sauter dans un taxi. Malheureusement pour les policiers, ni l'un ni l'autre de ses passagers ne se souvient de son nom. « Je dormais », assure l'un. « C'est la première fois que je le voyais », certifie l'autre. Le fuyard avait-il une arme à la main, comme le prétend l'un des flics ? « Non, c'était un téléphone portable », rectifiera quelques jours plus tard l'intéressé, expliquant avoir pris ses jambes à son cou parce que l'accident l'avait « choqué ».

« Sergio » et ses camarades s'entendent comme des frangins. Ils forment une famille dans la famille. Un rempart, aussi, parce que, dans le milieu, les isolés tombent plus vite que les autres : à plusieurs on impressionne davantage la concurrence. On a aussi davantage de chances de s'imposer. Rien n'est impossible à leurs yeux, pas même le fait d'aller arracher le père de Serge à la prison, parce que la liberté de l'un des leurs a probablement plus d'importance pour eux que la vie d'un inconnu.

Les années de cavale renforcent l'équipe. Rien de tel que d'être en fuite pour que les autres vous voient partout... et nulle part ! Les rivaux mais aussi les flics, lesquels misent sur les points faibles, comme le goût immodéré des belles bagnoles : un jour de 2002, « Sergio » offre au « Grand » une Ferrari Modena rouge pour fêter sa remise en liberté (elle sera rapidement confisquée). La vitesse est chez eux une drogue presque aussi puissante que le fric, ils s'en enivrent plus joyeusement que si c'était de la cocaïne pure...

« Sergio » vit bien et dépense. Il mange ostensiblement du caviar, laisse « 15 plaques » à un vétérinaire qui vient d'arracher une balle fichée dans le bras d'un ami, affiche son indépendance vis-à-vis des clans au pouvoir. Lui aussi a ses « touches » au sein des sociétés de transport de fonds, indispensables à l'heure de monter une opération. Lui aussi dispose d'informations aussi précises que rentables sur les horaires des fourgons et les sommes transportées. S'il le faut, on le verra grimper sur le toit d'un fourgon et ordonner aux convoyeurs de sortir gentiment les sacs bourrés de billets – sans l'aide de personne. Un œil sur la came, un autre sur les établissements de nuit à la mode, il songe à rançonner quelques hommes d'affaires « blindés » mais véreux, quitte à aller les chercher jusqu'en Suisse ou en Italie.

À l'occasion, l'équipe s'offre un moment de détente, comme cette virée motorisée sur la Croisette cannoise où ils ont repéré un magasin de fringues de luxe comme ils les adorent. En deux temps, trois coups de crosse, ils remplissent une voiture de manteaux de fourrure pour millionnaires. Un plaisir de gamin, à voir la mine réjouie de « Sergio » sur le chemin du retour, les cheveux au vent, un magnifique manteau sur les épaules. Sauf que l'adversaire (la police) a modernisé ses méthodes et que le pavillon qu'il vient de se faire construire a été truffé de micros sous contrôle d'un magistrat. Le voilà de nouveau incarcéré en novembre 2007. Pas pour très longtemps, cependant, parce qu'il a d'excellents avocats et que l'un d'eux détecte un énorme vice de procédure...

Libéré le 16 juin 2008, Serge Lepage est assassiné six mois plus tard. La PJ de Versailles entre en scène. Par qui, par quoi commencer ? Rien que la reconstitution de son emploi du temps au jour de sa mort relèvera de l'exploit !

Black bizness

L'émergence d'un milieu black en France ne date pas non plus d'hier : la preuve par ce quadragénaire d'origine malienne, né dans une cité du 93 et passé par la prison pour cause de trafic de cannabis à grande échelle. Désormais inséré dans un milieu professionnel « normal », il nous demande d'occulter son identité, ce qui ne retranche rien à la force de son propos.

Témoin direct du passage de relais entre deux générations, notre interlocuteur est frappé par l'âge auquel ses successeurs entrent dans les affaires :

« Avec le système des guetteurs s'est créé un emploi pour ceux qui sortent de l'école. Ils ont 11-12 ans, et un job. Ils gagnent entre 50 et 60 euros par jour. Si t'as un peu de cerveau et des connexions, tu vas dans le bizness ; si t'es pas très malin, tu vas chez les salafistes. Ils ont les mêmes filières pour investir l'argent qui ne voit pas le jour. La seule différence, c'est que l'un est en Armani et l'autre en djellaba. »

La nouvelle génération le frappe également par sa manière d'afficher la couleur, si l'on ose dire. « On respectait trop les parents qui allaient bosser pour montrer ce qu'on était, affirme notre interlocuteur. Aujourd'hui, ils n'hésitent pas à montrer. Je roulais en Peugeot ou en Renault, eux circulent avec des voitures de fou. Ils se sont radicalisés et se foutent de tout depuis qu'ils ont vu les plus gros voyous de leur quartier se faire embaucher par les mairies. Dans plusieurs communes du 93, les aînés ont tous trouvé un emploi grâce à la municipalité ! Ce sont eux qui tiennent la ville. Pour les élus, c'est la meilleure façon de rester populaires, et de conserver leur pouvoir : ils ont des soldats derrière eux. Ces grands frères sont capables de régler toutes les situations, comme d'envenimer un conflit. Ils sont bien positionnés, mais les jeunes savent que ce sont des voyous. »

Les jeunes sont plus riches que lui ne l'a jamais été. « L'euro a fait culbuter les choses, dit-il. Le plus dur il y a vingt ans, c'étaient les premiers 100 000 francs. Aujourd'hui, les premiers 15 000 euros, ils les font tranquille. L'argent s'est démocratisé. Ils sont cinq fois plus riches que nous. Ils ont tous des sandwicheries. Ils sont propriétaires de murs, de cafés. Ils ont un pied dans l'économie réelle. On avait des boîtes de chauffeurs livreurs, ils ont pignon sur rue. Tout est en ordre. Ils ont vingt ans d'avance. On a vu arriver sur le marché des courtiers immobiliers qui travaillent avec les banques et t'obtiennent un crédit avec de fausses déclarations d'impôt. C'est leur réponse aux enquêtes sur le patrimoine. »

Crédits sur le dos, en règle avec le fisc, fiches de paye à l'appui, la nouvelle génération trompe bien son monde. Elle a aussi bouleversé l'organisation de la chaîne « commerciale » sur fond d'explosion du trafic.

« Dans un département comme le 93, il y avait une équipe entre Aubervilliers, La Courneuve et Saint-Denis, et une autre entre Montreuil et Montfermeil, affiliée aux Manouches. Les mecs de la banlieue sud venaient se fournir chez eux. Si on voulait négocier en Espagne, il fallait passer par ces vieux voyous. Tout était très organisé : on t'attendait sur place, tu ne donnais pas un franc, tu remontais la marchandise et tu payais à Paris. Tu tombais ? Tu ne remboursais pas. Cela marchait à la confiance. C'était un circuit fermé dans lequel personne n'entrait. Peu à peu, les vieux voyous se sont retirés pour se focaliser sur les machines à sous. Ils ont abandonné leurs embarcations et laissé la drogue aux jeunes qui ont le cousin qu'il faut, là où il faut. Celui qui veut aller au charbon y va. Les prix, du coup, ont chuté de moitié. »

À son époque, notre interlocuteur engrangeait 2 500 francs de bénef sur un kilo vendu ; les jeunes paient aujourd'hui le kilo moins cher, mais ils encaissent autour de 2 000 euros par kilo. La confiance, elle, a disparu : pas de cash, pas de commande. Ce n'est pas le seul écueil, à l'entendre : plus personne n'empêche les jeunes de flamber et de rouler en Ferrari, comme se gardaient de le faire les anciens, soucieux de conserver leurs acheteurs le plus longtemps possible. Le free-lance avance par ailleurs à découvert : il court à tout moment le risque de se voir fourguer des faux billets ou une quantité mal pesée. Et les embrouilles explosent avec leur lot de cadavres à la clef...

« Il y avait une hiérarchie à respecter, affirme notre interlocuteur. Tout le monde allait dans le même sens. Chacun garantissait l'autre. Il n'y avait pas d'esbroufe possible. »

Une forme d'ordre, au fond, qui laisse peu à peu la place à l'ingérable, en particulier dans les quartiers situés dans la deuxième couronne francilienne où les familles fraîchement débarquées du pays sont de passage et où personne ne joue plus le rôle de stabilisateur.

Marc Bertoldi, le pilote qui aimait l'argent

Marc Bertoldi est un cas à part, dans la mesure où il est le seul parmi ces personnages à être issu d'un milieu bourgeois. Une brutale rupture avec son père, entrepreneur dans le bâtiment, le propulse sur les routes, moyennant quelques accidents de parcours à la clef, n'en déplaise à son talent de pilote.

Champion de rallye, le jeune homme se fait d'abord remarquer par sa dextérité au volant qui le rend bientôt indispensable dans le milieu. Capable de négocier une bretelle d'autoroute sous la pluie à plus de 200 km/h, comme d'autres doublent un vélo sur une route rectiligne, en écoutant tranquillement France Info alors que les flics sont à ses trousses, il rivalise avec les autres « pilotes » du milieu, les Mario Delporte et autres Johnny Stefan. Il est vrai qu'il a commencé tôt à conduire : dès l'âge de 11 ans.

À l'aise au volant comme dans une brasserie chic de l'avenue de Suffren, à Paris, Marc Bertoldi ne passe pas inaperçu à cause de sa grande taille, qui lui vaut son surnom. Mais ce ne sont pas ses talents au volant ni ses presque deux mètres qui lui valent un premier séjour sous les verrous au cours duquel il rencontre un voyou qui lui présente une étoile montante du milieu parisien, Serge Lepage, dit « Sergio ».

Tout le monde le donne perdant dans cet univers, mais « le Grand » fait son trou et assume son « choix », définitivement attiré par les voyous et fasciné par l'interdit. « Mon argent c'est le mien, pas celui de ma famille », réplique-t-il à ceux qui lui rappellent qu'il est un « fils de bourge ». Et, pour prouver à qui de droit qu'il est vaillant, il se déguise en avocat et s'en va voler dans un tribunal un dossier en cours d'instruction avant de le brûler.

À 28 ans, « Marco » possède sa villa au Cap d'Antibes, face à la mer, à deux pas de l'Eden Rock, hôtel mythique s'il en est. Drogué à l'oseille, il s'enrichit considérablement (« 100 barres par mois », dit-il) grâce au procédé inédit qu'il a mis au point pour maquiller et recycler des véhicules de luxe volés à l'étranger, en exploitant une faille règlementaire de l'espace Schengen...

« Le Grand » traverse la France de long en large, le plus souvent au volant d'une Mercedes E55. Une nuit dans un hôtel, le lendemain dans un autre. Toujours sur le qui-vive. Obligé de débourser des milliers d'euros tous les mois pour acheter le silence, les fausses plaques d'immatriculation, les papiers d'identité bidon, son pain quotidien, toujours plus chers pour celui qui doit se cacher. Jusqu'à la petite faute qui le plombe, celle qui met les professionnels de la BRB de Nice sur ses pas en 2000...

« Je savais que je te sauterais dans les semaines qui suivraient la naissance de ton gamin », lui avoue, beau joueur, le policier qui lui met la main dessus alors qu'il achève une bonne bouffe sur la Côte en compagnie d'un joueur de football. Confidence pour confidence, le pilote reconnaît qu'il a eu peur lorsqu'il a vu la voiture lui barrer la route et des types cagoulés en sortir. Il n'a pas pensé aux flics, mais à un raid destiné à lui faire la peau ! On lui reproche d'avoir encaissé près de 15 millions d'euros en maquillant ses voitures : Marc Bertoldi est condamné à quatorze ans de détention.

Son amitié avec Serge Lepage lui vaut le statut de DPS (détenu particulièrement surveillé), mais les gardiens le rebaptisent bientôt « Rond-point 4 », tellement il bouge. Il obtient de quoi repeindre sa cellule avant de se voir confier la bibliothèque de l'établissement. DPS, certes, mais VIP, d'autant plus qu'il interpose volontiers sa grande carcasse en cas d'embrouille entre détenus.

Libéré neuf ans plus tard, il retrouve sa passion : durant sa période de semi-liberté, « Marco » revient dormir à la prison au volant d'une Ferrari qu'il gare sur un parking voisin. La mise à l'épreuve terminée, il en affronte une autre, plus lourde : l'assassinat de son ami Serge Lepage. « Le Grand » décide de prendre du recul et de s'installer à Casablanca, au Maroc. Jusqu'au jour où la justice belge le soupçonne d'être à l'initiative du braquage d'une importante cargaison de diamants en partance pour la Suisse sur l'aéroport de Bruxelles... Un casse spectaculaire, mais sans balle perdue, qui lui vaut un nouveau séjour sous les verrous.

4.

Têtes d'affiche

Le banditisme version « cités » n'a pas un siècle d'histoire derrière lui, mais il a déjà ses têtes d'affiche et ses personnages de légende. Certains sont en prison pour de longues années, d'autres ont prématurément rejoint le cimetière. Voici quelques-unes de ces « figures » – par ordre alphabétique, pour ne froisser personne (et sans prétendre à l'exhaustivité). Leur présence dans ces pages, rappelons-le, ne vaut pas culpabilité : c'est juste que leur carrière retient l'attention.

Les **Ben Faiza** à La Courneuve, c'est un peu comme le parc Georges-Valbon : ils font partie du paysage. Toute la famille n'est certes pas concernée par cette dérive criminelle, mais ceux qui ont choisi cette voie l'ont fait avec sérieux. Leur marque de fabrique : des produits de bonne qualité réputés dans tout le département (93) et même au-delà. Leur arme : des liens directs avec un fournisseur maghrébin installé aux Pays-Bas, mais aussi avec le Maroc. Leur atout : une autorité telle qu'ils n'ont pas besoin de recourir à la violence. Leur fief : la barre Balzac, l'une des plus délabrées de la cité, du moins jusqu'à sa démolition en 2010 sur fond de réhabilitation du quartier.

Ouahid, l'aîné, a un passé chargé, puisqu'il a été condamné à trois ans de prison en 1996, puis à six ans en 2003 ; il est dépositaire de la « marque » familiale et du savoir-faire. Cherif, lui, se voit en général confier des rôles secondaires, comme la gestion du petit restaurant que les frères ont acheté, ou la préparation des bulletins de paie de toute la famille. Mohamed, considéré comme le plus malin, maîtrise plutôt bien, dit-on, l'approvisionnement en marchandise. Quant au petit frère, Sofiane, les juges qui ont eu affaire à lui le considèrent comme un élément prometteur, même s'il a récemment suscité l'agacement des aînés qui le trouvaient un peu trop généreux avec sa copine qu'il logeait à l'hôtel et qui préférait les Mégane aux Clio, même avec toutes les options.

Un membre de la fratrie est-il poursuivi pour un refus d'obtempérer ? On promet 10 000 euros à un jeune de 16 ans s'il dit qu'il était au volant. Un geste de solidarité finalement inutile, à cause de l'ADN laissé dans la voiture et d'une écoute téléphonique dans laquelle le fautif explique à son frère qu'il n'a pu faire autrement que d'accélérer, puisqu'il avait 10 kilos de shit dans son coffre...

La famille n'est cependant pas le seul gage de succès : les frères Ben Faiza ont l'avantage de camper dans le décor depuis plusieurs décennies. Rares sont les jeunes qui ignorent la saga des Tunisiens de la barre Balzac. La rumeur les fait certainement plus forts qu'ils ne sont. Ainsi celle qui prétend qu'ils auraient fait disparaître quelques rivaux : personne n'a rien prouvé, mais cela fait partie de leurs « lettres de noblesse », de la légende qui se tisse autour de ces nouveaux seigneurs, parfois malgré eux.

La dernière enquête qui leur a valu de comparaître, presque au complet, devant le tribunal de Bobigny, a dévoilé une partie de leur organisation. Un appartement muré depuis des mois leur servait d'atelier ; on y accédait par un escalier de sécurité donnant lui-même sur un appartement occupé par un membre de la famille. La planque parfaite où ont été saisis une centaine de téléphones, autant de puces, des gyrophares, des brassards de police, sans compter le matériel de découpe. Le produit, lui, était stocké ailleurs, à Villepinte ou à Aubervilliers, chez des personnes inconnues de la justice.

Pour le reste, le téléphone sonne de 9 heures à minuit, on discute fermement les prix, du kilo de résine comme de la Lamborghini de location, et les va-et-vient avec le port de Rotterdam sont réguliers, prétend l'accusation : départ vers 23 heures à bord d'une voiture « propre » et truffée de caches, chargement dans un parking souterrain, rafraîchissement, retour avant 6 heures du matin avec 100 à 250 kilos de « produit », nouveau parking, récupération des ballots le lendemain – la seule fois qu'un convoyeur s'est perdu, c'est à cause d'une interférence entre le GPS et le système de sonorisation posé par la police. Taux de THC[1] supérieur à 20 %, de quoi faire venir les acheteurs de la capitale : chez les frères Ben Faiza, on est tellement consciencieux qu'on renvoie la marchandise de mauvaise qualité. La maison ignore les crédits pour limiter les risques d'embrouilles. Et on n'a pas une peur bleue de la police ; le jour où ils ont découvert une balise sous l'une de leurs voitures, les frères l'ont rapportée au commissariat : « Tenez, vous avez perdu ça. »

Le chiffre d'affaires réalisé par le clan n'est évidemment pas déclaré, mais quelques données ont été citées devant le tribunal : 1,8 million d'euros en 2009, 3,5 millions l'année suivante. Loin de ces braqueurs qui flambent au casino le fruit de leur dernière attaque au lance-roquettes, les « Tunisiens des 4 000 » sont apparemment de bons investisseurs. Avec une préférence

---

1. Principale molécule active contenue dans le cannabis.

marquée pour les achats immobiliers au pays, entre le quartier prisé de La Goulette, près de Tunis, et la marina de Hammamet. En France, ils savent que c'est risqué ; on les a vus acheter un appartement à Aubervilliers, mais ils l'ont rapidement revendu. Discrétion qui ne les empêche pas de fêter dignement les heureux événements sur les Champs-Élysées et avec mathusalem sur la table.

L'équipe, à en croire un enquêteur, est « imperméable », comme souvent dans les cités. Le seul élément extérieur est un ami d'enfance de l'un des frères. Sinon, aucune pièce rapportée susceptible d'informer la police. Une erreur aurait cependant pu leur coûter très cher ; la famille a été mêlée à ce fait divers qui a fait la une des journaux en juin 2005 : la mort, par balle, d'un gamin de 12 ans qui était en train de laver la voiture de son père au pied de la barre Balzac. Victime collatérale d'une guerre de territoires entre les « Tunisiens » et une famille comorienne, ont d'abord pensé les enquêteurs, découvrant que Mohamed Ben Faiza, 23 ans à l'époque, avait armé son frère Salah, 19 ans. Mais Mohamed ne cessera de le ressasser au cours du procès : sa sœur était tombée amoureuse de Mahmoudou, le tireur, alors qu'elle n'aurait pas dû. Il a fallu « laver l'affront ». Une affaire privée, en somme. En appel, loin de toute pression médiatique, le tireur a été condamné à dix ans de prison, Mohamed à trois ans et Salah à cinq ans.

La concurrence, quoi qu'il en soit, se tient à carreau dans le quartier. Même les très sérieux frères H., l'autre famille qui fait parler d'elle sur le front du trafic, restent à distance raisonnable. Ce n'est pas faute de savoir manier les armes : un jour du mois de mai 2009, le fourgon dans lequel était transféré l'un des membres de la famille a été attaqué à la kalachnikov... Ils n'ont cependant pas tort de considérer les Ben Faiza comme increvables : grâce à l'un de leurs avocats, Me Philippe Dehapiot, ils ont obtenu l'annulation de la dernière procédure ouverte à leur encontre (pour blanchiment). Ils devront être rejugés, mais, en attendant, ils sont présumés innocents.

Mohamed Benabdelhak. Les princes de la came n'ont rien à envier aux braqueurs, du moins au niveau de l'engagement physique. La preuve par ce garçon de Creil (Oise), surnommé « Bombay » par ses amis.

Lorsqu'il tombe entre les mailles du GIR (groupe d'intervention régional) de Lille, en septembre 2008, après la saisie de 580 kilos de shit, le jeune homme est incarcéré à la prison de Loos-lès-Lille. Ceux qui doutaient de son statut de caïd sont surpris de le voir équipé d'un téléphone une semaine à peine après son arrivée, alors qu'il n'est même pas sur son territoire habituel. Ils n'ont encore qu'un petit aperçu de son savoir-faire : en quelques jours, « Bombay », propriétaire de cybercafés et de boulangeries au Maroc, se donne les moyens de s'évader.

Gyrophares, gilets pare-balles, brassards de police, plus deux voitures, Audi et Mini-Cooper, rien ne manque à la panoplie, mais l'option retenue n'est pas la plus simple : ses complices ont pour mission d'attaquer le fourgon cellulaire à la faveur de son transfert vers le palais de justice de Beauvais, le 18 novembre 2008.

Mission accomplie, sans bavure : non seulement l'opération est un succès, mais aucun coup de feu n'est tiré. Ce qui arrache ce commentaire un brin admiratif à quelqu'un qui connaît bien cette équipe : « Il faut une certaine fraternité pour aller chercher un homme dans ces conditions. Ils ont la mentalité et le courage des braqueurs. »

Jamais sous-fifre n'aurait bénéficié d'une telle mobilisation : « Bombay », seulement âgé de 28 ans, est une pointure. Un garçon qui va chercher la « dope » à la source et la ramène lui-même. Et qui dispose des liquidités suffisantes pour organiser une opération de cette ampleur, fusils d'assaut M 16 et kalachnikovs à l'appui.

Ses camarades se souviennent de lui en train de faire des roues arrière sans casque sur des motos volées : « Une vraie petite frappe de cité. » Et la dégaine qui va avec, ce qui explique que les policiers spécialisés ne l'aient pas vraiment vu venir, lui non plus. Jusqu'à cette évasion, signe d'une maturité certaine et d'une volonté d'en découdre, sans compter le sang-froid, indispensable à l'heure de s'en prendre à des gendarmes équipés eux aussi de gilets pare-balles et armés.

La cavale est une autre histoire. « Bombay » file vers l'Allemagne à moto. Ses amis commettent l'erreur d'appeler un camarade à Creil, un petit dealer en cheville avec la gendarmerie. Deux d'entre eux sont interpellés et bientôt respectivement condamnés à neuf et sept ans de prison.

La trace de « Bombay » est retrouvée en Espagne, mais la police le rate d'un cheveu. Il traverse le détroit de Gibraltar, l'un de ses terrains de jeu, et se cache au Maroc. La ministre française de l'Intérieur de l'époque, Michèle Alliot-Marie (UMP), tente de mobiliser son homologue chérifien, mais le fugitif est protégé par son passeport marocain : interpellé en décembre 2008 à Casablanca, il écope d'une petite peine de prison, mais échappe au pire : l'extradition.

Farid Berrhama restera comme celui qui a réussi à liguer contre lui tout ce que Marseille et la Corse comptaient de figures du milieu traditionnel.

De son vivant, le jeune homme d'origine algérienne, grandi à Salon-de-Provence, cumule les atouts. Il est puissant, inspire la peur et fréquente le « gotha » du grand banditisme, de Marseille à l'Andalousie – il a croisé le Corse José Menconi, son compère parisien Antonio Ferrara, et côtoyé La Brise de Mer et les Federici, puissance montante dans l'île de Beauté.

Avec Azedine Diff, originaire de Gardanne, celui que ses collègues appellent « Fafa » est l'autre Maghrébin à qui les voyous traditionnels ouvrent leurs portes. Il « fait de l'avant », comme on dit à Marseille, sans trop se soucier des nuages qui s'accumulent. Farid Berrhama s'embrouille avec des trafiquants des quartiers nord en Espagne. Plus grave, ses associés disparaissent l'un après l'autre dans des règlements de comptes tonitruants, façon barbecue : tués par balles, les cadavres sont chargés dans le coffre de voitures qui sont ensuite incendiées, laissant les corps à peine identifiables...

Tony Cossu, beau-frère de Francis Vanverberghe, dit le Belge, parrain marseillais, lui a accordé sa confiance à la faveur d'un séjour en prison, dès 1991. Un service rendu en appelant un autre, on voit « Fafa » prendre « 20 bâtons » pour aller secouer un Arménien qui prétendait tuer un proche de la sœur du Belge. Et le clan lui payer un bon avocat après une arrestation en Espagne, alors qu'il est installé à Marbella et jouit de tarifs privilégiés de l'autre côté du détroit de Gibraltar, là où pousse le chanvre. De là à se réclamer publiquement de « Francis le Belge », désormais installé à Paris, il y a un pas qu'il n'aurait peut-être pas dû franchir...

On lui suggère gentiment de s'éloigner de la Canebière et d'aller s'occuper de son shit en Espagne, plutôt que de planter son drapeau sur Marseille en éliminant ceux qui pourraient lui faire de l'ombre. Berrhama n'écoute que lui. Non seulement il ne fédère pas grand monde, mais il fait le vide, allant jusqu'à éliminer un ami de ses « protecteurs » dans l'espoir de se retrouver seul en course.

Un jour, alors qu'il est transféré d'une prison espagnole à un tribunal, dit la légende, « Francis le

Belge » reconnaît Farid Berrhama au volant d'une voiture. Pensant que le jeune homme est là pour le faire évader, le truand marseillais fait de grands signes de mains pour lui signifier qu'il n'est pas d'accord. En fait, à cause de ses verres fumés, Berrhama ne l'aurait tout simplement pas vu.

« C'est un impulsif, dit l'un de ceux qui ont cru en lui. Il avait un cœur énorme, mais il voulait tuer tout le monde. Il voulait prouver quelque chose. Il était prêt à se battre avec les Corses. C'est parti dans tous les sens. Il aurait pu mourir cent fois. Il disait qu'il n'avait peur de personne, mais, à Marseille, si tu fais trop de bruit, tu le payes... »

« Il aurait pu devenir le Ferrara du Sud, avec un portefeuille encore plus grand », confirme un voyou parisien. Jusqu'au mort de trop : l'assassinat du bandit corse Roch Colombani, aussitôt mis par le milieu sur le dos du bouillant Berrhama. Tous ceux qui le connaissent dans le camp corso-marseillais le lâchent brutalement. Et se liguent contre lui : on ne veut plus de ce gêneur qui ne respecte pas les pactes de non-agression et aspire à « manger » tout le monde.

L'élimination de ce rival incontrôlable a lieu le 4 avril 2006, alors qu'il était attablé avec des amis à la brasserie des Marronniers, à Marseille, elle produit une onde de choc dans toutes les cités et toutes les prisons françaises. Le milieu traditionnel applaudit à ce qu'il considère comme un réflexe de survie ; les autres crient au « racisme » et jurent qu'ils ne se laisseront pas « découper » comme ça. « C'est quand même un Arabe qu'ils ont dégagé ! » s'exclame un braqueur d'origine maghrébine, comme si, brusquement, dans l'adversité, se faisait jour une forme de (fugace) sentiment de fraternité...

Farid Berrhama a rejoint au cimetière sa dernière victime présumée sans avoir obtenu les clefs de la cité phocéenne, mais ce n'était pas faute d'avoir essayé.

Mohamed Bessame est la « figure » que tous les flics lyonnais rêvaient d'accrocher à leur palmarès...

Né à Lyon en 1976, il découvre la justice des mineurs dès l'âge de 16 ans, non sans réticence : arrêté après un cambriolage, il se débat comme un diable entre les mains des policiers ; il n'en reste pas moins deux mois enfermé. Les années suivantes le voient régulièrement tomber pour des vols à l'occasion desquels ceux qui l'interpellent se plaignent systématiquement de son côté rebelle qui ne se laisse jamais menotter. Les petites peines de prison s'accumulent, jusqu'à la première arrestation pour importation de stupéfiants en 2003, dans un dossier où les policiers affirment avoir vu passer des tonnes de cannabis.

Le tribunal de Lyon lui inflige une peine digne des grands : neuf ans d'emprisonnement, assortis d'une période de sûreté de quatre ans et demi. Trop pour lui : le 10 décembre 2004, Mohamed Bessame s'évade avec l'art et la manière, en hélicoptère, comme les voyous patentés du siècle précédent, en compagnie de deux complices (un trafiquant de stupéfiants et un braqueur).

Il est rattrapé un an plus tard à Gérone (Espagne). Finalement libéré le 10 octobre 2011, il retombe huit mois plus tard dans des circonstances pour le moins troubles (voir chapitre 11). Où l'on comprend que son entêtement et son sens de la survie font de ce garçon un digne héritier des gangsters du siècle dernier.

Mohamed Denfer n'a pas de chance, et pas seulement parce qu'il a grandi dans un quartier considéré comme le « Chicago » de Tourcoing (le quartier du Pont-Rompu) : il est l'un des premiers à intégrer le cercle fermé des grands voyous dans le nord de la France, à tel point que la police a tendance à lui mettre sur le dos tous les événements qui surviennent dans les parages, à la rubrique braquages comme du côté stupéfiants.

Cela commence dès sa première arrestation pour vol en 1984, alors qu'il n'a que 22 ans ; il s'en sort avec un non-lieu. Il est interpellé quelques mois plus tard et condamné cette fois à trois ans de prison pour avoir été en possession de bons du Trésor de provenance suspecte. Quand il est libéré, un juge menace de l'expulser du pays. Il prend les devants et file vers le sud de l'Algérie, avant de revenir s'installer en Belgique où il achète deux « clubs à filles » et un garage qui lui permettent de rouler grand train : Porsche les jours pairs, Ferrari les jours impairs. Jusqu'en 1990 où les Belges le condamnent à trois ans de prison pour proxénétisme.

En 1996, Mohamed Denfer est de nouveau poursuivi pour un trafic de voitures volées qui lui coûte quatre ans ferme, mais son casier judiciaire est toujours vierge dans l'Hexagone.

Les vrais ennuis lui tombent dessus à l'occasion d'un Festival de Cannes où on le voit au volant d'une Bentley (appartenant à un milliardaire tunisien) en compagnie d'une sulfureuse starlette chez qui on retrouve quelques grammes de cocaïne. Une photo dans les colonnes de *Détective*, où il marche main dans la main avec elle à la sortie du VIP, la discothèque à la mode sur la Croisette, parachève le tableau : policiers belges et français s'arrangent pour tailler un costume sur mesures à « Momo ».

« On m'associe à tous les bandits, proteste Mohamed Denfer. Oui, je connais du monde, mais je n'ai pas d'affaires avec eux. Au nom de quoi me fait-on entrer dans le fichier du grand banditisme alors que je n'ai jamais été concerné par un seul braquage ? C'est vrai que j'ai pris des commissions dans l'immobilier, mais c'est du fiscal, et les Belges m'ont largement redressé ! Je paye la réputation qu'on a voulu me donner. Pour le juge, c'est tout juste si le Baoli et la Chunga [deux autres établissements de Cannes] ne m'appartenaient pas. Un peu plus et la Croisette était à moi ! »

C'est ainsi que le jeune homme est bien malgré lui contraint de « tirer une croix » sur le Sud, ses amis, les filles, après avoir vu la police débarquer chez lui et confisquer chaussures, ceintures, fringues, machine à laver, écran plasma, bouteilles de vin, Audi A3, et même son exemplaire... de « Parrains et Caïds » !

« C'est sûr que la villa que j'habitais à Saint-Raphaël était luxueuse, concède Mohamed Denfer, mais, dans le Sud, une maison avec piscine, c'est presque une obligation. On n'a pas le droit, en France, de se faire plaisir et de rouler en Ferrari ? »

Quand il lui est arrivé de débarquer en prison, Mohamed Denfer a cependant toujours été bien accueilli par les détenus comme par les surveillants. Comme il dit, il « faut bien tirer quelques avantages de sa mauvaise réputation ! ».

Antonio Ferrara a acquis une stature hors norme au fil de ses évasions, mais, avant de se voir gratifié du titre de « roi de la belle », il était « le Petit » : un type qui s'imposait plus par la tchatche que par sa force musculaire.

Né à Cassino, près de Naples, en 1973, celui que la rue appelle « Nino » arrive en France à l'âge de 10 ans avec ses six frères et sœurs. Le père est marchand ambulant, la mère responsable d'une équipe d'entretien et de nettoyage. Scolarisé à Choisy-le-Roi, il est aiguillé à 16 ans vers la maçonnerie. Il est plombier un mois, nettoie des trains pendant deux mois, séjourne huit mois en Italie avec son père, puis tient deux mois dans un restaurant de Villejuif comme serveur. Mais sa vie est ailleurs qu'aux cuisines : le vol l'attire, les braqueurs le fascinent.

Les rencontres font le reste : Antonio Ferrara croise un Algérien que ses amis surnomment « Cochon », qui braque gentiment avec un certain Malek Khider. Il plaît tout de suite à ses nouveaux amis, surtout quand ils le voient remettre à sa place un fournisseur de drogue qui les a « carottés ».

Parfaitement à l'aise en cavale, il tente de se faire passer pour l'un de ses frères lorsqu'un policier le reconnaît dans la rue, mais ses empreintes le trahissent. À Fleury-Mérogis, il rencontre François Besse, ancien compagnon de Mesrine, et Mohamed Amimer ; il retrouve aussi avec plaisir Moussa Traore, un ami du quartier, prend du bon temps avec Fabrice Hornec ou Nordine Nasri... Un concentré de la génération montante.

Jean-Louis Peries, un des bons connaisseurs du banditisme au sein de la magistrature, observe ce jeune homme avec intérêt. « Pourquoi fais-tu des braquages ? » demande-t-il à Antonio Ferrara qui comparaît devant lui. « C'est pas moi, j'ai rien à voir », répond le jeune homme. « Qui était avec toi ? » insiste le magistrat qui flaire la pépite. « J'sais pas, m'sieur », réplique le jeune braqueur en tentant de se faire passer pour un branquignol, non sans observer attentivement le fonctionnement de ce palais de justice et tendre l'oreille lorsqu'un enquêteur de la PJ fait irruption dans le bureau pour évoquer un récent braquage. Plus physionomiste que lui, on ne trouve pas dans ce nouveau milieu, en particulier lorsqu'il s'agit des visages des policiers !

Le prisonnier fait tous les jours de la musculation, mais laisse volontairement fondre ses jambes. Il aimerait jouer au foot, mais reste comme un malheureux au bord du terrain. Son genou, dit-il, le fait souffrir. On lui colle une pommade et un cachet ; il appelle le surveillant, le soir même, pour se plaindre encore. On lui fait subir à l'hôpital de Fresnes une batterie de tests qui ne donnent rien. Le spécialiste finit par recommander une IRM. Subrepticement, à la faveur d'une absence de l'infirmière, le « malade » comprend que cet examen nécessite un transfert à l'hôpital de Corbeil-Essonnes. Message transmis, à l'occasion du premier parloir, à l'intention du camarade Issa Traore, cousin de son camarade Moussa Traore, qui devrait savoir comment s'en débrouiller...

Tous les matins, vers 7 heures, un petit groupe prend position à proximité de l'hôpital, casquettes sur la tête et lunettes de soleil sur le nez (on est au cœur de l'été 1998). Ne le voyant pas venir, ils se lassent, comme s'impatientent parfois les policiers dans leurs « sous-marins » de surveillance. Ils finissent même par décrocher, mais Ferrara les remobilise. Jusqu'au jour où un surveillant lui annonce, dans la cour de promenade, la fameuse « extraction hôpital ». « C'est pas grave, j'avais sport, mais j'y vais quand même », lâche le jeune homme en boitillant.

Il est 15 heures lorsqu'il sort ce jour-là de la prison non sans avoir été fouillé deux fois. Le candidat à la belle doute. Ses amis ont-ils attendu ? Ils sont précisément sur le départ lorsque le fourgon pénitentiaire arrive en vue de l'hôpital, mais ont le temps de faire demi-tour pour voir sortir « Nino », flanqué de trois surveillants, menotté, pieds entravés. Le temps d'enfiler les cagoules et d'attraper pince coupante, matraques et bombes lacrymogènes, et le tour est joué.

La fraternité des cités joue à plein. Antonio Ferrara se tient à distance de sa famille et du Val-de-Marne. Comme Moussa Traore le lui a suggéré, Nordine Nasri s'occupe de lui et met à sa disposition l'un de ses « associés », Farid Boudissa (né à Nanterre en 1968) ; la copine de ce dernier a une sœur dont « Nino » s'entiche. Voilà le fugitif planqué dans un appartement de Courbevoie, indétectable. Que demander de plus ?

Antonio Ferrara développe son réseau, l'air de ne pas y toucher. Il évite le portable, ne fume pas de shit, ne boite plus et perd du poids. Il braque comme d'autres se lèvent pour aller gagner de l'argent à l'usine, avec une facilité déconcertante, prenant chaque jour plus d'envergure, adossé à ces cités qui l'ont vu grandir. Nordine Nasri lui présente de nouveaux camarades de jeux à l'instar de Redoine Faïd.

Un jour du printemps 2002, alors qu'un commando vient de faire main basse sur 6 à 7 millions d'euros dans un dépôt proche de la porte d'Aubervilliers, à Paris, moyennant un échange de coups de feu avec la police, la rumeur enfle parmi les voyous de la capitale : ce ne sont pas les pointures de la banlieue sud qui ont fait le coup, mais des jeunes. Un mélange de Corses, de blacks et de Maghrébins parmi lesquels, dit-on, « Nino » figurerait en bonne place.

La force d'Antonio Ferrara ? « Il est loyal en amitié et c'est un bosseur, dit un commissaire qui l'a longtemps surveillé. S'il faut se lever à 5 heures, il est là. En plus, il est sympathique. Francis Mariani [pilier de La Brise de mer] l'appréciait beaucoup. José Menconi [autre membre de la bande bastiaise] s'est pris d'affection pour lui. Le *plus* de Nino, c'est qu'il a ses entrées dans les cités : essentiel pour la came, mais aussi pour les machines à sous qui rapportent toujours plus là où les gens n'ont pas de pognon. »

Lors d'une de ses arrestations, Ferrara transporte dans son sac à dos un tas de pièces de 2 euros. « J'ai fait un parcmètre », se défend-il, mais le policier qui l'interroge n'est pas dupe : pour lui, cet argent vient de machines à sous longtemps contrôlées par les seuls voyous à l'ancienne.

Avec son survêtement Adidas, personne ne l'a vu venir, mais le Napolitain de Vitry-sur-Seine ne pense plus qu'à ça : monter sur des fourgons blindés.

« Nino est vierge, témoigne un de ses camarades de jeux de l'époque. Il est serviable et pas mégalo. Il a un grand sang-froid. C'est un jeune avec une mentalité d'ancien. » Pas mégalo, mais maître de son image : sortant menotté des locaux de la PJ à Nanterre, il demande aux policiers de bien vouloir dégrafer sa chemise pour que les photographes immortalisent son torse bronzé...

Son évasion de la maison d'arrêt de Fresnes, prison disciplinaire par excellence, le 12 mars 2003, porte la marque de ce nouveau banditisme. Attaquer la prison comme des Indiens, avec lance-grenades, fusils d'assaut et pains de plastic en prime, c'était du jamais-vu. L'opération aurait pu laisser sur le carreau un ou plusieurs surveillants, mais le commando s'en tire sans trop de dégâts, hormis le tribut payé par l'un des assaillants, le Corse Dominique Battini, qui perd un œil.

« Quand l'évasion a été rendue publique, se souvient un voyou incarcéré à l'époque, tout le monde a applaudi, dans la prison. Cela a été une explosion médiatique : il a fait le 13 heures et le 20 heures pendant quinze jours ! On a parlé de lui dans l'hémicycle [l'Assemblée nationale]. Pour les cités, il est devenu Michael Jackson ! »

Antonio Ferrara était adulé pour son panache ; cette évasion l'installe au sommet de la hiérarchie. Même si un véritable ouragan répressif s'abat à l'époque sur les prisons, avec transfert au quartier d'isolement de tous les gros voyous, transfert des Corses vers la capitale, accélération des « rotations sécuritaires »... le jeune Franco-Italien est hissé au niveau de Mesrine, personnage qu'il vénère, mais dont il ne suit pas la trajectoire jusqu'au bout : non seulement Antonio Ferrara reste en vie lorsque les policiers finissent par lui remettre la main dessus, mais il parvient à tourner la page, concentré sur sa famille au point de voir l'étau carcéral se desserrer peu à peu autour de lui...

Hamid Hakkar vient au monde en 1968 dans les Hauts-de-Seine, à l'ombre d'une grande métropole où le milieu traditionnel est encore puissant. Son fief : la cité

Pablo-Picasso, à Nanterre, où son camarade Antonio Ferrara séjournera plus d'une fois à l'occasion de ses cavales.

Comme Nordine Nasri, Hamid Hakkar marche sur les pas des pionniers : Imed Mohieddine, Abdelkrim Hadjadj, Mohamed Amimer, Ritz Alloun, Slimane Zidane et autres Nordine Mansouri[1]. Des garçons arrivés sur le marché dans les années 1980, qui passent une partie des années 1990 en prison avant d'émerger en « chaussant les patins » des voyous traditionnels...

Hakkar : à lui seul le patronyme ferait trembler les tours de la Défense à l'ombre desquelles la famille prospère. Ne dit-on pas dans le secteur, sous forme de boutade, que certains sont propriétaires, nus-propriétaires et usufruitiers des « terrains » où s'écoule la drogue ?

Si le rappeur Booba s'inspire d'un modèle pour écrire sa chanson intitulé « Le duc des Hauts-de-Seine », ce pourrait bien être Hamid Hakkar. Dans son « domaine », pas de laisser-aller : les vendeurs sont sur le terrain dès 8 heures du matin. Sans oublier de rester à la pointe du progrès : c'est à Nanterre que l'on a vu arriver les premiers dealers cagoulés et gantés, manière efficace de ne pas laisser d'empreintes et de limiter les risques d'identification.

Arrêté par la PJ, Hamid Hakkar profère un jour cette phrase énigmatique : « Je ne suis qu'un employé. Le taulier, ça n'est pas moi. » Le milieu corse serait-il derrière l'approvisionnement en drogue des cités des Hauts-de-Seine ? C'est ce que comprend le policier auquel il se confie, impression confortée peu après par l'arrestation en Espagne d'un rejeton de La Brise de mer, Alexandre Vittini, dans une villa où l'on brassait le shit à la tonne...

En 1998, détenu depuis plusieurs mois pour une affaire de stupéfiants, Hamid Hakkar s'évade par la ruse : profitant d'un parloir, il échange son identité

---

1. Voir les précédents volumes de « Parrains et Caïds ».

avec son visiteur, comme lui d'origine algérienne, et sort par la grande porte.

L'évasion d'Antonio Ferrara de la maison d'arrêt de Fresnes lui confère lui aussi une autre dimension. Son arrestation dans le cadre de l'enquête, le 10 juillet 2003, permet de découvrir l'étoffe financière du garçon ; son pied-à-terre parisien est truffé de billets : 255 240 euros dans un sac Fnac sous le canapé, 50 000 euros dans un sac à dos, 53 760 euros sous une pile de linge, sans compter neuf montres de luxe, des documents concernant l'immatriculation de bateaux en Espagne et une facture de l'hôtel Sheraton à Alger. « J'effectue des transferts de fonds, je récupère des sommes importantes en France et en Espagne, que je ramène au Maroc pour le compte d'hommes d'affaires marocains, concède-t-il. Je mets aussi en relation des producteurs de haschich avec des acheteurs. Je suis payé à la commission. »

En attendant, les nouvelles alliances éclatent au grand jour : on voit un jeune trafiquant des Hauts-de-Seine se rapprocher d'un bandit de la banlieue sud (Ferrara), lui-même en cheville avec des malfaiteurs corses. Un concentré du grand banditisme à la française à l'aube du troisième millénaire...

Sofiane Hamli grandit quartier de l'Étoile, à Bobigny (93). Son beau-père, Youssef Khimoun, fort de ses entrées et de ses faits d'armes, lui ouvre une voie vers la voyoucratie : lui-même est « monté » sur un fourgon à Tokyo dans les années 1980.

Le jeune Sofiane est arrêté à 16 ans avec 15 kilos de shit, mais il préfère apparemment les braquages aux stups. Il se revendique proche du milieu traditionnel dont il adopte les expressions, lui qui est à peine majeur lors de son premier gros casse. Il connaît les bons « fourgues », ceux qui sont capables de fournir à la demande explosifs et armes de guerre. Mais ses détracteurs trouvent qu'il « parle trop », surtout après quelques verres.

Lorsque la PJ découvre que Sofiane Hamli est peut-être impliqué dans des braquages de fourgons blindés, elle se persuade qu'il n'est pas aux premières loges, qu'il y a quelqu'un derrière lui...

« Il vaut largement un Ferrara », assure quelques années plus tard un commissaire spécialisé dans la lutte contre le crime organisé. La police le soupçonne notamment d'avoir participé à l'attaque d'un fourgon à Champs-sur-Marne, mais le fait que plusieurs de ses amis sont « tombés » à cette occasion n'a pas suffi à l'incriminer. Les connaisseurs le verraient bien avoir également prêté main-forte à l'heure d'évacuer le « petit Italien » (Ferrara) de Fresnes ; on sait que de simples supputations ne font pas un coupable.

Ce sont des garçons comme lui qui fédèrent les nouveaux satellites, ces jeunes dont personne n'a entendu parler, avec lesquels ils n'hésitent pas à partager leur science pour le meilleur et pour le pire...

Fabrice Hornec, né en 1974, est un « bébé » Hornec, du nom de ce clan manouche sédentarisé dans la banlieue est de la capitale. Un vrai « chouraveur » dont on raconte qu'il vole depuis l'âge de 10 ans et qu'il connaît le pays de long en large et de haut en bas, pour l'avoir traversé maintes fois en voiture. Avec, en guise de dot, la logistique propre à ce clan hors norme : au gré de son arbre généalogique, la famille Hornec bénéfice d'ouvertures dans les camps de Gitans de la France entière, en particulier en Île-de-France, de Montreuil à Montfermeil en passant par Bondy, Noisy-le-Grand, Chelles, Coubron ou Courtry.

Très jeune, il se retrouve à la une des journaux : il vient d'être arrêté en compagnie de Marc Hornec, l'un des trois membres de la fratrie qui rêve de faire main basse sur Paris à partir des terrains où ils se sont sédentarisés, sur la commune de Montreuil (93). Une arrestation en forme de conte de fées un peu noir, puisqu'elle se produit dans un hôtel en plein Disneyland. Le jeune homme assume les 600 kilos de shit retrouvés dans un box, expliquant qu'il les a volés, ce qui est probablement vrai ; il a 22 ans lorsqu'il est condamné à six ans de prison.

Au D2 de Fleury-Mérogis, Fabrice Hornec croise Nordine Nasri avec qui il sympathise. La suite de sa carrière est faite de brèves incursions dans le monde libre, ponctuées de longs séjours sous les verrous. À la faveur d'une première séquence en plein air, entre mai 2001 et septembre 2002, il se fait un nom : la PJ le soupçonne d'être impliqué dans le pillage d'une vente aux enchères à Fontainebleau, elle le voit derrière plusieurs bagarres entre voyous dans le 19ᵉ arrondissement parisien, ou encore à Troyes sur un autre braquage. Sans jamais rien démontrer...

Fabrice Hornec entraîne dans son sillage une équipe composite faite de Gitans et de beurs. Bon artificier, selon l'un de ses complices, il sait mélanger les explosifs, ce qui lui permet de rêver aux millions des fourgons blindés.

Son deuxième séjour en prison est plus long, puisqu'il reste enfermé huit ans, jusqu'en septembre 2010. Il retombe en mai 2011, soupçonné d'avoir braqué un convoi d'or dans la Somme.

Bilan provisoire : vingt-deux mois de liberté en quinze ans.

Parmi les autres héritiers du clan, **Franck Fischer** retient lui aussi l'attention : formé dans la roue d'Imed Mohieddine[1], il fait partie de la poignée de jeunes bra-

---

1. Largement évoqué dans les volumes précédents de « Parrains et Caïds ».

queurs dont la PJ estime qu'ils seraient capables d'attaquer un fourgon blindé en phase roulante, opération qui exige d'être sur place au bon moment, à la bonne distance, en nombre suffisant pour ouvrir les portes, décharger le contenu et « s'arracher » correctement, sachant que les convoyeurs sont armés. Un hommage qui ne s'appuie, pour l'heure, sur rien de solide.

Christophe Khider a été éduqué à la dure. « Il prenait des raclées », dit l'un de ses vieux camarades. Très jeune, ce Parigot tendance nouvelle génération s'initie au braquage. Il rêve de se planquer dans le faux plafond d'une banque et d'attendre l'arrivée d'un convoyeur chargé de billets. Il a des goûts de luxe, voudrait porter des Weston et partir en vacances à Bora-Bora avec sa copine. Rêves de gosse qu'il va tenter d'assouvir.

« C'est un mec fidèle en amour et en amitié, poursuit son ami, un mec très intelligent. C'est aussi un superjoueur de foot, qui a une forme physique extraordinaire. »

Côté professionnel, on loue la « détermination » de Christophe Khider et sa « dextérité de fou comme pilote ». Il n'a pas 25 ans lorsqu'il s'en prend à une nouvelle banque à Paris. Il empoche un joli butin avec son complice prénommé Djamel. Un fourgon blindé passe alors qu'ils ne l'attendaient pas. Équipés d'un pistolet-mitrailleur Uzi, d'un pistolet automatique 9 mm et d'un 357 magnum, ils braquent à l'improviste les deux convoyeurs, les désarment sans tirer une balle et leur intiment l'ordre d'ouvrir leur véhicule. Sauf qu'au lieu d'en vider le contenu, ils partent... avec le fourgon et foncent vers le périphérique ! Une voiture de police surgit ; ils tentent d'ouvrir la porte arrière du fourgon sans imaginer un instant que le moteur va se couper et que les serrures vont se bloquer. C'est la panique... jusqu'au moment où un conducteur leur « offre » une

Renault 19. Les voilà qui roulent vers Roissy, mais il leur faut à nouveau changer de véhicule : ils optent pour une Mercedes, sauf que l'un des passagers ne se laisse pas faire : il tient absolument à conserver sa malette dont il s'avérera qu'elle était bourrée de billets de banque. Christophe Khider s'apprête à lui restituer l'objet convoité, mais l'homme se rue sur lui et c'est l'accident : le chien du 357 magnum est armé et la balle part, mortelle.

Ce ratage dévaste la vie du jeune braqueur. Toute la région parisienne croit en effet savoir qu'il est derrière l'attaque, et le tuyau atterrit sur les bureaux de la brigade de répression du banditisme (BRB), rapidement confirmé par les images des caméras et les nombreux témoins...

Interpellé après cinq mois d'une folle cavale en Espagne, promis à de très longues années de prison, le jeune homme ne songe plus qu'à l'évasion.

À Fresnes, il rêve de faire péter le mur comme au cinéma, sauf qu'il y a plusieurs murs... On lui parle d'attaque au lance-roquettes. Par l'entremise d'un co-détenu, il se retrouve en contact avec un Israélien spécialisé dans les armes lourdes. On fait des plans. Attaquer entre le D2 et le D3, là où il n'y a pas de mirador, paraît la meilleure solution. Il faut un hélicoptère avec un type qui descendrait en rappel au-dessus de la cour grillagée, équipé d'un fusil à pompe et de plastic pour pulvériser la porte en bois...

« Si ça marche pas, on sort quand même », lance Khider.

La tentative a lieu un dimanche après-midi, sauf que la corde s'enroule et qu'un surveillant tire en direction de l'hélicoptère. Fiasco total. Encore.

« Christophe vit dans l'instant, poursuit son camarade. Il est pressé, impatient, tendu comme un arc... »

L'occasion suivante se présente quelques années plus tard à la centrale de Moulins-Yzeure. Suivi par

El Hadj Omar Top, 27 ans, l'un des rares à avoir passé son bac en prison, Christophe Khider parvient à s'enfuir. Pas pour longtemps (trois jours), mais un camarade, lui aussi ancien évadé, applaudit tout de même :

« Ce qu'il a fait à Moulins, c'est une pure démonstration de force. Dans cette forteresse isolée de tous les axes, c'est plus qu'un coup d'éclat. Plus fort que Ferrara ! Il a fait son propre couloir ! Son ambition relève de la science-fiction. »

Ce que ce camarade ne sait pas, c'est qu'il y a encore eu un affreux grain de sable : ce n'est pas ce jour-là qu'il devait s'évader, et dehors la logistique n'était pas prête.

Repris, blessé, Christophe Khider n'abdique toujours pas. Ceux qui le défendent non plus, à l'instar de cet avocat très critique à l'égard de la peine « démesurée » qu'on lui a infligée : « L'histoire de Khider, c'est l'exemple même du gâchis carcéral et judiciaire. C'est un garçon d'une grande sensibilité et d'un grand dévouement que le système judiciaire a détruit, faute de prendre en considération son histoire personnelle. »

Parviendra-t-il à faire entendre sa voix à travers les murs ?

De **Malek Khider** (rien à voir avec Christophe), né à Paris en 1967, on raconte qu'il a un jour affronté tout seul huit policiers de la brigade anticriminalité, juste après un braquage…

C'est en prison que ce garçon, considéré comme un braqueur chevronné, rencontre Olivier Tracoulat et Redoine Faïd avec lesquels il se retrouve aujourd'hui impliqué dans ce qui ressemble fort à une attaque de fourgon avortée.

Le 20 mai 2010, vers 9 h 15, un véhicule utilitaire Renault Trafic échappe à un contrôle de police à Creil et file vers l'autoroute A4. Une course-poursuite s'engage, qui voit l'un des passagers de la camionnette larguer un extincteur avant de faire parler la kalachnikov et de provoquer un accident, histoire d'avoir le temps de mettre le feu à leur véhicule et de s'emparer par la force d'une voiture... au moment précis où deux policiers municipaux arrivent sur place. Se sentant probablement piégés, ils tirent en rafales en direction de leur voiture sur laquelle on dénombrera vingt-quatre impacts de balles ; un policier riposte et blesse l'un de ses agresseurs, mais sa collègue, Aurélie Fouquet, 26 ans, est mortellement touchée.

Dans la soirée, certainement grâce à la présence d'une balise, une camionnette est repérée à Champigny-sur-Marne. Elle est stationnée juste à côté du domicile de Malek Khider, arrêté alors même qu'il charrie kalachnikovs, pistolets-mitrailleurs, une quantité impressionnante de chargeurs, gilets pare-balles, cagoules, brassards de police et autres grenades.

Le jeune homme paie son erreur cash : il reconnaît faire partie de l'équipe composée, selon lui, d'une dizaine de personnes, et évoque le projet qu'ils comptaient mettre à exécution : le braquage d'un fourgon blindé. Malek Khider refuse de donner le nom de ses complices, mais les analyses génétiques permettent d'identifier le blessé : Olivier Tracoulat, dont un informateur anonyme assure qu'il a été soigné dans la soirée chez l'un des frères de Redoine Faïd, là même où avait séjourné, la veille des faits, la camionnette localisée près de chez Malek Khider...

L'issue judiciaire de cette affaire était encore incertaine au moment où ce livre était sous presse, mais une chose est sûre : les braqueurs modernes n'ont pas forcément pris la mesure de l'importance des moyens technologiques dont dispose la police. Les deux camionnettes ont en effet été filmées par de nombreuses caméras de surveillance à La Courneuve et Roissy-en-France, la veille des faits, circulant en convoi et précédées par une Mégane équipée d'un toit ouvrant. Une Mégane dont le chauffeur a fait le plein dans une station-service Shell, sur l'autoroute A1, laissant carrément son visage en souvenir aux caméras... De quoi donner du fil à retordre aux avocats !

Nordine Nasri est une sorte de « Farid Berrhama en version parisienne ». « C'est un pionnier, un *number one* », dit un voyou qui l'a côtoyé en prison.

Le jeune homme grandit à Nanterre (Hauts-de-Seine), plus précisément dans cette cité Pablo-Picasso qui est le berceau de nombreux trafiquants de stups réputés. Ses amis le surnomment « le Barge » ou « le Dingue », tant il aime à faire le pitre. Certains lui prêtent un côté suicidaire depuis qu'il s'est jeté dans la Seine du haut d'un pont, à l'âge de 14 ans (lui-même explique son geste par une insupportable rage de dents).

Nordine Nasri entre sur le marché de la drogue par la petite porte : il fait le guet pour les aînés. Il vend rapidement ses propres barrettes, devient semi-grossiste, grossiste, puis go-fasteur. Il apprend toutes les ficelles du métier et « met beaucoup de carottes », dit-on. Il a 15 ans lorsqu'on le voit utiliser une arme à feu pour tirer dans les jambes d'un acheteur qui se plaignait de la qualité de la marchandise. Pas vu, pas pris.

Nordine Nasri collectionne les petites peines et noue en prison des relations qui lui permettent de monter en grade. Il est en affaires avec Farid « Poli » Faraman, avec qui il a des liens familiaux, et avec la famille Hakkar, la plus entreprenante de « Pablo-Picasso ». Mais c'est en maniant la gâchette, raconte-t-on, qu'il acquiert sa réputation.

Soupçonne-t-il un gars de l'avoir balancé hors procès-verbal à l'occasion d'un interrogatoire ? Le suspect, enlevé en pleine rue, est emmené jusqu'à Versailles pour y être cuisiné. On lui fait une « marmite », comme on dit dans le jargon : il va falloir qu'il revienne sur sa déposition, sinon... Ultime coup de pression avant de le laisser rentrer à pied à Nanterre : cinq balles sifflent à ses oreilles. Lorsque les enquêteurs interrogent Nordine Nasri et son ami Faraman, ils nient toute implication dans les faits. En bloc.

Nous sommes en 1996. « Nono le barge » effectue un court séjour à la prison de Bois-d'Arcy où il serait l'un des premiers à avoir fait entrer un téléphone portable pour continuer à faire tourner son bizness.

L'année suivante, il devient un acteur important du marché. De nouveau de passage en prison, il lie connaissance avec Fabrice Hornec, Mohamed Amimer, Christophe Khider et quelques autres, dont Moussa Traore. Nordine Nasri se fait un nom et sait se rendre indispensable. Jean-Pierre Lepape, figure de la banlieue sud, est-il ennuyé à la maison d'arrêt de Nanterre par des « jeunes des cités » ? C'est lui et son camarade Faraman que l'on contacte pour assurer sa « protection » intra-muros. Quand Lepape est libéré, Nasri se rapproche de lui et met un pied dans le milieu traditionnel. Le bar qui sert de quartier général à ses nouveaux amis voit défiler d'autres talents, du Corse José Menconi à « Pukit », un pilier de la banlieue sud, en passant par « le Chinois » (Jean-Claude Bonnal).

Nasri s'intéresse à la cocaïne. On le voit en Jamaïque en compagnie d'un associé de Karim Reguig (voir *infra*) ; et à Marbella (Andalousie), ex-fief du milieu traditionnel, avec Faraman. Joue-t-il les « nettoyeurs » pour le compte des piliers de la banlieue sud ? La légende l'affirme. Sa réputation enfle encore.

L'assassinat de Lepape, sur fond d'embrouille dans une transaction de cocaïne, précède de peu celui de Pukit, un temps désigné comme auteur possible. On voit encore là la main de Nasri dont le costume commence à être un peu grand pour lui. Avec Faraman ils ont une autre corde à leur arc : un accès facile à des appartements dissimulés dans les beaux quartiers de la capitale par l'entremise d'une agence immobilière. Logements qui serviront notamment de planques à quelques pointures recherchées après l'évasion d'Antonio Ferrara.

Assez folklorique, Nordine Nasri n'en passe pas moins pour un professionnel et un garçon « ultra-dangereux » (un compliment, dans son milieu). Du genre à lancer à la cantonade en riant :

« T'as pas des règlements de comptes à faire ? Ça me ferait de l'entraînement. »

« Si tu es son ami, tu peux compter sur lui, résume quelqu'un qui l'a connu en prison. Il a la mentalité du voyou. Il ne tue pas ses amis, mais, avec les autres, ceux qui ne sont pas de la "famille" au sens maghrébin du terme, il est sans pitié. La famille, les potes des cités, on touche pas. Le reste, on dégage. »

Fan de rap et de hip-hop, admirateur de Tupac à qui il voudrait ressembler, Nasri ouvre son propre studio d'enregistrement près de la place de Clichy, à Paris. Une plaque tournante du shit et de la cocaïne, en même temps qu'un haut lieu de la drague parisienne. C'est également un sportif réputé que ni les joints ni les lignes de cocaïne n'empêchent de courir ses quinze kilomètres quotidiens.

Il meurt à Paris en juillet 2003, apparemment sous les balles de plus jeunes que lui qu'il n'a pas « calculés ».

Ahmed Otmane est le vrai roi de la belle. Spécialiste de la cavale, il échappe aux recherches depuis 2003, mais ceux qui connaissent Gardane, la ville où il s'est révélé à la voyoucratie, savent qu'il est l'absent le plus présent. Les gendarmes l'ont signalé à Oran, mais la distance n'empêche pas d'avoir son mot à dire...

Ahmed Otmane a 24 ans quand il s'évade pour la première fois du palais de justice de Marseille. Lorsqu'il est repris deux ans plus tard, blessé, il est recherché pour l'attaque d'un supermarché et d'une banque ; son frère jumeau, Hadj, échappe à la police. Moins de vingt-quatre mois plus tard, après au moins deux tentatives démasquées, il s'évade des Baumettes à l'aide d'une simple corde lancée de l'extérieur, après avoir scié un barreau et cisaillé une grille. Il est repris dix jours après dans un appartement de Fréjus : deux revolvers, soixante cartouches et trois grenades sur la table. Il reste enfermé quatre mois et s'arrache de la prison de Mende en compagnie de trois complices. On ne le retrouve qu'en 1990 à Barcelone... mais il franchit rapidement le mur d'enceinte de la prison de Madrid grâce à un espalier volé en salle de gym. Son nouveau surnom : « Ninja ».

La fois suivante, il est interpellé à Amsterdam où la justice le poursuit pour braquage ; un hélicoptère vient rapidement l'enlever dans la cour de la prison. Un an de cavale et le voici de nouveau aux mains de la justice... espagnole. Pas pour longtemps : Ahmed Otmane s'évade à la faveur d'un transfert entre deux prisons... Record à battre !

Karim Reguig, alias « Pascal le Turbulent », est né à Saint-Ouen en 1965. Première arrestation à 12 ans pour vol à la roulotte, première agression connue à 13 ans, premier vol à l'étalage à 14 ans, premier vol de cyclomoteur à 15 ans, premier vol à main armée à 18 ans : nul ne peut soutenir qu'il n'a pas gravi les échelons l'un après l'autre.

Ses premiers complices sont à l'image de la bande éclectique et solide qu'il agrège autour de lui : un Jamaïcain, un Martiniquais et deux Juifs pieds-noirs. C'est avec eux qu'il débarque à Marbella (Andalousie) en 1995, fuyant la police française.

Un voyage qui lui réussit, à lire la note que l'Office central des stupéfiants lui consacre en 1999 : « Le service a été alerté par la montée en puissance, dans le monde des trafiquants de stupéfiants, d'une équipe de malfaiteurs dirigée par Karim Reguig, dit "Pascal le Turbulent". [...] Un total de près de quarante personnes travailleraient pour ou avec lui. [...] Il incarnerait une nouvelle génération de malfaiteurs issus de la banlieue parisienne et qui, du statut de chef de bande, est devenu un caïd quasi incontournable du trafic dans le sud de l'Espagne, zone de prédilection où il réside de façon presque permanente. C'est en direction de la région parisienne que Karim Reguig acheminerait de façon régulière de grosses quantités de cannabis et de cocaïne. Il dispose d'une réelle organisation criminelle, assurant la fourniture de faux papiers, de voitures maquillées et aménagées, de caches et de la main-d'oeuvre nécessaire[1]. »

La quarantaine venue, Karim Reguig serait l'un des rares à faire le lien entre les cités, de Paris à Lyon et de Marseille à Belfort. Mi-Arabe, mi-Français, « il est monté grâce à la prison », croit savoir un policier spécialisé dans les stups, qui poursuit : « Les braquages l'ont emmené en Italie, il a épousé une Roumaine et se retrouve désormais au carrefour de beaucoup de mondes. »

Au menu des années 2000 : déplacements à Miami et aux îles Caïmans, investissements dans les saunas et autres discothèques andalouses (services sexuels inclus), prospection du marché de la cocaïne, liens avec des Colombiens et des Italiens – autant d'éléments qui dénotent une montée en puissance continue, si le police voit juste, ce qui n'est pas toujours le cas...

Interpellé à Rome en 2003 pour trafic de cocaïne, il est libéré quelques mois plus tard en même temps

---

1. Comme les notes des services de renseignements, celles de la PJ évoquent le parcours supposé du suspect, mais pas forcément une vérité gravée dans le mur préjudiciaire.

que ses complices espagnols et italiens : aucune saisie de drogue n'a été effectuée. Depuis, on le voit souvent avec Mourad Ferguene, un Parisien né en 1963 et installé lui aussi à Marbella.

Topxhi Rexhep, dit Carlo, est né en 1962 au Kosovo. Son père était garagiste, sa mère couturière ; lui a obtenu un diplôme d'électricien auto. Il combat dans les rangs de l'armée de libération du Kosovo et prend une balle dans le dos. Maçon, peintre en bâtiment, il débarque en France en 1988 à 26 ans. Employé dans un garage, livreur à domicile, il finit par ouvrir un bar, La Bastide, non loin de Marignane (Bouches-du-Rhône). Quelques années et quelques séjours en prison plus tard, on découvre qu'il a acheté au moins trois villas, un autre bar et une discothèque à Marseille, L'Appart... avant de les céder à son ex-femme ou à ses enfants.

Volontiers baroudeur, méfiant et discret, Topxhi se met au service de l'un des gangsters les plus capés des quartiers nord, Saïd Tir, qu'il présente comme son « ami de cœur », avant d'ajouter : « Je le respecte comme mon père. »

À Marseille, ce Kosovar est un garçon qui compte. Certains l'appellent « le Fatigué », parce qu'il « pète rapidement les plombs », comme il dit lui-même. Alors qu'un policier lui présente l'arme qu'il portait à la ceinture lors de son arrestation dans une rue de Marseille, il confie : « Ma vie est menacée chaque jour. Je ne sais pas par qui, mais des amis à moi sont morts, ce qui signifie qu'ils peuvent également me tuer. » « De quels amis parlez-vous ? » relance l'enquêteur. « Il y en a beaucoup, donc je ne sais pas de qui me défendre. » Cela n'a pas dû s'arranger avec l'assassinat de son mentor, Saïd Tir.

Saïd Tir, aussi surnommé « le Vieux », était venu au monde en 1951 à Bouderhem, Algérie. Sa famille mérite le détour tant elle a posé son empreinte sur les quartiers nord de Marseille au cours de ces dernières années. Le père quitte l'Algérie en 1949, s'installe près du Vieux-Port et fait venir sa femme en 1960. Vingt ans plus tard, coffreur de son métier, il s'éloigne du foyer familial, laissant à son épouse illettrée le soin de mener les « minots » vers la vie adulte. Un classique, sauf pour le nombre : Saïd est l'aîné d'une fratrie de quatorze frères et sœurs !

L'un des fils est abattu lors d'un règlement de comptes, un autre se suicide en prison, un troisième est incarcéré pour homicide. Saïd, lui, met un terme à ses études en 4ᵉ, tente sans succès de devenir comptable, puis soudeur, avant d'acheter un bar qu'il place en gérance lorsqu'il est incarcéré pour une affaire de machines à sous. De santé fragile, il se réfugie un temps à Paris pour fuir les menaces de mort. Assez solitaire, il explique volontiers qu'il regarde le monde à travers les émissions de télévision.

Cela n'empêche pas la PJ de le voir au cœur d'affaires de plus en plus importantes où l'on ne parle plus de kilos, mais de tonnes de shit. Considéré comme l'un des « parrains des quartiers nord », il est assassiné en avril 2011. Un épisode dans l'hécatombe familiale, mais aussi une clef pour comprendre l'accumulation des morts sur le pavé marseillais.

Avec sa fureur de vivre et de vaincre, **El Hadj Omar Top** pourrait lui aussi incarner la nouvelle génération de gangsters. Son palmarès plaide pour lui, sa réputation aussi. Considéré comme un spécialiste du casse-bélier, il s'est un jour attaqué à la vitrine d'une bijouterie de la rue de la Paix, à Paris, au volant d'un

4 × 4, modèle X5 de chez BMW. Avec succès. Plusieurs responsables de bureaux de change ont testé sa détermination. Et quand il tombe sur une patrouille de la BAC, il n'hésite pas à manier la kalachnikov pour la semer.

Grandi à Montreuil, El Hadj Top, alias « Jo », prend tous les raccourcis. Il tient quartier général à l'Etap Hôtel de la porte de Bagnolet. Roule à bord de véhicules volés sans prendre le temps de changer les plaques d'immatriculation. Préférerait sans doute écraser quelqu'un plutôt que de se rendre.

Le culot est sans doute ce qui le caractérise le mieux.

« Jo » appartient à cette génération qui a grandi avec le trafic d'héroïne, de cocaïne et de shit pour unique horizon. Qui a vu son enfance bercée par des histoires de « carottes » et d'arnaques perpétrées par des trafiquants dénués de scrupules. Qui a rendu des services en échange d'une glace chez le boulanger, avec l'envie de plaire au caïd de la cité. Et découvert les règles du monde des adultes dans une zone de non-droit. Son premier « combat » ? Rouler sans casque sur une moto volée. Le suivant ? Vendre quelques barrettes de shit et lancer des pierres en direction des forces de l'ordre...

Lourdement condamné (il écope d'une peine de dix ans, d'une de six ans et d'une dernière de trois ans), El Hadj Top se retrouve en maison centrale à Moulins-Yzeure avec ceux qui ont pris « perpète ». Traité comme un gros voyou. Sa place est-elle vraiment là ? Libérable en 2019, il a la rage.

C'est dans ce contexte qu'un rayon de lumière apparaît sous la porte. C'est l'heure du parloir, ce 15 février 2009. Quelques figures du banditisme sont là, comme Michel Lepage ou Gérard Birou, des Gitans, des Basques, lorsque le jeune Christophe Khider, assoiffé de liberté, lui qui considère la peine qui le frappe comme parfaitement injuste, lance à la cantonade, façon Jacques Mesrine :

« Qui veut faire partie du voyage ? »

El Hadj Top est le premier à sauter sur l'aubaine : « Je viens, s'exclame-t-il. Je me barre ! On y va ! »

Les deux garçons se connaissent à peine, ils se sont croisés sur le terrain de foot, les voilà liés à la vie, à la mort. Une course folle et totalement improvisée qui durera... trois jours.

Moussa Traore est l'un des pionniers du milieu black, version française. Son surnom : « 2 minutes 30 », le temps qu'il a mis pour entrer dans la maison d'arrêt de Fresnes et en extraire son ami Antonio Ferrara, kalachnikov en main. Cette prise d'assaut lui a conféré une aura incroyable dans le milieu des cités où certains, sans exagération, le considèrent comme un dieu vivant.

De parents maliens, Moussa Traore grandit avec deux frères à Vitry-sur-Seine. Aiguillé vers l'ébénisterie à Choisy-le-Roi, il se retrouve plombier avant d'opter, à 17 ans, pour l'argent et la délinquance. Ses premières cibles, des agences de voyages et des banques, le conduisent sous les verrous de 1995 à 1999. Libéré, il met sa force au service de la musique et devient garde du corps d'un groupe de rap. Victime d'une tentative d'assassinat en novembre 2002, il passe miraculeusement entre les balles.

Sérieux, poli, d'humeur égale, Moussa Traore n'est pas un détenu difficile. Dans l'une des prisons où il séjourne, il crée son fight-club, tourné vers la boxe pieds-poings, à l'accès duquel postulent les plus vaillants.

Parmi ceux que l'on retrouve dans son sillage, son cousin Issa Traore. « Un va-t-en-guerre, un courageux, un garçon intelligent, capable de tenir en cavale pendant sept ans », rapporte l'un de ses amis qui ajoute : « Avec Moussa, ils ont contribué à casser les clivages. »

5.

La génération kalachnikov
dans le viseur des aînés

Tous les braqueurs des années 1970 ne se sont pas recyclés dans le haschich au cours des années 1980, mais un certain nombre ont choisi de s'établir en Espagne, avec un petit faible pour l'Andalousie, face aux côtes marocaines. D'abord par calcul : à l'époque, le trafic de shit est à la fois moins dangereux et moins réprimé que l'attaque de banques.

Avec les années 1990 arrive sur ce marché une nouvelle génération sortie des cités. Les anciens acceptent de les fournir, mais n'ont pas vraiment l'intention de faire de ces jeunots des égaux. Sauf exception, ils ont un peu tendance à les traiter comme des sbires, sans jamais chercher à les fédérer.

Le système était simple : le voyou traditionnel, lyonnais, marseillais ou parisien, faisait venir une tonne qu'il revendait en trois ou quatre fois, puis il investissait ses bénéfices dans un bar à filles des environs. Jusqu'au jour où les jeunes en demandent plus qu'ils ne sont capables de servir, à tel point que certains décident d'aller se fournir par leurs propres moyens.

Les anciens affrétaient des bateaux ; les jeunes se lancent dans les go-fast à la barbare. Et le cash change peu à peu de mains : il arrive que la PJ saisisse 50 kilos de cocaïne et 100 kilos de cannabis à bord d'une même voiture...

« Les anciens les auraient fait davantage croquer, ils seraient aujourd'hui milliardaires, commente avec le recul un acteur de ce marché. Ils ont fait un mauvais calcul. Ils ont été trop gourmands. Aujourd'hui, beaucoup de jeunes méprisent le milieu traditionnel. »

La réciproque est-elle vraie ?

*« Si tu es un enfoiré,
tu les envoies direct en enfer »*

« Gangster politisé », comme il aime à s'afficher, Alain a connu la révolte de la maison centrale de Saint-Maur en 1987. Banlieusard, il s'est fait un nom en enlevant une figure du Bottin mondain après avoir renoncé aux fourgons blindés par crainte... de devoir tuer des convoyeurs de fonds, autrement dit des « ouvriers » (*sic*).

Ce n'est pas sur le terrain qu'il découvre la nouvelle génération, mais derrière les barreaux. S'il devait la qualifier d'un mot, ce serait celui-ci : « infernale ».

« Les deux tiers des prisonniers, c'est la racaille de banlieue, dit-il. Pas un livre qui circule ! Ils écoutent la musique à fond la caisse tout en jouant avec leurs consoles vidéo. La télé est allumée toute la journée. Comme ça résonne et que tout le monde crie en même temps, c'est la cacophonie. Pas facile de lire *Le Monde* dans ces conditions ! »

En prison, Alain passe pour un « pauvre » aux yeux de la relève dont peu de représentants peuvent se targuer d'avoir décroché une mention au bac, comme lui. Il a tout claqué depuis longtemps, quand il était dehors : « 100 sacs tous les soirs pour bouffer et boire », avec, aux pieds, les Berlutti sur mesure chères à l'ancien ministre (et avocat) Roland Dumas. Il vivote avec 250 euros par mois, juste de quoi payer la télé et le frigo (24 euros par mois), le journal, le tabac et un poulet de temps en temps. Une petite vie, à côté de ces jeunes qui « brassent beaucoup d'argent avec le business de shit et sortent un survêtement neuf tous les jours ». « Ils sont dans la rue depuis qu'ils ont 12 ans, poursuit-il. À 13 ans, ils prennent 200 euros par jour en faisant le guet. À 20, ils tournent à 30 000 euros par mois. Les plus intelligents ont leur blé au Maroc. Sans cesse, ils se font faire marrons à cause des indics, mais ça les intéresse d'apprendre. Ils viennent te demander comment on fait pour tuer un mec. Si tu es un enfoiré, tu peux les envoyer direct en enfer ! »

Ce qu'Alain se défend apparemment de faire, répétant à chacun une phrase toute faite destinée à couper court, sans vexer : « Je ne suis pas venu ici pour me faire des associés. C'est fini pour moi. » Circulez, il n'y a rien à apprendre...

« Il va falloir compter avec eux, poursuit l'ancien kidnappeur. Leur truc, c'est : "Nique les Français", dedans comme dehors. Ils vont prendre Marseille, "fumer tous ces Corses et ces Marseillais" en suivant l'exemple de Farid Berrhama. Cet Arabe qui voulait tenir Marseille leur a donné des ailes. Ils ont la haine. Si tu n'as pas côtoyé Mesrine, ils ne te respectent pas. Ils rackettent tout mec un peu faiblard. Ils ont le nombre pour eux et n'ont besoin de personne. »

Sans oublier qu'en prison, lorsqu'il lit le journal dans sa cellule, il y a toujours quelqu'un pour frapper à la porte et réclamer une cigarette ou un peu de café, l'obligeant à crier : « Je lis ! »

Besoin de personne, vraiment ? Ce n'est pas l'avis de cet autre braqueur qui a inscrit son nom dans l'histoire du banditisme entre Marseille, Nice, la Corse et l'Espagne : « La came a pris une dimension énorme, explique-t-il lui aussi sous couvert de l'anonymat. À mon époque, c'était caché. Le marché a explosé et tu ne peux plus l'arrêter. La demande est là. Elle est fabuleuse. Tu trouves plus facilement de la coke que du shit. Il n'y a pas de pénurie avec la coke. En Espagne, quand ils se font prendre, ils la jettent à la mer, tellement il y en a. C'est des sous ! Tu la touches à 16 000, 18 000 euros le kilo, et tu la revends entre 30 000 et 32 000. Tu n'as même pas besoin de la tester : elle est nickel. »

Certes, mais toutes les voies ne sont pas pénétrables, pondère cet ancien pour qui celui qui a derrière lui vingt ans de prison a l'autorité nécessaire pour négocier avec les fournisseurs latino-américains, parce qu'il a « fait ses preuves » : « Là-bas, ils veulent travailler avec des gens sérieux, poursuit-il. Avec nous, ils savent où ils vont. » Sous-entendu : pas avec eux.

« Les petits ont faim »

Tony Cossu, qui fut le beau-frère de Francis le Belge et l'un des piliers du milieu marseillais pendant plusieurs décennies, désormais « au vert », explique pourquoi la nouvelle génération ressemble à l'ancienne sans vraiment lui ressembler : « À 18 ans, si tu parlais, c'était fini, il fallait te cacher », observe-t-il à l'intention de ceux qui ne tiennent pas leur langue devant la police. Et toc ! À l'adresse de ceux qui confondent le monde du crime et celui des médias, il ajoute : « Quand tu es un voyou, tu n'as rien à raconter à la télévision. » Et vlan !

Si celui que les policiers ont baptisé « Tony l'Anguille » se sent cependant des affinités avec ces Maghrébins qui s'imposent aujourd'hui dans la cité phocéenne, c'est à cause d'une histoire parallèle : « Quand je suis né, j'étais un Arabe italien, raconte-t-il. On était des "ritals". J'étais programmé pour travailler comme esclave ; ma mère me le disait : "Ce sera comme ça toute ta vie." C'est ce qui m'a poussé à aller voler pour avoir ce que les autres avaient. On s'est retrouvés avec ceux qui avaient les couilles pour découper les coffres au chalumeau. Ça fait un groupe d'amis et tu n'as plus peur de personne. On est allés de l'avant. Notre pays, c'était le centre-ville de Marseille. »

Sur les héritiers, il porte un regard tolérant et compréhesif : « Les petits ont faim, dit-il. Ils sont débrouillards, ils font des sous, mais peu sont faits pour le braquage : un "camion", tu ne l'ouvres pas à coups de kalachnikov. Ils se sont développés dans la came. Ils ont leurs bureaux de vente. Ils ont très vite appris les chemins de traverse et les magouilles. Ils savent se faufiler dans le bizness. Ils ont les téléphones et les puces qu'il faut, les Vuitton et les lunettes Cartier. Ce qu'on faisait à 20 ans, ils le font à 15. Mais ils ne vont pas succéder aux anciens : ils font marcher leurs affaires à côté. Et puis ils s'en mettent tous les jours dans le nez [de la cocaïne]. Le milieu, c'est d'abord des barrières. L'anarchie n'y existe pas. Ils ne sont pas prêts à ça. »

Pour Tony Cossu, les flics laissent plus ou moins faire ces jeunes trafiquants : « Les dealers, ça les intéresse pas, dit-il. Ils veulent le parrain, ils veulent un nom, quelqu'un à mettre en haut de l'affiche. »

À son époque, les patronymes des gangsters claquaient dans les pages faits divers des journaux. « Les Arabes n'ont pas de nom, observe le sudiste. C'est "Mohamed". Ça ne fait pas de bruit, mais ils sont bien là. Avant, à Marseille, ils rasaient les murs. Ils ne rentraient ni dans les bals ni dans les discothèques. Aujourd'hui, si on enlevait les Arabes, Marseille ressemblerait à Angers. Ils sont tellement nombreux que les condés sont perdus. Il y a des armées de petits qui surveillent. Les trafiquants nourrissent toute une ville, comme en Italie. Plus personne ne peut les arrêter, c'est fini, sauf à légaliser le shit, comme le tabac, et à prendre un impôt dessus. »

« *Gangster, c'est vite dit* »

Au terme d'une longue carrière de gangster dans la banlieue sud de la capitale (il en a tiré un livre[1]), Michel Lepage est un peu sceptique sur la compatibilité entre les générations, même s'il est loin de fustiger ceux qui occupent aujourd'hui le terrain : « Les jeunes, c'est une autre vie. Ce n'est pas la mienne. On a fait les voyous à la pépère. On passait par-dessus le comptoir, et voilà. Maintenant il y a des armes partout. »

À son époque aussi, les armes circulaient, mais on ne s'en servait peut-être pas de la même manière, ni d'un côté ni de l'autre – les policiers tiraient beaucoup plus souvent qu'aujourd'hui. Il est particulièrement bien placé pour le savoir, lui dont l'un des fils a été fauché par un commando de tueurs alors qu'il avait 38 ans (voir chapitre 3).

« Les jeunes ont un côté tribal, poursuit Michel Lepage. On les a parqués ensemble. Ils sont dans une banlieue, elle est à eux. Au fond, ce sont les mêmes que nous, même si le métissage a fait son œuvre, mais la mentalité a évolué. Avant, tu pouvais aller voir le Belge [parrain marseillais] et discuter avec lui ; aujourd'hui, si tu veux mettre la bonne parole, ils te les mettent d'abord à toi [les balles]. Gangster, c'est vite dit. On ne devient pas gangster parce qu'on attaque une épicerie. Gangster, c'est une vie. C'est un comportement. Les mecs qui, en prison, se gavent de cachetons à longueur de journée oublient la vie de turbulent. Le gangster se reconnaît à la longueur de sa carrière. Nous, depuis qu'on était mômes, on était préparés, ce n'est pas forcément le cas de tous ceux qui braquent aujourd'hui. »

Et l'ancien de s'inscrire en faux face à ceux qui feignent de découvrir le banditisme et sa violence chaque

---

1. *Banlieue sud, ma vie de gangster*, Grasset, 2011.

fois qu'un fait divers fait la une des journaux, comme s'il ne s'était rien passé avant : « Si l'on s'en tient aux plus sérieux d'entre eux, le braqueur d'aujourd'hui est le même qu'hier : il met une cagoule, prend un calibre et va chercher l'oseille. On avait des pistolets à barillet, ils ont aujourd'hui des armes automatiques, mais, s'il fallait s'en servir, on s'en servait aussi, c'est le réflexe de celui qui ne veut pas aller en prison. La différence, c'est qu'on était au contact avec les condés, alors qu'aujourd'hui ils travaillent à distance, avec des balises. Les flics ne pleuraient pas comme aujourd'hui quand il y avait des échanges de coups de feu ! Quand j'ai commencé, les condés circulaient à vélo. Le temps qu'ils arrivent, on buvait déjà le champagne. C'est plus difficile pour les jeunes. Ils reconnaissent ta voix électroniquement, alors qu'avant c'était : "Tiens, celui-là, je le connais !" On faisait gaffe aux empreintes digitales, mais on s'occupait pas des cheveux. Aujourd'hui, tu ne peux même plus péter dans une voiture, du coup ils sont obligés de les brûler. Et puis il y a les balances. Avant, les flics bossaient plus, car ça balançait pas. Aujourd'hui, il y a des balances dans 95 % des affaires ! »

« La mentalité arabe… »

Cinglante, la vision de l'ancien voyou marseillais Souhel Hanna Elias, ancien associé de Francis le Belge exécuté sur le tard. Alors que la conversation glisse sur les nouveaux caïds, il lâche cette confidence au policier qui l'interroge :

« Les cités ? C'est comme de mettre une baffe à un essaim d'abeilles. Il faut en assassiner trois ou quatre pour arriver à quelque chose. »

Question de culture ? Un braqueur d'une cinquantaine d'années, originaire de l'est de la France, se lâche quand on lui parle des Maghrébins : « La mentalité arabe, c'est pas la mentalité du milieu. On est famille, ils sont plus religion. Le meilleur des meilleurs te baisera s'il peut te baiser. Ils pensent qu'on les rabaisse, qu'on ne les croit pas capables, mais la question n'est pas là : ils ne sont pas assez structurés. »

C'est aussi le point de vue de cet autre Marseillais qui a fait carrière dans le trafic international de stupéfiants entre l'Espagne et le sud de la France : « L'honneur ne veut rien dire aux yeux des jeunes, dit cet homme d'une soixantaine d'années, désormais retiré du marché. Ce qui importe, c'est l'oseille, le flouze. À part quelques Corses, la voyoucratie, c'est pourri. C'est tenu par les "gris" [les Arabes]. Les Français, disent-ils, "on les nique". J'en ai connu un qui est arrivé en Espagne sans un centime. Il est devenu milliardaire en ne payant pas ses fournisseurs et en assassinant des gens, ce qui est facile. Il avait les dents qui rayaient le plancher. Pour eux, la vie d'un homme n'est pas importante. Les mecs perdent leur vie pour avoir aidé quelqu'un ; j'appelle ça des ordures. Mon honneur vaut plus que 10 000 euros ! »

L'un des premiers à avoir pensé à convoyer entre le Maroc et la France 400 kilos de shit à bord de sa Citroën, Gérard (un pseudonyme) accuse pour sa part les « beurs » d'avoir « cassé les prix », en les divisant brusquement par deux, avant d'imposer le travail « au forfait ». Il les a surtout vus s'appuyer sur les anciens, comme le Lyonnais Jacques Grangeon, avant de les éliminer physiquement, non sans prendre la précaution de flinguer les tueurs dans la foulée. De quoi lui donner envie d'aller planter des oliviers loin de Malaga...

« Nous, à 17 ans, on gambergeait, affirme-t-il. On préparait la route pour s'arracher. À la vue d'un fourgon de police, on se cachait ; aujourd'hui, ce sont les flics qui partent. C'est une génération de fêlés qui veulent de l'oseille. Ils ne respectent que l'argent. Ils sont capables de tuer un mec qui leur fait du bien. C'est à celui qui est le plus vaillant et le plus fou. »

Incarnation, à ses yeux, de cette course en avant, ce jeune originaire de la banlieue parisienne, parti pour Marbella sans un sou en poche, qui a « fait marron des tas de gens », roule en Porsche et passe pour le patron de plusieurs établissements de nuit de la zone. Ou encore les acteurs de cette histoire que se racontent les anciens d'un air interloqué : l'attaque par deux jeunes à scooter de La Belle Époque, une brasserie d'Aix-en-Provence à laquelle personne, de leur temps, n'aurait osé toucher, étant de notoriété publique tenue par le milieu. « Ils ne savaient pas où ils mettaient les pieds ! » lance Alain avant d'affiner le portrait de ceux qu'il appelle « les Arabes » :

« Ils sont renfermés sur eux-mêmes. Ils te chantent qu'ils sont capables, qu'ils sont les maîtres, mais ils vont s'artiller pour 2 kilos. Ils touchent le kilo à 1 500 euros à Malaga et le revendent à 3 400. Cet argent a tout bouffé, l'honneur des gens et le reste. »

« On était cosmopolites »

Mohamed Amimer, né en 1955, a beau être à des années-lumière de Tony Cossu et de Michel Lepage, lui qui est un des pionniers du milieu maghrébin (voir chapitre 3), il regarderait presque la jeunesse montante comme une bande d'extraterrestres :

« Ils campent en bas de la cage d'escalier alors que nous, à 17 ans, on allait sur Paris. Ils ne respectent pas les pères, souvent chômeurs, alors que je baissais les yeux devant le mien. Ils restent entre potes, alors que nous, on s'est mélangés avec les beurs, les Gitans, les cathos. On était cosmopolites : s'il y avait un baptême, on donnait des dragées à la musulmane. Aujourd'hui, ça s'est mis en ghettos.

« La came est arrivée. Ils sont allés la chercher direct et ont changé le système. Pour eux, on appartient au passé. Ce sont des commerçants, à la base. Ils ont leur biz et ils travaillent. »

Pour ce qui est du braquage qui fut sa spécialité, Mohamed Amimer a parfois l'impression que les jeunes oublient qu'il faut travailler trois mois avant de monter un coup : « Ils vont sur le fourgon à l'arrache, dit-il. C'est une autre mentalité. » La faute, selon lui, à cette société de consommation et d'apparence qui les incite à vouloir tout, tout de suite.

« Le jeune voudra toujours manger l'ancien »

La quarantaine venue, vu l'âge moyen des victimes de règlements de comptes, on passerait presque pour un ancien. On se vit même parfois comme tel, à l'instar de cet autre pionnier du milieu franco-maghrébin, 42 ans et déjà beaucoup de recul vis-à-vis du « jeune » :

« La mentale, c'est quand ça l'arrange. Quand il se présente, il se montre sous son meilleur jour. Tu te dis : c'est un brave mec. Mais, dès qu'il touche à l'argent, c'est autre chose. Le jeune voudra toujours manger l'ancien, qui a raison de ne pas lui tendre la main et de se méfier. »

Le « jeune » en prend pour son grade, pire que si c'était un juge qui s'exprimait : « Le jeune est moins stratège. Il est dangereux, parce qu'imprévisible. Il se fout des dommages collatéraux. Il tire sur tout ce qui bouge, ça ne l'empêche pas de dormir. Un convoyeur blessé, il n'en a rien à foutre. Il est maladroit dans la clandestinité, aussi désinvolte en privé que professionnellement, et même parfois un peu dingue... »

Un a priori nettement défavorable qui n'empêche pas notre interlocuteur de prêter un avenir à cette génération : « Ils ont pour eux le nombre. Le problème, c'est qu'ils ne se fédèrent pas. Ils sont divisés. Dans la cour de prison, il y a dix clans. »

Quelques vieux briscards de la voyoucratie ont compris à leurs dépens combien leurs héritiers pouvaient être « incalculables ». Et surtout dangereux, parce que la seule règle qui compte à leurs yeux, c'est la leur. Certains anciens ont dû demander à changer de prison parce que des jeunes s'étaient juré de leur faire une tête au carré. D'autres y ont carrément laissé leur peau. Tous se méfient, comme cet ancien trafiquant, pas si vieux que ça, lui non plus, puisqu'il a tout juste 44 ans :

« Ils n'ont plus peur de rien. Ils sont tous calibrés. Si j'ai une embrouille avec un mec de 15 ans, je laisse tomber ! Ça va supervite ! Ils marchent à la cocaïne, se prennent pour des hommes. Ils savent qu'ils ne font pas le poids, mais ils ont le "tarpé" [l'arme]… Ils ne se rendent pas compte de ce qu'ils font. »

S'il leur accorde un certain savoir-faire, c'est pour mieux pointer leurs limites : « Très vite, les plus malins montent des sociétés, le plus souvent des kebabs, comme les frères musulmans, des pizzerias ou des boîtes à sushis. Ils ont pignon sur rue et ça rapporte en espèces. Le fait d'être nés dans le 93 leur donne une force de malade. Tout le monde sait qu'ils ont des armes, mais ils ne s'en servent pas, à la différence de ce qui se passe dans le Sud où ils se tirent dans le dos sans calculer. En cas de problème, ils font appel à des "médiateurs" qui prennent leur billet. Mais les jeunes, c'est au jour le jour. Les équipes structurées, on en voit moins qu'avant, parce qu'ils n'acceptent d'avoir quelqu'un au-dessus d'eux. Ils prennent goût à l'argent. Ils ont vu leur mère compter tout le temps les sous, eux ne comptent plus. »

Pour lui, personne n'a vu venir cette génération dont il a essuyé les plâtres : « La police nous a laissés tellement tranquilles pendant des années, observe-t-il avec une certaine nostalgie. Aujourd'hui, ils se mettent à fond sur les cités, mais ils nous ont sous-estimés. Ils cherchaient les "gros voyous" alors que le "gang des termites" [braqueurs de banques], c'étaient beurs et Gitans.

On nous a laissé le temps de nous professionnaliser... Ils vont arrêter du monde, mais ils [police et justice] ne peuvent pas gagner cette guerre. C'est la misère. Trop de gens vivent de cette économie souterraine. Les "terrains" [points de deal], il y en a vingt dans chaque ville de 50 000 habitants. Les gosses ne jouent plus au foot, ils vendent du shit. Ils portent la Swatch au poignet, le dernier survêtement à la mode, le Lacoste, les Air Max aux pieds, et partent avec une liasse de billets payer des pop-corn à leur copine. Des centaines de gamins sont programmés pour ça. Ils tiennent la boulangerie, la boucherie, le bar-tabac, même la crêperie est hallal. Ils sont entre eux, beurs et noirs, depuis toujours, et quand ils rencontrent le Français, c'est à l'extérieur. Le Français, c'est celui qui va les balancer, ou bien les autorités. Sur leur territoire, ils sont en surnombre et règnent en maîtres. Un jour, ils traiteront le shit à la tonne, et, si on leur fait la guerre, ils seront violents. C'est pas la "Smala Connection" ! »

« Antisociaux à 1 000 % »

La quarantaine lui aussi, Marc Bertoldi est bien placé pour savoir qu'il faut de la patience et de la persévérance avant de sortir véritablement du lot : ce n'est pas à 20 ans que l'on est soupçonné d'avoir braqué un important chargement de diamants sur le tarmac de l'aéroport de Zaventem, en Belgique (voir chapitre 3).

« Les jeunes vont faire leur trou avec la violence, analyse cet "expert". Ils pensent qu'il suffit d'éliminer ceux qui sont en place pour les remplacer. Ils sont pressés. Ils veulent tout brûler. Ils ne vont pas y arriver comme ça, en se foutant de la gueule des anciens qu'ils croisent au placard, en traitant les parrains de "marraines"... En prison, ils sont entre eux. Ils fument leurs joints. Ils ont leur petit réseau au-dehors et sont mieux équipés que les vieux voyous. C'est la démerde, l'école de la rue. C'est désorganisé, brouillon, mais ils tiennent leur étage. Il ne faut pas les sous-estimer. Trop de voyous les négligent... »

La technicité de la relève dans le domaine très pointu du braquage laisse cependant « Marco » sceptique : « Aujourd'hui, tout le monde tente sa chance, dit-il. Ils sont dans le plagiat et s'identifient à Antonio [Ferrara]. Le fourgon blindé, si l'affaire n'est pas donnée par quelqu'un, c'est difficile. Le moindre impondérable peut priver le braqueur de millions d'euros. Monter à l'improviste relève de l'opération suicide. Les petits jeunes ont tendance, sur le coup, à crier et à tirer, alors qu'il faut être très posé. Ils montent pour se défaucher ; nous, on montait pour se développer. »

Tous dans le même sac ? Non, « Marco » est convaincu que des successeurs vont émerger, « des mecs courageux qui en ont dans le cerveau ». Condition indispensable à ses yeux : avoir un côté « homme d'affaires » qui permette de naviguer en dehors du périmètre de la cité sans se faire repérer. Et ne jamais oublier cette règle de base, maintes fois martelée : « Il faut des années pour faire un bon mec... et cinq minutes pour faire un enculé. »

Sortir de leur univers n'est pas donné quand on n'a connu que les frontières du quartier, embraye un autre aîné plutôt estampillé « trafiquant » : « Chaque cité dispose d'une cave ou d'une cage d'escalier en bas de laquelle les hors-la-loi en herbe fument et s'assument en tant que "sauvageons" du secteur. L'école n'a rien pu faire pour eux. La rue a été plus attractive que la cour de récréation. Acteurs sociaux et magistrats n'ont pas trouvé la bonne réponse.

« La violence ne sommeille pas en eux : elle s'exprime à ciel ouvert. Ils ont des potes qui sont tombés pour des tournantes [viols collectifs]. Ils savent ce qu'est un parloir dès 14 ans, la prison est même pour certains un rêve de gosse. Ils baignent dans ce monde. Un jour, au volant d'une puissante berline, ils fonceront sur les flics. Antisociaux à 1000 %, ils n'ont qu'une idée en tête : tout niquer sur leur passage. »

« Il ne faut pas s'appeler Einstein pour trouver une kalachnikov »

Né à Colmar en 1975, onze ans après l'arrivée de ses parents (algériens) dans la région, Abdelkrim passe lui aussi pour un trafiquant « établi ». Et lui aussi juge ces jeunes avec une certaine sévérité :

« La kalachnikov, c'est à la mode. C'est comme la cocaïne : c'est pas cher, alors on s'y met. C'est la facilité. À mon époque, c'était rare et cher ; aujourd'hui, c'est à la portée de tout le monde : il ne faut pas s'appeler Einstein pour trouver une kalachnikov. Les mecs ont entre 16 et 25 ans et vont braquer avec ça. Ils vont aller fumer quelqu'un pour 10 000 euros, sans réfléchir au fait qu'ils risquent vingt ans de prison. Pour un "mal parler", une affaire de regard, ils se tuent. Ils ne se rendent pas compte. »

À l'instar d'un réactionnaire moyen, l'ancien dealer (devenu patron de cybercafés) ose aller plus loin :

« Quand j'étais gamin, je ne parlais pas mal à quelqu'un qui avait cinq ou six ans de plus que moi. Ils ne respectent rien. Il faut les taper avant qu'ils ne te tapent. Leurs parents, on les a foutus dans les cités ; aujourd'hui, ils sont vieux et ne les tiennent pas. Mohamed Merah [islamo-délinquant toulousain] serait allé voir le milieu marseillais, ils en auraient fait un tueur. »

Sa conclusion débouche sur une forme de chaos criminel : « Les Arabes se sont arrangés sur un truc, c'est de ne jamais se comprendre. C'est intenable, ingérable. Les juges sont à des millions de kilomètres de la réalité. »

6.

La véritable histoire d'un point de deal
à 10 000 euros par jour

« Ils ne se contentent pas de tuer l'ennemi,
ils l'explosent »

Dans le milieu, on se tue comme on soupire, et la nouvelle génération accentue le trait. Un signe de vitalité, si l'on ose dire ; ou de renouvellement permanent. Les arnaques se paient souvent de la vie, les luttes de territoires se soldent facilement par la disparition de l'un des prétendants, la moindre querelle peut se révéler mortelle, surtout quand s'y mêle le poison de la rumeur.

C'était vrai à Paris, Lyon, Marseille ou Grenoble au temps où les anciens tenaient le pavé, autrement dit au siècle dernier ; la relève prend un malin plaisir à brouiller les pistes, rendant quasi impossible le récit de ses guerres. On ne se tue plus pour le contrôle de la capitale comme au temps des frères Hornec et de Claude Genova (les années 1990). On ne se « charcle » plus pour être le *number one* dans la cité phocéenne, marquée par plusieurs décennies de lutte armée entre le clan de Gaétan Zampa et celui de Francis Vanverberghe, dit le Belge – des bras de fer qui se prolongeaient jusqu'à l'élimination du dernier belligérant, meilleure façon de se prémunir contre toute riposte.

Les descendants de ces figures dont les portraits ornaient les bureaux des flics de la PJ, de ces hommes avec lesquels les policiers cohabitaient tout au long de leur carrière, sont des étoiles plus fugaces. À peine a-t-on le temps de faire leur connaissance, de mesurer la rapidité de leur ascension, qu'ils franchissent le cap du non-retour, celui où leur cadavre est enterré plus ou moins dignement, parfois dans l'Hexagone, souvent au pays de ceux qui leur ont donné vie – « au bled », comme on dit.

La plupart meurent sur le front de la drogue. Ce n'est plus le contrôle des établissements de nuit ou des machines à sous qui fait le plus de victimes, mais celui des « terrains », supérettes, *drives* et autres supermarchés d'une came dont le chiffre d'affaires ferait pâlir d'envie les géants de l'agroalimentaire. C'est la mainmise sur les circuits de distribution, mais pas seulement : l'importation et l'acheminement du « produit » génère de multiples crimes et délits collatéraux allant du vol au racket en passant par l'assassinat. Qui ira se plaindre auprès de la Guardia Civil (la police espagnole) de la disparition d'une tonne de résine de cannabis d'un hangar, dans la banlieue d'une cité balnéaire andalouse ? Qui saisira la justice pour démasquer un transporteur qui prétend, apparemment à tort, s'être précipitamment débarrassé de 400 kilos de shit pour échapper à un contrôle ? Ces litiges se règlent « entre hommes », loin des institutions, et sont sources de multiples enlèvements avec séquestration, pas forcément comptabilisés par le ministère de l'Intérieur.

La guerre qui mit aux prises, dans le Marseille des années 1980, Zampa avec le Belge, avait déjà pour origine une histoire de poudre. Le second avait consenti au premier une avance gracieuse : quelques kilos d'héroïne que Zampa, désireux de mettre un pied sur ce marché juteux, rembourserait à la première occasion. Non seulement il ne le fit pas, mais, se croyant intouchable, il programma l'exécution des trois hommes dépêchés par le Belge pour récupérer l'argent. Sur le fond, la génération kalachnikov n'invente donc rien. Le shit et la cocaïne ont remplacé l'héroïne, les caïds des cités ont succédé à la French Connection et aux petits camarades du Belge, mais la filiation saute aux yeux. S'ils ne sont pas frères, ils sont au moins cousins. À une petite nuance près, cependant, de taille, aux yeux d'une opinion publique appelée à décompter les morts, souvent avec indifférence, parfois avec indignation : les héritiers calibrent moins leur agressivité. Ils ne se contentent pas de tuer l'ennemi, ils l'« explosent ». Ils éprouvent le besoin de faire la démonstration de leur force, au risque de provoquer des victimes supplémentaires que leurs aînés auraient décrétées inutiles : ici une compagne, là un adolescent qui avait le tort de passer dans la rue au mauvais moment.

Aujourd'hui comme hier, l'omerta est la règle. Elle fait partie du décor. Elle signe le crime « mafieux » : dans les cités où la plupart de ces assassinats se perpètrent, loin des quartiers bourgeois, les témoins savent à quoi s'en tenir. Il y a cependant des exceptions, si rares que policiers et magistrats les considèrent comme des événements remarquables. Pas seulement parce que cette faille permet de présenter à la justice un crime résolu, à charge pour elle de démêler le vrai du faux. Elle offre également un point de vue précieux sur cette criminalité organisée où les enfants des cités, fils d'ouvriers à la chaîne, d'éboueurs ou de chômeurs venus prêter leurs bras à la France des années glorieuses, jouent (enfin) les rôles principaux.

Les raisons pour lesquelles la police est brusquement invitée aux premières loges varient d'une affaire à l'autre. À entendre ceux qui ont arrêté, puis jugé l'équipe soupçonnée d'avoir enlevé, séquestré et mutilé jusqu'à ce que mort s'ensuive le jeune Ali Nordine Brahmi, à Sevran (Seine-Saint-Denis), durant l'hiver 2008, les amis de la victime n'ont pas supporté la violence déployée. Ils ont d'abord témoigné devant les policiers avant de confirmer leurs dires devant le juge d'instruction. Une première dont un membre du parquet de Bobigny, une fois les tensions du procès en première instance retombées, fin 2012, craignait que ce ne soit aussi la dernière...

« Je vais vous expliquer tout ce qui s'est passé ce jour-là... »

L'enquête de voisinage s'annonçait banale, sans histoire. Le garçon sur lequel tombent les enquêteurs du service départemental de police judiciaire de Seine-Saint-Denis, dans la matinée de ce 13 février 2008, n'a pas encore 18 ans. Prénommé Abderahim, il est né à Nedroma (Algérie) au milieu de l'été 1991 ; il a débarqué à la cité Basse, à Sevran, avec toute sa famille en septembre 2006. Les policiers n'ont nul besoin de le brusquer pour l'entendre dire qu'il était en compagnie de Ali Nordine Brahmi, quatre jours plus tôt, « quand il s'est fait frapper et enlever par des mecs ». Ils n'ont pas davantage besoin de lui envoyer un fourgon pour le faire venir jusqu'à leur service, quelques heures plus tard : il se présente spontanément avant d'entamer par ces mots son face-à-face avec le brigadier-chef :
« Je vais vous expliquer tout ce qui s'est passé ce jour-là, qui a fait ça. Ce sont les grands de la cité... »
Les petits contre les grands : une constante des règlements de comptes dans les cités. À la faveur de l'incarcération des grands, les petits, soucieux de se remplir à leur tour les poches, occupent la place. Quand les grands reviennent, en général c'est la guerre. Abderahim ne le raconte pas exactement ainsi, mais sa déposition ne laisse planer aucun doute sur la place qu'occupe le shit dans sa vie et dans ce qu'il appelle

« ma cité », comme si elle était un peu à lui. Les inter-
pellations font partie de sa vie quotidienne, mais aussi
les tirs, à la mitraillette le plus souvent, kalachnikov ou
Scorpio. Son univers comporte quelques balises fermes.
L'ancien point de vente de shit de la cité Basse, un petit
square situé à la hauteur du bâtiment 8, allée Perce-
Neige, par exemple. Le nouveau, au 1 de la même allée,
à la hauteur du local poubelles. La boulangerie. L'école
François-Villon et le terrain de sports qui la jouxte.
La supérette. La cité Basse des Beaudottes et la cité
Blanche, voisines et rivales. Paname, la grande ville qui
se croit à l'abri derrière son boulevard périphérique...

Ce petit monde subit un séisme avec l'arrestation
de ceux qui tenaient le trafic à la cité Basse. Le début
des ennuis. Abderahim occupait un rôle subalterne
dans ce commerce, dit-il au policier qui le tutoie également sur le procès-verbal, sans doute pour le mettre
à l'aise. « Mon seul rôle était de transporter le shit
jusqu'au point de vente et de le déposer », déclare-t-il.

Durant l'été qui suit, le 30 juillet 2007, on tire à
la mitraillette à travers la porte de chez lui. Sa mère
est blessée. Dans un autre quartier, ç'aurait provoqué
un scandale ; cité Basse, ça passe presque inaperçu. Le
jeune homme a son explication : il a éconduit deux
frères, Wissem et Mouez, venus d'une autre cité de
Sevran pour lui demander de « faire le vendeur de
shit » pour eux à la cité Basse et aux Beaudottes. Où
l'on comprend que cette économie souterraine n'est
pas si tranquille et que les armes à feu, complètement
banalisées, ne servent pas seulement à tuer, mais
aussi à intimider et à s'imposer. Qu'elles font la loi
comme autrefois parlaient, dans ces mêmes quartiers
populaires, les muscles et la chaîne de vélo. Que leur
bruit est connu de tous, comme ailleurs celui du métro
aérien.

Les deux frères en question ne sont pas n'importe qui : ils tiennent, à l'époque, le marché du shit

des Beaudottes à la cité Basse. Avec un certain Zak et quelques autres, ils forment un gang que l'on dit redouté. « Le terrain leur appartenait et personne n'osait leur faire concurrence », lâche le jeune homme, laissant percer entre les mots la terreur que font régner ceux qui tiennent le quartier.

Marche ou crève : ce serait un bon résumé de l'ambiance qui prévaut. Celui qui refuse de se soumettre n'attend pas longtemps la punition – ces balles tirées à l'aveugle à travers la porte de chez lui. Il croit connaître les tireurs, mais il n'ira pas jusque-là : il garde leurs prénoms pour lui. Même s'ils ont blessé sa mère. La mort d'Ali Nordine Brahmi, qu'ils appelaient affectueusement Koumkoum, change tout. « Ils sont allés trop loin », confie le garçon au policier, preuve qu'il peut y avoir des limites à l'explosion de violence, y compris dans les quartiers. Les limites, selon Abderahim, ayant été franchies, la police est conviée à titre exceptionnel au « festin ». Et elle prend l'invitation au sérieux, elle qui était apparemment la seule à ignorer ce dont « tout le monde » parlait dans la cité, cet univers clos qui sait tenir les rumeurs entre ses murs.

Le policier insiste ; Abderahim n'a pas vu le visage des tireurs, car ils ont pris soin de se dissimuler sous des casques intégraux, mais un casque ne suffit pas à gommer une corpulence, une taille, une allure, un gabarit. Il est ainsi persuadé que ce sont les mêmes qui ont tiré à travers les fenêtres de la terrasse des Brahmi qui vivent dans le bâtiment voisin, allée des Nénuphars.

Le fonctionnaire l'interroge maintenant sur les faits qui se sont déroulés dans le quartier le samedi précédent, en plein milieu d'après-midi. Nul ne sait s'il dit vrai ou s'il brode pour se venger, mais Abderahim se souvient d'avoir quitté son domicile vers 15 heures. Il est sorti de « son » hall et s'est dirigé vers l'arrière de « son » bâtiment. C'est là qu'il a croisé Koumkoum, sous les fenêtres de l'appartement de son père, vieil homme malade à qui il venait de rendre une petite visite. Accompagné d'un ami de « Paname », il était « calme, normal quoi ». Et c'est tranquillement qu'ils ont marché vers le local poubelles de l'allée des Perce-Neige où fleurissent les dealers, et pas qu'au printemps. Juste en face de la boulangerie d'où Djamel, le boulanger, pouvait aisément observer la scène. Ils ont serré la main du « mec qui vendait son shit ». Koumkoum s'est glissé dans le local pour saluer un deuxième « gars », lorsqu'un garçon prénommé Issam « est arrivé par-derrière et l'a ceinturé » avant qu'il ait eu le temps de prévenir. Cela n'aurait d'ailleurs pas été d'une grande utilité, car Issam n'était pas seul.

« Il était accompagné de vingt ou trente gars, je ne sais pas exactement, affirme Abderahim. Ils devaient avoir entre 18 et 23 ans. C'était un mélange de mecs de la cité des Beaudottes et de la cité Blanche. Je ne les ai même pas vus arriver. Ils sont sortis vite de derrière la boulangerie. J'ai reconnu le petit frère d'Issam, qui s'appelle Rabah. Il portait une arme, j'en suis sûr. Il avait des gants aux mains, et les deux mains dans les poches de sa veste. À un moment, il a demandé à Issam ce qu'il devait en faire [de son arme], et Issam lui a dit que ça n'était pas la peine, qu'il pouvait "la laisser rangée". Issam a laissé Koumkoum dans le local poubelles et a dit à ses potes : "Niquez-le." Ses potes sont entrés pour le taper. Je me suis enfui en courant, Issam m'a coursé et m'a rattrapé au terrain de sport. Il y avait du monde qui jouait au foot, mais ils se sont sauvés.

– Personne n'est intervenu ? demande le policier, un peu surpris.

– Non. Je ne sais pas pourquoi. Issam avait une dizaine de mecs avec lui. Il s'est mis à me frapper. Il m'a mis des baffes dans l'œil et des patates dans la tête. Il m'a demandé pourquoi j'avais couru ; je lui ai répondu que j'avais eu peur. Il m'a demandé pourquoi j'avais volé dans son épicerie ; je lui ai dit que ça n'était pas moi. Il m'a ramené vers la boulangerie et a demandé à trois de ses potes de l'accompagner. »

Ainsi va la vie dans cette cité où l'« épicier », qui ne vend pas que du sucre et du café, après avoir tiré dans les fenêtres de son supposé complice, pourchasse celui qu'il soupçonne d'avoir cambriolé son magasin. Le tenant fermement par le bras, Issam le traîne jusqu'à son appartement dans la ferme intention de récupérer l'équivalent, en numéraires, des sommes qu'on lui aurait dérobées ce jour-là : 4 000 euros. Il enfonce la porte, fragilisée par les balles de l'été précédent. Abderahim crie qu'il n'a pas cet argent, évitant de lui dire ce qu'il pense vraiment : même s'il l'avait eu, il ne le lui aurait pas donné. L'intrus le frappe devant sa mère, dans le couloir de l'entrée, épaulé par trois « potes ». Pour l'« humilier », du moins le ressent-il ainsi. Sans un mot pour cette femme qui reste bouche bée.

Un peu sonné, le jeune homme se terre chez lui durant les minutes qui suivent. Il en est certain, Kader et Zak faisaient partie de la horde qui a déboulé vers le local poubelles. Ils tournaient en scooter, des petits 50 cm^3. La dernière image de son ami Koumkoum, il s'en souviendra longtemps : quatre « mecs » l'emmenaient en le traînant par terre ; il saignait du nez et de la bouche.

Combien de temps a duré cette expédition punitive ? Une dizaine de minutes, pas plus. Quelques coups de feu ont même été tirés, qui « venaient des tours marron », autrement dit des allées des Lilas et des Marguerites.

Le policier ne peut imaginer un instant que la mise à sac de la fameuse épicerie exploitée par Issam et son ami Wissem ait été le véritable mobile de ces représailles. Il connaît les montants générés par le trafic de stups dans la cité. Les chiffres, impressionnants, figurent dans le dossier qui a débouché sur l'arrestation des « grands », en février 2007. Un terrain lucratif ne restant pas longtemps sans maître, le marché a été récupéré par « des mecs de la cité Blanche et des Beaudottes », finit par déclarer Abderahim qui cite Mouez et Wissem, deux frères, mais aussi Zak et Kader, les présumés tireurs. Quatre garçons associés à un cinquième, « un handicapé sur chaise roulante » que l'on voyait parfois à la supérette ou sur le terrain de sport. Dans le courant du mois de juillet 2007, « les jeunes de la cité Basse », associés à ceux qui n'avaient pas été arrêtés mais « connaissaient le biz », auraient décidé de reprendre le marché à Issam et à ses « potes ».

« Ils sont allés voir Mouez au terrain de sport où il restait souvent avec ses vendeurs, poursuit le témoin. Je pense qu'ils lui ont dit qu'il ne devait plus vendre là, que ce n'était pas sa cité à lui. Le lendemain, il est revenu et ils ont de nouveau discuté. »

Le jeune homme dit-il vrai ? C'est juste après que les armes à feu ont commencé à parler.

« Pourquoi Issam en voulait-il autant à Koumkoum ? Lui en voulait-il parce que c'était l'un des organisateurs du trafic, ou juste parce que c'était un des membres de la famille Brahmi qui gère le trafic ? relance le fonctionnaire.

– Je pense qu'il voulait choper, pour l'exemple, un des membres de la famille Brahmi. N'importe lequel. »

*Son frère a été séquestré
dans un appartement de Bondy*

Est-ce le fait que la victime a été abandonnée comme un chien sur un trottoir de Bondy, vers 2 h 30 du matin, le visage défoncé, couvert de lésions, de brûlures et autres excoriations, pas encore mort mais à bout de souffle ?

Abderahim n'est pas le seul à se tourner vers la police. D'autres langues se délient dans la cité. Une femme évoque un homme de type nord-africain, « presque obèse », sortant d'une Peugeot 307 grise. Un homme a vu la victime torse nu, « vraiment amochée » ; il prétend que ses agresseurs lui reprochaient d'être l'auteur des coups de feu tirés devant l'école François-Villon, un des épisodes au cœur de l'engrenage fatal. Plusieurs personnes désignent sans hésiter Issam comme étant le chef de la petite armée qui a fait irruption dans le quartier. Issam dont ils confirment qu'il tenait le trafic cité Basse, jusqu'à son incarcération à la faveur de laquelle les frères Brahmi ont occupé le terrain, s'attirant les représailles que l'on sait. Les Brahmi ne se sont pas laissé faire. Sorti de prison une semaine avant la journée fatale, Issam, selon eux, aurait pris les choses en main. Il a dîné avec deux des frères Brahmi, croit savoir un témoin. Le lendemain, le revenant a ordonné à un jeune d'aller vendre du shit sur le terrain pour les concurrencer frontalement, mais le gars s'est désisté...

Une jeune femme croit avoir identifié un des agresseurs, un certain Karim, qu'un autre témoin assure avoir conduit jusqu'à la cité Blanche, après l'enlèvement. Et c'est ainsi que l'accusation se met en place, dessinant les contours d'une alliance de circonstance entre quelques caïds bien décidés à récupérer un lieu de vente lucratif. Avec, en point d'orgue, une séance de torture peut-être destinée, au début, à découvrir la cache où se trouvaient cannabis et argent, avant de dégénérer en pure violence.

L'un des frères de la victime désigne par leurs noms ceux qu'il considère comme les auteurs de l'enlèvement, mais aussi l'instigateur. Il affirme que son frère a été séquestré dans un appartement de Bondy, cité Blanqui, fourni par un « gros » prénommé Karim.

Il le sait d'autant mieux que le « gros » en question, se sentant en danger, est venu le voir pour reconnaître sa participation à l'enlèvement, mais surtout se dédouaner de la suite tragique, qu'il a imputée à Zak, aux frères Mouez et Wissem, à Issam, Fayçal et Abdelkader. Ledit Karim finit par se présenter spontanément à la police, onze jours après les faits, pour raconter comment il a vu Issam, ce jour-là, un maillot de l'équipe de foot de l'Inter de Milan sur le dos, rameuter du monde pour aller récupérer le terrain et « mettre des baffes ».

Le fameux appartement est bientôt localisé rue Martin-Luther-King, à Bondy, grâce à un renseignement anonyme. Un témoin a vu un homme sortir d'une voiture, le visage couvert d'un linge noir, les poignets entravés, le torse strié de griffures, soutenu par deux hommes qu'en attendait un troisième « de type africain ». C'est là, dans la salle de bains de ce logement dont l'un des gars de la bande avait récupéré les clefs auprès d'un ami pour y amener une fille, qu'Ali Brahmi a été bastonné pendant près de trois quarts d'heure, avant qu'on n'applique sur son corps meurtri un couteau rougi sur le feu. De bonnes âmes, témoins passifs de la scène, ont généreusement proposé un doliprane à la victime avant de mettre à sa disposition un tee-shirt et un jean, histoire de pouvoir le transférer vers un autre appartement occupé par un certain Fabien, chômeur et invalide, chez qui « on » a continué à cogner Ali Nordine Brahmi, lui réclamant de l'argent entre deux évanouissements... L'hôte un peu contraint de ce massacre n'a pas davantage eu la présence d'esprit de prévenir la police : il n'aurait pas levé le nez de son écran de télévision.

Pas de pire ennemi que celui
qui vous a vu grandir...

Lorsqu'il est arrêté le 30 juin 2008, le frère d'Issam, prénommé Rabah, a un handicap : son téléphone se trouvait sur les lieux de l'enlèvement au moment des faits, mais également près du lieu de la séquestration, un peu plus tard. Où l'on découvre que ce garçon a grandi avec les frères Brahmi, camarades de jeux devenus rivaux à l'âge adulte. Un grand classique du banditisme de cité : pas de pire ennemi que celui qui vous a vu grandir et connaît toutes vos faiblesses.

Rabah confirme qu'ils étaient bien une cinquantaine, ce 9 février. Le « gros » a parlé de simple « nettoyage ». Il a vu Ali traîné par cinq ou six garçons, méconnaissable. Pourquoi n'est-il pas intervenu ? Par crainte des représailles, assure-t-il, avant de minimiser le rôle de son grand frère : il gérait le trafic à la cité Basse, plus spécialement le volet « violences et intimidations », mais le vrai boss était Wissem.

Peu à peu, la police reconstitue l'engrenage fatal. Le principal suspect est en fuite, mais il finit par être interpellé, comme tous les participants présumés à ce remake d'*Orange mécanique* version 9-3...

Le fric les rend fous. Rien ne les arrête, pas même le fait de savoir que les flics sont sur leur dos : ils s'en moquent. Ils foncent. Jusqu'au jour où la justice prétend les juger.

« J'ai rien vu, je faisais la sieste »

Lorsque s'ouvre le procès devant la cour d'assises de Bobigny, la maman de la victime s'approche lentement de la barre, en larmes. « Excusez-moi, je ne parle pas bien français, dit-elle. Il vivait avec moi, jamais il brûle quelque chose, jamais j'ai eu des problèmes avec lui. Il respecte les voisins, la gardienne, jamais je vais le chercher au commissariat. Depuis que mon fils est décédé, je suis toujours chez le psychiatre. J'ai pas assisté, mais je vois tout dans ma tête. Le dimanche, il était à Sevran chez son père. On s'est séparés quand il avait 10 ans.

– Il travaillait ? demande le président.

– Il a fait des stages. Sa première paye, il me l'a donnée à moi.

– Des personnes lui en voulaient-elles ?

– Je sais mon fils il est parti pour rien du tout. Ils me tuent, je suis 58 ans, je m'en fous, mais lui, il est jeune.

– Il a été enterré au pays ?

– Oui... S'il doit quelque chose, je le donne. Pourquoi ils l'ont tué ? Ça sert à rien. Moi, je suis malheureuse toute ma vie. »

Elle retourne s'asseoir, la tête entre les mains ; un avocat sort cacher son émotion à l'extérieur.

On extrait le papa de sa chaise roulante ; il avance, voûté, appuyé sur sa canne. La panne de micro aggrave son élocution difficile. Il a servi la France en 1945, mais les stups lui ont pris son fils et aussi une partie de sa raison.

C'est la grande sœur qui a été appelée pour reconnaître le corps. Elle prend vite le relais à la barre :

– Nordine est mon sixième petit frère, dit-elle. Il était discret, gentil, respectueux, timide, même avec moi. C'est le seul qui ne m'ait pas fait courir au commissariat. "Mon Dieu, pourquoi ?" j'ai hurlé quand j'ai appris sa mort, mais personne ne m'a répondu... Cela fait vingt-deux ans que je suis partie de la cité. Plus les années passent, plus la violence augmente. Il y avait de la violence, mais c'était gérable. Aujourd'hui, pour peu de choses, on peut trouver la mort. On devait partir en vacances et, finalement, on est parti l'enterrer. Mon petit frère, il est mort un dimanche après-midi, il y avait beaucoup de soleil. »

Me Éric Dupond-Moretti, qui défend l'un des accusés, intervient :

– Des témoins disent que votre frère était **armé en permanence.**

– Je n'ai jamais vu.

– Pourquoi votre frère reste-t-il silencieux aussi longtemps ? renchérit l'avocat.

– Ça reste un monde de garçons, un monde d'hommes. Nous, les femmes, vous savez… On veut nous faire croire que mon frère était un caïd, un criminel ; je ne suis pas d'accord. Des gens viennent l'assassiner, et c'est lui le criminel ! »

La jeune femme retourne s'asseoir au moment où l'avocat abat une carte importante. Le matin même, explique-t-il aux jurés, il a vu déambuler dans le tribunal les nouveaux « propriétaires » du terrain. « Ils ont désigné les gens dans le box, clame-t-il. On est chez les fous ! C'est eux qui vont faire le verdict ! C'est le doigt de la justice ! La parole des accusés n'a pas moins de valeur que celle de ceux qui les accusent ! »

Tentative d'annihiler l'un de ces témoignages, forcément fragiles, sur lesquels s'est bâtie l'accusation, mais voilà le fameux témoin qui entre dans la cour d'assises.

« Vous enlevez les mains de vos poches, s'il vous plaît », enjoint le président tandis que le jeune homme décline son profil : 34 ans, chauffeur livreur.

« Qu'avez-vous vu ?

– J'ai rien vu du tout, moi, je faisais la sieste.

– Dans l'une de vos déclarations, vous dites que cette équipe venait des Beaudottes.

– J'étais en train de dormir, je ne suis pas censé savoir ce qui se passe. »

L'avocat général prend le relais et rappelle au jeune homme qu'il a reconnu plusieurs des accusés sur photos.

« À la base, je les connais pas, donc j'ai pas pu les reconnaître », dit-il aujourd'hui, tournant ostensiblement le dos à ceux qu'il est censé confondre, sept garçons costauds tassés dans le box comme s'ils s'enfonçaient dans le sol. La pression devient trop lourde, le témoin s'énerve : « Sur la tête de ma mère, c'est quoi cette justice ? »

L'accusation se raccroche à celui qui lui succède à la barre, un témoin dont les policiers présents semblent surpris qu'il ait accepté d'affronter les pressions et de venir. La séquence est pesante, entre les larmes de la mère et l'excitation de ce jeune homme de 29 ans qui se souvient d'avoir pris un coup d'extincteur sur la tête alors qu'ils enlevaient son ami Koumkoum :

« Il y avait des petits scooters qui tournaient avec des personnes que je ne connais pas... Après, ils sont tous partis, et fin de l'histoire... J'avais plein de sang, j'ai pas trop fait gaffe... Tout le monde s'est envolé, monsieur le président... Ça fait cinq ans que l'histoire elle est passée... Vous jouez à quoi, à un jeu ? Vous me posez 100 000 questions... Vous êtes en train de me retourner le cerveau... À un moment, vous allez tirer le rideau, c'est ça ? »

L'avocat général voudrait savoir qui est le « gros porc » qu'il a cité dans l'un de ses interrogatoires.

« Mais il y avait plusieurs gros porcs ! se défausse le témoin.

— C'est un menteur ! proteste un avocat en maudissant le jeune homme, Nike noires aux pieds et survêtement à capuche sur les épaules.

— Il se fout de la gueule du monde ! renchérit Me Dupond-Moretti.

— En tout cas, il ne semble pas avoir peur », laisse tomber Me Marie-Alix Canut-Bernard qui défend elle aussi l'un des accusés.

À la pause, un enquêteur du service départemental de police judiciaire commente à voix basse : « Ils ont eu les couilles de venir quand tous se défilent. Ils sont venus par amitié pour le mort. »

Le troisième témoin se présente, 22 ans, bouillant :
« J'étais à la boulangerie, commence-t-il. Je faisais le guet. Quand je les ai vus arriver, j'ai couru sur le terrain. Ils étaient dix, vingt derrière moi. Ils m'ont attrapé et m'ont emmené chez moi. J'ai vu deux personnes pendre Koumkoum.

– Vous ne vouliez pas témoigner. Pourquoi ? relance le président.

– Parce que j'avais peur.

– De quoi ?

– J'avais peur de me faire tirer dessus. C'est normal. Je suis tout seul. J'ai peur pour ma peau.

– Nordine était votre copain…

– C'était un grand de chez moi, pas un copain. Je suis guetteur. Je suis payé à la journée par des grands… »

« Je voulais juste leur faire peur »

Issam, le principal suspect, a maintenant la parole :
« Je sortais de prison, se défend-il. Je leur ai dit : "Je compte me marier, je ne veux pas récupérer le terrain." Ils m'ont dit : "Si tu restes à la cité, on va s'en prendre à ta famille." Je me suis dit : "Je vais montrer que je ne suis pas tout seul." Je vais à la cité Basse. Je vois Nordine entrer dans le local poubelles. Je le ceinture, car je sais qu'il a souvent une arme. Il n'en avait pas. On s'est battus, puis tout le monde est arrivé… Je suis retourné à la cité Blanche où on me dit qu'ils ont pris Koumkoum… Qu'est-ce que je vais venir à visage découvert pour enlever quelqu'un et le tuer ? Ça a pas de sens, tout ça !

– On vous désigne comme le chef », observe le président.

Pour l'heure, le « chef » pleure et proteste :

« Je voulais juste leur faire peur.

– Vous avez besoin d'un commando de vingt personnes pour vous en prendre à une seule personne ?

– Ils étaient cinq contre moi, la veille. »

Un silence, puis l'accusé reprend, soudain véhément :

« C'est une machination ! Qu'est-ce que j'ai à foutre de l'argent, du terrain ? J'ai rien à voir avec tout ça !

– Nordine n'est pas entré tout seul dans la voiture, intervient l'avocat général, mordant.

– Ce sont des rumeurs ! »

La tension monte une nouvelle fois dans le box. Ils sont à deux doigts de s'écharper entre eux, brusquement conscients que celui qui passera pour le « chef » risque d'écoper de la peine la plus lourde, que la loi existe bel et bien, et pas seulement celle du quartier.

« J'ai une grosse voix, j'y peux rien, j'ai été créé comme ça », reprend Issam avec l'espoir de déjouer les schémas qu'esquissent déjà les jurés.

Mais le témoignage du beau-père de la victime ramène le facteur humain au premier plan :

« Nordine n'avait pas de fringues de luxe ni d'argent sous le matelas, dit-il. L'a-t-on pris parce qu'il était le frère le plus facile à attraper ? Il y en a un, dans le box, qui venait déjeuner à la maison quand il était petit. Il a grandi dans les mêmes bacs à sable que la victime. »

« C'est des Arabes, ils ont amené leurs coutumes du pays, c'est encore pire là-bas », marmonne, sur les bancs du public, un frère de la victime.

« Plus la victime réagit, plus ils s'acharnent »

L'un des deux avocats généraux se lève pour entamer les réquisitions : « Ce matin du 9 février 2008, il reste quatorze heures au cours desquelles Ali Nordine Brahmi va être déposséder de sa dignité au point de finir sa vie confondu par un passant avec un clochard... »

Et le magistrat de dérouler l'implacable enchaînement : la mise en détention d'Issam en février 2007, les tirs à la kalachnikov à travers la porte d'une mère, le 23 juillet suivant, la fusillade au domicile du père Brahmi une semaine plus tard, les coups de feu près de l'école maternelle en octobre, attribués à la victime, des « actes de guerre en temps de paix »...

« J'en appelle à votre force, poursuit-il à l'intention des parents de la victime. J'espère que vous pourrez entendre que personne n'avait le droit de faire mourir votre fils comme ça, quand bien même il était trafiquant de drogue. "Je ne leur ferai jamais la guerre pour le terrain", leur dit Issam, mais c'est le baiser de la mort. On s'assure de la mise à disposition d'un appartement, un endroit tranquille où ses amis ne pourront pas le retrouver. L'enlèvement est réalisé avec précision et rapidité. Karim est là pour mettre des baffes. Zakaria est sur une moto. Djamel ne se souvient pas. C'est une scène brutale. Seule une dizaine de personnes sur deux cents viendront témoigner, ce qui n'est pas très flatteur. Témoigner c'est prendre un risque. On craint de voir sa voiture brûler. La boulangerie est criblée de balles de kalachnikov, mais on fait semblant de ne rien voir. La logique qui suit est celle du huis clos et de la dynamique morbide. On n'est plus dans la reprise du terrain, mais dans la haine. »

Le second avocat général se lève et reprend l'histoire là où son collègue s'est arrêté :

« La colère fait place à une rage aveugle, à une guerre des ego. C'est à celui qui sera le plus brutal. Le sang gicle, les coups de poing s'enchaînent. Issam porte les premiers coups. Il n'a pas le choix. La vie, c'est le trafic. C'est une tête cramée qui doit assumer cette réputation. "Prends pas le couteau on mange avec", dit quelqu'un, mais la lame a été chauffée. "Où est l'argent ?" Il ne répond pas. Ils s'acharnent. Plus la victime réagit, plus ils s'acharnent. La "nourrice" chez qui on s'est installé, un homme handicapé à 80 %, s'est déjà enfilé deux bouteilles de rosé... »

« C'est un dossier de rumeurs, s'efforce de plaider M\ue Marie-Alix Canut-Bernard. Vous n'avez aucun élément matériel, aucune écoute. On parle d'une vingtaine de personnes ; ceux qui sont là ont-ils vraiment à voir avec l'histoire ? Pourquoi ces témoins qui parlent d'un seul coup disent-ils tous la même chose ? Disent-ils la vérité ? Ils ont leurs intérêts propres à asseoir une version ! »

Que retiennent les jurés de cette équipée sauvage ? Ils ont compris que la concurrence entre les deux cités du coin, cité Basse et Sevran-Beaudottes, a toujours été féroce. Que la première a toujours eu son terrain de shit, tandis que la seconde dispose d'un terrain pour le shit et d'un autre pour la cocaïne. Que la guerre commerciale a commencé dès la gare RER où on rabat les clients comme les vendeurs de breloques dans un souk ordinaire. Que dans ce monde de jaloux et de complexés, les conflits se règlent à coups de balance ou de calibre. Que l'élimination de Nordine Brahmi aurait entraîné un « match retour » : un soir de 2010, deux garçons de cité Basse ont roulé à scooter jusqu'aux Beaudottes dans l'intention de flinguer quelqu'un. Ils ont raté leur coup, avant d'être pris en chasse par une voiture, jusqu'à la chute du deux-roues qui a valu à ses deux passagers une brève lapidation...

La justice, celle de la République, est entre leurs mains, mais, dans les sphères supérieures du trafic, c'est la « guerre froide », selon le mot d'un policier. Le moindre incident met le feu, comme cette fois où un beur des Beaudottes chute du quad au volant duquel il narguait les « blacks » ; comme ils se moquent de lui, il en agresse un, mais ils arrivent à cinquante. En guise de réplique, il revient avec un fusil à pompe et en tue un avant de quitter précipitamment la France pour le Maroc... où il se retrouve confronté à la vraie vie, loin du triptyque qui jalonnait son quotidien : bar à chicha, putes, fric...

La justice passe, les coupables sont envoyés en prison mais font appel, comme la loi les y autorise. Tant que la sentence définitive n'est pas prononcée, Issam, Rabah, Mouez, Wissem, Zak, Kader et les autres sont évidemment présumés innocents.

Le quartier, lui, bouge doucement ; aux dernières nouvelles, des travaux ont fait disparaître le « terrain », mais l'argent n'est pas perdu pour tout le monde : le point de deal s'est déplacé de quelques centaines de mètres. Les séquestrations n'ont pas cessé : on en recense environ une par mois en Seine-Saint-Denis. La police, elle, voit ses compteurs exploser dans ce département fort de quarante-deux cités « sensibles » : en un peu moins de deux ans, 16 745 personnes interpellées, tandis qu'étaient saisies 789 armes, 25 kilos d'explosifs, 4,7 tonnes de cannabis, 400 kilos d'herbe, 1,2 kilo de cocaïne, 184 kilos d'héroïne, 235 kilos de champignons hallucinogènes et 3,48 millions d'euros, sans compter pour 1,56 million d'euros d'avoirs criminels confisqués...

7.

Charclades sur Canebière

« Ici on charcle. Ici on ne rigole pas »

« Vous nous avez éliminés du secteur, vous allez avoir un bain de sang, avec des équipes sauvages. Ça va être chaud ! »

Ainsi s'expriment d'une seule voix Gérald Campanella, dit Bombelus, et Bernard Barresi, alias « Jambon », lorsque, à leur grande surprise, en juin 2010 la PJ met à mal leur organisation criminelle, particulièrement bien implantée dans le tissu économique, social et politique de la région marseillaise[1]. Anciens braqueurs reconvertis dans le BTP, la sécurité, les déchets et les yachts de luxe, passés maîtres en matière de marchés publics, ils savent de quoi ils parlent. En hommes d'affaires soucieux de longévité, ils s'étaient réparti le territoire entre « amis » afin de limiter les « charclades », comme on désigne, dans le Sud, les règlements de comptes. Depuis, les cadavres s'empilent...

« Les trafiquants marseillais sont maqués par les condés, c'est pour ça qu'il y a un mort par semaine ! » ose un voyou installé sur la Côte d'Azur avant d'ajou-

---

1. À ce jour, ils n'ont pas été condamnés pour ces faits.

ter : « À Marseille, l'erreur ne pardonne pas : ils se tuent comme des lapins. »

« Comme en Corse ou à Grenoble, la plupart des règlements de comptes recensés à Marseille sont liés à la came, diagnostique pour sa part un cadre de la police judiciaire. Y aurait-il moins de morts si les frères Barresi et les frères Campanella étaient restés en place ? Le contrôle total du territoire n'existe pas en France, pas davantage qu'en Italie ! Même à Naples, la Camorra n'empêche pas les Nigérians de vendre leur drogue. »

Une chose est cependant certaine : la nouvelle génération de gangsters rêve ouvertement de balayer le milieu traditionnel corsico-marseillais et de contrôler toutes les sources de revenus qui étaient les siennes. Ses chances de succès ? « Ils sont plus nombreux et plus violents, mais ils ne sont pas fédérés, modère un voyou quinquagénaire. Pour fédérer, ils auraient besoin d'une stratégie. Il leur faudrait des armes et de l'oseille, suffisamment pour partir en guerre pour dix ans en sachant qu'ils perdraient des frères. Il leur faudrait aussi un traître, un membre du milieu corsico-marseillais qui ferait volte-face, leur amènerait les bons rencards, leur dirait qui est qui et ce qu'il y a à prendre. On n'en est pas là. Ils ont trop à faire avec le shit et ses embrouilles. Plus la marchandise se raréfie, plus les gens deviennent sans pitié. Plus les temps sont durs, plus on va au clash et plus on se met des carottes. Il n'y a plus de place pour la patience. Et puis, à Marseille, il y a une culture du règlement de comptes : ici on charcle. Ici on ne rigole pas. »

En attendant, l'affaiblissement du milieu traditionnel est visible, et dans le viseur de la brigade criminelle les rivalités entre gangs des cités se sont substituées depuis longtemps aux guerres de succession entre Gaétan Zampa et Francis le Belge. Avec un objectif pas facile à atteindre pour les policiers : y voir un jour aussi clair dans les nouvelles structures criminelles qu'ils voyaient clair, hier, dans le jeu des grands clans.

« On a été pris de vitesse par les affaires, reconnaît un responsable de l'Évêché (quartier général de la police) soucieux de remettre la police à niveau. On a manqué de hauteur de vues. Il faut dresser un schéma secteur par secteur, positionner les individus, voir comment tout est hiérarchisé, des petites mains aux leaders. On tentera ensuite de superposer ces cartes pour avoir une vision plus globale... »

Avec la nomination par le gouvernement socialiste, à l'automne 2012, d'un nouveau capitaine (le préfet Jean-Paul Bonnetain), en même temps que d'un nouveau patron de la PJ (Christian Saintes) et d'un nouveau directeur de la sécurité publique (Pierre-Marie Bourniquel), le contexte est d'autant plus propice aux changements de méthode que le ministre de l'Intérieur, Manuel Valls, est omniprésent sur la Canebière. Pari irréaliste ? La violence semble incrustée comme une mauvaise habitude, les armes circulent à tout-va et la justice a du mal à retrouver confiance dans une police qu'elle a longtemps estimée trop « poreuse » à son goût...

Comment percer le mystère des nouvelles hiérarchies criminelles ? Comment recueillir une information exploitable dans ces cités aussi fermées que des ghettos ? À entendre ce pilier de la PJ marseillaise, l'approche la plus pragmatique consisterait à leur demander des comptes sur les voitures de luxe à bord desquelles ils circulent et la maroquinerie avec laquelle ils déambulent. La façon dont ces nouveaux gangsters affichent leur réussite, poussant le snobisme jusqu'à skier en Vuitton, n'est-elle pas le signe d'une énorme confiance en soi ?

Les acteurs de ce western urbain ont changé. « Quand un voyou atteignait une certaine notoriété, il montait, faisait ses preuves, puis s'émancipait et devenait un parrain respecté, poursuit notre interlocuteur. Aujourd'hui, le simple fait de s'appeler X ou Y ne suffit plus à susciter la crainte. Le passage à l'acte [l'assassinat] est d'autant plus facile que les enjeux financiers sont devenus énormes. Soucieux de discrétion, les anciens réfléchissaient à deux fois avant de tuer. On a aujourd'hui des types qui assument leur violence et ne craignent pas l'autorité. Il faut les forcer à baisser d'un cran en faisant reculer leur sentiment d'impunité. »

Et ce fonctionnaire optimiste de conclure :

« On ne ramènera pas Marseille à ce que la ville était il y a cent ans, mais on devrait réussir à les contenir... On ne se contente pas de travailler sur le haut du spectre, on casse un plan toutes les semaines et on solutionne un peu plus d'un règlement de comptes sur deux. Ils étaient dans leur monde et nous, dans notre tour d'ivoire. On s'implante, mais ce n'est pas simple, tant les alliances se retournent : les amis d'aujourd'hui sont peut-être les ennemis de demain. Ce n'est pas toujours logique, mais c'est un peu la même chose avec les clans corses. Les jeunes sont fous furieux. Leur logique, c'est le fric, le gain. »

En attendant, on risque donc de continuer un certain temps à mourir parce que l'on tient un plan lucratif (plusieurs dizaines de milliers d'euros par mois) que lorgnent de plus puissants. À tirer à l'aveugle pour montrer sa force. À abuser de la terreur pour que « dégun » (personne) ne se rebiffe dans un espace où la hiérarchie est en place, du simple chauffeur (100 euros par jour) au chauffeur en chef, du guetteur au rabatteur. Et à partir fêter son million sur la Costa Esmeralda avec quelques « bimbos », une bonne bouteille et, pour les amateurs, un ou deux rails de cocaïne...

Raid mortel au Clos La Rose

D'abord les faits : un raid comme on en voit au cinéma, scrupuleusement consigné par un capitaine de la brigade criminelle, premier policier arrivé sur les lieux.

Ce soir-là, 19 novembre 2010, deux véhicules – une Audi de couleur grise et une Alfa Roméo rouge – roulent jusqu'à une intersection connue pour être un lieu de vente de produits stupéfiants, en plein cœur du Clos La Rose, une cité des quartiers nord, à quatre stations de métro du Vieux-Port. Leurs occupants font immédiatement usage d'armes longues, de type « kalachnikov », en direction des personnes présentes sur les lieux. L'une d'elles, Jean-Michel Gomez, âgé de 16 ans, assis dans le fauteuil réservé aux guetteurs, est atteinte et tombe au sol ; transporté par un particulier, il décédera lors de son arrivée à l'hôpital.

Les deux voitures contournent ensuite l'immeuble et ralentissent à la hauteur de l'entrée « 41 ». Ils ouvrent à nouveau le feu en direction du hall ; le jeune Lenny M., 11 ans, est atteint de plusieurs projectiles. D'abord soigné sur place, il est évacué sur l'hôpital.

Deux scènes de crime distantes de plusieurs dizaines de mètres, observe le policier, mais temporellement très proches.

Remis sur pied, le garçon de 11 ans est entendu une quinzaine de jours plus tard. Il raconte « la mitraillette qui tirait sans s'arrêter », la voiture rouge qui ralentit, le passager avant, « blanc, une barbe naissante, capuche grise », qui lui tire dessus. « Je pense qu'ils voulaient tuer n'importe quel jeune du quartier », dit-il. « Ont-ils pensé que vous étiez un guetteur ? » insistent les policiers. « Non, je suis trop petit », répond Lenny, 1,50 mètre, qui a repris l'école et le foot. « Ils auraient tiré sur tout ce qui bougeait, ce soir-là », dira-t-il plus tard au juge d'instruction.

Un raid signé d'une équipe soucieuse de s'affirmer comme les maîtres de ce territoire, à voir la manière dont ils ont tiré des rafales de kalachnikov et au 9 mm. « La signature de ce néobanditisme hyperviolent et souvent très impulsif », croit savoir un enquêteur qui mentionne cet autre événement, survenu dans la soirée sur une autoroute à la sortie de Marseille, où les occupants d'une Audi A3 tirent sur le conducteur d'une voiture, le blessant au bras. Comme s'ils ne voulaient pas laisser refroidir la « sulfateuse »...

Le 14 décembre 2010, soit moins d'un mois plus tard, travaillant sur un enlèvement, la PJ interpelle François Bengler (né en 1981) et son frère Nicolas (né en 1985), une fratrie de Manouches sédentarisés ; elle croit savoir qu'elle tient le haut du pavé dans le secteur, main dans la main avec deux autres garçons, Nordine Ouertani et Anis Rezigue, leur beau-frère. La fine équipe, basée du côté de la cité des Cèdres, est accusée d'avoir séquestré depuis le 8 décembre, dans un pavillon, un buraliste ficelé comme un jambon, sac en plastique sur la tête, et réclamé un million d'euros à ses proches... Branle-bas inédit au sein de la PJ, avec réunion d'un état-major de crise trois fois par jour dans le bureau du patron, et feu vert de Paris avant l'irruption sur les lieux de la séquestration...

C'est dans ces circonstances que vole en éclats la fameuse omerta des cités : les enquêteurs rêvent de coincer les frères Bengler, et voilà qu'on leur sert la fratrie sur un plateau quatre mois après les faits[1]. Presque trop beau, mais la personne, entendue sous X, corrobore (à point nommé, diront les avocats) les premiers soupçons.

---

1. Les Bengler n'ont pas encore été jugés pour cette séquestration ; ils sont donc, à ce stade, présumés innocents.

Le début de l'histoire, raconte la source après avoir prêté serment de dire la vérité, remonte à une fusillade qui s'est produite neuf jours avant le fameux raid, fusillade au cours de laquelle deux individus ont tué un certain Francky Notta, « une bonne connaissance » des frères Bengler, à en juger par la réaction « assez forte » de leur bande. La furieuse descente au Clos La Rose serait une « réponse » à cet assassinat, avec la ferme volonté d'affaiblir un certain Redha, « un trafiquant de drogue qui fournit différents quartiers de Marseille et qui a donné l'autorisation aux tireurs d'éliminer Francky ».

« Les frères sont montés au Clos dans le but de tuer quelqu'un de la bande à Redha », affirme le témoin qui va plus loin, puisqu'il désigne Nicolas Bengler comme étant celui qui a tiré sur le jeune garçon de 11 ans, « un guetteur du clan Redha », croit-il savoir. « Je sais que François [l'aîné] a engueulé son frère d'avoir tiré sur le jeune », dit-il encore.

Apparemment, le temps (et l'incarcération des frères) délie les langues, puisqu'un deuxième témoin anonyme se manifeste dans la foulée auprès de la police sans que l'on sache encore s'il s'agit de langues de vipère, ou s'ils disent la vérité. Comment sait-il ce qui s'est passé ce soir-là au Clos La Rose ? Nicolas se serait vanté dans un bar d'avoir tiré sur le jeune « guetteur ». « Juste après la fusillade, précise-t-il, les frères Bengler et leurs complices ont brûlé les voitures qu'ils venaient d'utiliser, avec leurs armes à l'intérieur. Je crois qu'il s'agit de kalachnikovs… »

Entendu par le juge en juillet 2012, François Bengler riposte : « Pour moi, dit-il, il n'y a pas eu d'enquête. Il y a eu une vingtaine d'articles de presse dirigés contre nous et soutenus par les services de police. Je ne comprends pas pourquoi. Je ne savais pas qu'on se faisait juger par les journaux et l'opinion publique en France : c'est la première fois que je vois ça. »

François Bengler assure qu'il ne voit plus personne depuis quatre ans, exactement depuis ce jour de juin 2008 où il a été victime d'une tentative d'homicide alors qu'il était dans sa voiture avec ses enfants. Pour lui, Francky Notta, avec lequel son frère faisait du moto-cross, est mort « pour une histoire de cul ». Ce que disent les anonymes ? « Des dépositions sous X, on peut en avoir à la pelle. On a dû lui promettre de le relâcher. Les frères Bengler, c'est une porte de secours pour les détenus de France, et surtout de Marseille. » Redha, dit « le Rouge » ou « le Rouquin » ? « S'il faisait partie de mon entourage, je le connaîtrais. » Le juge d'instruction insiste ? Ce garçon que l'on soupçonne d'avoir voulu gravir les échelons pour devenir un vrai gagneur a du répondant :

« C'est la criminelle qui dirige l'enquête contre nous. Ils vont jusqu'aux Baumettes montrer nos photos aux gens et dire qu'on est dangereux, qu'on tue des gens. Ce sont eux, avec des gens de la communauté comorienne à qui j'ai volé leur "nourrice"... Cet enfant [Lenny] est manipulé par la criminelle et par la communauté comorienne et les trafiquants de son quartier. Il y a nos photos dans tous les journaux, et après on nous envoie faire un tapissage [reconnaissance derrière une glace sans tain] ! »

Le juge évoque les menaces que François Bengler aurait proférées contre d'autres détenus ? « Je n'ai frappé personne depuis mon retour aux Baumettes, observe-t-il sagement. Ce n'est pas du tout dans ma nature, car, malgré tout ce qu'on raconte sur moi, j'ai 31 ans et je n'ai pas une seule peine pour violence. » N'a-t-on pas retrouvé l'Audi et l'Alfa Roméo, brûlées, sur un terrain proche de l'endroit où sa grand-mère possédait une ferme ? Il ne connaît pas plus que ça les lieux. « Outre ce 45 de couleur grise, aviez-vous d'autres armes ? » interroge le magistrat. « Non, moi je ne marche qu'avec mon calibre. Je marche avec une arme depuis que j'ai été victime d'une tentative d'assassinat, en fait pour ma protection. »

Dans la foulée, son frère Nicolas est à son tour entendu par le juge. Lui aussi est formel : « Si j'avais voulu m'attaquer à tout ce beau monde, je m'en serais pris directement à eux, sans aller m'attaquer à des petites personnes. [...] Vous allez vous retrouver avec une affaire Outreau sur les bras. [...] Dans le dossier de stups, on reproche à mon frère d'avoir importé des tonnes, et maintenant on lui reproche d'avoir voulu voler une télé ou des bijoux. C'est contradictoire !

– Étiez-vous en possession d'armes de poing à l'époque des faits ?

– Il m'est arrivé d'en prendre une pour aller chez ma mère, parce que c'est là-bas que mon frère s'est fait tirer dessus.

– Quelle arme ?

– Je ne sais pas, je ne connais pas les armes, moi, madame le juge. Les pistolets c'est tous les mêmes, ils se ressemblent tous. »

Autant d'arguments que reprend au vol l'un de leurs défenseurs, Me Frédéric Monneret : « La pression sur les enquêteurs était tellement forte, après la mort de ce mineur, qu'on a pris des raccourcis pour fabriquer un dossier. C'est une construction intellectuelle basée sur des renseignements qui ne sont pas fiables : on dit aux gens qu'ils peuvent parler sans risque, puisque les Bengler sont au trou... On nous dit qu'ils ont été reconnus et, en même temps, qu'ils ont pris la fuite avec des cagoules sur la tête ! On a attendu la date anniversaire de la fusillade pour les placer en garde à vue avec un immense tintamarre médiatique. Depuis, on leur colle sur le dos tous les règlements de comptes non élucidés. »

Pour cet avocat pénaliste qui a défendu bien des figures du milieu marseillais, à commencer par le médiatique Francis le Belge, Marseille a besoin de figures marquantes, et on taille un costume un peu trop grand à ses clients : « On les monte en épingle parce qu'on n'a personne à se mettre sous la dent, dit-il. Leur train de vie n'est pas à la hauteur. Ils ont été projetés du jour au lendemain sous les feux médiatiques. En prison, ils n'ont pas la vie si facile... »

Il suffirait de tellement peu pour que les témoins sous X disent qu'ils n'ont jamais tenu de tels propos... Une reculade qui laisserait sans voix ceux qui prétendent que les frères ont effectué des repérages dans le quartier, eux qui admettent à peine leur implication dans la séquestration du buraliste, un trafiquant qu'ils accusent de les avoir roulés... Et qui laisserait à la cité tous ses mystères !

La rumeur de Bassens

Il est 22 h 40, dans la nuit du 25 décembre 2011, lorsque les pompiers commencent à pulvériser de la mousse sur une voiture en flammes, chemin des Fraises, aux lisières de Marseille. Apercevant trois corps sur la banquette arrière, ils sortent les lances à eau pour limiter la destruction des indices, bien maigres : traces d'une basket Nike, d'une doudoune Burberry, et un morceau de tee-shirt Hugo Boss. La voiture n'a pas été volée. Plusieurs orifices dans la carrosserie laissent penser que des balles ont été tirées de l'intérieur du véhicule, mais il faut attendre le lendemain pour identifier les trois victimes : Sonny Albarello, 20 ans, Nouri Oualan, 19 ans, dit « Boulon », et Mohamed Bouhembel, 19 ans lui aussi, tous trois nés à Marseille.

Les deux premiers étaient cousins, le troisième était leur meilleur ami ; la piste de Sonny mène les enquêteurs de la brigade criminelle aux Micocouliers, une cité des quartiers nord. Sonny vivait chez sa mère où Mohamed venait dormir presque tous les soirs depuis deux mois ; trois jours plus tôt, son gilet pare-balles avait attiré l'attention des policiers qui l'avaient mis en garde à vue. « Ils n'avaient de problèmes avec personne, c'étaient des petits jeunes aimables », dit la grande sœur de Sonny qui décrit une journée type : lever vers 14 heures, télévision, Playstation, sortie nocturne, mais pas tous les jours. Bien sûr, le petit frère avait fait deux ans de prison pour stupéfiants alors qu'il était mineur, mais, depuis, « il ne faisait rien de méchant ». La nuit du 24 décembre, ils ont tous trois dormi là. Le lendemain, ils sont partis vers 16 heures.

Lorsqu'ils arrivent au pied de l'immeuble où vivait Nouri, dans le quartier Campagne-Larousse, la mère du jeune homme hurle sa détresse au balcon. C'est la grande sœur, là encore, qui leur ouvre la porte de la chambre du fils disparu. La voiture dans laquelle les trois jeunes ont été retrouvés lui appartient. Nouri est passé le 25 dans la soirée, vers 21 heures, pour assister à la demande en mariage de sa sœur par son prétendant – il devait donner sa bénédiction, en l'absence du père. On devrait le reconnaître grâce à sa chaîne en argent et à une cicatrice à la joue, souvenir d'un coup de couteau. Lui aussi vivait aux crochets de sa mère, mais, avant de partir, il n'avait pas l'air soucieux.

La mère de Mohamed, qui vit dans une autre cité, les Oléandres, célibataire elle aussi depuis le départ du père, n'a pas de nouvelles de son fils depuis un mois. « Dans les quartiers, dit-elle, tout le monde est au courant de tous ces trafics de drogue, mais personne ne dit rien par crainte de représailles. Moi, je suis mère et je peux parler. Il y a un an et demi, le prénommé Sami tenait le trafic de drogue de tout le quartier des Micocouliers. Sonny a repris son réseau par la force. D'après ce que je sais, il aurait tiré sur Sami à trois reprises, dans le ventre. Sonny a repris le réseau avec l'aide de Nouri. Mon fils se contentait de faire le "pigeon", c'est-à-dire qu'il les conduisait d'un endroit à l'autre. Quand Sami est sorti de l'hôpital, il a fait courir le bruit qu'il se vengerait de cet affront et que Sonny et Nouri étaient des "hommes morts". Tous les jeunes des quartiers savaient qu'ils avaient un "contrat" sur la tête. Sami a pris entre-temps le réseau de drogue du quartier de la Busserine (…), mais si mon fils portait un gilet pare-balles, c'est qu'il se sentait menacé. »

Entendu quelques jours avant de mourir au sujet de son fameux gilet (« acheté 500 euros sur Internet ») et du pétard qu'il fumait tranquillement dans la rue, Mohamed avait expliqué avoir « des embrouilles avec certaines personnes » ; et aussi qu'il dormait chez une amie d'enfance pour ne pas se « prendre la tête » avec sa mère. « Portez-vous ce gilet à chaque fois que vous sortez en ville ? » l'avait relancé, incrédule, le policier. « Oui, je le porte en permanence, parce que j'ai peur qu'on me tire dessus. […] Je me suis bagarré avec cette personne, je pense qu'elle peut m'envoyer des gens, ou venir elle-même pour me punir de mes paroles, car je l'avais traitée de tout. »

Deux jours après les faits, des motards de la police en faction aux abords de la cité des Micocouliers jettent leur dévolu sur une voiture de grosse cylindrée ; avant de vérifier que l'un des passagers d'origine tunisienne, 21 ans, habite les Micocouliers, tandis que l'autre, 18 ans, né en Algérie, vit du côté de la cité Campagne-Picon, ils aperçoivent une arme de poing sur le sol, aux pieds de l'un des deux passagers ; approvisionnée, une cartouche chambrée, elle est prête à faire feu. Bonne pêche, mais il faut attendre la troisième audition pour que le plus âgé, prénommé Chiche, concède une part de vérité : « Dès le début, je vous ai pris pour un con. Le pistolet est à moi. Quand j'ai vu que j'allais être contrôlé, je l'ai prise dans le vide-poche et je l'ai jetée. […] J'ai des embrouilles avec des gens. J'ai toujours cette arme avec moi. Je l'ai payée 3 000 euros et j'ai acheté 200 cartouches à 2 euros la cartouche. Je n'ai jamais tiré sur quelqu'un.

– Connaissez-vous ceux qui ont été tués ? interroge le policier.

– C'étaient mes amis.

– Pourquoi craignez-vous pour votre vie ?

– J'ai peur, car j'ai baisé la moitié de Marseille. Je ne veux pas en dire plus. »

La mauvaise ambiance qui règne aux Micocouliers ne date pas de la veille, comme les enquêteurs le confirment en se penchant sur la tentative d'assassinat dont a fait l'objet le fameux Sami Ati, le 10 septembre 2011, alors qu'il avait 29 ans. Mais c'est une autre mère, celle de Nouri, qui apporte une information essentielle : avant de partir, le 25 décembre, son fils lui aurait dit qu'ils allaient à Bassens en compagnie d'un ami un peu plus âgé, surnommé « Mouss », parce que « Lamine voulait les voir ». Lamine ? Mohamed Lamine Laribi, « un gros trafiquant de drogue » qui était venu soutenir son fils à la maison quand il s'était fait balafrer. Lamine dont elle connaît aussi le frère, Medhi, surnommé « Tic ». Des garçons dont son fils lui disait qu'ils faisaient partie de la « famille ».

« Ce sont les dernières personnes à avoir vu mon fils vivant, lâche-t-elle. Je suis très étonnée qu'ils ne se soient pas présentés pour les condoléances. Ça ne se fait pas. »

Les fichiers parlent rapidement : né en 1989, Mohamed Lamine Laribi a été mis en cause à plusieurs reprises, alors qu'il était mineur, pour recel de vol, stupéfiants et vol avec violence, mais, une fois adulte, seulement pour défaut de permis de conduire. Il est soupçonné de diriger le trafic de stups de la cité Bassens où plusieurs règlements de comptes ont fait couler le sang, ces dernières années. Son frère, d'un an son cadet, apparaît dans une vingtaine de procédures allant du vol au trafic, en passant par les classiques outrages.

Cela ne fait pas d'eux des coupables, loin de là, d'autant qu'on ne trouve pas trace de condamnation les concernant. Tuyau providentiel : un renseignement met les enquêteurs sur la piste d'une fille qui les fréquente, jusqu'à l'apparition surprise, le 25 janvier 2012, d'un témoin anonyme qui affirme connaître les protagonistes aussi bien que le quartier :

« Dans les cités, les choses se savent, se racontent, mais personne n'ose en parler à la police de peur de se faire tuer. Ces trois meurtres sont la conséquence d'une guerre que se livrent les trafiquants de stupéfiants des cités des Micocouliers et de Bassens. Ce trafic rapporte beaucoup d'argent et attise les convoitises. Sami Ati avait fait savoir dans la cité qu'il avait mis un contrat sur la tête de Sonny et Nouri pour un montant de 150 000 euros avec, en prime, le partage du réseau. Quelques mois plus tôt, Sami Ati a tiré sur Sonny (son étui à lunettes aurait bloqué la balle), lequel s'était défendu et avait pu lui prendre son arme avant de lui tirer dessus à son tour. »

Et le témoin de livrer sa version des faits survenus durant la nuit du 25 décembre, pas vraiment en faveur des frères Laribi : « Mohamed, Nouri et Sonny étaient en compagnie de "Mouss" quand ils sont allés à un rendez-vous pour acheter de la drogue à la cité Bassens avec les frères Laribi. Un de leurs associés devait aller avec eux, mais Sonny lui a demandé de rester aux Micocouliers ; c'est lui qui a été interpellé en possession d'une arme, peu après. »

Le témoin providentiel livre un scénario presque trop bien huilé, avec tant de détails qu'on se dit qu'il devait être présent sur place lorsque les trois garçons sont arrivés à Bassens, ou qu'on lui aurait soufflé cette version. Dans le comité d'accueil figuraient, à l'entendre, outre les deux frères, une personne surnommée

« le Gros Dédé », « qui a pu les mettre en confiance », et un certain «Jojo», trafiquant passé depuis lors de vie à trépas. Mohamed aurait raccompagné Mouss aux Micocouliers avant de rejoindre ses amis dans un bâtiment désaffecté, une ancienne école située derrière le commissariat de quartier, que les jeunes ont transformé en… stand de tir !

L'anonyme évoque un véritable « guet-apens » et avance un mobile qui corrobore celui évoqué par l'une des mères : « Ils sont morts car Sonny et Nouri voulaient prendre le réseau sans avoir personne au-dessus d'eux, affirme-t-il. Ils ne voulaient pas payer les gros trafiquants et ne donnaient d'enveloppes à personne. Ils ne voulaient pas vendre de coke et ne voulaient pas voir le beau-frère du "Gros Dédé" associé à leur réseau ni rajouter de "points" aux frères Laribi. » Des frères qu'il accable sans l'ombre d'une preuve et en même temps dédouane, puisqu'il assure qu'ils ne sont « pas assez costauds » pour avoir pris la décision sans en référer « aux personnes qui coiffent le trafic ». Ce ne sont d'ailleurs pas les premiers à mourir pour le contrôle du point de deal des Micocouliers. Avant eux aurait été assassiné un certain Kader, coupable, aux yeux de la bande, de réclamer trop d'argent à sa sortie de prison. Le père de Kader n'est d'ailleurs pas resté passif, puisqu'il a riposté en tuant Nabil – dont « Sami Ati avait fait croire qu'il était à l'origine du meurtre de son fils » – avant de vouloir s'en prendre aux parents de Lamine et Mehdi, tentative avortée qui lui avait valu de mourir à son tour.

Drôle d'univers où ceux que l'on nourrit finissent par vouloir vous croquer, où ceux qui sont estampillés « grand banditisme » sont intouchables, à l'instar du « Gros Dédé », tandis que leurs sbires sont aussi interchangeables que des pions, au point de donner envie à ce témoin sous X de cracher le morceau, à charge pour les enquêteurs de démêler le vrai du faux. Une envie telle qu'il revient quelques mois plus tard avec d'autres détails. Ce soir-là, dit-il, « l'homme à tout faire des Laribi », un certain Siway, la trentaine, d'origine africaine, était sur les lieux ; c'est lui qui aurait ramassé les douilles. Un vendeur de l'équipe était aussi dans le secteur, au terme d'une « journée continue » sur le *drive* où les clients viennent acheter les barrettes sans descendre de voiture. Pas de quoi, à ce stade, justifier d'une condamnation devant les assises.

Un autre témoin anonyme surgit plus d'un an après les faits. Il raconte comment Sonny, à sa sortie de prison, s'est vu confier le contrôle des « charbonneurs » (vendeurs de résine) des Micocouliers, parce qu'« il n'avait pas balancé Sami Ati pendant son incarcération ». Il prélevait entre 300 et 400 euros par jour, avant de vouloir « prendre le réseau à son compte », avec l'issue que l'on connaît : sauvé par son étui à lunettes, il envoie son aîné (Sami Ati) à l'hôpital, d'où l'ancien serait ressorti avec le goût de la vengeance : « Maintenant que je suis riche, je vais investir tout mon argent pour que tu meures. » Le jour de leur mort, révèle le témoin, Sonny et Nouri ont compté 60 000 euros pour aller acheter de la résine à la cité Bassens. Dans la soirée, un vendeur de shit, intrigué par le bruit, se serait vu répondre par « Tic » Laribi que son frère Lamine « essayait de nouvelles armes ». Une curiosité qui lui aurait valu de se faire tirer dessus une semaine plus tard...

Comment étayer ce scénario ? Les enquêteurs extraient des Baumettes un cousin de Nouri et Sonny, lequel se contente de rapporter la rumeur qui court dans la prison : les trois meurtres seraient liés à la dispute entre Sami et Sonny. Rien à retenir non plus de la visite qu'ils effectuent sur les lieux supposés du crime, cette école désaffectée adossée à la voie de chemin de fer, une bâtisse en ruine, gagnée par la végétation et encombrée de gravats, de débris de verre, de gravier et d'ordures.

Non, le premier rebondissement sérieux survient au printemps 2012, lorsque Medhi Laribi, alias « Tic », voit les policiers débarquer à son domicile après un accident de voiture ; l'occasion de ramasser une série de numéros de téléphone et de puces, bientôt passés au crible. Et, comme si la chance se démultipliait, voici qu'on livre à la « Crim » le nom d'un garçon de 28 ans présenté comme le « garde du corps » de Lamine Laribi, susceptible de l'accompagner dans tous ses déplacements « professionnels », connu pour plusieurs vols à main armée et déjà pris pour cible par des tueurs.

Rien de tel, cependant, que les conversations téléphoniques, en l'occurrence entre un ami des défunts, incarcéré aux Baumettes, et un camarade resté au quartier.

« Le Fatigué, il me dit que c'est pas eux qui ont fait ça...

– C'est eux, ho !

– Eux ils me disent que c'est pas eux.

– Hé, mais c'est normal, il va pas te dire que c'est lui. Oh, je te dis, j'ai une preuve, gros ! Un truc de fou. Tu as vu le vendeur qui vendait toute la journée ?

– Ouais.

– Eh bien, il est là avec moi, il m'a tout raconté.

– Il était où, lui ?

– Temps plein, il a vendu temps plein là-bas.

– Vas-y, explique, je m'en bats les couilles, explique !

– Eh, je peux pas, oualah !

– Eh, va niquer ta mère ! Il les a vus là-bas, il les a niqués à côté des rails de train.

– Ouais, devant le charbon [lieu de vente du shit].

– Devant tout le monde ?

– Non, il y avait dégun [personne]. Et, après, ça a ramassé les douilles dans le noir, ça a cherché avec la torche les douilles par terre.

– Ils ont pris leur temps.

– Ouais, leur temps, tranquille... Quatre à Sonny, trois à Nouri et une à Moha [Mohamed]. Tu te rappelles Moha, Mesquine ?

– Ouais. Après, il s'est emboucané [embrouillé] avec eux et ça a pété.

– Même pas ! Il s'est pas emboucané avec eux.

– Ouais, il avait envie de faire ça, et c'est tout.

– Tu as compris. Quand ils sont descendus en bas, ils n'étaient pas chargés, rien. Il les a mis en confiance et il les a finis. Sur ma mère, c'est un truc de fou !

– Et les condés, quand ils t'ont pris, ils t'ont dit quoi ?

– Ils m'ont dit : "Ho ! On sait très bien que c'étaient tes collègues nanana. Ho ! Dis-nous la vérité, quand tu vas sortir, on sait très bien que tu vas te venger ; la première personne que tu vas tuer, c'est qui ?" Je leur ai dit : "Ho, mais vous entendez ce que vous me dites, là ! Dès que je vais sortir, je vais travailler, moi, mais j'ai perdu mes collègues, c'est tout, frère." [...] Après, ils me sortent les trois photos des trois corps brûlés, chaque corps allongé avec le sac blanc ouvert à moitié. D'entrée je me suis mis à pleurer, gros. J'ai pleuré comme un bébé. [...] Ils m'ont dit : "Ouais, mais dis-nous qui c'est. On a un doute sur lui, sur lui..." "En vérité, je peux rien vous dire, moi !"

– D'un côté, tu l'as échappé belle...

– Ils m'ont dit : "On va descendre en bas." Je leur ai dit : "Quoi ? Allez-y chargés !" Ils m'ont dit : "Non, vas-y..." J'ai plus personne, gros !

– Tu veux les venger ou tu veux changer de vie ?

– La vérité, la marche arrière elle est cassée, frère, tu peux plus rien faire, là. Et, sur ma mère, on a tellement fait de choses ensemble... J'avais 14 ans la première fois que je fugue de chez moi avec Sonny. On est allés jusqu'à Paris, que moi et lui. Sur ma mère...

– Écoute-moi, ils le paieront pas au paradis, frère, ils s'amusent à tuer des gens comme s'ils se prenaient pour le bon Dieu.

– Ho, gros, te casse pas la tête !

– Ils sont fous, voilà. Ils tuent des gens comme s'ils mangeaient des paquets de chips ou des bonbons.

– Je veux pas qu'ils soient niqués par la police. Je veux qu'ils restent dehors, que c'est nous qu'on les finisse. »

Des témoins anonymes, mais aucune preuve digne de ce nom : lorsque les enquêteurs confrontent les acteurs supposés de ce drame à leur version des faits, ceux-ci ont beau jeu de se défiler, de crier au montage, à la fable, à l'invention. Ce qui n'empêche pas Medhi Laribi de se retrouver en garde à vue à la fin du mois de juillet 2012. Fils d'un chauffeur routier, à l'école jusqu'en 4ᵉ, un brevet de mécanicien auto et un autre d'informatique, il se dit « dépassé » par ce triple meurtre qu'évoque devant lui le policier. D'ailleurs, pour Noël, il était dans un bordel de La Jonquera, en Espagne, pour « passer un bon moment ». Cette mère qui l'accuse ? « Barjote ! tranche-t-il. Mon frère est un pratiquant, un croyant, il ne peut pas être impliqué dans une histoire comme ça. Ils sont totalement fous. Ils ont pris de l'ecstasy. C'est une grosse manipulation. C'est les vrais gens qui les ont tués qui racontent ça. Je suis quoi, moi ? Je suis Pablo Escobar [le trafiquant colombien] ? »

Son grand frère, Mohamed Lamine, est un peu plus loquace, du moins pour parler de la façon dont il occupe ses journées : « Quand je ne travaille pas aux puces, je me lève à 15 heures et je glande toute la journée. Je ne joue aucun rôle dans le trafic de stupéfiants. » Sony et Nouri sont-ils des noms qui lui disent quelque chose ? Bien sûr, puisqu'il était à l'école avec eux. Qui les a tués ? « Je ne vous dirai pas de nom, par peur de représailles. [...] Ils venaient s'approvisionner en shit à Bassens pour le revendre aux Micocouliers. » S'il admet avoir fait le « chouf » une ou deux fois, il ne se reconnaît pas dans ce que racontent les témoins anonymes. Il roule vite, c'est vrai, mais pas en convoi, ni avec une escorte, contrairement à ce que prétendent les policiers qui l'ont suivi. S'il a un jour parlé à Sonny, c'est pour lui suggérer de s'excuser et de trouver « un arrangement amiable » avec Sami, mais « Sonny ne voulait rien entendre et disait que Sami s'était servi de lui et l'avait exploité ». « Je connais bien Sonny, parce que je l'ai vu grandir, admet-il du bout des lèvres. Je ne voulais pas que cette histoire aille trop loin, surtout que Sami ne cachait pas son intention de se venger et de payer quelqu'un pour faire le travail. »

Pour le reste, affirme-t-il, on voudrait lui « faire porter le chapeau pour un truc qu'il n'a pas fait ». Quant à cette mère qui l'accable, « elle a entendu des rumeurs dans le quartier, et c'est pour ça qu'elle ment. Je peux vous dire aussi que ces petits jeunes n'étaient pas des gentils garçons qui allaient à l'école. Ils avaient des problèmes. D'ailleurs, Nouri s'était fait balafrer et il disait partout qu'il voulait se venger... »

Difficile, sauf rebondissement, d'imaginer qu'une cour d'assises puisse un jour tirer quelque vérité judiciaire de cette juxtaposition de témoignages aussi fragiles que parcellaires !

« Si j'avais carte blanche à Marseille... »

Un jour, un policier va garer un véhicule au cœur d'une cité de Marseille, modèle camionnette d'artisan, non sans rendre ostensiblement visite à une équipe d'ouvriers en pleins travaux dans les parages. Il laisse les serrures débloquées, histoire de permettre aux dealers d'inspecter les lieux et de se rassurer.

Le lendemain, le policier revient se garer au même endroit, selon la tactique dite du « voleur chinois » : j'accoutume ma proie à ma présence et je frappe quand elle est endormie.

Au bout de plusieurs semaines, ce véhicule étranger fait partie du décor. Le moment est venu de passer à l'offensive : le chauffeur se gare sur un autre parking et laisse un collègue dissimulé à l'intérieur, à charge pour lui de prendre quelques photos. Les dealers sont si bien rassurés qu'ils viennent couper leurs barrettes sur le capot, tandis que le fonctionnaire mitraille. S'il venait à l'un d'eux l'idée de procéder à une petite vérification, le policier passerait certainement quelques minutes difficiles, le temps que les renforts arrivent sur les lieux...

Pendant ce temps-là, les ministres défilent à Marseille, surtout ceux de l'Intérieur, de droite comme de gauche, réclamant une mobilisation maximale et des résultats...

« Si j'avais carte blanche à Marseille, observe un routier de la PJ, je dirais deux choses : 1) vous n'éliminerez jamais le mal. 2) j'irais voir les vieux pour leur porter ce message : "Vous allez dans les cités, vous reprenez ça en main et on lâche un peu de lest." Avec l'appui des politiques et l'accord des magistrats, bien sûr... On ne peut pas tordre le cou en même temps aux cités et au grand banditisme. Cela gênerait qui ? Il dérangeait qui, le grand banditisme, avant ? On a créé un déséquilibre en arrêtant les Barresi et les Campanella. »

Inutile de dire qu'avec un discours aussi iconoclaste notre interlocuteur n'aura jamais carte blanche. Surtout qu'en prime il propose la création d'un « fichier cités » à faire pâlir tous les actuels et anciens responsables de la Cnil (Commission nationale informatique et liberté), seule façon à ses yeux de cesser d'être « complètement à l'ouest ».

La PJ n'en a pas moins compris qu'elle ne pouvait plus faire son travail sans avoir une idée précise de ce qui se passe dans les cités, sans disposer par exemple des noms des familles qui « pèsent », quartier par quartier. Elle sait aussi qu'elle doit faire désormais la part belle aux enquêtes financières et à l'identification du patrimoine des suspects. On s'arrache les oreilles à écouter leurs conversations toute la journée ? On perd son temps avec des garçons bien plus imprévisibles que leurs aînés ? Pas le choix : « C'est désormais le cœur de métier, tranche un commissaire en fonction à l'Évêché. On s'y est mis non-stop. On a compris en novembre 2005, avec les émeutes, que la PJ ne pouvait plus se contenter de traiter le haut du panier, qu'il fallait être solidaires des collègues et mettre les mains dans le cambouis, qu'il n'y avait pas de service d'élite ni de superflics. La criminalité organisée s'est déplacée, elle a changé de forme, il fallait y aller pour rester crédible. »

Ils commencent à connaître le « gibier » dont notre interlocuteur dresse à grandes lignes un portrait :

« Avec leur pognon, ils achètent le respect, les gonzesses et l'amour que les autres achètent en une vie. Ils ont 20 ans et ça urge. Ils sont en plein feuilleton. L'argent, ils le crament en une soirée sur la Costa del Sol en partouzant avec les bimbos. Ils ne pensent qu'à ça. Quand on les prend avec de l'argent, ils disent tous la même chose : "On va au bordel à La Jonquera" [en Espagne]. Ceux qui durent investissent dans l'immobilier au bled ou montent des SCI [sociétés civiles immobilières]. Le plan stups, ce n'est pas le braquage de la boulangerie qu'on monte dans la journée, sans aucune préparation, éventuellement seul. C'est une hiérarchie. Ce sont des horaires. Ils travaillent de nuit, sous la pluie, dans le froid. C'est un métier... »

Que cherchaient les auteurs du raid mortel au Clos La Rose ? Qui voulaient-ils déloger ? Les policiers ne le savent pas exactement, mais ce commissaire est en revanche convaincu que ses collègues et lui ne doivent pas lâcher le terrain : « Il faut les déranger sans cesse, taper, taper, dit-il. C'est comme le chiendent : même avec le Round-Up [puissant désherbant], la mauvaise herbe repousse. Ces cités dealent depuis les années 1980. Si on n'y va pas, si on ne fait pas ce travail de bénédictins, ce serait les favelas [comme à Rio de Janeiro]. Il faut faire régner un semblant d'ordre, sinon on aura cent morts tous les week-ends comme à Caracas [Venezuela]. La situation est sous contrôle, elle est jugulée, on ne laisse pas s'installer la jungle. On y va, on y retourne, on les affaiblit chaque fois un peu plus. »

8.

Le gang des Lyonnais, version supermarché de la drogue

« À Lyon, on ne se flingue pas pour la came »

« À Lyon, les anciens ont lâché prise, affirme un cadre de la police judiciaire installé dans la capitale des Gaules. Le milieu "tradi" n'existe plus. Ils ont laissé le territoire vacant. »

« Lyon est la plaque tournante du trafic de cannabis en France », renchérit un membre de l'antigang local qui lie sans hésiter ce commerce florissant à la présence d'une « grosse communauté nord-africaine » : « Des gars d'origine lyonnaise sont allés se positionnés au bled, poursuit-il. Ils vivent comme des princes, installés dans d'incroyables riads, et participent activement à l'économie du pays de leurs parents. »

Une fratrie retient particulièrement l'attention, puisque l'un de ses membres a gagné le sobriquet de « Pablo Escobar du cannabis », référence à l'un des grands barons de la cocaïne en Colombie, mort multimillionnaire mais célèbre. « La fratrie, c'est le noyau dur idéal de ces nouvelles équipes, poursuit le policier rhônalpin dont le service se consacre désormais presque exclusivement à la lutte contre le trafic de drogue. Ils ont commencé en bas de l'échelle et ils envoient aujourd'hui le shit par tonnes. Ils disposent de lieux de stockage en Espagne où ils brassent la marchandise à la tractopelle. La confiance est là. Les Lyonnais passent commande et descendent chercher la came en convoi. Ce n'est plus tout à fait la promenade de santé que c'était autrefois, quand la police espagnole ne s'intéressait pas au sujet, mais ils sont rodés. Et puis, au Maroc comme en Espagne, ils maîtrisent tous les fils de la corruption. »

À l'aller, conduite relax : entre quatre et cinq heures pour rejoindre la frontière, puis six heures pour gagner Malaga. Au retour, le trajet se déroule d'une traite. S'il faut s'arrêter sur une aire d'autoroute, l'ouvreur effectue une ronde préalable, en quête d'une présence suspecte. Celui qui transporte la marchandise, payé entre 10 000 et 20 000 euros par voyage (deux jours de travail), ne descend jamais de son véhicule ; il a de quoi se nourrir et quelques cannettes de Red Bull (boisson énergisante) ; il urine dans une bouteille et s'est incrusté le mot d'ordre dans un coin de son cerveau : surtout ne jamais se rendre.

« Au moindre doute, explique le policier de l'antigang, le chauffeur met le pied, quitte à cartonner les véhicules de particuliers. Ils sont prêts à prendre l'autoroute à contresens, à rouler pendant des kilomètres avec un pneu crevé, avant de prendre la fuite à pied s'il n'y a pas d'autre solution. »

La voiture ouvreuse franchit la frontière française autour de minuit, des jerricans remplis d'essence à bord au cas où faire le plein deviendrait compliqué ; le convoi entre dans l'agglomération lyonnaise vers 3 heures du matin. Les téléphones sont allumés au dernier moment et ne servent qu'une fois...

Les clans fonctionnent à peu près tous de la même manière : la garde avancée est implantée au Maroc et en Espagne, mais l'essentiel de la famille est à demeure dans la région lyonnaise. Cousins, frangins, chacun prend sa marge à tous les échelons. Et elle est confortable : une marchandise de qualité estampillée « seum » (une résine souple et facile à couper) se vend 1 000 euros le kilo au Maroc et se revend trois fois plus en France. Largement de quoi aller briller à L'Ambassade ou à L'Apériclub, les boîtes de nuit à la mode du moment, à Lyon, où l'on croisait (avant sa terrible chute) le célèbre commissaire Michel Neyret, fin connaisseur du banditisme régional apparemment tombé sous le charme d'une poignée d'escrocs millionnaires (révoqué de la police, le commissaire entend clamer son innocence à l'heure de son procès).

Les saisies se multiplient dans la région et les quantités sont toujours plus impressionnantes, preuve de la vitalité de ce commerce. Avec une prime spéciale pour la vallée du Gier, aux abords de Saint-Étienne, aussi connue aujourd'hui pour son shit en gros qu'elle l'était autrefois pour ses mines. Le triangle Lyon-Saint-Étienne-Grenoble est devenu le « carrefour du cannabis », affirme un connaisseur, lui aussi membre de la PJ. Un hypermarché dans lequel seraient employées un petit millier de personnes, sans compter les « chefs d'escale » basés à l'étranger. Une entreprise qui n'investit que peu ses bénéfices en France, surtout depuis que les GIR (réunissant policiers, douaniers, agents du fisc...) redoublent d'efforts pour confisquer les biens immobiliers des trafiquants : désormais, les gains prennent presque systématiquement la direction du bled, histoire de continuer à cultiver ici le profil Rmiste sans attirer l'attention. Une économie souterraine dont les acteurs sont d'autant plus solides qu'ils s'entre-tuent nettement moins que leurs collègues marseillais – question de culture, croit savoir notre interlocuteur :

« À Lyon, on ne se flingue pas pour la came comme à Marseille, ville sous influence corse, ou à Grenoble, longtemps sous l'emprise d'un milieu venu d'Italie. Ici on prend des toises, on se met à l'amende, mais le gars reste en vie. Même celui qui a une grosse ardoise n'y passe pas. C'est dans la culture locale. »

Une tradition qui peut parfois coûter cher : deux Lyonnais qui avaient touché un stock d'héroïne sont partis la vendre à Marseille où ils se sont mis en tête de casser les prix. Mauvaise idée : ils ont été aussitôt « dessoudés » à la kalachnikov. À la marseillaise.

Pied au plancher de Séville à Grenoble

L'information parvient aux oreilles de l'antenne grenobloise de la police judiciaire à l'automne 2011 : Mohamed Bessame, alias « Bébé », né à Lyon en 1976, libéré après plus de huit ans de prison, s'est remis à « faire des voyages ». Une aubaine : tous les policiers de la région voudraient accrocher à leur palmarès ce « pur Lyonnais » au profil de grand bandit.

Après un début de carrière dans le vol, comme nombre des jeunes pousses de sa génération, « Bébé » s'est rapidement spécialisé dans les stupéfiants. En 2003, il a été arrêté dans le cadre d'un trafic international de grande ampleur, puisque son équipe est soupçonnée, à l'époque, d'avoir écoulé 42 tonnes de cannabis sur le marché français. Soupçonné seulement : mise sur la piste par un informateur, la police n'a saisi que 300 kilos et 360 000 euros en espèces. Son évasion de la prison d'Aiton, en Savoie, en compagnie de deux complices, a parachevé sa réputation : des amis sont venus le chercher en hélicoptère, à l'ancienne. Même si tous ont été rapidement repris à cause de quelques erreurs de jeunesse...

« Bébé » draîne derrière lui des camarades au profil solide, à l'instar de Karim, l'un de ses anciens complices de braquage, de son grand frère Abdelkader, déjà arrêté pour trafic d'héroïne et de cocaïne, de ce jeune d'origine malienne, connu pour vol à main armée et trafic de stupéfiants, de son beau-frère Riad, dix ans de prison au compteur pour vol à main armée, sans oublier Jean-Claude, Hubert et Patrick, connus pour braquages ou trafic de voitures de luxe avec le Maroc.

La personnalité de Mohamed Bessame et son attachement marqué pour les cabines téléphoniques, tard dans la nuit, permettent aux investigateurs de justifier l'ouverture d'une enquête préliminaire. Un coup de fil passé un soir à sa compagne, depuis la cabine d'une station-service sous surveillance dans un autre dossier, leur permet de récupérer un précieux numéro de téléphone. Le jeune homme est en liaison avec des interlocuteurs en Espagne, au Maroc et aux Pays-Bas, a priori pas pour commander des denrées alimentaires. Les bandes tournent jusqu'au jour du printemps 2012 où les policiers « assistent » à ce qu'ils interprètent comme un premier go-fast : le rapatriement par la route d'une importante quantité de cannabis depuis l'Espagne.

Des kilomètres d'écoutes téléphoniques permettent de détecter un box dans la banlieue lyonnaise, à Vaulx-en-Velin. À l'intérieur, trois ou quatre voitures volées, parfois des années auparavant, et soigneusement maquillées « en doublette », avec la contribution involontaire du site leboncoin.fr où les vendeurs exposent innocemment la plaque d'immatriculation du véhicule qu'ils vendent. Voitures ouvreuses pour un nouveau convoi de shit à venir ? Les enquêteurs posent discrètement leurs balises et filochent les moins prudents de l'équipe. Des mois durant, ils observent à distance leur proie : un garçon qui ne semble manquer de rien, mais qui ne s'affiche pas. Ils le voient descendre jusqu'à Malaga, dans le sud de l'Espagne. Avec de l'argent, pensent-ils. Il paraît rencontrer des problèmes d'approvisionnement, mais il n'est pas le seul : même quand on jouit d'une certaine aura dans ce milieu, il y a toujours quelqu'un pour remettre en cause une date, un tarif, ou oublier de payer sa part. Rien n'est jamais complètement acquis, carré, au grand dam des enquêteurs qui vont de surprises en déconvenues et ne savent jamais quand un projet va se concrétiser. Quelqu'un a oublié de se lever le matin ? Le convoi ne part plus. La fête a-t-elle tellement duré que l'on a oublié de faire le plein ? On remet à plus tard...

Parfois, celui que les enquêteurs soupçonnent d'être le chef s'énerve. Il secoue ses hommes comme le ferait n'importe quel patron. Puis descend à nouveau en Andalousie où il fait cette fois venir femme et enfants pendant trois semaines. Soucieux que rien ne lui échappe, le jeune homme n'est pas tranquille. Ses anciens équipiers le lâchent l'un après l'autre. Ils ne sentent pas cette remontée : l'un parce qu'il a découvert une balise sous une voiture, l'autre parce qu'il a appris que le garçon était dans le collimateur de la police. Ils invoquent des prétextes auxquels « Bébé » ne croit pas, mais, après plusieurs livraisons réussies, il doit trouver des volontaires pour assurer le prochain convoi.

Soudain, les fournisseurs donnent leur feu vert. Mohamed Bessame fait venir sur place ses trois nouveaux équipiers avec la voiture qui ouvrira la route au retour et une partie de l'argent nécessaire à l'achat de la marchandise. Les flics sont sur les dents malgré les balises qui leur permettent de suivre le convoi à distance. Dans l'intention de tester un nouveau matériel, le Raid est de la partie – à condition d'avoir son sigle dans la procédure. Gadget susceptible de faire mouche : un système qui projette gaz et peinture en direction des voitures que l'on veut immobiliser, par exemple à la faveur d'un péage.

Les deux véhicules s'élancent de Séville dans la soirée du 18 juin 2012. Direction Lyon, sans une halte, sauf pour ravitailler les moteurs en carburant. Soucieux de ne pas affronter les deux bolides à la fois, la PJ et le Raid laissent passer la voiture ouvreuse à bord de laquelle ont pris place Mohamed Bessame, le seul à connaître le chemin par cœur, et un complice. Puis orchestrent un bouchon sur l'autoroute à l'aide de camions à la hauteur de la sortie Valence-Sud – embouteillage dans lequel sont pris par pur hasard le directeur du *Dauphiné* et l'un des reporters du quotidien régional.

Au péage, le Raid déploie son savoir-faire. Peinture verte, plus gaz. L'Audi RS6 break, vitres fumées, chargée de shit jusqu'au plafond, vingt-deux valises au total, esquisse une marche arrière, puis s'immobilise. Deux hommes en sortent, abandonnant leur cargaison délicate : 624 kilos de cannabis vaguement dissimulés sous deux couvertures, dont de nombreuses plaquettes siglées « calibre 11, 43 », avec un pistolet dessiné, les autres portant la mention « Calibre 47 », « Gold » ou... « Kalachnikov ».

« Bien qu'incommodés par l'usage de gaz lacrymogène et les autres moyens techniques de neutralisation utilisés par les effectifs du Raid, les malfrats opposent une résistance farouche à leur menottage, consignera un policier présent sur les lieux. Ils sont finalement virilement amenés au sol où ils poursuivent leurs combatives gesticulations. Seule l'intervention ferme de plusieurs policiers sur chacun d'eux permet leur maîtrise. »

Au même moment, trente kilomètres plus loin, la voiture ouvreuse est prise en sandwich, comme l'écrit le fonctionnaire dans la suite de son rapport :

« Alors que nous nous positionnons pour bloquer son départ, la Citroën effectue une marche arrière brutale et vient percuter volontairement notre véhicule Peugeot 308, parvenant ainsi à se dégager. Elle tente alors de prendre la fuite par l'arrière de l'aire, contraignant un autre véhicule du dispositif à la heurter au niveau de l'aile arrière droite.

« Le véhicule des fuyards semble alors hors de contrôle et quitte la chaussée en heurtant un trottoir pour finalement finir sa course dans un fossé d'évacuation d'eau, une vingtaine de mètres plus loin.

« Mus par un désir irrépressible de fuite, les occupants s'extirpent alors de l'habitacle et détalent, chacun de leur côté, à la recherche d'une inaccessible échappatoire. Le conducteur se jette immédiatement sur un grillage de séparation qu'il franchit après avoir jeté un sac de voyage par-dessus celui-ci. Parvenu dans un champ, il est rapidement rattrapé par les policiers et amené fermement au sol où, après avoir tenté de s'échapper à nouveau, il renonce, vaincu par la détermination et la force de ses adversaires. »

Alors que « Bébé » espérait saturer le marché à la veille du ramadan, période où l'on fume beaucoup pour tenir le jeûne, les retards se sont accumulés ; il a fallu attendre la fin du ramadan, et voilà que la nasse se referme... Pourquoi se lancer dans cette opération alors qu'un complice a découvert une balise ? Pourquoi franchir le péage à 7 heures du matin alors que ces convois passent en général plus tôt ? Mohamed Bessame semble lui-même abasourdi. Comment s'est-il fait « niquer » alors qu'il avait pris tant de précautions ? La fuite peut venir d'Espagne, de Lyon, de Grenoble où devait atterrir la cargaison... Lui qui espérait doubler la mise et encaisser le pactole, au pire 500 000 euros... Faire une « frappe », comme on dit dans le métier, autrement dit un très joli coup afin de se refaire une santé financière. Pourquoi ?

Convoqué trois mois plus tard devant le juge, Mohamed Bessame explique qu'il s'est lancé dans les go-fast pour venir en aide à l'un de ses frères, menacé de mort à cause d'une dette de 372 000 euros. « Par solidarité familiale et pour que ma mère ne pleure pas, j'ai décidé de prendre la responsabilité de cette dette et je me suis engagé à la rembourser, explique-t-il. Je ne voulais pas qu'il se passe n'importe quoi vis-à-vis de ma mère. Contrairement à ce que les gens pensent, je ne suis pas blindé d'argent. Pour rembourser cette somme, j'avais besoin de faire de l'argent et je suis tombé dans cet engrenage qui me conduit devant vous. »

À l'entendre, une partie importante du shit était destinée à des Parisiens, mais le jeune homme détaille son plan de bataille : « Pour le passage, il devait me revenir 50 000 euros à répartir entre nous quatre. J'aurais pris le minimum, car ce sont les autres qui m'ont rendu service. Parallèlement, sur la revente des 150 kilos, j'aurais fait environ 60 000 euros de bénéfice qui seraient venus en déduction des 372 000 euros. »

Six mois plus tard, Mohamed Bessame revient devant le juge d'instruction avec du neuf. Ayant eu tout le loisir d'étudier le dossier, l'« inspecteur Bébé » a acquis la conviction que la PJ s'était appuyée sur un infiltré pour « l'inciter à commettre des délits ». C'est une question du magistrat qui l'a mis sur la piste, et il tient à l'en remercier. Celui qu'il vise est un ami de longue date, surnommé « Rabouin » à cause de ses liens avec les Manouches. C'est ce garçon qui l'a mis en relation avec des « hors-la-loi » maroco-néerlandais auprès desquels il était endetté à hauteur de 66 000 euros. Et Mohamed Bessame de soutenir que son camarade est tellement en cheville avec la PJ qu'elle n'a même pas cherché à l'identifier dans ce dossier où il apparaît pourtant à de nombreuses reprises, allant jusqu'à lui couper la tête ou à le flouter sur les photos, sans omettre d'occulter certaines écoutes…

Dossier en main, le prisonnier se fait avocat et relève des dizaines d'anomalies. « Il y a trois appels où il est question du "Gitan" et j'ai constaté qu'aucune recherche n'a été faite sur cette personne », expose-t-il avant de multiplier les questions. Pourquoi la géolocalisation n'est-elle jamais employée pour situer son complice ? Pourquoi les enquêteurs parviennent-ils à identifier « Toto » ou « Blondin », mais pas « le Gitan » ? Pourquoi le garagiste dans lequel son ex-camarade a déposé l'Audi n'a-t-il pas été entendu ? Pourquoi l'officier de police judiciaire écrit-il qu'il le voit franchir le péage du Boulou, alors même qu'il a emprunté un chemin évitant le petit péage et le grand péage ?

« J'en déduis que le C4 [Citroën] dans lequel je me trouvais était balisé, poursuit le présumé trafiquant. Baliser les voitures n'était pas un problème pour eux, puisqu'ils avaient un infiltré.

– Comment expliquez-vous qu'il ait pu vous tendre un tel piège ? interroge le juge un brin incrédule.

– Comme je vous l'ai indiqué au début, pour moi c'est un indicateur qui travaille pour la police, martèle Mohamed Bessame. Il est ressorti de toutes ses gardes à vue. En plus, il a cette dette de 66 000 euros que j'ai prise à mon compte. Je pense qu'il a eu peur que je lui mette la pression pour me rembourser cet argent. Vous avez plus de trois cents écoutes où je le cherche ! »

Le juge aimerait savoir qui sont « le Grand Mou », « le Marseillais », « le Menteur », « le Bracelet », « le Vieux » ou « le Grand », mais autant le jeune homme est prolixe au sujet de « l'infiltré », autant le magistrat peut toujours attendre qu'il révèle qui se cache derrière ces sobriquets si universels qu'il y aurait derrière des centaines de suspects envisageables. Même insuccès avec Abdelhalim qui accompagnait Mohamed Bessame dans la voiture ouvreuse et qui sert au juge un discours à peu près similaire au sien :

« Franchement, j'ai l'impression que Bessame était téléguidé, ensorcelé par cet infiltré. Vous me faites remarquer que votre procédure ne donne pas forcément une telle image de lui, notamment par la teneur de certaines écoutes. J'en ai conscience, mais je tiens à vous dire que Bessame agit par les sentiments. Pour moi, l'infiltré l'a manipulé avec un grand M. Il était devenu son protégé. Bessame le traitait comme son fils et lui donnait de l'argent de poche. »

Le magistrat finit par poser franchement la question à l'un des responsables de la PJ grenobloise, lequel se récrie : l'interpellation de Mohamed Bessame « ne résulte pas d'une opération d'infiltration, même déguisée ». Il connaît la réputation de la personne désignée, cambrioleur notoire, mais n'a jamais entendu parler de cette histoire de dette. Mais pourquoi n'a-t-on pas cherché à identifier ce « Manouche » ? « Je suis sûr que de nombreuses personnes de la communauté des gens du voyage peuvent être ainsi surnommées », esquive le policier, évoquant les « options » de l'enquête et refusant, comme c'est son droit, de révéler le nom de ses informateurs.

Difficile de clore le dossier sans entendre celui que tous accablent. Agé de 35 ans, il assure que la dette dont parle « Bébé » n'en est pas une, mais qu'il s'agit de la perte occasionnée par leur précédente arrestation. Pour le reste, il cherchait à couper les ponts, mais son ex-complice ne relâchait pas la pression...

« Deviez-vous participer à ce convoi ? relance le juge.

– Jamais de la vie, mais, dans la tête de Bessame, je participe à tous ses projets. Et, en plus, pour 10 000 euros... Mais je ne vais pas vous mentir, je n'ai jamais eu le courage de dire non à Bessame. Pour lui, je lui appartenais depuis 2002...

– Êtes-vous un informateur de la police ?

– Jamais de la vie ! »

Et le jeune homme de prendre la parole une dernière fois pour lâcher une phrase codée à l'intention de celui qui l'accuse du pire :

« J'aimerais juste vous dire les mots clefs suivants : "Dubaï", "montagne" et "fourchette". »

Précisant aussitôt que son propos ne cache aucune menace, il affirme que l'autre comprendra. De quoi augurer de piquantes audiences devant le tribunal, mais, en attendant, celui que son ancien camarade voudrait faire passer pour une « poucave » (balance, en langage manouche) n'apprécie que modérément. Comme son détracteur, il s'est lancé tôt dans la délinquance, vers l'âge de 14 ans, et c'est ensemble que les deux garçons ont plongé en 2003, sauf qu'entre-temps, comme il nous l'explique, les règles ont changé :

« Je ne suis plus le petit soldat qui prend 10 000 euros sur un voyage, le type à qui on demande d'être là à 5 heures du matin et qui répond présent. Je n'ai pas besoin de lui pour travailler. Mais si je suis une poucave, si je t'envoie quinze ans au placard, je mérite deux balles. Une balance, on la laisse pas vivre ! »

À Lyon, ce sont peut-être des « politiciens » et des « affairistes » qui s'entendent pour ne pas s'entre-tuer, mais, à Grenoble, les deux anciens amis le savent, ça « charcle » comme à Marseille. Comment cette histoire finira-t-elle ?

Dans l'Isère, un simple tir au niveau des jambes ayant accidentellement entraîné la mort d'un jeune garçon a déclenché une interminable série de règlements de comptes... Seul le temps pourrait désormais permettre d'arrondir les angles entre les deux anciens compères, mais, durant la confrontation organisée dans le bureau du juge, il a fallu une bonne dizaine de gendarmes pour qu'ils n'en viennent pas aux mains !

Notables et baltringues du braquage

« Les braqueurs d'hier, même gaulois, sont aujourd'hui dans la came, observe un membre de la PJ lyonnaise. Il y a trop de profits à faire, sauf à avoir accès aux centres-forts. »

Tous les délinquants en herbe ne disposent cependant pas des codes pour se lancer dans les stups, ce qui explique sans doute l'apparition sur le marché d'une nouvelle génération de braqueurs. Mus par un désir d'enrichissement immédiat, pas toujours bien formés, ils visent les cibles les plus accessibles, comme les bijouteries de centre-ville.

« Ce sont des équipes fluctuantes qui se constituent au gré de rencontres dans les bars, poursuit ce cadre de la PJ. Ils sont facilement violents, superénervés, pas vraiment professionnels. Ils ont fait quelques vols à l'arraché, des vols avec violences, et sont sans surprise. Ils vivent chez leurs parents, dans la cité, ou squattent chez des filles. Ils sont imprévisibles. Un matin ils y vont, sans repérage, ce qui les rend difficiles à "travailler". Ils baignent dans les jeux vidéo, vivent au quotidien et vont au plus rentable. Ils connaissent quelques trucs, comme l'usage de véhicules volés et de voitures relais pour leur fuite, mais la méthode est simple : ils braquent les commerçants et défoncent les vitrines. »

Heureusement pour les enquêteurs, ces garçons laissent souvent leur ADN sur les lieux de leurs forfaits, par exemple en se coupant lorsqu'ils explosent une vitrine. L'ADN qui permet aux enquêteurs de se focaliser sur un suspect et d'identifier ses fréquentations... Avec un peu de chance, un indic fait son apparition dans le décor ; il prendra entre 5 000 et 10 000 euros : tout dépend s'il doit engager des frais, louer une voiture ou un box, et si le service qui le traite souhaite le fidéliser...

« Ce sont des équipes à tiroirs qui se forment au gré des disponibilités, poursuit le policier. Ils vivent dans la cité, c'est pour eux le plus sûr. Les bijoux sont revendus au prix de l'or, ou à 20 % de leur valeur. Ils en mettent aussi une partie au clou, chez "Ma Tante". C'est une génération spontanée où on croise beaucoup de nazes. Une bijouterie, c'est une masse, un fusil à pompe et trois ou quatre minutes. »

Lyon a aussi l'apanage d'équipes mixtes, Manouches et Maghrébins, qui partent à l'assaut de la Suisse voisine. Un « sport » d'autant plus dangereux qu'ils s'attaquent aux personnes et séquestrent volontiers à domicile industriels et commerçants dans l'espoir de se faire ouvrir un hypothétique coffre-fort. Ils partent à quatre ou cinq, le plus âgé a 25 ans. Au passage ils cambriolent au petit bonheur, le Castorama de Chambéry ou un magasin d'informatique... Avec le risque de la rencontre imprévue, comme celle d'un groupe de ce genre avec une équipe de la brigade anticriminalité, avec, à la clef, la mort d'un fonctionnaire percuté par le bolide fou (Porsche Cayenne volé à Besançon) des braqueurs sur un parking désert, en pleine nuit, son Flash-Ball à la main. Tout ça pour quelques consoles de jeux, iPad et téléphones.

La suite ? La bande laisse partout des traces : sur un automate en Suisse, devant le magasin Darty de Chambéry, sur leurs gants, permettant aux enquêteurs de remonter jusqu'à la « Grappe », la cité de la Grapinière, à Vaulx-en-Velin ; connus de tous, ils font régner la terreur dans le quartier. L'un des suspects se cache au bled, en Algérie, un autre à Vichy, mais « ce qui est important pour eux, ce n'est pas le fait qu'ils ont tué un flic, ils trouveraient ça presque légitime, c'est qu'ils sont dans la merde, observe un policier. Ils ont fait une grosse connerie, ils savent qu'on va les chercher, et ils se mettent en cavale... »

De quoi rafraîchir la mémoire des anciens qui se souviennent des années où des équipes spécialisées dans le « casse-bélier » s'amusaient à déclencher des « chasses » pour venir taper les R 25 des BAC au volant de Polo G40. Figures dont les noms fleurissent parfois sur les murs des cités du coin, preuve que les jeunes caïds ont tout de même quelques références.

Leur fiefs : Vaulx-en-Velin, bien sûr, Décires, Villeurbanne ou La Duchère. Curriculum : tous ont un passé carcéral important, mais tous ne sont pas destinés à devenir des « notables » du crime, avec loge attitrée au stade Gerland. Une écrasante majorité sont condamnés à finir comme ils ont commencé : baltringues.

Scène ordinaire devant le tribunal de Dijon

Les ducs de Bourgogne n'en reviendraient pas : il y a même des dealers à Dijon ! Comme il y en a à Saint-Brieuc, Niort, Agen, Chambéry, Colmar ou Amiens, la consommation d'herbe et de shit s'étant à la fois généralisée sur le territoire et démocratisée, de même que celle de la cocaïne aujourd'hui, sous la pression des producteurs colombiens et des cartels mexicains.

Il suffisait, ce jour du printemps 2013, de s'attarder dans l'enceinte du tribunal correctionnel de Dijon pour découvrir le visage du deal de terroir, sous les traits d'un accusé peu enclin à se laisser marcher dessus : le jeune Mokhtar Mattalah. La moitié du public est composée de policiers en civil venus manifester ostensiblement leur soutien à l'un de leurs collègues à qui l'avocat de l'accusé, Me Thomas Bidnic, a l'intention de faire cracher le nom de l'indicateur qui l'a mis sur la piste de son client. De l'autre côté de la travée centrale, une maigre brochette de quatre garçons, les amis du prévenus, dont l'un murmure :

« C'est l'heure du match. Zéro à zéro. »

Me Bidnic met madame le procureur de la République en colère au bout d'une minute en demandant que les collègues du témoin policier ne communiquent pas avec lui avant qu'il soit appelé à la barre, comme le veut la règle. « Inadmissible ! » lâche-t-elle.

« Inadmissible, c'est le mot ! » embraye l'avocat qui sonne la charge : citant la Cour européenne des droits de l'homme, il demande un procès « équitable » devant un tribunal « impartial ». Le tribunal aurait commis un faux en écriture publique, à l'entendre ; le titre de détention de Moktar Mattalah est « caduc » ; il pourrait donc sauter la barrière « sans commettre le délit d'évasion »...

Le procureur consulte sa montre tandis que l'avocat parisien évoque la loi et la jurisprudence, en insistant :

« Ce faux est beaucoup plus grave que le grief fait à mon client. »

Pull ras-du-cou, crâne dégarni, barbe soigneusement taillée, le prévenu se tient droit comme un « I » dans le box, encadré par trois gendarmes. Il opine discrètement lorsque son défenseur invoque le « bon sens », mais l'avocate générale recadre le débat :

« Nous ne sommes pas dans le véritable procès, pour trafic de stupéfiants. Nous sommes dans le procès du procès, le procès des magistrats, des policiers, du greffier. Me Bidnic vous demande de vous jugez vous-mêmes ! Je ne savais pas qu'il fallait venir avec un gilet pare-balles... »

Une suspension de séance plus tard, l'avocat invoque encore le droit pour réclamer, comme le craignaient les policiers, l'identité de la source par laquelle est arrivé le renseignement fatal. « Si la justice ne peut soulever le voile qui cache le gris du travail policier, lance-t-il, alors on est dans un État policier ! »

« Vous comprenez pourquoi on a des doutes sur la justice ! » lâche entre ses dents, sur les bancs du public, un ami du prévenu.

Mais on en vient aux faits, cet appel anonyme qui signale une Peugeot 406 avec 300 kilos de shit à son bord, marchandise que le dénonciateur prétend destinée à Moktar Mattalah. La famille est « connue », l'un des frères a déjà eu affaire aux douanes ; du coup, la police prend le tuyau au sérieux. Les surveillances permettent de détecter plusieurs voyages en Espagne, jusqu'à l'interception dans l'Isère de la voiture à bord de laquelle le conducteur, qui prend la fuite, abandonne un sac contenant 20 kilos de shit.

À la barre, l'un des présumés complices du prévenu joue la carte (classique) du tourisme sexuel :

« On a fait des clubs, on a profité des prostituées en Espagne... On se rend des services sans poser de questions.

– C'est en somme une amitié aveugle, glisse la présidente.

– Ben ouais. On peut dire comme ça.

– Vous vivez au-dessus de vos moyens !

– Non, tout le monde peut se payer une prostituée. Tout le monde va aux prostituées.

– Ceux qui ont les moyens, suggère l'avocate générale. Comment faites-vous ?

– Ma femme travaille. Je joins les deux bouts. »

On demande à Mokhtar Mattalah de se lever. Il raconte la perquisition dans l'appartement qu'il habitait lorsque les policiers l'ont interpellé, à Vénissieux (banlieue lyonnaise). Les policiers dénichent un bout de shit dans un vase. « On te fait une fleur, on le note pas ! » lui dit un fonctionnaire. « Mais j'en veux pas, de ta fleur ! s'énerve le jeune homme. Je ne fume pas, je ne trafique pas. Pourquoi voulez-vous que j'aie du cannabis ? Je n'ai jamais participé à un quelconque trafic ! »

« On a retrouvé vos empreintes dans la voiture..., rappelle la présidente.

– Je suis monté dans cette voiture deux jours avant. J'ai demandé à un ami de me raccompagner et j'ai pris le volant.

– Vous alliez voir qui ?

– Même le nom de mes parents, je l'ai pas donné !

– On retrouve vos empreintes sur une tablette de chocolat qui vient d'Espagne.

– Je n'ai pas regardé s'il n'y avait pas une bouteille d'eau qui venait de Chine !

– Non seulement votre ami vous attend, mais il part en Espagne avec vos affaires ?

– Oui.

– Les voitures passent de main en main, avec vous, observe la présidente.

– Je clame mon innocence depuis le début. Les enquêteurs ont fait des raccourcis. La dénonciation anonyme est fausse. Je suis à Oran. On monte dans un bateau. On est fouillé... et ils m'accusent de remonter 300 kilos ?

– Ce sont des centaines de kilos qui remontent, siffle l'avocate générale.

– Faut arrêter avec Direct 8 ! » réplique Matallah qui ne reconnaît que l'achat de tablettes de chocolat à Barcelone.

La présidente et l'avocate générale se cramponnent aux faits, ces nombreuses voitures qui passaient entre les mains de la fratrie, ces milliers de kilomètres parcourus, ces radars qui flashent dans l'Aude, cette panne du côté de Montpellier ; les frères se défendent en expliquant que, dans les quartiers, les voitures, on se les loue pour pas cher, parce qu'« on se connaît depuis l'enfance » et qu'« on se rend service ». Quand elles insistent sur les retraits en espèces, l'un des frères Mattalah réplique :

« C'était pour prêter des sous aux amis. C'est pas l'habitude de tout le monde, mais ça peut arriver... Les stups, ça n'est pas mon monde ni mon mode de vie. J'ai dit aux policiers que j'étais passionné de culture arabo-andalouse et ça les a fait rire. Il suffit que je me gratte le nez pour que ça ait un rapport avec le trafic ! »

Les magistrates sont dubitatives. Que vient faire la culture dans la bouche de ce jeune Maghrébin grandi dans le secteur de Fontaine-d'Ouche, dans la banlieue de Dijon ? Quelque chose ne cadre pas.

« La culture arabo-andalouse, c'est une passion pour moi, insiste le jeune homme. C'est pour ça que je vais régulièrement dans cette région. Ils souhaiteraient que j'écoute du rap, ça collerait au profil trafiquant : voilà l'esprit policier ! »

Les prévenus n'ont pas un passé très chargé : cinq petites mentions au casier judiciaire pour Mokhtar Mattalah, une rébellion, deux refus d'obtempérer, une condamnation à deux ans de prison en Espagne en 2004 pour détention de stupéfiants ; un outrage, une rébellion, deux conduites sans permis pour son frère ; un refus d'obtempérer et une amende pour usage de stupéfiants pour leur complice. Pas vraiment la carrière de bandits de grand chemin, mais le commandant de police en charge de l'enquête vient défendre son dossier à la barre :

« Le renseignement n'était pas assez fiable au départ pour mettre en place un dispositif important, commence-t-il avant de rappeler cet appel anonyme du 15 avril 2010, bientôt conforté par les dires d'un indicateur.

– Depuis que vous avez arrêté Mattalah, vous n'avez pas de travail ? ironise un des avocats.

– La police, c'est une famille, intervient l'avocate générale, soucieuse de faire corps avec ses alliés. C'est une famille solidaire.

– Le juge vous a demandé de lever l'anonymat de l'informateur, mais vous avez refusé, attaque Me Bidnic.

– Il est hors de question qu'un policier révèle l'identité de son indicateur. Nous sommes astreints au secret professionnel.

– Qu'est-ce qui fait que l'on doive vous croire ?

– Pourquoi me croire ? Je reçois cette information, je la donne...

– Pensez-vous que l'autorité judiciaire, par principe, ne peut exiger qu'on lève le voile ?

– Dans les cas extrêmes, peut-être.

– Lesquels ? Les policiers commettent parfois des erreurs, ils peuvent être manipulés !

– Il n'y a pas d'informateurs ! intervient le prévenu. C'est pourquoi je suis innocent !

– Il y a l'informateur du service, puis cet appel anonyme qui arrive à l'hôtel de police de Dijon, se cramponne le fonctionnaire.

– Si vous n'avez pas ce renseignement, tout s'effondre ! reprend Me Bidnic avant de cibler à nouveau l'avocate générale : C'est la société que vous représentez, faites-le dignement !

– Avec nos impôts ! » s'autorise une voix parmi les amis du prévenus[1].

_____

1. Après l'annulation du premier jugement, contesté par les avocats, Mokhtar Mattalah a été condamné en appel à cinq ans de prison.

9.

Les nouveaux gangsters de la Côte

Mariages et enterrements

Les trois zones « sensibles » ne s'entendent pas entre elles, mais, à Nice, les rivalités ancestrales touchent aussi les quartiers bourgeois. Alors...

Historiquement, chacune cultive sa spécialité. Les Moulins, ce serait plutôt la drogue. Beauvoyage a donné beaucoup de cambrioleurs. L'Ariane, elle, passe pour une pépinière de racketteurs. En cas de dispute avec l'extérieur, par exemple avec une cité de Grasse, pas sûr que les trois « citadelles » s'unissent, c'est dire si chacune suit son chemin. Mais cela va plus loin, à entendre ce fin connaisseur des mœurs de la voyou-cratie azuréenne :

« Si la rivale commence à monter, si elle occupe la première place, les autres vont essayer de la faire redescendre à coups de pied. »

Pourquoi tant de haine ? C'est la marque de la nouvelle génération, affirme notre interlocuteur : « Ils te tirent dessus comme ils te disent bonjour ! »

Cela n'empêche pas les cités niçoises de s'intégrer dans l'histoire criminelle de la ville. Elles pourraient même revendiquer une certaine continuité. Les caïds qui « tiennent » L'Ariane, pour ne citer qu'elle, n'entretiennent-ils pas des contacts réguliers avec les chefs de file du grand banditisme traditionnel ? Loin de se comporter en malotrus, ils ne lorgnent pas un établissement de nuit de la région sans une consultation préalable. Ils sont même capables de jouer collectif, par exemple à l'occasion d'une commande de shit en gros. Ils savent qu'entre Menton et Cannes, comme à Marseille, Lyon, Grenoble ou Paris, les « figures » d'hier ont encore leur mot à dire. Ils partagent d'ailleurs quelques passions avec eux, celle du foot, le goût des belles cylindrées et un certain tropisme pour l'Espagne, ses filles, son soleil, ses entrepôts où l'on charge le shit à bord de camions-bennes...

Sur leur territoire, parfois contestés mais solidement implantés, ils font régner l'ordre à leur façon, convaincus que des troubles sur la voie publique nuiraient à leur prospérité. Juges de paix à la mode méditerranéenne, ils règlent les problèmes qui peuvent surgir entre communautés, condition essentielle au développement du trafic. Les élus locaux pourraient faire appel à eux pour les campagnes électorales, ils répondraient à coup sûr présent.

Une arrestation fait parfois basculer le pouvoir d'une famille vers une autre. Les mariages élargissent les cercles, notamment quand des Maghrébines épousent des Manouches (ou l'inverse). La mort fait son œuvre comme ailleurs – personne, à L'Ariane, n'a oublié celui qu'on appelait « le Petit Prince », un garçon prénommé Nordine dont les investissements dans la restauration hallal avaient apparemment dérangé. Mais, globalement, quand le voyou parisien ou marseillais débarque sur la Côte d'Azur, ce qui est fréquent en période estivale, il sait qui sont les voyous qui pèsent dans le coin.

À Nice comme ailleurs, les têtes d'affiche du crime organisé version cités ne mettent plus les mains dans le cambouis. Ils injectent leur argent dans le circuit, mais ne risquent pas de laisser leurs empreintes sur un ballot de shit. La quarantaine venue, ils se sont « policés », comme dit un avocat qui les défend régulièrement. Ils ne sont plus dans la confrontation, discutent et présentent l'apparence avenante de ceux que l'on paierait presque pour les faire entrer dans les discothèques de Cannes ou de Saint-Tropez.

Parmi ceux qui occupent le terrain, le plus cité est Frédéric Missouri, surnommé (lui aussi) « Bébé ». « Il est tanké, dit de lui un connaisseur, c'est un type qui tient la route. S'il y en a un qui sort du lot, c'est lui. » Pour ne rien gâcher, il s'est fait tirer dessus, ce qui fait plutôt bien sur la carte de visite : il était attablé chez Néné, un fast-food du quartier de L'Ariane tenu par l'un de ses frères, lorsqu'un tireur a déchargé une arme de poing dans sa direction, en octobre 2008. Blessé à l'abdomen, il s'est rapidement rétabli, comme celui qui buvait un verre avec lui ce jour-là, Mohammed Ouabid, dit « Schleur ».

Le tireur, un jeune Maghrébin, a été poursuivi par la justice. Apparemment, ce n'est pas avec Missouri qu'il avait un contentieux, mais avec l'autre. Le procès a cependant été l'occasion de revenir sur le passé déjà bien rempli des deux hommes : en févier 1994, alors qu'il n'avait que 23 ans, Frédéric Missouri a été appelé en renfort par des bandits corses pour braquer un fourgon blindé à Saint-Laurent-du-Var ; de Mohammed Ouabid on dit qu'il a bien connu l'un des parrains de la pègre niçoise, Marcel Diavoloni, dit « le Bègue », tué en 1998.

Rattrapé au vol pour une affaire de racket sur fond de protection des chantiers de constuction, Frédéric Missouri s'est de nouveau retrouvé avec les menottes aux poignets. Un dossier vide, selon son défenseur qui dénonce un « coup de com » de la police.

Puis il y a ceux que la PJ rêve de faire tomber, mais qu'elle n'a jamais accrochés, à l'instar de Djamel N. autre pur produit de L'Ariane. Ce qui fait dire à l'un de ses proches qu'il est, au choix, très fort ou qu'il n'a rien à se reprocher, sauf peut-être, à une certaine époque, d'avoir festoyé de manière un peu trop démonstrative.

Il y a enfin ceux que d'autres ont fait tomber, par exemple Karim Khelfallah : considéré comme un membre actif du milieu niçois, il a été arrêté par la police algérienne en possession de 250 grammes de shit, avec à la clef une condamnation qu'on ne lui aurait même pas infligée en France pour une tonne : douze ans de prison.

La relève n'en a pas moins le vent en poupe, parce que le champ est relativement libre. Michel Soret, véritable figure locale, se contente de quelques parties de cartes, de ses séances de yoga, d'un train de vie discret et de son rôle tutélaire de « juge de paix ». Jacques Sordi, alias « le Général », ancien « ténor » de la voyoucratie niçoise, a annoncé sa retraite. Michel Derlan a été exécuté en mai 2010 parce qu'il prétendait reprendre le contrôle de ses affaires et se refaire une santé après avoir perdu son beau-frère, Éric Berthuy, surnommé « la Tortue », et une partie des sommes qu'il avait empruntées, dit-on, auprès du milieu juif parisien. Aurelio Garcia, un Franco-Espagnol aux airs de notable, est ennuyé parce qu'on a retrouvé son ADN sur un briquet en marge de l'exécution de Michel Derlan avec lequel il s'était opposé au sujet de la protection (lucrative) des parties de poker clandestines organisées dans les bistrots de la place Arçon, berceau du banditisme niçois ; un peu gênant, même si la justice ne donnera pas suite. Stéphane Tixier et Amadeo Titeux ont rejoint le paradis des voyous à la suite d'une rafale mortelle (en février 2012) partie d'on ne sait où. Jean-Marie Struffi, autre régional de l'étape, a fort affaire ailleurs, embringué qu'il est dans une lutte d'influence avec la fameuse « équipe des Alpes » établie du côté de Manosque. Christian Maistre, dit « l'Arbalète », pourtant à l'abri du besoin, lui qui possédait une belle brasserie à Juan-les-Pins, est retombé assez bêtement dans le cadre d'un trafic international de stupéfiants, après la saisie de 130 kilos de shit, entraînant avec lui son (présumé) complice et ami Laurent Choukroun[1]...

À l'heure où les rescapés du milieu traditionnel ne verrouillent plus tout à fait l'horizon, les caïds grandis dans les cités s'épanouissent librement. Enfin, presque, pondère un policier niçois :

« Tant qu'ils ne cassent pas les pieds aux anciens, il y a de l'argent pour tout le monde. »

Surtout si le contrat de confiance est respecté et que celui qui met un million d'euros sur la table pour une commande de shit récupère bien deux millions comme convenu, une fois le marché conclu...

Les atouts de la Côte sont nombreux. Il y a d'abord cette affluence massive aux beaux jours, avec une clientèle dotée d'un pouvoir d'achat assez élevé et une tradition festive bien ancrée. Les figures des cités niçoises se retrouvent volontiers, la nuit venue, du côté de Cannes dont les discothèques attirent les touristes du monde entier, mais aussi les bandits de la France entière ; si des jeunes cherchent à gâcher l'ambiance, on peut compter sur leur autorité pour les rappeler au calme : du Glam au Palm Beach, en passant par le Gotha, ils sont un peu chez eux.

La réputation de la Côte confère également une valeur inestimable aux plages privées qui présentent de multiples avantages : non seulement elles rapportent des espèces, mais elles sont le lieu de toutes les rencontres, et pas seulement amoureuses, un peu comme les loges VIP des stades de football. Toute la question étant de savoir comment en prendre possession en sous-main tout en échappant à la vigilance des autorités...

Ultime avantage de la région niçoise, cette proximité avec l'Italie qui en fait une plaque tournante

---

1. Ils attendent de connaître le sort que la justice leur réservera.

entre Barcelone et Naples. Lors de leurs investigations, les enquêteurs voient parfois se concerter anciens et modernes au sujet du contrôle des bistrots du port de Nice, tout en négociant des stupéfiants avec des acheteurs de la 'Ndrangheta, la mafia calabraise...

Un « baron » dans le Mentonnais

« Le grand banditisme et la mafia italienne s'appuient sur l'infrastructure mise en place par les équipes installées dans les cités », affirme un responsable régional de la PJ.

La preuve par ce jeune Grassois inconnu des tablettes, qui passe pour l'un des meilleurs en matière de logistique, mais aussi de recyclage des bénéfices dans l'immobilier de luxe. Un garçon passé par tous les stades, de la petite à la grande délinquance, qui n'a jamais cessé de préoccuper les policiers, convaincus qu'en cas de chute il confierait sa défense à la crème du barreau...

La preuve par Abdelkader Zemouli, un Mentonnais d'origine algérienne, poursuivi pour avoir monté sa propre équipe de transporteurs, avec un carnet de commandes bien rempli et des clients dans différentes cités des Alpes-Maritimes et en Italie. Un « baron », dit un enquêteur qui l'a approché avant sa condamnation à dix ans de prison[1]. Un type dont un carrossier dira qu'il « fait la pluie et le beau temps à Menton », autrement dit qu'on ne lui refuse rien.

L'affaire commence le 9 mai 2011 lorsque la police niçoise reçoit une « information anonyme » : on lui signale un véhicule, une Coccinelle nouvelle génération, la New Beetle, stationnée dans le nord de la ville, susceptible d'être utilisée dans le cadre d'un

---

1. Une condamnation suspendue à l'appel en cours.

trafic de drogue. Bonne pêche, puisque les enquêteurs découvrent à l'intérieur 395 grammes de cocaïne, 97 grammes de shit, une balance, de la fausse monnaie, deux émetteurs-récepteurs, 70 cartes SIM et une arme de type Riot Gun... Les traces ADN et papillaires mises au jour sur les emballages et dans le véhicule font émerger quatre noms : Abdelkader Zemouli, 37 ans, Mohamed Hachemi, 28 ans, Christophe Dicranian, 30 ans, officiellement vendeur de pizzas, et Italo Marcopido, 55 ans, présenté par les policiers italiens comme le correspondant d'un réseau de trafiquants calabrais opérant dans la Ligurie voisine.

Alors que démarrent les surveillances, l'équipe semble s'activer autour d'une importation de cannabis en provenance du Maroc, via l'Espagne, pour un montant de 400 000 euros, sauf que la police espagnole décide de coffrer tout le monde avant la transaction. Les policiers niçois n'en interceptent pas moins une conversation entre l'épouse de Zemouli, prénommée Natacha, et un certain David qui reconnaît avoir loué un box à proximité de la frontière franco-italienne... sans savoir que le mari trempait dans les stupéfiants, comme il tente de l'expliquer aux enquêteurs :

« Lilia [sœur de Zemouli] m'a dit que c'était pour entreposer des affaires d'hiver et des meubles qui étaient en train de pourrir dans un autre box... »

Les investigations se concentrent autour d'un garage de Roquebrune-Cap-Martin dont les gérants admettent rapidement que leurs carnets de bord ne sont pas tout à fait à jour. Les voitures envoyées en Espagne, équipées de fausses plaques et de caches conçues pour transporter du shit en gros, sont passées entre leurs mains, mais ce n'est pas le seul souci : l'un des mécanos prêtait, apparemment sans le savoir, son identité à Abdelkader Zemouli, identité sous laquelle il était recherché en Italie...

Lorsqu'un juge d'instruction peut enfin interroger le Mentonnais, Abdelkader Zemouli soutient que ses camarades et lui effectuaient en Espagne un voyage d'agrément, malgré les trois voitures curieusement aménagées. Malgré, surtout, les 310 000 euros et les 40 kilos de shit trouvés en possession de l'un d'eux, apparemment un échantillon des 400 kilos attendus. Comment a-t-il pu s'offrir une BMW X6, pour 59 000 euros et en espèces, dans la mesure où il n'exerce aucune activité officielle ?

Le dossier est fragile, mais les policiers ont une piste : coincer la femme à défaut de confondre l'homme. Ils resserrent leurs filets autour de Lilia, la sœur d'Abdelkader, soupçonnée d'être au cœur du blanchiment des bénéfices du trafic. Ses investissements dans l'immobilier, à hauteur de 400 000 euros, intriguent d'autant plus qu'elle n'est même plus salariée de la station-service qui l'a un temps employée. Une simple fouille de sa voiture permet de mettre la main sur des actes notariés à son nom et sur divers documents laissant présumer qu'elle manie les prête-noms comme d'autres le vernis à ongle...

Ces quatre appartements, explique-t-elle aux enquêteurs, elle les a achetés sans apport personnel, entre novembre 2010 et mars 2011, sur les conseils avisés d'un ami mentonnais exerçant la profession de banquier. Comment compte-t-elle honorer les mensualités à venir ? S'il le faut, elle sollicitera l'aide de ses parents...

Décidément plus riche qu'il y paraît, Lilia assure également une partie des dépenses de sa belle-sœur, Natacha, qui vit officiellement des allocations familiales mais occupe un appartement d'un certain standing sur le front de mer. Natacha invoque à son tour l'aide de ses beaux-parents, sans vraiment convaincre les enquêteurs : ils vivent chichement d'une retraite de cuisinier et de quelques ménages...

Pour le juge d'instruction qui compte bien le renvoyer devant la justice, Abdelkader Zemouli n'est rien de moins que le « donneur d'ordres, l'architecte et le principal bénéficiaire » d'un trafic qui s'étend de l'Espagne à l'Italie en passant par la France. L'apparente prospérité du clan est évidemment un élément à charge : la New Beetle, son « luxueux » appartement, son parc automobile et les habituelles conversations téléphoniques plaident contre lui.

Le 22 octobre 2012, la bande n'allait pas en discothèque en Espagne, selon l'accusation, mais à la rencontre de leur fournisseur, censé leur livrer une douzaine de valises bourrées de cannabis. Les Espagnols ont gardé pour eux les fonds saisis et les trois voitures, une Mercedes classe B, une Mini Cooper et une Renault Clio, mais cela n'enlève rien à la réputation de Zemouli, un garçon qui a tout de même réussi à obtenir, auprès d'une mairie de la région parisienne, une fausse carte d'identité et un vrai passeport portant sa photo, mais pas son nom. Son présumé « lieutenant », Mohamed Hachassé, n'est guère mieux loti dans la mesure où on lui colle un rôle de chauffeur lors des convoyages. Le garagiste qui a vendu la BMW en petites coupures, prénommé Marcel, s'en mord les doigts :

« Évidemment que j'ai fait une grosse bêtise, c'est impardonnable, je ne comprends pas pourquoi j'ai fait ça. »

Quant au banquier, il reconnaît avoir monté le dossier de prêt et se déclare copropriétaire des appartements, même s'il n'apparaît pas sur les actes...

L'équipe Zemouli écoulait-elle une partie de sa marchandise vers l'Italie, profitant de la proximité de la frontière ? L'accusation évoque des liens avec la 'Ndrangheta, la mafia calabraise, en s'appuyant sur l'arrestation à Vintimille, par les carabiniers, en septembre 2011, d'un présumé trafiquant prénommé Karim, alors qu'il sortait d'un mariage entre mafieux calabrais. L'autre fil rouge qui mène vers l'Italie s'appelle Italo Marcopido : ses empreintes traînaient elles aussi dans la New Beetle : arrêté à Savone le 23 septembre 2011, il livrait 50 kilos de cannabis au volant d'une Mercedes classe B...

Les tribulations du « Chinois » à Cannes

Cannes, royaume du bling-bling et paradis de la jet-set : c'est là qu'il faut être quand on veut porter une Rolex à 30 ans. Une ville dans laquelle viennent se « nourrir » plusieurs clans – niçois, corses, marseillais, manouches – et où fleurissent en été les voyous de la France entière, parfois avec « maman » et les enfants. On parle affaires à l'abri des murs de la Chunga, une des discothèques en vue. On déambule dans le périmètre d'un « carré d'or » où affluent ceux qui aiment ce qui brille. On claque un peu de l'argent gagné pendant l'année. On tisse de nouvelles alliances...

Dans ce contexte plutôt verrouillé, les jeunes des cités ne fanfaronnent pas trop. Le racket, pour le moment, ils le laissent aux autres qui s'en débrouillent très bien. Ils passent déjà assez de temps comme ça sous les verrous, dans cette prison de Grasse qui est un peu leur « résidence secondaire ». Motif exclusif, ou presque : les stupéfiants, comme l'illustrent les mésaventures de Kamal el-Ouariachi, dit « le Chinois », ou « Mel », né en 1978 à Nador, principal port d'exportation du cannabis marocain.

Selon la coutume, l'affaire démarre par un renseignement récolté fin septembre 2008 par la gendarmerie. Une certaine « Radja » vendrait de la cocaïne à Cannes avec son frère. La première transaction à laquelle assistent les enquêteurs se déroule au pied de la tour où loge la demoiselle, dans une cité du Cannet. Un mois plus tard, ils voient arriver dans leurs radars

« le Chinois », « défavorablement connu des services », apparemment mécontent de la lenteur avec laquelle Radja récolte les fonds. C'est le début d'une longue enquête qui ne débouchera que deux ans et demi plus tard, au printemps 2011, avec l'arrestation d'un homme aussi à l'aise sur la Croisette qu'à Marbella ou Tanger, l'une de ses bases arrière, et de ses complices, un savant dosage de Choukri et de Frédéric, cocktail gagnant qui semble être une spécificité du sud de la France (ailleurs on se mélange moins).

Lorsqu'elle est interpellée, Radja, 29 ans, née à Cannes, originaire de Meknès (Maroc), ne cache pas avoir plongé dans la cocaïne en 2008 et en avoir revendu pour assurer sa propre consommation. On lui livrait la drogue par paquets de 50 ou 100 grammes qu'elle revendait 40 euros le gramme, du moins ce qui restait après en avoir pas mal inhalé et un peu offert ; elle ne s'est jamais vraiment remise de la mort de son père et de l'assassinat de l'un de ses frères, sur fond de trafic. C'est dans cet état qu'elle a suivi Olivier, son mec, à Marbella et au Maroc où elle a rencontré Kamal. Olivier, les gendarmes le soupçonnent d'avoir dealé au niveau local, mais pas seulement : ils l'accusent d'avoir réalisé deux go-fast en 2009 et autant en 2010 ; et prétendent que les 300 000 euros découverts chez lui devaient être investis à l'occasion d'un nouveau voyage...

Âgé de 38 ans, Olivier accuse le coup, mais s'abstient de tout commentaire lorsque les enquêteurs lui expliquent que Kamal, son ami d'enfance, aurait repris les affaires de Thierry Fornasari, pilier du banditisme dans le Sud, après son arrestation en juillet 2007 avec des armes et 1 500 kilos de cannabis... « Affaires » qui consistaient à convoyer vers la Côte d'Azur des véhicules chargés à bloc de cannabis, mais aussi de cocaïne.

« Vous êtes monté en grade ? interroge un gendarme.

– Oui, on peut dire que je me suis bien vendu »,
réplique ce garçon qui a déjà connu la cavale et la
prison, et rémunérait 10 000 euros son chauffeur, plus
4 000 euros pour celui du véhicule ouvreur. Un commerce dont il accepte de raconter les avantages et les
inconvénients : ces journées passées à attendre la marchandise en Andalousie, ces maigres bénéfices lorsque
l'on ramène du shit « commercial » acheté 930 euros le
kilo et revendu à 1 350, le choix qu'il a fini par faire
d'importer du « seum », une qualité supérieure qui se
revend autour de 2 500 euros le kilo, ou du « pakis-
tanais », la Rolls du cannabis marocain, qui trouve
preneur à 3 500 euros le kilo...

Olivier veut bien tout admettre, mais pas qu'il
était le « lieutenant » de Kamal, même si certaines
conversations enregistrées par les gendarmes autour
d'un banc public (piégé), à Cannes, auraient pu le
laisser supposer.

C'est ensuite au tour d'un Niçois de 37 ans,
Frédéric, d'expliquer comment il a été recruté par « le
Chinois » pour piloter en mode go-fast les voitures du
réseau, Porsche Cayenne pour commencer (Kamal a un
faible pour les voitures de luxe), avant d'opter pour une
plus discrète Ford Mondeo ou des véhicules loués. Cela
a commencé le jour où, en marge d'une amicale partie
de poker, il a expliqué qu'il avait besoin d'argent. Ils
l'ont d'abord scruté de la tête aux pieds : une sorte de
visite « médicale » au terme de laquelle un Maghrébin
lui a dit qu'il devrait soigner sa tenue vestimentaire,
s'il voulait signer avec eux ; il toucherait 10 000 euros
pour aller chercher de la résine à Barcelone, 15 000
s'il fallait descendre dans le sud de l'Espagne, entre
Malaga et Marbella, où l'équipe louait une villa. Plus
1 000 euros pour les frais...

Oui, Frédéric a accepté ces missions qui lui ont
rapporté autour de 100 000 euros. De quoi s'offrir une
moto, les vêtements dont il rêvait et quelques virées

LES NOUVEAUX GANGSTERS DE LA CÔTE

entre amis en Thaïlande. Sans se rendre compte que le plus dur serait d'arrêter, de dire non après avoir visité tous les points de chute du réseau et compris toutes ses combines...

Dernier sur la liste, un autre ami d'enfance de Kamal, devenu son beau-frère : un certain Choukri, d'origine marocaine lui aussi, dont les week-ends au ski et les voyages au Sénégal, en Corse ou à Rome retiennent d'autant plus l'attention des enquêteurs qu'il est officiellement au RMI. Avec quel argent a-t-il offert un frigo américain à sa mère ? Où a-t-il déniché assez de sous pour équiper sa copine d'un écran plasma ? Choukri a préparé sa défense : les 355 000 euros découverts dans le Porsche Cayenne, il les a « carottés à un dealer marseillais »...

L'énigmatique « Chinois », lui, a disparu, mais les enquêteurs savent à peu près tout de son mode de vie. Le présumé trafiquant était chez lui à Cannes. Il déboulait « comme un fou » au Tantra, un des établissements courus du carré d'or, au volant d'une Audi S3 noire d'une discrétion toute relative (prix moyen : 30 000 euros). Il payait cash les voitures qu'il louait auprès de Cannes Luxury Car. Il passait pour un type sociable, sortant beaucoup, surtout l'été, disant bonjour à tout le monde. Les filles en seraient plusieurs fois venues aux mains pour bénéficier de son amour ou de ses largesses, ou les deux à la fois. Tout en lui rendant de fiers services, comme d'acheter sous leur nom une voiture qui servirait à convoyer le shit – dans leur dos, évidemment –, de lui prêter leur carte bancaire les yeux fermés, ou encore de souscrire en leur nom un abonnement téléphonique...

Kamal s'est enfui à temps. Il coule des jours plus ou moins paisibles à Tanger, mais la mère de ses enfants porte plainte contre lui et il doit revenir à Cannes où il a débarqué pour la première fois avec ses parents alors qu'il n'avait pas même un mois. Le piège se referme et le voici contraint, à son tour, de répondre au classique interrogatoire sur son parcours : il a tenté la menuiserie, bifurqué vers la maçonnerie, connu la prison à 21 ans pour une affaire de stupéfiants, jardiné au noir, mais, aujourd'hui, il ne trafique plus : il vend des vêtements turcs au Maroc... Cependant, s'il devait dire qui il connaît à Cannes, « il y en aurait pour tout un calepin »....

« Vos réponses semblent fantaisistes. N'avez-vous rien de sérieux à dire ? lance un gendarme.

– Marquez ce que vous voulez », réplique « le Chinois », qui a complètement oublié de qui il parlait, le jour où il a lâché au téléphone : « Les enculés de flics de merde, pas ton pote, les autres... je descends, je t'appelle, faut que je le vois, ton pote. »

Les enquêteurs citent-ils des noms devant lui ? « Cannes est un petit village et tout le monde se connaît », réplique Kamal, fidèle à cette ligne selon laquelle ce dossier ne serait qu'un « travail » monté contre lui. Lui rapporte-t-on que Thierry Fornasari, bandit notoire, l'aurait cité au téléphone parmi les garçons « capables d'acheter à un fournisseur parisien » ? « J'achète même en Chine », riposte « le Chinois » en traitant de « fou » et de « drogué » ce type qui l'accuse d'irriguer Cannes en cocaïne et de blanchir ses bénéfices dans l'immobilier au Maroc. Un repenti, ou quelque chose dans le genre, lui qui s'est largement épanché devant les gendarmes, leur offrant un de ces rares témoignages dont rêvent tous les enquêteurs. Que dit-il ? Des horreurs. Que des concurrents avaient réussi à l'écarter du marché pendant quelques mois en lui faisant croire que les policiers étaient à ses trousses. Qu'il entreposait la cocaïne dans telle et telle villa, mais surtout que Kamal travaillait sous la coupe d'un Corse qu'il allait parfois rencontrer sur une plage, non loin de Borgo. En clair, qu'il n'était pas le véritable patron du trafic...

Où l'on comprend que le milieu des cités, à Cannes comme à Nice, est étroitement imbriqué dans le milieu tout court, invisible tête de réseau. Ne voyait-on pas parfois paraître chez Kamal un des voyous les plus capés de la région, Marc Armando, au cours de soirées où l'on testait la pureté de la cocaïne ? Les gendarmes auraient sans doute aimé lui poser quelques questions, mais Armando s'est donné la mort dans sa cellule au lendemain de son arrestation, après la découverte de torpilles chargées de cocaïne sous la coque d'un cargo en provenance d'Amérique du Sud... La preuve qu'en partant de la rue on peut accéder, si l'on est patient, au gotha du crime.

Au terme d'un procès qui s'est tenu devant le tribunal de Grasse en octobre 2012, Kamal el-Ouariachi a écopé de dix ans de prison pour avoir financé et organisé l'importation de 5 tonnes de cannabis entre 2008 et 2011 ; Olivier Gilet, ancien militaire, a été condamné à huit ans de prison, Choukri Bargaoui à sept ans, et Frédéric Santinelli à cinq ans de prison pour les seize go-fast qu'il a reconnus. Nicolas, un Cannois de 27 ans, Jérôme, un Vallaurien de 25 ans, et Anthony, un Grassois de 28 ans, ont écopé de peines de deux à cinq ans de prison pour leur rôle de « nourrices » : la drogue était stockée chez eux avant d'être revendue à Cannes, à Nice et dans la région parisienne. En attendant le résultat du procès en appel, il va sans dire qu'ils sont tous présumés innocents.

10.

Doudou, le Juif
et le casse du XXIe siècle

297 bijoux et 104 montres

Le braquage de la bijouterie Harry Winston, avenue Montaigne, à Paris, est un cas d'école. Côté voyous, une réalisation (presque) parfaite ; côté police, une enquête digne d'être présentée dans les écoles de police, du moins sur le papier, car il faudra attendre que la justice se prononce pour jauger le sérieux des preuves.

Le coup est perpétré au mois de décembre 2008, période durant laquelle les bijouteries ont intérêt à être bien approvisionnées. Les braqueurs font montre d'un rare sang-froid, mais aussi de beaucoup d'audace : le secteur est l'un des plus surveillés de la capitale. Ils sont bien renseignés, peut-être même un peu trop. Au dire des spécialistes, ils ne commettent qu'une erreur, celle de ne pas rester silencieux durant l'opération. Aux employés du magasin ils laissent entendre qu'ils n'ignorent rien de leur pédigrée. Ils les appellent par leurs prénoms, dévoilant involontairement une partie de leurs cartes.

Pourquoi une telle assurance ? Qui est capable de monter un coup pareil ? La brigade de répression du banditisme écarte rapidement la piste des « Pink Panthers », ces braqueurs venus de l'ex-Yougoslavie, anciens militaires pour la plupart, spécialisés dans les raids au détriment des bijouteries de Zurich, Paris, Londres ou Milan. Elle dépêche ses observateurs auprès de tous les receleurs de la capitale, avec une attention particulière pour le milieu juif connu pour écouler et recycler or, pierres et diamants d'origine inconnue. Tous les indics disponibles sont en ébullition. Mais ce n'est pas sur ce terrain qu'est mordu le premier hameçon, et pour cause : les auteurs du « braquage du siècle » sont montés au front sans disposer au préalable du « fourgue » capable d'écouler une marchandise pourtant mondialement signalée. Non, les policiers surveillent un vigile employé par le magasin. Le maillon faible, c'est peut-être lui...

Reprenons. Le 4 décembre 2008, peu avant 17 h 30, trois femmes et un homme se présentent dans le hall de réception du joaillier Harry Winston, avenue Montaigne, à Paris, et actionnent l'interphone. L'hôtesse et le vigile les laissent passer, pas spécialement intrigués par la valise à roulettes qui les accompagne, avant de s'apercevoir – mais un peu tard – que les femmes n'en sont pas ! Le quatuor de choc neutralise les deux agents de sécurité, Laurent et Mouloud, puis rassemble le personnel dans un bureau situé à l'étage, en tirant par les cheveux les récalcitrantes ; deux employés sortis fumer une cigarette, un livreur et un responsable de sécurité sont neutralisés à leur tour alors qu'ils rentrent dans l'établissement.

Les seize employés sont désormais tenus en respect par deux des braqueurs, tandis que les deux autres sollicitent de l'aide pour neutraliser les alarmes et ouvrir vitrine et coffre-fort. Ils ramassent bijoux et montres, non sans insister pour qu'on leur remette une pièce de grande valeur livrée la veille et dissimulée dans un compartiment confidentiel : signe qu'ils disposaient d'une information très fraîche.

L'ambiance n'est pas à la fête. « Personne ne bouge, sinon je fume tout le monde ! » annonce l'un des malfaiteurs qui n'hésite pas à montrer qu'il connaît les adresses personnelles des otages. Puis ils intiment l'ordre à Mouloud, l'un des deux vigiles, de les accompagner et de leur ouvrir le sas.

Un braquage aussi efficace que rapide, puisqu'ils quittent les lieux dix minutes plus tard, par la porte principale, les bras chargés de sacs, leur valise bien remplie, avant d'appeler un complice qui les attend au volant d'une voiture. Ils sont convaincus que les employés ne bougeront pas tout de suite dans la mesure où ils leur ont annoncé qu'une grenade exploserait dès qu'ils se hasarderaient à ouvrir la porte du bureau.

Butin, selon le gérant de la bijouterie : 104 montres et 297 pièces de joaillierie dont la vente devait rapporter au magasin plus de 58 millions d'euros...

Malchance ? Loi des séries ? La même bijouterie a déjà été pillée le samedi 6 octobre 2007, un an auparavant. Quatre hommes armés, cagoulés et déguisés en peintres, avaient attendu ce matin-là les employés, à l'intérieur de la bijouterie, qui s'étaient retrouvés ligotés et entassés dans un cabinet de toilette. L'un des braqueurs les avait tenus en respect pendant que les autres ordonnaient au directeur et à une vendeuse de désactiver l'alarme et d'ouvrir les coffres. Un jet de gaz lacrymogène, et le quatuor s'était éloigné à bord d'une camionnette de location, emportant un butin évalué à 36,6 millions de dollars hors taxes... Détail : ayant visiblement passé une partie de la nuit dans l'escalier, les voleurs, entrés par la cave, avaient pris soin d'asperger les lieux avec un extincteur, rendant les prélèvements difficiles. Seule erreur apparente, cette phrase prononcée devant les employés : « Farid, on n'a plus le temps, on n'a plus le temps... » Farid ?

Pour le moment, ce prénom n'a pas suffi, à lui seul, à progresser...

La compagnie d'assurances offre une récompense d'un million de dollars à la première personne qui apporterait une information permettant de retrouver la marchandise dérobée lors du nouveau casse. Un premier renseignement conduit à des Roumains, mais les bijoux qu'ils sont en train d'écouler ne proviennent pas de chez Harry Winston. Le tuyau en provenance de l'Office central de lutte contre la délinquance itinérante semble plus sérieux : il désigne trois braqueurs, dont Daoudi Yahiaoui, un receleur et un blanchisseur. Une empreinte génétique découverte sur le sac à main abandonné par une des « femmes » à perruque conduit à un homme dont le frère pourrait être l'un des suspects, tandis qu'une empreinte trouvée dans le coffre-fort conduit à la famille Yahiaoui. Les malfaiteurs ont téléphoné pendant le braquage, comme en atteste les images vidéo, mais ce qui retient l'attention, pour l'heure, c'est l'absence de méfiance de Mouloud devant les déguisements grossiers des clients. Ou encore la relative liberté de mouvement dont il a bénéficié à certains moments. En décortiquant sa page Facebook, les enquêteurs voient qu'il est en relation avec un certain Patrick avec lequel il fréquente une salle de sport et dont la sœur... n'est autre que la compagne de Daoudi Yahiaoui. Un de ses « amis » possède un magasin qui vend, entre autres accessoires, des sacs à main Max & Enjoy Paris, du même modèle que celui oublié dans la bijouterie.

Petits cailloux laissés de droite et de gauche, informations que vient étayer l'exploration de tous les appels passés à partir des numéros de téléphone identifiés dans le périmètre de la bijouterie, sans compter celui de Mouloud qui permet de remonter jusqu'à une cabine téléphonique de Noisy-le-Sec située juste en face de l'hôtel dans lequel travaille... Daoudi Yahiaoui.

Il ne reste plus qu'à éplucher la série d'appels qu'il a passés pour aboutir à l'un de ses présumés complices, prénommé Farid, demeurant à Drancy, dont le téléphone a curieusement cessé de fonctionner dès le lendemain du braquage. Pas une preuve, mais un indice supplémentaire : le 25 février 2009, une empreinte génétique retrouvée après le premier braquage est attribuée à un certain Farid Allou, né en 1965, interpellé un an auparavant au volant d'une voiture neuve en plein excès de vitesse, dans les rues de Bobigny, avec dans sa poche 50 billets de 200 euros et 60 billets de 500 euros. Des sous qui lui auraient été « confiés par un ami », négociant international en véhicules, déclarations douanières à l'appui... Détail qui convainc les policiers qu'ils sont sur la bonne voie, comme le fait que Daoudi avait lui aussi cessé d'appeler son ami Patrick sur son portable, au lendemain des faits, pour privilégier les cabines.

L'attention se focalise sur la famille Yahiaoui, bien établie du côté de Noisy-le-Sec où elle gère une entreprise de maçonnerie et plusieurs bars ou hôtels, le Mexico, le Michelet et le Normandie. Daoudi n'est pas dans la misère, loin de là, même si la Jaguar qu'il utilise est immatriculée au nom de son père. Mais ses complices et lui paraissent faire preuve d'une grande discipline, n'ayant entre eux que de très rares contacts, ce qui n'est pas forcément le cas de ceux que la police suspecte d'écouler les bijoux. Comme le laissait entendre le premier renseignement, Michael B. et son associé, prénommé Johan, semblent chargés de placer bagues, boucles d'oreilles et diamants auprès d'une poignée de bijoutiers parisiens, Yoni, David, Yossi et Marc, capables à la fois de retailler certaines pièces et de superviser une vente à l'étranger...

Michael se déplace en Porsche et rend fréquemment visite au parloir de la prison à un détenu que les services spécialisés connaissent bien : Fabrice

Hornec, turbulent héritier du clan manouche qui porte son nom ; il lui adresse régulièrement des mandats et lui rend de menus services. Sabrina, la compagne de Daoudi, se montre pour sa part intéressée par le fonctionnement d'un détecteur de micros dont elle a fait l'acquisition, mais elle n'aura apparemment pas bien lu la notice, car la Jaguar de son compagnon est bel et bien truffée de micros : on l'entend parler de « carats », mais aussi de « Rapaport », le document qui permet aux diamantaires de connaître les cours mondiaux de la pierre taillée en fonction de sa taille, de son poids et de sa pureté. On comprend aussi qu'il envisage de racheter une discothèque devant laquelle il mettra en place, en guise de videurs, une « équipe de tueurs ». Incidemment, on apprend que l'un de ses amis a franchi depuis longtemps le seuil de l'ISF, fixé à 790 000 euros, mais qu'il passait au travers grâce à des prête-noms... Moins drôle : les micros captent une histoire de différend à régler avec un garçon qui habite Drancy, en lui collant s'il le faut « cinq bastos » ou en l'allumant « à coups de fusil »...

Au fil des appels et des conversations, l'équipe prend forme aux yeux et aux oreilles des policiers. « J'attends le jour de gloire », glisse un certain Hassen après s'être plaint de ne pas avoir assez de « lovés » (argent). Il approche, ce jour, à en croire les rendez-vous entre Daoudi et Michael, comme ce repas au Sushi bar du centre commercial de Rosny 2, au cours duquel l'ami Farid découvre la nourriture japonaise. « Si tu veux, je garde les papiers, ils sont là, glisse Daoudi en sortant ; moi, je vais les mettre de côté, et en gros, plus on laisse le temps passer, deux-trois mois, pour notre sécurité... »

Le 26 avril 2009, l'un des protagonistes entonne *La Marseillaise* au téléphone : « Le jour de gloire est... », aussitôt imité par son interlocuteur. Un autre, dans la foulée, confirme qu'il a reçu l'« hymne national », mais

Michael, le présumé receleur, n'a pas que ça à faire : ses partenaires de poker (et de bijoux) l'attendent pour une partie. Quant à Hassen, né à Paris en 1982, qui mégotait avec les sous, il prépare avec sa petite amie un voyage aux Seychelles ou à l'île Maurice. Les enveloppes circulent, les espèces brûlent les doigts, pourquoi ne pas louer cette Porsche à 12 000 euros les deux jours, se demande Karim, né en 1982 à Aubervilliers, tandis que Daoudi passe une soirée au Hustler, le bar nocturne chic de la rue de Berri, à Paris (8ᵉ), pas ravi de voir les acheteurs toujours chercher à baisser les tarifs.

Les « bijoutiers » ne sont pas tranquilles. Dans la voiture de l'un d'eux, également sonorisée, on les entend parler de « pierres extraordinaires », de « carats », de « 45 millions de dollars », mais aussi de « risques » et de « dix ans de prison ». Un de leurs amis n'a-t-il pas « tout perdu » en prenant des risques ? « Je suis en train de t'assurer les quinze ans qui viennent, ho ! s'exclame l'un des passagers de l'Audi TT. Chaque deux mois, t'en vends une, pendant dix ans. » À condition, bien sûr, que l'argent passe comme convenu de la Suisse à New York, puis de là à Londres. À condition que les lendemains ne déchantent pas, comme c'est visiblement le cas pour Michael qui dit avoir perdu « une tonne d'argent », de quoi faire dérailler *La Marseillaise*, du moins reporter à quelques jours le fameux couplet, le temps que les « potes israélos » (israéliens) se décident à payer. Kamel finissant par s'emmêler les crayons avec « tous ces David » susceptibles d'acquérir émeraudes et diamants, « rondes » et « princesses »…

« À force de braquer comme ça, tu sais, le visage y tombe », lâche un énigmatique Daoudi qu'un appel de Michael vient réconforter : « Mon frérot, faut que je te voie… »

Les deux hommes traitent les « dossiers » l'un après l'autre – pierre après pierre, traduisent les policiers.

Où l'on voit que certains commerçants juifs nés en Afrique du Nord n'ont pas complètement oublié la langue arabe de leur enfance, ce qui peut à l'occasion se révéler utile.

Le 5 juin 2009, Hassen est contrôlé au volant d'une Ferrari California qu'il se vante d'avoir loué 20 000 euros pour trois jours ; quelques jours plus tard, il loue une BMW cabriolet pour 1 700 euros les deux jours, non sans déposer 15 000 euros en espèces pour la garantie ; lui, au moins, jouit de son argent avant qu'il soit trop tard...

Les bijoutiers diamantaires commettent quelques petites erreurs, comme l'oubli, sur la table d'un bar, de ce papier couvert de chiffres : « 120 000 – 13 500 – 6 500 – 14 500 – 6 500 – 13 000 – 19 000 ». Ou le fait de mentionner dans leurs discussions la marque Harry Winston. La valse des enveloppes et des sacs en plastique opaques se poursuit, rubis et émeraudes sont exfiltrées l'un après l'autre vers les marchands d'Anvers, mais le coup de filet est proche, si possible avant que la « grosse pierre » s'évanouisse.

Michael est le premier à voir les policiers lui fondre dessus, ce dimanche 21 juin 2009 en fin d'après-midi, alors qu'il rejoint son véhicule. Adam, Marc, Yossef et Michael sont arrêtés dans la foulée. Un dispositif prend place autour du pavillon de Daoudi Yahiaoui qui appelle son ami Farid pour lui demander de venir, car il est « en panne ». Farid obtempère, mais hésite à pénétrer dans le pavillon, comme s'il avait détecté quelque chose. Il fait le tour du pâté de maisons, revient, voit Daoudi marcher à sa rencontre, lui tend un sac en plastique où les policiers compteront 49 750 euros en espèces. Hassen, Karim et Zahir sont arrêtés en début de soirée alors qu'ils s'installaient à bord de la BMW cabriolet, à Noisy-le-Sec ; puis c'est le tour de Kamel, Saïd et de plusieurs membres de la famille Yahiaoui : Ali, Abdelmalik, Mohamed Areski, Djamal et Ahmed.

Mouloud, le vigile, est interpellé le lendemain en même temps que Patrick et les « bijoutiers »...

La messe est loin d'être dite, mais un braqueur chevronné commente à chaud ces arrestations : « Le coup est bien fait ; il aurait été parfait si les auteurs avaient maîtrisé correctement l'avant, mais surtout l'après... » Parole d'« expert », ce qui ne veut pas dire parole d'Évangile...

Le vigile

Mouloud, le vigile suspect, né en 1975 à Levallois-Perret, affirme vivre chichement de ses indemnités et d'un petit trafic de cannabis. Victime des braqueurs il a été, victime il entend rester. Ce garçon rencontré à la salle de sport, Patrick, né en 1974 à Paris, lui a peut-être soutiré des informations sur la bijouterie ; il lui a présenté « quelqu'un qui était bien entouré et avait les épaules larges », son propre beau-frère, Daoudi, à l'occasion de la naissance de sa fille... Et puis oui, les flics n'ont pas tort, il leur doit la vérité : Patrick lui a proposé un braquage, il l'a questionné sur le stock, énorme en ce mois de décembre – 85 millions de dollars en bijoux, alors que le maximum, depuis la précédente attaque, était fixé à 40 millions de dollars... La phrase lui a bien échappé : « S'il faut faire quelque chose, c'est là. » Et aussi cette information : l'une des portes du sas fonctionnait mal. Ils ont déjeuné ensemble le 3 décembre et il a compris que l'opération était pour le lendemain en fin de journée. Ils se sont pointés avec leur accoutrement « ridicule », mais il n'a pas reconnu Daoudi.

Quand Patrick lui a rendu visite, quatre jours plus tard, le vigile a fait part de ses prétentions : au moins 200 000 euros, mais son ami lui a demandé de patienter. Il a rapidement eu l'impression d'être surveillé et s'en est ouvert au cours de ce déjeuner avec Daoudi, peu avant son arrestation, au cours duquel il a réclamé (et obtenu) 5 000 euros (les policiers en ont saisi chez lui la moitié). Daoudi dont il confie qu'il est « le plus intelligent et certainement l'organisateur de toute cette histoire ». C'est lui qui avait réclamé les adresses de quelques employés, dans le dos de Patrick qui avait un peu tendance à se prendre pour le « cerveau » de l'opération. Du moins selon lui, car l'homme affirmera ne pas avoir participé au vol, ni même aux repérages : Daoudi a bien cloisonné. Aussi efficacement qu'il a su le séduire, lui « retourner la tête », explique-t-il, en lui faisant par exemple miroiter les cadeaux qu'il pourrait faire à ses parents. Mais jamais il n'aurait lui-même donné le top départ aux braqueurs...

Le receleur

Michael, le présumé receleur, vit entouré de téléphones, de cartes SIM, et laisse traîner dans sa voiture une documentation peu en rapport avec la joaillerie, consacrée aux brouilleurs, détecteurs d'explosifs, détecteurs de métaux et gilets pare-balles. Mais il y a mieux dans les locaux de sa société : pistolet automatique, revolver, pistolet-mitrailleur, cartouches de tous calibres par dizaines, montre-caméra, chargeur..., le tout vierge de toute empreinte. Un stock « déposé » chez lui par un garçon prénommé Serge « pour rendre service à Fabrice Hornec », lequel n'est jamais venu les chercher. Fabrice Hornec, l'héritier du clan manouche le plus célèbre de la capitale ? Lui-même, d'ailleurs il le connaît bien : il lui rend régulièrement visite en prison, c'est d'ailleurs en allant le voir qu'il a retrouvé « Doudou » (Daoudi) qui, pour sa part, venait soutenir un non moins célèbre prisonnier, le braqueur « Momo » Amimer. Daoudi qui s'est tout naturellement adressé à lui parce qu'il était juif et qu'en tant que tel il connaissait forcément des diamantaires (*sic*)...

La bijouterie n'est pas la seule activité de Michael : il aurait montré un intérêt pour la fraude à la TVA, ces savants montages financiers qui permettent de pomper l'argent public, de même que ses amis Yoni, David, Sacha, Johan, Alexandre, Hichem et Hicham, que les policiers ont vus passer lors de leurs surveillances. Cela ne l'empêche pas de rencontrer quelques soucis de trésorerie qu'il croit en partie résolus le jour où il rentre à la maison, dira sa petite amie, avec une cinquantaine de pierres remises par « Doudou », qui ne voulait traiter qu'avec lui et avec personne d'autre. L'occasion, pour lui, de solder une dette envers son ami David, acheteur présumé du lot et de trois nouvelles pierres, en attendant la suite : un soir, il fait miroiter sous les yeux de sa copine une dizaine de petits brillants...

Chaque nouvelle audition du « bijoutier » apporte son content de rebondissements. Michael aurait emprunté 40 000 euros pour acheter un nouveau lot de dix pierres, les aurait fait retailler par des diamantaires qui ont bien vu qu'elles n'étaient pas trop « casher », avant de les confier à Yossef qui les aurait vendues à Anvers, premier marché mondial du diamant où l'on n'est pas toujours regardant sur les provenances. Il a acquis un nouveau lot d'une trentaine de pierres auprès de « Doudou », pour 130 000 euros, sans payer la totalité, les a montrées à Adam et Yoni qui devaient les vendre à 25 % de leur valeur, non sans en avoir remis cinq à David qui lui avait prêté 200 000 euros...

Pas très fiable, le (présumé) receleur de Daoudi. D'ailleurs, le lien entre les deux hommes se dégrade lorsque Michael décide de lui rendre des « pierres jaunes » qu'il estime avoir payées trop cher. Il a encore dû emprunter pour payer, et de cavalerie en promesses, se retrouve en situation d'extrême faiblesse face à un

Daoudi de plus en plus insistant, au point d'exiger des montres de luxe en guise de dédommagement. Ce n'est là qu'un début, car le braqueur demande maintenant au bijoutier de rembourser une vieille dette contractée auprès de l'un de ses frères par un certain Richard Cohen, décédé en 1997, cinq mois après son arrestation pour trafic international de stupéfiants – une affaire qui avait coûté à Daoudi une peine de quinze ans de prison (il a été libéré en octobre 2005)...

Ce 21 juin 2009, jour où les policiers lui sont tombés dessus, Michael cherchait désespéremment à sortir de ce bourbier. Il a présenté Daoudi à un nouveau diamantaire prénommé Yossef qui l'a traité de fou lorsqu'il a vu les étiquettes « Harry Winston ». À court d'idée, il pensait se tourner vers un client russe, mais n'en a pas eu le temps... Depuis, il n'a de cesse de contester le rôle que l'accusation veut lui faire jouer.

Doudou

Le pavillon de Daoudi Yahiaoui, alias Doudou, ressemble au show-room d'un horloger. Six montres pour femme dans la chambre d'amis (Guess, Dior, Freelook), onze montres pour hommes dans la chambre du couple (Guess, Cartier, Bulgari, Audemars Piguet...). Un horloger qui nourrirait une passion pour les espèces, planquées ici et là, dans la cuisine ou dans l'escalier menant au sous-sol, et un petit côté Castorama : le coffre-fort est dissimulé derrière une cloison en bois, sans doute pour décourager les voleurs. Sans oublier une passion pour le fait divers : dans la doublure d'une valise, des articles consacrés au casse de la bijouterie Harry Winston...

L'amateur de montres se présente comme plaquiste au chômage. La Jaguar au volant de laquelle il circule appartient à son père, le pavillon en partie à son frère, dans le bar il n'a que quelques parts, et la Mercedes est au nom de son ami Michael : il lui a été présenté dans les années 1990 par son ami Richard Cohen, quand il fréquentait les terrasses des cafés de Marbella, Andalousie, en compagnie des frères Nordine et Djamel Benali, bien connus de tous les services de police français...

Convaincus que quelque chose leur a échappé, les policiers se lancent dans une deuxième perquisition, à la recherche de la cache secrète. Il se dit plaquiste ? Un coup de masse a raison d'une cloison en Placoplâtre derrière laquelle ils tombent sur un sac en plastique contenant 411 850 euros, et un bac en plastique rempli de bijoux et de montres de marque Harry Winston.

Clic-clac, photo-souvenir du pavillon le plus cher de France, si l'on compte ce qu'il recèle entre ses murs...

Vérification faite, Daoudi, né à Paris en 1964, n'a pas de formation d'horloger, mais un CAP de chaudronnerie. Doté d'une intelligence « au-dessus de la normale », selon l'expert psychologue qui l'examinera, il est le huitième d'une fratrie de douze enfants et conserve un très mauvais souvenir d'un séjour de deux ans en Algérie, imposé par son père quand il avait 16 ans. Au total, il a été condamné à vingt-trois ans d'emprisonnement pour vol ou trafic de stupéfiants, et il en a effectivement purgé seize...

Le présumé voleur concède du bout des lèvres entreposer chez lui un butin qui appartient à d'autres. Il a eu la tentation de vendre un ou deux bijoux, mais il n'y connaît rien.

Les policiers n'en croient rien et repartent en chasse dans le pavillon où ils découvrent deux nouvelles caches ; l'une renferme, outre des billets de banque, un matériel qui laisserait pantois un horloger normalement constitué : un fusil à pompe et un lance-roquettes à usage unique, modèle yougoslave en état de marche. « Propriété de mon frère décédé », interjette Daoudi qui finit par admettre, confronté aux déclarations de Mouloud, le vigile, que l'affaire de la bijouterie lui a bien été apportée par son beau-frère. Mais il n'a jamais enfilé la cagoule : il s'est contenté de remettre le plan des lieux aux braqueurs avant de récupérer les bijoux sur un parking... Des complices ? Inutile d'insister...

Dans une pièce voisine, au même moment, les policiers bousculent le frère de Daoudi, Mohamed Areski, dont l'un des fils, Faudile, né en 1986 à Montreuil-sous-Bois, a curieusement pris la fuite. Pourquoi conserver dans les locaux d'une société qui œuvre dans le bâtiment, dont il est le commercial et l'un de ses fils l'assistant de direction, un outil destiné au nettoyage des bijoux, une loupe de bijoutier, un testeur de diamant et une balance de précision ? Parce qu'il achète régulièrement des bijoux et qu'il a besoin d'en éprouver la pureté, explique-t-il.

Qui craquera le premier ? s'interrogent les enquêteurs, persuadés du sérieux de leur piste. Les fils de Mohamed Areski, du moins ceux qui ont été interpellés, serrent les rangs face aux soupçons qui pèsent sur oncle Daoudi. Précaution d'autant plus sage que les employés de la bijouterie ont un mal fou à reconnaître formellement leurs braqueurs lors de la « parade » organisée par la brigade de répression du banditisme...

La police joue la montre. Elle guette l'erreur, qui ne tarde pas : le 28 juillet 2009, deux de ses fils viennent au parloir évoquer avec Mohamed Areski (né en Algérie en 1955) le sort de leur frère en fuite. « Il faut qu'il se sauve, suggère le papa, ignorant que la pièce est truffée de micros. Il faut qu'il minimise sa participation, qu'il dise qu'il est toxico. » « Il veut pas dire qu'il a été influencé par ton frère », observe l'un des fils. « Comme je t'ai dit, embraye le père, à votre majorité, vous faites comme vous voulez, vous menez la vie que vous voulez. Si vous travaillez, vous travaillez ; si vous volez, c'est un métier aussi ; faut juste pas mendier, c'est tout. »

Début septembre, un peu plus de deux mois après le coup de filet, Faudile met un terme à sa cavale et se présente devant le juge avec son avocat. Un poil retrouvé dans le coffre-fort pourrait lui appartenir, mais il peut aussi bien provenir de l'un de ses frères, faille que ne manquera pas d'exploiter son avocat si le juge insiste. Quant à ses pieds « en canard », ils pourraient correspondre à ceux d'un des braqueurs, mais il n'est certainement pas le seul dans le pays à présenter cette caractéristique...

De nouveau interrogé, Daoudi se cramponne à sa version : le vigile lui a effectivement transmis les adresses personnelles des employés et des éléments sur le système de sécurité de la bijouterie, mais il ne s'est pas senti le « courage » de monter au braquage. Il a calé l'heure idéale et engagé ses amis à utiliser des armes factices, mais son rôle, c'était d'écouler le butin. Michael devait revendre l'intégralité des bijoux, l'opération a d'ailleurs failli se faire... le jour de son arrestation. Il a eu juste le temps de ramener le stock chez lui, de cimenter la cache et de remettre une couche de peinture. Combien a-t-il touché en échange des premières pierres ? insistent les enquêteurs. 900 000 euros à diviser en six parts, admet le braqueur. Où est passée la fameuse pierre de 31 carats présentée à l'acheteur ce 21 juin ? En l'absence de réponse, les policiers se livrent à une (inédite) quatrième perquisition. En vain.

La pierre

En cette rentrée 2009, Karim, l'un des suspects, craque le premier, mais il ne reconnaît rien de plus que sa participation au braquage : il a accepté parce qu'on l'a assuré qu'on ne lui mettrait pas de vraies armes entre les mains. C'est lui qui a tenu le personnel en respect, une participation pour laquelle il n'aurait touché que 10 000 euros sur les 20 000 promis, ce qui lui a tout de même permis de s'acheter une moto et un Caméscope. Détail amusant : durant les premiers jours, les bijoux sont restés dans le coffre d'une voiture stationnée sur le parking du centre commercial Rosny 2. Heureusement, aucun voleur n'est passé par là !

Tous les autres campent fermement sur leurs dénégations. Faudile trouve même une explication audible au fait qu'il ait un jour entonné *La Marseillaise* au téléphone : il entendait tout bonnement fêter la concrétisation d'un rapport sexuel avec une fille dont il tient à garder le nom pour lui !

Mais Daoudi se fait piéger. Alors que débute l'été 2010, il s'épanche auprès d'un ami à la faveur d'un parloir sur écoutes. Son alibi pour le jour du braquage est imparable, se réjouit-il. Ça, les policiers le savaient déjà. Ce qu'ils ignoraient, en revanche, c'est le véritable destin de la pierre à 14 millions de dollars. Elle était dans sa poche, le jour de son arrestation, mais il avait pu la dissimuler sous une pile d'habits. Lorsque sa femme avait été remise en liberté au terme de sa garde à vue, à la faveur d'une étreinte il lui avait glissé quelques mots à l'oreille : « pierre... sous les affaires ». Plus tard, il lui avait demandé de planquer le précieux objet dans un puisard, puis de recouvrir le tout de ciment, raison pour laquelle – ah ah ah ! – les enquêteurs ne la retrouvaient toujours pas. Ou plutôt ne les retrouvaient pas, car il n'y en avait pas qu'une...

Les enquêteurs prennent note mais n'interviennent pas tout de suite : ils laissent tourner les bandes. Où ils entendent Daoudi, parti de rien pour arriver avenue Montaigne, expliquer que, si ça n'avait tenu qu'à lui, il aurait enterré les bijoux pendant au moins un an, mais les autres ont fait pression pour récupérer leur part. Où ils l'entendent prévenir un de ses présumés complices que des prisonniers pourraient l'approcher pour tenter de savoir s'il ne resterait pas une pierre dans la nature. Où ils l'entendent pardonner à son fils de fumer du shit, puisqu'il en a lui-même vendu des tonnes, mais demande à sa fille de ne pas mentir à la police, tout en conseillant à sa femme d'apprendre à pleurer pour amadouer les jurés... Au fait, il devrait écoper, si ses calculs sont justes, d'une peine de sept à huit ans de prison...

La cinquième perquisition a lieu le 7 mars 2011. Les policiers se focalisent directement sur une tranchée d'évacuation des eaux où ils repèrent une zone cimentée plus claire : ils percent et tombent sur un flacon en plastique entouré de latex contenant dix-neuf bagues, trois paires de boucles d'oreilles et une étiquette mentionnant un prix : 20 millions de dollars.

Nouvelle tuile pour Daoudi, mais pas la dernière : il se retrouve en garde à vue un mois plus tard, le 6 mai 2011, cette fois dans le cadre de l'enquête sur le premier braquage. Il se dit totalement étranger aux faits, mais doit faire face à un nouvel élément à charge : voilà près d'un an que Mouloud, le vigile, s'est mis à table. Recruté par la bijouterie en juin 2007, il s'est très rapidement confié à Patrick, qui lui a aussitôt parlé de son beau-frère, un « gros bandit » qu'il lui a présenté dès le mois de septembre, à la sortie de la salle de sport. Daoudi n'a pas tardé à entrer dans le vif du sujet : le nombre de vigiles, s'ils étaient armés ou pas... Ils se sont rapidement revus chez Daoudi, une bouteille de whisky sur la table, cigare au bec, et Daoudi, un Kabyle comme lui, l'a mis en confiance, pour ne pas dire « séduit ». C'est leur hôte qui a eu l'idée de déguiser les braqueurs en ouvriers et de les faire entrer par la porte donnant sur le parking, opérationnelle depuis de récents travaux... Lui s'est contenté d'obéir. Il n'est revenu à la salle de sport qu'au mois de février suivant, et a alors touché une partie de ce qui devait lui revenir : 50 000 euros en deux fois, ce qui lui a permis de flamber à Deauville avec sa petite amie. Si tout se passait bien, lui avaient-ils annoncé, ils reviendraient à la charge une année plus tard...

Épilogue provisoire : une sanction financière avec la saisie, en novembre 2012, d'un hôtel acheté (330 000 euros) en juillet 2008 sur la commune de Noisy-le-Sec, dont les enquêteurs sont convaincus qu'il est la propriété de « Doudou ». Tandis que 493 pierres manquent toujours à l'appel, dont quelques-unes de grande valeur. L'avocat du cerveau présumé du casse du siècle, Me Frédéric Trovato, fourbit ses armes : « Comment prétendre qu'un homme qui commet autant d'erreurs puisse avoir monté un braquage de cette ampleur ? » Les accusations tiendront-elles le choc quand viendra le procès annoncé pour le 3 février 2015 ? Pour l'heure, rappelons au lecteur que tous les protagonistes de cette rocambolesque affaire sont présumés innocents.

11.

French Connection, version XXIᵉ siècle

« Le Gaulois », « le Jardinier » et « Moustache »

Officiellement, c'est (encore) un renseignement anonyme qui parvient aux oreilles de la police judiciaire de Marseille en janvier 2007. Un minuscule renseignement qui va accoucher d'une montagne judiciaire : Pierre et Hakim, deux Marseillais, se livreraient à un important trafic de cocaïne et de cannabis entre France, Espagne et Italie.

Les écoutes tournent, les appareils photo crépitent, la calculette s'affole lors du somptueux mariage du fameux Hakim, lequel ne semble exercer aucune activité salariée. Alliances à 11 000 euros, 170 bouteilles de champagne, 180 invités et une chanteuse parisienne : la famille ne se refuse apparemment rien. Multi-options, l'homme aurait un faible pour l'escroquerie à la carte bleue et mènerait son trafic entre Marseille et la Corse où il aurait noué des connexions par le truchement de sa maîtresse. Découverte annexe : son grand frère, Robert Alouache, dit « Robby », passe aux yeux des policiers pour un « parrain » de la drogue. Les écoutes ne le montrent-elles pas en cheville avec un Nîmois à la réputation également bien assise, Richard

Perez, dit « Gargua », avec lequel il cherche à investir dans des salles de jeu et des campings ?

« Robby » se déplace régulièrement à Paris, parfois avec un Marseillais de 38 ans prénommé lui aussi Hakim (décidément !), un Rmiste qui dépense sans compter en sorties, prise les objets de luxe, le tapis vert et les filles. Dans la capitale où les deux hommes achètent apparemment auprès d'un fournisseur prénommé Sofiane une cocaïne de meilleure qualité que celle qui circule d'habitude à Marseille.

Au détour d'une écoute téléphonique surgissent de nouvelles perspectives : « Robby » et Hakim discutent de la reprise de 50 kilos de cannabis de mauvaise qualité avec un certain Ahmed Kheloufi, un Oranais déjà condamné à dix-huit ans de prison pour trafic international, qui tient officiellement une boutique de téléphonie à Marseille. La principale activité de cet homme consiste, semble-t-il, à récolter des fonds à Paris, Nice et Marseille ; il entre régulièrement en contact avec un type qu'il appelle « Gérard », « le Gaulois » ou « le Romain », censé résider en Espagne. Celui-ci paraît surtout s'approvisionner à la source auprès d'un garçon qu'il surnomme « le Jardinier », dont la famille possède des terres dans le Rif...

Les écoutes redoublent d'intensité et, à l'évidence, on n'appelle pas « le Jardinier » pour parler de barrettes de shit, comme en atteste cet hallucinant échange :

– En ce qui concerne les quatre, je ne me souviens plus quel tampon ils comportent, dit « le Jardinier », la mémoire visiblement en panne.

– Tu ne te souviens plus ? s'étonne son interlocuteur de l'autre côté de la Méditerranée.

– J'ai le papier à la maison, tu m'appelles ce soir, parce que là, je suis dehors.

– D'accord, mais pour celle de 200, je lui dis de les emporter ou pas ?

– Écoute, frère, il peut les emporter, moi je lui ai tout donné.

– Non, mais il les emmène ou pas ? Parce que, si elle n'est pas de bonne qualité, ça n'est pas la peine !

– Non, elle n'est pas périmée, mais elle d'une qualité moindre.

– Qu'est-ce qu'elle a : elle ne sent pas bon ou quoi ?

– Moi, je n'ai pas aimé la qualité, tu sais pourquoi ? Parce qu'elle n'est pas à moi et que je ne veux pas m'attirer d'ennuis avec les autres ! Tu comprends ?

– Je le lui dirai, de toute façon.

– Maintenant, elle va arriver et elle sera vendue au prix qu'elle méritera ! C'est tout !

– D'accord.

– Et, pour les six, les miens, ceux qui sont restés, il y a des bonbons dans cinq !

– Ah, tu les as emballés dans les sacs ?

– Ils sont dans un sac de vingt-cinq, emballés dedans ! J'ai découvert deux sacs abîmés, parce qu'il pleuvait fort et qu'ils étaient stockés dans la cave, contre le mur. Je les remplacerai la prochaine fois, à ma charge. Tu le dis au « Grand ».

– D'accord ! Tu ne te rappelles pas, une fois, il t'avait demandé de lui préparer deux mètres [deux tonnes] ?

– Oui, on a travaillé deux mètres.

– Pour lesquels il t'avait envoyé l'argent, je crois.

– Oui, j'ai pris 26 euros, et j'ai encaissé pour les dix de X., et l'autre dont je te parle...

– Il y a 82 ?

– Oui, je crois.

– Je l'ai ici, c'est marqué chez moi ! Et toi, tu n'avais pas le tampon et tu as mis « Boss » !

– Hé oui, et moi, l'euro, je l'avais récupéré à Oujda.

– D'accord.

– Maintenant, on est clair là-dessus ! ?

– Oui.

– Parce que le monsieur m'a appelé en me disant qu'il en manquait encore cinq.

– Il s'est trompé !

– Je le lui ai dit.

– Moi, j'ai fait le calcul et j'ai trouvé 1 160.

– Non, quand même, entre nous on travaille depuis deux ans, on ne va pas retrancher des trucs, c'est honteux ! On ne le fait pas !

– Je sais, je sais, mais lui il ne se souvient pas !

– Tu vois le « Grand » pour savoir si on peut bien bouger ?

– Il veut bouger… et notre cher ami, il a rien fait encore ?

– Notre cher ami, je vais aller le voir demain ou après-demain.

– Ah bon !

– Je le vois demain ou après demain, et les choses commencent à s'améliorer. Je crois que les "pneus" vont commencer. »

Ce n'est pas une bande que traquent désormais les enquêteurs, mais une juxtaposition de cellules dont les membres sont aussi mobiles qu'actifs et interchangeables. La compteuse à billets tourne à plein régime, côté shit et côté cocaïne en même temps, une main au Maroc, une autre aux Pays-Bas. Parfois pour rien, quand un passeur – aléa du bizness – est interpellé en franchissant une frontière. Des incidents décortiqués par ces « commerçants » de haut vol qui entendent tirer tous les enseignements de leurs déboires, comme le montre cette autre conversation au sommet entre deux hommes dont l'un partage visiblement sa cellule avec un détenu interpellé en Méditerranée, dans les eaux internationales, en plein go-fast.

« Dis-moi, mon ami… essaie de demander à celui qui est avec vous de voir comment les policiers les ont attrapés, comment ils font…

– C'est tout simple, répond celui qui est incarcéré, c'est un avion en l'air qui prévient.

– Un avion en l'air ? Et eux, ils l'ont vu ou pas ?

– Si.

– Et ils ont pas fait demi-tour, rien ?

– Ben si... mais ils l'ont allumé, ils visent les moteurs.

– Non ? Ils ont visé les moteurs ?

– Tu sais combien il y en a ici [dans la prison] pour ça ? Soixante personnes !

– C'est pas vrai !

– Tous sont de chez toi !

– Et quand ils allument, ils allument d'au-dessus ?

– Ouais.

– Et il n'y a pas possibilité de se barrer ?

– En fait, c'est un dépisteur. Quand ils allument, ça détecte la chaleur, ça va direct au moteur. Après, ils vident le bateau, mais tout ne coule pas. Le bon produit remonte à la surface, contrairement au « commercial ». C'est ce qui est arrivé à celui qui est avec moi.

– Et après, c'est en mer qu'ils l'ont pété ?

– Oui, ils viennent avec un autre bateau, et voilà.

– Oh là là, c'est la misère, quoi !

– Maintenant, ils ont signé un traité avec Toulon[1] et ils ont droit d'aller jusqu'à la limite de chez vous, à vingt kilomètres de Nador... ouais, jusque là-bas !

– Non !

– Ouais, et c'est le roi [du Maroc] qui a signé.

– C'est le roi ? !

– Même moi, ça m'a choqué. Il y a même des caméras infrarouges.

– Ouais, sur la côte, je sais.

– Il y en a un qui est juste à côté de moi, il m'a dit que c'est plus comme avant. C'est chaud.

---

1. Les forces armées maritimes françaises.

– Essaie de voir exactement comment ça s'est passé, parce qu'on est en train de voir une affaire, avec notre ami. »

En guettant les suites de ce debriefing, les enquêteurs remontent jusqu'à Palma de Majorque, cette île des Baléares que l'équipe semble avoir choisie pour implanter sa nouvelle plate-forme d'expédition du shit, la Costa del Sol étant provisoirement à proscrire parce que trop surveillée.

L'Oranais Ahmed Kheloufi, dit « Moustache », chapeauterait ce vaste « chantier », depuis la commande du cannabis jusqu'au déchargement sur une petite plage dans les calanques de Palma de Majorque, en passant par la « location » d'un équipage. Palma où ont été expédiés deux logisticiens, le fameux « Gaulois », que « Moustache » a connu en prison, et « Daniel », un autre Français, tous deux capables de se faire passer pour de paisibles touristes...

Le 16 avril 2008, une livraison semble imminente, mais la mer est mauvaise. « Ça souffle énormément, une horreur », dit « le Gaulois » au téléphone. La forte houle persiste le lendemain, avec des vents à 100 km/h, mais l'éclaircie est pour bientôt. « Le Gaulois », la soixantaine, se distrait comme il peut en buvant un verre dans un bar du coin, priant pour que la météo s'améliore enfin. La « fête » approche, confie-t-il le lendemain, mais c'est encore une fausse alerte pour les policiers français et espagnols qui planquent alentour. Demain ? Dans la nuit du 22 avril, les observateurs voient « le Gaulois » inspecter les abords de sa villa, éclairant alternativement, avec sa lampe torche, la cime des arbres et le sol, inquiet. Le vent est tombé. Le manège se met en marche le lendemain en fin de journée : « le Gaulois » quitte son domicile vers 18 h 30 et roule jusqu'à l'aéroport de Palma au volant de son 4 × 4 Mitsubishi. Il récupère un homme qui pourrait être d'origine africaine ou métisse, jeune, de petite taille, cheveux courts. On les voit revenir à la villa, inspecter la calanque, puis se diriger peu après 22 heures vers un camion de terrassement (immatriculé dans les Yvelines) stationné sous un arbre. Le vacarme du moteur oblige maintenant les deux hommes à crier pour s'entendre.

« Ça, pour la plage, c'est super ! » lance « le Gaulois ».

À 23 h 15, le camion se met en branle, direction la plage, suivi par le 4 × 4. Au même moment, un gros camion bleu, type camion-benne de travaux publics, quitte l'autre villa et emprunte le même chemin. Jusqu'à minuit, les policiers captent des bruits de véhicules dans la lumière des phares et des lampes torches. Puis les camions remontent à petite vitesse, visiblement très chargés ; ils se rangent dans un chemin menant à une bergerie, le temps d'une brève vérification, puis roulent jusqu'à l'une des villas où ils déchargent les ballots de shit.

Vers 4 heures du matin, « le Gaulois » reconduit à l'aéroport le manutentionnaire d'une nuit, convié à prêter main-forte aux deux sexagénaires.

Trois jours plus tard, à l'aube, un des camions quitte les lieux. Daniel est au volant, mais il y a un passager : un jeune maçon portugais qu'ils ont connu en région parisienne, capable lui aussi de manipuler les ballots à la chaîne.

Ils roulent jusqu'au port où ils embarquent à bord d'un ferry pour Barcelone. Dans la soirée, « le Gaulois » reçoit dans sa villa un appel rassurant : « Bien arrivés, on est de retour demain en début d'après-midi. » Il leur demande juste de bien compter les « outils », les « machins », les « trucs », histoire sans doute d'éviter toute contestation.

À 21 h 30, le camion est intercepté sur la commune de Granollers, à proximité de la capitale catalane, alors qu'il s'apprêtait à entrer dans une zone industrielle. « La fouille de ce véhicule a permis de découvrir une cache contenant soixante ballots de résine de cannabis, de type valises marocaines, représentant environ deux tonnes », consignera un policier dans son rapport.

Le reste du produit (1,5 tonne) est saisi le lendemain dans la villa où les enquêteurs ramassent le parfait matériel du dealer des mers : huit téléphones portables, un téléphone satellitaire, des cartes marines, un GPS, des feuilles de comptes, une trentaine de bidons de cinquante litres remplis de carburant, et un devis concernant l'acquisition d'un bateau pneumatique propice aux go-fast...

Nul ne sait à qui cette marchandise était destinée, mais le réseau mis au jour paraît doté de tentacules sur tout le territoire français. Des jeunes avec des vieux, des Catalans avec des Marocains, des Cannois avec des Algériens, des Parisiens et des Marseillais au milieu : c'est la French Connection nouvelle formule.

À l'heure de se retrouver face aux policiers, les deux logisticiens français admettent ce qu'ils peuvent difficilement nier, une fois confrontés aux kilomètres d'écoutes téléphoniques. Daniel assume avoir été recruté pour prospecter sur l'île de Palma qu'il connaissait pour y avoir vécu. Les Marocains ont entièrement financé son installation sur place, manière pour eux de commencer à lui rembourser l'argent qu'ils lui devaient avant sa précédente incarcération. Ils prenaient tout en charge sur facture, frais de séjour, loyers, billets d'avion, avec promesse de leur verser 50 000 euros une fois la marchandise livrée en territoire espagnol. C'est lui qui a trouvé les villas près d'une plage, ce qu'auraient difficilement pu faire les Maghrébins, « plus visibles », comme il dit. « Avec Gérard, on était à égalité, précise Daniel. On discutait ensemble de l'aspect technique du travail qu'on nous demandait. »

Sur un « pneu » – un bateau rapide, explique à son tour Gérard –, on charge une marchandise appartenant à plusieurs producteurs. Chacun met une centaine de kilos en fonction de ses disponibilités financières, avec à la clef un partage des frais. Le ballots sont tous marqués d'un signe distinctif de telle façon que chacun s'y retrouve. Les Marocains leur avaient conseillé d'acheter des 4 × 4, mais, pour charrier de telles quantités, il a jugé préférable d'investir dans les camions de terrassement. La plage était parfaite en hiver, leurs seuls voisins étant les moutons, mais, à partir du 1ᵉʳ mai, ça se compliquait parce que les parasols fleurissaient autour d'une baraque à frites. La fenêtre de tir était donc étroite, d'autant plus que l'hiver 2007 a été compliqué, pas seulement à cause de la météo :

« À cette époque, il y a eu un grave incident à Nador qui a fait que les "pneus" n'ont pas pu sortir, raconte-t-il. La gendarmerie a même coulé certains bateaux. Ce n'étaient pas seulement nos bateaux, mais l'ensemble des bateaux. Vous savez certainement comment ça se passe, à Nador : tous les bateaux sont mouillés au large dans une sorte d'enclave et les trafiquants attendent l'autorisation des gendarmes – qui sont payés – pour sortir[1]. Je ne sais pas précisément ce qui s'est passé, mais le fait est qu'il y a eu un gros incident entre les trafiquants et les gendarmes, et l'activité a été suspendue pendant plusieurs mois. Ensuite l'été est arrivé et la crique n'était plus utilisable, car fréquentée par les touristes et occupée par des paillotes. Il n'était plus possible de circuler avec notre camion et il y avait un gardien 24 heures sur 24. Vers novembre, quand les touristes sont partis, la tempête s'est installée : à cause du mauvais temps, les bateaux ne pouvaient plus traverser la Méditerranée. Puis il y a eu un problème à cause des islamistes qui avaient caché des armes au Maroc : l'armée a tout fermé et a contrôlé strictement les entrées et les sorties de bateaux. Ce n'est qu'en avril que les Marocains ont pu relancer

---

1. Une assertion qui n'a pas été démontrée.

un transport, et encore, c'était limite, parce que la saison d'été 2008 allait reprendre. D'ailleurs, quand les policiers espagnols sont intervenus, le matériel de plage était en attente d'installation... »

Comment « le Gaulois » s'est-il retrouvé dans cet attelage ? Il ne voulait plus avoir affaire à la France et à sa justice, mais, lorsque cette vieille relation de prison est venue lui proposer de travailler avec lui, il n'a pas dit non : il était à court d'argent depuis que le gouvernement algérien avait restreint la vente de voitures sur son territoire, son bizness de l'époque. Ensemble ils ont parlé du « Nain », réputé gagner sa vie en distribuant du cannabis en Espagne, et, de fil en aiguille, il s'est retrouvé en affaire avec l'Oranais (Ahmed Kheloufi)...

La nouvelle French Connection n'a pas de parrain, elle est protéiforme et celui qui est riche aujourd'hui peut être pauvre demain. Elle a parfois des airs de grande entreprise moderne, surtout quand elle recourt à la sous-traitance, avec tous les risques que cela peut engendrer, ainsi qu'en témoigne cet ultime épisode gravé sur les bandes de la police avant clôture du dossier :

« On avait sous-traité le "chantier" à une autre société, la semaine dernière, et ça s'est mal passé. Le chauffeur, tu sais, on lui avait donné une feuille de route et il s'est planté sur la route, et à la fin il a eu un accident.

– Jure !
– Ouais, j'te jure !
– Putain ! ! !
– Ça fait que j'étais un peu dégoûté, quoi, mais bon, ce n'était pas écrit, qu'est-ce que tu veux y faire ? C'est pour ça que, la dernière fois, je t'ai dit qu'il y avait eu des petits contretemps.
– Putain, t'as pas de chance, je te jure !

– Hé, ce n'était pas écrit, mon frère, qu'est-ce que tu veux ? philosophe le trafiquant.

– Mais nous, on comptait finir ce "chantier" et faire notre entreprise à nous, t'as compris ? C'est le chauffeur, il a merdé... »

Malgré ces écoutes plombantes, les suspects se défendent diablement bien. Leurs souvenirs sont flous, leurs réponses parfois déconcertantes, comme celle de ce mis en examen qui certifie qu'il devait acheter des « panneaux solaires » et non du cannabis. Une prime à la réplique la plus fluide du dossier, celle que fait ce présumé trafiquant au juge qui lui demande pourquoi, ce jour-là, il s'est mis à courir : « Je ne cours pas. Pourquoi courir ? Je faisais peut-être des grands pas, parce que j'avais pris un jus d'orange et que mon ami m'attendait dans la voiture ! »

(En juin 2011 s'est tenu un procès « monstre », à Marseille, avec quarante-trois prévenus. Le tribunal a prononcé des peines de treize et de dix ans de prison contre Ahmed Kheloufi, 46 ans, officiellement gérant d'un taxiphone à Marseille, et Sofiane Boukhedimi, qualifié par l'avocat général de « Mozart du trafic de stupéfiants ». Ils ont fait appel[1].)

L'éleveur d'autruches ne vendait pas que des steaks

Installé près de Casablanca, au Maroc, Mohamed Bouarfa cache bien son jeu : il dirige un élevage d'autruches. En réalité, il fait plutôt dans le végétal : c'est de la résine de cannabis que ses bateaux rapides et ses containers, officiellement chargés de fruits et légumes, transporteraient vers l'Espagne, porte de l'Europe.

---

1. Dans l'attente d'un jugement définitif, tous les protagonistes de cette affaire bénéficient évidemment de la présomption d'innocence.

Sur place, l'un de ses associés, Mohand Zemma, veille sur la logistique, plutôt solide, avec entrepôts en Andalousie, mais aussi en Catalogne, sans compter les villas louées pour héberger les clients. Le tout dissimulé derrière une série de sociétés commerciales donnant l'apparence d'un négoce licite. Une activité qu'il maîtrise sur le bout des doigts, lui qui est recherché par la justice française depuis sa condamnation par défaut à vingt ans de prison par le tribunal correctionnel de Lyon, en 2003. Et qu'il n'exerce pas seul, puisqu'il bénéficierait des lumières d'un « ancien », en la personne de François Pinson, 62 ans : chargé tout particulièrement de veiller sur les lieux de stockage dans le secteur de Cambrils, l'homme a pignon sur rue à Miami Playa, près de Tarragone, où il a ouvert un restaurant à l'enseigne connue des habitués de Marrakech : La Mamounia.

Entre l'« éleveur » et le Français, la confiance est totale mais pas aveugle, comme en témoigne cet échange capté par la police au printemps 2003. Alors que le Français communique l'état de son stock (« Il y a du X5, du X rouge, du X bleu, du cercle noir, du cercle bleu, du X noir et du cercle noir »), Mohamed s'inquiète :

« Quatre grandes [quatre tonnes] dans un seul entrepôt, c'est excessif, il faut en mettre dans un autre endroit. »

Souci d'autant plus brûlant que, ce même jour, l'« éleveur » est questionné par quelqu'un qui voudrait savoir dans quelle mesure François pourrait réceptionner « un gros truc »...

Quelques jours plus tard, mauvaise nouvelle : pratique récurrente dans les parages, le dépôt est fracturé, 2 tonnes sont dérobées. Certains n'hésitent pas à soupçonner le Français, mais l'« éleveur » réplique qu'il le connaît depuis douze ans et qu'il n'a pas hésité à lui confier jusqu'à 10 tonnes durant la période du ramadan. Il s'apprête d'ailleurs à lui expédier 600 kilos de « spécial » (de la qualité), c'est dire ! Roué, « le Vieux » contestera cependant toute participation au trafic au cours de l'instruction.

La structure commerciale serait incomplète sans la présence, dans l'organigramme, d'un pur commercial prénommé Abdoul, passé maître dans l'art de négocier tarifs, quantité et qualité. Lui aussi condamné par défaut par un tribunal de Lyon pour trafic de stupéfiants, il reçoit et alimente ses clients à partir de Malaga. La plupart des convois proviendraient de l'agglomération lyonnaise où est implanté l'un de ses frères, mais aussi de Saint-Étienne et de Grenoble où le shit débarque par centaines de kilos.

Là encore, la logistique tourne bien, puisque deux garagistes de Chassieu (Rhône) et un carrossier de Marseille fournissent aux équipes les moyens de locomotion nécessaires, avec à la clef des facilités de trésorerie – la meilleure façon de « mettre de l'huile dans les rouages », comme on dit au Medef. Deux personnes sont par ailleurs chargées de rapatrier sur l'Espagne une partie des fonds récoltés lors de la revente du produit : un certain Jérôme et son oncle Pierre.

La famille étant la colonne vertébrale de la plupart de ces organisations criminelles, Mohamed Bouarfa peut compter sur l'un de ses frères, installé lui aussi dans la banlieue lyonnaise, pour réceptionner une partie des envois. Mais l'éleveur d'autruches voit grand. Il entretient également d'étroites relations commerciales avec des trafiquants de la région parisienne où l'on retrouve l'un de ses neveux, prénommé Zakaria, régulièrement assisté dans sa tâche par deux convoyeurs, Ahmed, dit « Charly », et Lahouari, dit « le Gros », eux aussi frangins. Un réseau dont les écoutes téléphoniques permettent de penser qu'il n'écoule pas seulement sa marchandise à Lyon et à Paris, mais pourquoi pas en Italie, en Belgique, au Danemark ou en Angleterre...

La surprise est au coin de la route, comme ce jour où les enquêteurs découvrent qu'une voiture utilisée dans le cadre d'un convoi de shit appartient à un célèbre joueur de football professionnel, Éric Abidal, originaire de Lyon. Vérification faite, la star du ballon rond a mis voiture et appartement à la disposition d'un ami d'enfance... Un ami particulièrement adroit, puisque l'interruption du convoi par la police espagnole ne l'empêche pas de parvenir à ses fins au terme de prouesses routières dignes des dribbles de son ami sur les terrains de foot...

Il arrive aussi qu'un voyage tourne au drame, comme en cette nuit du 12 septembre 2003 dans la région de Grenade. La Guardia Civil a pris en chasse deux Audi immatriculées aux Pays-Bas, filant sur l'autoroute entre Almeria et Séville à une vitesse largement supérieure à celle autorisée. Les pilotes, loin de ralentir, accélèrent, contournent une patrouille en alerte, puis font demi-tour sur l'autoroute en vue d'un nouveau barrage. Les voilà qui remontent la voie à contresens, en pleine nuit, sur deux kilomètres, jusqu'à la première bretelle dont ils profitent pour sortir. On les voit traverser deux villages avant d'abandonner leurs véhicules. Quatre hommes déguerpissent, laissant derrière eux une marchandise évaluée à 1,7 million d'euros (1 336 kilos de résine d'une qualité supérieure). L'un d'eux escalade un mur, se lance au-dessus du vide pour rejoindre un toit, mais s'écrase au sol ; prénommé Ali et demi-frère de Mohamed Bessame (dont le lecteur a fait connaissance au chapitre 4), il mourra quelques semaines plus tard des suites de ses blessures. Les deux Audi ont été volées dans l'Isère, sur la commune de Saint-Martin-d'Uriage. Fournisseur de l'équipe, à en croire le téléphone saisi dans la poche du défunt : le fameux Abdoul.

Parfois surnommé « Papillon », l'« éleveur » est insaisissable : recherché par la justice rouennaise pour trafic de stups, il aurait quitté la France d'un coup d'aile, dans le courant de l'année 2000, pour aller se poser en Algérie avant de s'envoler vers le Maroc... Et d'exceller dans sa spécialité la plus connue : l'expédition de tonnes de cannabis, commerce qui lui vaudra une condamnation à dix ans de prison en 2005 après son extradition par le Maroc. Une mauvaise année, puisque son propre père verra au même moment sa peine de cinq ans d'emprisonnement, pour « blanchiment et non-justification de ressources », confirmée par la cour d'appel de Lyon. Une sanction motivée par l'acquisition de 257 kilos d'or pour un montant de 2,2 millions d'euros et la détention de comptes très garnis au Maroc, produit, selon la justice, du commerce de ses fils prodigues...

Mais nous n'en sommes pas là. Pour l'heure, les enquêteurs sont pendus aux téléphones portables utilisés au Maroc par l'« éleveur ». La neutralisation par la PJ de plusieurs de ses gros acheteurs lyonnais et grenoblois, en 2003, ne semble pas lui faire plus d'effet qu'un film de Quentin Tarentino à une autruche. Mohand Zemma, alias « Chrono », « l'Ancien », « Gros » ou « Tony », son lieutenant en Espagne, s'active plus que jamais. Lui aussi recherché en France, à Lyon et à Grasse, il a quitté l'Hexagone en 2001 pour venir se fixer aux avant-postes du trafic, sous une fausse identité : il se prénomme désormais Farid. Il alimente les équipes qui frappent à sa porte, mais recrute aussi ses propres convoyeurs qu'il rémunère plutôt grassement : 15 000 euros par voyage.

Cette prospérité connaît cependant un brutal coup d'arrêt le 1er décembre 2004, lorsqu'une unité spéciale de la Guardia Civil envahit une villa aux environs de Séville. Deux Lyonnais sont appréhendés : Laurent, 27 ans, et Najib, 43 ans, mais un troisième homme se volatilise au volant d'une Audi A3, laissant derrière lui 286 kilos de résine, une douzaine de téléphones, un scanner, trois puissantes berlines et tout le matériel nécessaire pour aménager des doubles-fonds dans les voitures. Plus un permis de conduire portant la photo de Mohand Zemma, né en 1951 à Sétif, Algérie, et un ordinateur qui va faire les délices des enquêteurs.

L'expert informaticien tombe rapidement sur les coordonnées de l'élevage d'autruches de « Momo », à côté d'une série de photos prises sur place au printemps 2003. Mais le plus intéressant est ailleurs : « Chrono » est porté sur l'écriture. Il a notamment consigné cette incroyable profession de foi :

« Les Marocains du business savent qu'il est nécessaire d'avoir un dispositif de réception du matériel géré par des gens capables, qui ont la tête solide. Le travail que je fais demande beaucoup de précisions, car il ne faut pas faire n'importe quoi et ce n'est pas au premier chiffon venu à qui on peut confier un job pareil. Le dispositif que j'ai mis en place est très sophistiqué et répondra de la manière la plus efficace possible au besoin du business. »

Pas peu fier, l'homme se prend visiblement pour un as du trafic. Il se projette surtout dans l'avenir, comme si rien de grave ne pouvait lui arriver, prenant très au sérieux son invincibilité. Il est vrai qu'il a bien fait les choses : cinq sociétés fictives ont été montées au Maroc, en Espagne, en Grande-Bretagne et à Chypre pour habiller d'une dose de respectabilité son commerce illicite.

En chef d'entreprise avisé, « Chrono » a créé dans son ordinateur une rubrique « Dépenses ». On y apprend qu'il loue trois entrepôts, deux bureaux et trois villas, dont deux à Tarragone. Montant des frais au cours des six derniers mois : 134 000 euros. Soit « 100 kg de l'article pratiqué par Momo », écrit-il.

À en croire cette précieuse comptabilité, 4 380 kilos de résine ont été livrés durant l'été 2003, ce qui lui a permis d'encaisser 1 379 000 euros et 65 000 livres sterling. « Livraison 200 kg de premier choix spécial et 40 kg de premier choix – matériel géré par Momo », consigne le commerçant. Ou encore : « 210 kg de premier choix-Babaye-payé cash ». Mais Mohand n'en est pas moins endetté : il doit très précisément 100 000 euros à l'éleveur d'autruches… Entendue par les enquêteurs, sa compagne espagnole, Francesca, employée d'une agence immobilière de Marbella, confirme ce qu'ils savent déjà : elle était chargée de la location des appartements, notamment pour les acheteurs venus de Lyon, mais, jusqu'à preuve du contraire, elle ne fournissait pas le scooter des mers avec les clefs de la villa…

Alors que Mohand est toujours en fuite, un certain « Pokémon » évoque son cas au téléphone avec Mohamed Bouarfa, un jour de la fin décembre 2004 : « Il va mal finir, il doit de l'argent à pas mal de gens. »

Prémonitoire, à en juger par la découverte que fait la Guardia Civil, le 29 avril suivant : celle d'un cadavre amputé des deux mains et emballé dans un sac en plastique lesté, rejeté par les eaux d'un lac artificiel, dans la province de Valence. Abattue de trois balles, précise le rapport d'autopsie, la victime est identifiée grâce à ses dents : Mohand Zemma. Ses complices ont plus de chance : ils attendent le verdict d'une justice moins expéditive, puisqu'elle condamne dans les limites du code de procédure pénal.

Une passeuse à Rotterdam

On rapporte que dans la famille Chicha, le grand frère, prénommé Hicham, né à Alger en 1977, importerait du cannabis en provenance d'Espagne ; le plus jeune, Abdallah, né à Thionville (Moselle) en 1982, superviserait, pour sa part, l'acheminement d'héroïne, de cocaïne et d'herbe en provenance des Pays-Bas. C'est du moins ce qu'assure le renseignement transmis en 2009 à l'antenne messine de la police judiciaire, la « source » ayant pris soin de fournir les trois numéros de téléphone des frères, deux Néerlandais et un Luxembourgeois, mais pas seulement : d'emblée, les enquêteurs disposent du prénom du fournisseur présumé, un certain Mimoun, un Marocain implanté à Rotterdam ; ils connaissent le nom de celui qui s'occuperait de la logistique, leur propre beau-frère, Joseph, alias « Pépé », né à Metz en 1975, qui serait assisté dans sa tâche par un certain Karim, dit « le Big », chargé de la liaison avec les dealers de Thionville et des environs ; ils disposent enfin de l'identité des associés du grand frère : Abdelkader, né à Thionville en 1973, et Mohamed, né à Hayange en 1966...

Concurrent dépité ? Jalousie ? Vengeance ? Retour de bâton après une arnaque ? Dans ce milieu, on doit s'attendre à tout, en l'occurrence à une chute programmée : les éléments fournis à la police sont suffisamment précis pour justifier l'ouverture d'une information judiciaire en novembre 2009. Il n'y a plus qu'à faire tourner les bandes enregistreuses et à effectuer quelques filatures en mettant dans le coup les collègues néerlandais.

Abdallah, domicilié aux Pays-Bas, s'appuierait sur une passeuse prénommée Songul, née à Mons (Belgique) en 1985. D'origine turque, âgée de 25 ans, la jeune femme racontera sans détour comment elle a été recrutée et de quelle façon s'est déroulé son premier voyage :

« L'histoire a débuté pendant la période des fêtes, à la fin de l'année 2009. Je suis sortie en boîte avec des amis à Bruxelles. J'ai fait la connaissance d'un homme qui s'est présenté sous le nom de "Magdum". On a parlé ensemble, je lui ai expliqué que j'étais à la recherche d'un travail et que j'avais des soucis d'argent. Ce gars m'a demandé si j'étais intéressée à faire des transports de marchandises. Il m'a expliqué que je pourrais toucher entre 400 à 500 euros par transport. Je lui ai demandé les distances que je devrais parcourir. Il m'a simplement répondu qu'il y avait environ trois heures de route...

« J'ai hésité, mais le gars s'est aperçu que j'étais intéressée. Je lui ai laissé mon numéro de téléphone, et deux jours après il m'a appelée. J'étais à Mons et il m'a demandé de venir à Bruxelles à côté de la gare du Midi. Il avait une Golf noir avec des plaques belges. Je l'ai suivi jusqu'à Rotterdam, et à un moment donné il m'a fait signe de me garer. Je suis sortie de la voiture et je suis entrée dans un cybercafé. Deux heures plus tard, il m'a rappelée et m'a dit de revenir vers la voiture. Il s'est garé derrière moi et il a mis quelque chose dans le coffre avant de me demander de le suivre jusqu'à l'autoroute, puis il m'a rappelée et il m'a dit de prendre la direction du Luxembourg. Il roulait à environ dix à quinze kilomètres devant moi et m'a dit que, le moment venu, il ralentirait pour que je puisse le rejoindre, ce qu'il a fait peu avant la frontière luxembourgeoise. Nous sommes sortis de l'autoroute et nous avons pris une route nationale sur plusieurs kilomètres. Nous nous sommes arrêtés sur le parking d'un hôtel, le gars a repris sa marchandise et il m'a payé les 400 euros... »

Pour le reste, la jeune fille, surnommée « Gugule » par ses employeurs, ne sera pas d'un grand secours. Elle ne connaît que les pseudos des garçons, « Juju », « Tino », « David », « Magdum », mais elle serait bien incapable de les reconnaître pour la simple et bonne raison qu'elle faisait en sorte de ne jamais les regarder...

« Le problème, réplique-t-elle au juge qui insiste, c'est qu'ils s'appellent tous "cousins". Je faisais mon rôle de passeuse, et c'est tout. »

Elle n'était pas complètement à leur disposition, mais quand même « OP » (opérationnelle) la plupart du temps, comme la fille qui avait fait le boulot avant elle. Debout à 5 heures, départ à 6 heures, arrivée à Rotterdam vers 9 heures, retour au Luxembourg à 14 heures. Sans avoir la moindre idée du produit qu'elle transportait ni de la quantité ; d'ailleurs, elle n'a jamais rien senti : elle n'a pas « le nez fin »...

Ceux qui ont connu la French Connection première mouture savent que les Marseillais utilisaient ce genre de passeurs issus de la société civile pour acheminer vers le Mexique ou les États-Unis leurs voitures ou leurs valises chargées d'héroïne. Où l'on voit que les petites mains de la came comptent autant que ses rois (dont la justice, en l'occurrence, n'a pas définitivement scellé le sort, permettant aux frères Chicha de jouir de la présomption d'innocence).

Après son arrestation, « Gugule » reconnaîtra une trentaine de voyages. L'occasion, pour les enquêteurs, de confirmer ce qu'ils savaient déjà : avec l'Espagne, les Pays-Bas sont l'autre plate-forme des stupéfiants en Europe. Une terre d'accueil où les trafiquants s'emploient à entretenir des façades légales sous forme de sociétés commerciales, pourquoi pas avec voitures de fonction. Où ils accumulent des fortunes suffisantes pour parer aux incidents de parcours et, le cas échéant, façon milieu corse, exercer quelques pressions sur un témoin ou un accusé dont le silence serait le bienvenu. Où Marocains et Algériens, enfin, se fondent sans trop de mal parmi leurs compatriotes insérés en grand nombre dans la société et l'économie ordinaire. Ils en ont un exemple sous les yeux avec le fameux Mimoun : officiellement patron d'un coffee-shop, le Café West, le Marocain gère une boutique rentable et bien approvisionnée, à en juger par la marchandise saisie à l'un de ses domiciles : une centaine de kilos de cannabis, un kilo de poudre blanche, une presse pour fabriquer les pains de cocaïne ou d'héroïne, et quelques milliers d'euros.

12.

Les fourmis réfractaires

« Sur ma vie,
il va flipper quand je vais le péter »

La génération kalachnikov bénéficie d'un vivier fourni. Elle se renouvelle sans cesse par le bas, dans ces cités où les points de deal servent d'écoles du crime. Des points si nombreux que la police ne pourrait les juguler tous en même temps, d'autant que la moindre enquête demande un investissement considérable en temps et en hommes, ainsi qu'en témoignent les efforts réalisés au Luth, l'une des cités les plus endurcies des Hauts-de-Seine, située sur la commune de Gennevilliers. Une cité devenue le « symbole du supermarché de la drogue », comme l'écrit en mai 2009 ce fonctionnaire de police, à l'heure où la sûreté départementale a décidé de revenir à la charge sur le terrain, parce que le deal repousse toujours là où il est enraciné :
« Durant près de vingt ans, le trafic d'héroïne a fait la légende du lieu, connu dans toute l'Île-de-France et bien au-delà. Plusieurs opérations d'envergure réalisées à la fin des années 1990 et au début des années 2000 finirent par mettre à mal le deal. Ces dernières années ont vu une réorganisation et une reprise du trafic au sein de la cité. Après avoir sévi dans la barre

Gérard-Philipe, rue Eugène-Delacroix, puis sur le boulevard Beaumarchais et la rue des Lots communaux, les dealers s'installent désormais dans le centre commercial situé au cœur de la cité : le Penny Market. La disposition des lieux, associée à une parfaite organisation des trafiquants et des guetteurs, tient régulièrement en échec les efforts des forces de police pour endiguer ce deal ou interpeller des acheteurs de drogue. »

Les effectifs du commissariat local ne sont pas dupes. Ceux de la brigade anticriminalité connaissent à peu près tous les noms des personnes impliquées dans le deal. Seules de longues surveillances permettraient de préciser le rôle des uns et des autres, mais deux frères semblent se détacher du lot : « Bilou » et « Sheitan ». Ils circulent à bord d'une Golf qui ne leur appartient pas et semblent ravitailler régulièrement les vendeurs du Penny Market. Des informateurs signalent également les fréquents arrêts de cette voiture devant un immeuble qui pourrait bien abriter leur « nourrice » chargée de stocker les produits…

Un bon début, certes, mais il est d'autres indices, comme le retour sur le terrain de plusieurs garçons – Tony, Hassan, Hamadi, Moussa… – condamnés au début des années 2000 après la découverte de 5 kilos de cocaïne et d'héroïne dans le secteur. Parmi les nouveaux, Antar, que la sûreté du Val-d'Oise interroge après la mort par overdose d'un client régulier du Luth, avant de le relâcher. La récupération de deux numéros de téléphone utilisés par les frères devrait permettre quelques avancées, mais le terrain est mouvant : sous la pression de plusieurs commerçants excédés, le Penny Market est menacé de fermeture.

Premières planques sérieuses avec vue sur le parking Salvador-Allende et l'entrée commerciale. Rien à signaler avant 14 heures et l'arrivée de deux garçons « de type nord-africain » qui pénètrent dans le centre commercial « en jetant plusieurs regards alentour ».

Trois minutes plus tard se présente un autre individu, « 25 ans environ, teint mat, corpulence mince, tee-shirt noir, bas de jogging noir, lunettes de soleil », qu'ils reconnaissent : « Bilou », né au Maroc en 1980. Il entre dans le centre, y reste quelques minutes, réapparaît, méfiant comme celui qui sait qu'on pourrait le surveiller. L'équipe se met doucement en place, avec, à l'entrée, le guetteur chargé de signaler la moindre anomalie ; on communique par signes. Des barrettes sont échangées, du moins quelque chose qui y ressemble, tandis que commence le manège des clients qui viennent à pied, à vélo, à moto ou en voiture. Le fonctionnaire consigne :

« Moussa va se positionner en surveillance devant l'entrée du centre commercial. Bilou met un sac plastique contenant quelque chose dans sa poche de pantalon, tout en scrutant les alentours. Moussa lui fait signe de la tête. Bilou entre alors dans le centre commercial, à pied, tout en regardant aux alentours, et demande à Moussa de bien regarder lui aussi aux alentours en lui faisant des signes de la main.

« À 14 h 31, Fouad entre dans le centre commercial. À 15 h 04, un individu monté sur un vélo rouge et blanc, de type européen, 25 ans, casquette noire, sweat noir et pantalon de jogging noir, entre dans le centre commercial. L'individu au vélo sort du centre, regarde à droite à gauche et prend contact avec Moussa dans le hall d'entrée du centre. L'individu au vélo sort plusieurs billets de banque et les tend à Moussa qui lui remet une bombonne blanche, caractéristique des bombonnes de stupéfiants. L'individu met alors la bombonne dans sa sacoche en bandoulière et repart à vélo.

« À 15 h 21, arrivée d'un Européen, 20 ans, vêtu d'un tee-shirt vert avec une inscription blanche dans le dos et d'un jean de type baggy. Il entre dans le centre commercial. Il prend contact avec Fouad et lui tend un billet de banque ; Fouad lui donne en échange un morceau marron, caractéristique de la résine de cannabis.

Le tee-shirt vert le met dans sa poche de jean et ressort du centre commercial.

« À 15 h 46, un Européen, 30 ans environ, cheveux rasés, vêtu d'un jean bleu, d'une veste noir et d'un pull à rayures roses et violettes, sort du centre commercial et met dans sa poche un objet marron caractéristique de la résine de cannabis... »

Et ainsi de suite, durant des pages et des pages fastidieuses, répétitives, mais indispensables si l'on veut renvoyer un jour ces fourmis devant un tribunal.

« La difficulté tient principalement à la configuration des lieux [une cité étendue, avec de grandes barres d'immeuble] et à l'organisation complexe du deal », note le policier chargé d'envoyer une synthèse au parquet de Nanterre, non sans rappeler qu'il a fallu plusieurs mois pour découvrir les points de surveillance. « Le Penny Market est le centre névralgique du deal, recélant un point de vente, poursuit-il. Il apparaît clairement que les dealers ont pris possession de l'endroit au profit de leur business, à tel point que les commerces ferment les uns après les autres, la mairie envisageant la destruction du centre dans un avenir proche. En parallèle, plusieurs vendeurs se dispatchent dans des halls des alentours, et en changent régulièrement afin de se prémunir contre une éventuelle opération de police. »

Des chefs présumés aux « bras droits », des vendeurs aux (trois) nourrices, les enquêteurs croient y voir un peu plus clair au milieu de l'automne. Les effectifs de la BAC contrôlent une femme qui reconnaît abriter chez elle barrettes et argent. Elle dénonce plusieurs acteurs du trafic : « Sky », « Ninja » et « Krim ». Mais c'est un nouveau renseignement qui permet d'identifier le possible fournisseur de la cité, un certain Nassim qui planquerait sa marchandise chez un mineur. Nouvelles surveillances, nouvelles écoutes : on croit repérer son « homme de main », surnommé « Clic »...

Près d'un an après les premiers repérages, le 3 mai à l'aube, vingt suspects sont interpellés, à commencer par « Sam » vers qui semblent converger les billets de banque et qui manipule le cannabis en plaquettes. Le jeune homme met sur le compte de sa consommation personnelle les 55 grammes découverts chez lui, mais n'explique pas la présence de cartouches de calibre 38 et 11,43. Tout juste admet-il se rendre au Penny Market pour « fumer des joints ». On l'a vu descendre à Marseille ? C'était pour apporter un morceau de shit à une fille dont le compagnon était en prison. Lui, trafiquant ? Une plaisanterie, même si on a trouvé 660 grammes de cocaïne et 1 840 euros en petites coupures chez son présumé « bras droit », Nassim, qui tente de se faire passer pour une simple « nourrice »...

Jamal, que les enquêteurs présentent lui aussi comme un « chef », n'a pas de chance : tous ses frères ont été poursuivis pour trafic de drogue. On a vu Sofiane, Alexandre, Olivier et Slimane lui remettre de l'argent à la fin de la journée, comme s'ils vendaient pour son compte ; on l'a vu compter les billets, puis payer les vendeurs ; on l'a vu dissimuler un lot de barrettes derrière la grille d'un magasin fermé, le seul commerce à résister dans ce centre étant celui du shit ; et encore remettre une partie de l'argent à Samir, le présumé fournisseur. Sorti de prison en 2009, il nie en bloc, admettant tout juste avoir « dépanné » d'un ou deux joints.

« Ninja », estampillé « contremaître », nie lui aussi toute participation, et même se faire appeler « Ninja ». Il a beau vivre dans cette cité depuis plus de vingt ans, il ne connaît d'ailleurs aucune des autres personnes mises en cause. Nouha, le plus riche de la bande, à en croire les 27 000 euros saisis chez lui, s'en sort bien : ses billets sont faux. Slimane minimise son rôle : il vendait deux barrettes par semaine pour financer sa propre consommation. Pour le reste, même silence que

les autres : il ne connaît personne et nie en bloc. « Clic »
admet traîner de temps en temps au Penny Market
pour « gratter du shit », mais n'a jamais entendu parler du point de deal. Alexandre est « innocent » : s'il
connaît les autres, c'est juste qu'il a grandi avec eux au
Luth. Olivier a peut-être découpé une plaquette, mais
qu'on ne compte pas sur lui pour dénoncer les autres.
Le mineur vit seul avec son frère depuis le décès de
leurs parents ; les 7 145 euros en petites coupures, les
120 grammes de shit et les 30 grammes d'herbe retrouvés chez eux appartiennent à un certain « Spock » qui
ne vit pas au Luth, mais aux Agnettes... Farida, l'une
des « nourrices », est la seule à faire une concession :
elle touche 100 euros tous les vendredis pour garder
le produit chez elle où le vendeur monte trois à quatre
fois par jour. La deuxième « nourrice », un homme, se
déclare fumeur de joints, endetté jusqu'au cou et interdit bancaire. Quant à la troisième, on la convoquera
plus tard : elle est handicapée par une sévère surdité.

Restent les deux frères, nœud présumé de ce réseau
comme il en existe des centaines dans la seule Île-de-
France. « Défavorablement connus des services de
police, comme on dit », ils se révèlent particulièrement coriaces dans l'épreuve. Le plus jeune, Sheitan
(21 ans), n'hésite pas à se jeter sur les policiers de la
BAC venus pour l'arrêter, matraque télescopique en
main ; les fonctionnaires sortent le Taser, mais il se
débat longuement. Une irritation probablement due au
fait qu'il s'est fait « sauvagement agresser » le week-end
précédent dans le Val-d'Oise où on lui a volé la Golf
utilisée pour le trafic ; et aussi à une certaine propen-
sion à la bagarre, à en juger par l'équipement saisi chez
lui : batte de baseball, couteau, bombes lacrymogènes,
poinçon bricolé...

« Bilou », présenté comme le « chef » du point de
vente, consent à répondre aux questions de l'enquêteur. Il se présente comme ouvrier du bâtiment pour

un salaire mensuel de 1 100 euros, célibataire, sans enfant. Il fume modérément du cannabis, mais jure ne pas faire partie d'un quelconque réseau. Pour le reste, Bilou a réponse à tout, jugez-en :

« Nous avons découvert 1 000 euros chez vous ce matin : d'où vient cet argent ? demande le policier.

– C'est une dette qu'on me devait. Un gars m'avait rayé la voiture, il m'a remboursé.

– Vous avez été contrôlé par les policiers avec de l'argent liquide, souvent des 200 euros, qu'avez-vous à dire ?

– C'est faux, je n'avais pas d'argent sur moi.

– Donc, ces policiers sont des menteurs ?

– Oui, c'est des menteurs.

– Vous ne connaissez pas l'adresse de votre employeur, son nom ni son prénom ?

– Non, je ne l'ai plus en tête, j'ai le contrat de travail chez moi.

– Comment êtes-vous payé ?

– À un moment, il me payait en chèque, et après en liquide.

– Où encaissez-vous vos chèques ?

– À ma banque, au Maroc. Non, en fait, je connais un mec de Gennevilliers qui me prend mes chèques et qui me donne de l'argent liquide. Je ne vous dirai pas son nom par peur de représailles.

– Où est le bénéfice de cette personne, à prendre votre chèque contre de l'argent liquide ?

– Bah, aucun, il fait ça avec tout le monde.

– Comment votre frère fait-il pour rouler en Golf R32, payer l'assurance, l'essence, sachant que cette voiture est un "gouffre" [plus de 16 litres au cent], que votre frère n'est pas réputé pour rouler doucement, et qu'il roule toute la journée ?

– L'assurance, c'est pas lui qui paye, c'est le propriétaire.

– Le propriétaire est quand même gentil, puisque c'est votre frère qui la conduit en permanence ?

Le policier évoque un sac en plastique rempli que Bilou a transmis lors d'une surveillance.

– C'est des briquets. C'est un mec qui travaille à Champion et qui me sort des briquets.

– C'est vous qui donnez le sac !

– Je lui ai donné une paire de baskets.

– Vous vous souvenez de cela, et vous ne vous rappelez plus le nom de votre employeur ni de son adresse ???

– Voilà, avec l'interpellation, je suis un peu ému.

Le policier insiste sur sa présence dans le centre commercial.

– C'est mon quartier, j'habite là-bas, chaque mec a sa cité et il galère dedans.

– Savez-vous qu'il y a un trafic de stupéfiants au Penny Market ?

– Oui, je sais qu'il y a un trafic, je connais tout de ce trafic, mais je ne vous dirai rien, car j'ai peur des représailles. Je n'ai rien à voir avec tout ça !

– Vous remettez en cause la véracité de nos surveillances ? Sommes-nous également des menteurs ?

– Je vous jure sur la tombe de mon grand-père que je ne fais rien. Vous confondez !

– Pour quelqu'un qui normalement travaille toute la journée, vous êtes au Penny Market toute la journée également. Avez-vous un sosie au point que la BAC et nous-mêmes nous nous trompions ?

– Il y a plein de mecs qui me ressemblent, c'est possible.

– Comment pouvez-vous nous expliquer que vous passez vos journées avec des personnes actives dans ce trafic de stupéfiants, à parler avec ces dealers, parfois en les "engueulant", en leur donnant des ordres ?

– Des fois, on dit des conneries derrière mon dos, alors je m'énerve.

– Le 24 mars 2010, vous avez été trouvé porteur de 640 euros en billets de 50, 20 et 10. Qu'avez-vous à dire ?

– C'est faux, c'est des menteurs.

– Pourquoi ces quatre policiers mentiraient ?

– Parce qu'ils m'en veulent.

– Décidément, les policiers de Gennevilliers sont des menteurs : y a-t-il un complot contre vous ?

– Oui, c'est comme ça que je le sens.

– Les 7 000 euros découverts chez vos parents, à qui sont-ils ?

– Bah… c'est à moi, c'est mes économies. Je faisais du travail au black.

– Le 16 avril, vous envoyez un SMS où vous dites : "Je suis au quartier, il m'a dit qu'il ne restait plus de noir, passe au quartier si tu peux." Qu'avez-vous à dire ?

– Je sais pas, peut-être que je parlais d'un Noir, d'un Africain.

– Suivant les quartiers, le "noir" correspond à de la résine de cannabis afghane ou à du *seum*, cannabis marocain de très bonne qualité, n'est-ce pas ?

– Non, pour moi, c'est un renoi. »

En refermant le dossier, le capitaine ébauche une conclusion provisoire : « Cette enquête a permis de mettre au jour l'organisation complexe du deal au Luth (Gennevilliers) et d'identifier ses différents acteurs. La quasi-totalité d'entre eux ont déjà été condamnés pour trafic de stupéfiants. Ces expériences de la garde à vue les ont endurcis. Ils appliquent les règles des voyous lors des auditions : ne rien reconnaître. Ne pas parler des autres. Ne pas signer les procès-verbaux.

« Rappelons que Y. est employé par la régie du Luth, que X. est médiateur dans ce même quartier, et que les frères B. ne connaissent pas leur employeur, et pour cause : afin de bénéficier de régimes de semi-liberté, ils ont fourni de faux contrats de travail et de fausses fiches de paie. »

Les investigations se poursuivent tandis que deux des protagonistes, dont l'un est sous les verrous, devisent au téléphone du devenir de leur quartier et des malheurs qui les accablent :

« Franchement, le quartier, il pue la merde, t'as vu.

– Je m'en doute.

– Y a que des poucaves [balances], en fait.

– T'as tout compris.

– À part les numéros, ils ont pas donné de blaze.

– Non, ouallah.

– Je sais pas c'est qui, c'est de la violence. Les gens, ça se voit, ils savent tout, t'as vu.

– Je t'ai dit, c'est l'autre, en bas. Apparemment, il travaille avec eux, ou je sais pas quoi.

– Qui ça ?

– L'autre, en bas de chez toi.

– Je t'ai dit, lui, faut lui baiser sa mère. Tu veux pas comprendre.

– Vas-y, t'inquiète pas, dès que je vais sortir, je vais m'en occuper.

– Moi, je te dis direct !

– Je te dis : il travaille avec les keufs, on peut rien lui faire, on sait jamais...

– Comment ça, on peut rien lui faire ? C'est une blague, ou quoi ? Cagoulés, on fait tout ! [...] Il a tout pris, ce fils de pute. Et, sur ma vie, il va flipper, quand je vais le péter. »

À suivre[1]...

---

1. Les conclusions d'un capitaine de police ne faisant pas des protagonistes de cette affaire des coupables, ils sont présumés innocents jusqu'à la décision judiciaire.

La source

L'homme a été interpellé en 2007 par la brigade des stupéfiants de Paris. Au printemps 2011, il refait surface, si l'on en croit un renseignement selon lequel cet Abdallah, né au Maroc en 1979, s'est remis à brasser héroïne et cocaïne dans les Hauts-de-Seine et la Seine-Saint-Denis où il vit.

La « source » a fourni un numéro de téléphone... déjà apparu dans un autre dossier qui s'était soldé par l'arrestation de trafiquants chevronnés et la saisie de plusieurs kilos de drogue, mais le suspect se révèle aussi mobile que précautionneux et méfiant. Il commet cependant quelques erreurs, puisque les policiers assistent à ce qu'ils pensent être des transactions à Levallois-Perret, Clichy, Livry-Gargan et dans le 16ᵉ arrondissement parisien... Et puis la « source » est bonne pâte, puisqu'elle alerte les enquêteurs au sujet d'un aller-retour Paris-Amsterdam que prévoit Abdallah le 21 août 2011...

Il ne reste plus qu'à récolter les vidéos auprès des barrières de péage pour confirmer l'heure de passage de la Polo et baliser ce que les enquêteurs présument être un go-fast en bonne et due forme. D'ailleurs, ce garçon est trop confortablement installé dans son pavillon, avec femme et enfants, pour quelqu'un qui ne déclare aucun revenu.

« Ces éléments nous laissent penser que le nommé D. Abdallah est à la tête d'un important trafic de produits stupéfiants », écrit un enquêteur qui note, à charge, un passé judiciaire lourd, l'absence de téléphone portable connu, une adresse officielle bidon, des correspondants dans de nombreuses cités du 92, du 93 et du nord de la capitale, et cet aller-retour vers l'Europe du Nord, « lieu d'approvisionnement de nombreux dealers ».

Dernière bizarrerie : on l'appelle parfois « Mac Deluxe », sans doute à cause de son côté fast-service, avec la qualité en prime...

Autant le dire, avec de tels renseignements, les enquêtes vont nettement plus vite que celles que mènent les services locaux dans les cités. Le présumé go-faster se retrouve rapidement confronté à une juge, mais il a quelques arguments à faire briller (et pas mal d'humour, lui aussi). A-t-on la preuve qu'il loue régulièrement des voitures et qu'il les rend avec un kilométrage élevé ? « On va en Espagne, proteste-t-il, on est trafiquant de shit ; on va en Belgique, on est trafiquant aussi ; on va dans les pays de l'Est, on trafique les armes... C'est comme si on ne pouvait plus circuler librement. J'allais voir les prostituées à Bruxelles. Plusieurs fois je me suis fait contrôler au péage par les douaniers et des gendarmes qui ont effectué des fouilles avec le chien labrador. »

Mais pourquoi donc se déplacer jusqu'en Belgique pour voir des prostitués ?

« Parce que en France il n'y a rien, réplique Abdallah. Elles sont moches, c'est des travelos. »

Pourquoi laisse-t-il son portable chez lui quand il loue des voitures ?

« Parce que, sinon, ma femme appelle et me casse la tête. Si on ne prend pas son téléphone, ça veut dire qu'on fait quelque chose ?

– Ce peut être un moyen pour qu'on ne sache pas où on est, riposte la magistrate.

– J'y vais avec ma carte bleue, je passe par le péage, je me fais contrôler par les douaniers, réplique Abdallah. Si je voulais me cacher, je prendrais une voiture volée et je passerais par les nationales. [...] Vous pouvez très bien éteindre votre téléphone, être à un mariage, en famille, avec des invités. Là encore, rien de suspect ! Par exemple, vous, là, on est en train de discuter, votre portable vous l'éteignez. Ça ne veut rien dire, ce que vous dites ! »

Mais le présumé trafiquant n'est pas seulement là pour répondre aux questions. C'est lui qui a demandé à voir la juge, parce qu'il conteste radicalement les faits qui lui sont reprochés et il sait de quoi il parle : avec l'ordinateur dont il dispose dans sa cellule, il a comparé son dossier à celui de ses codétenus : « Il y a plein de zones d'ombre, de choses farfelues, déclare-t-il. Il n'est pas besoin d'avoir un bac + 5 pour comprendre qu'il y a des choses bizarres, dans ce dossier. Même un "bleu" ferait mieux. »

Dans sa ligne de mire, ce renseignement qui cache, selon lui, une écoute illégale. Son avocat, Me Thomas Bidnic, a d'ailleurs déposé une demande pour que soit levé l'anonymat de la source, mais il en est à peu près certain : les policiers disposent de son numéro de téléphone depuis qu'il est intervenu, fin 2010, à Clichy, pour neutraliser un fou qui déambulait dans la rue, armé d'un couteau.

« Considérez-vous que l'on peut vous faire confiance, que vous êtes quelqu'un de fiable ? demande la juge.

– Bien sûr : mettez-moi sur écoute, suivez-moi, il n'y a pas de problème. Je peux vous poser une question ? Est-ce que vous me faites confiance ? »

La juge ne répond pas. Lui poursuit sa démonstration. Il veut voir les photos prises par les policiers quand il était, disent-ils, en train de décharger : « Les policiers voient des sacs et pensent que c'est de la drogue à l'intérieur, di-il, mais, pour vérifier, il aurait fallu qu'ils ouvrent les portes du fourgon et qu'ils me sautent dessus. Quand je fais une connerie, je l'assume, je l'avoue ! »

Loin de se laisser abattre, la magistrate renchérit : « N'est-ce pas vous qui avez repris le trafic de H. après son interpellation, son incarcération et sa condamnation, en utilisant ses contacts et son mode opératoire ?

– Mais quel trafic ? Vous êtes sérieuse, madame ? Ramenez-moi un client, un toxicomane qui dit que je lui ai vendu un gramme. Une question, madame : comment elle démarre, votre enquête ? Pourquoi me sortir des fantaisistes, des témoins anonymes... Parlez-moi du concret ! Vous êtes mariée avec un des enquêteurs, ou quoi ? »

La juge continue imperturbablement, à dérouler ses questions :

« Que faites-vous au bois de Boulogne à cette heure tardive, et lors de cette pause de dix minutes ?

– Je sais pas, je me balade, répond Abdallah sans se démonter. Je pisse, je vais me faire pomper. Normal, quoi. Mettez : je vais me soulager, je suis comme DSK !

– Pourquoi êtes-vous si pressé sur la route, voire dangereux pour les autres usagers ? Vous aimez les sensations fortes ?

– Mais qui vous prouve que je roulais à une vitesse... La parole de la police, c'est pas parole d'Évangile ! Je conduis normalement, ma Polo est une 1 litre 2, c'est pas une voiture de sport, c'est une poubelle que j'ai.

– Vous fréquentez le bois de Boulogne tard la nuit ? Pourquoi ?

– Parce qu'il y a des gros trafiquants d'héroïne là-bas aussi ? Il y a des prostituées, vous connaissez, madame ? C'est interdit, dans le code pénal, de se balader, de sortir ? Qu'est-ce que c'est que ce dossier de merde ?

– Ne s'agit-il pas de tournées pour récupérer vos mises ou livrer de la marchandise ?

– Pfffff ! Bien sûr que non. Vous êtes à fond dans ce délire. Pas de photos, pas de vidéos, c'est quoi cette enquête ? Vous nous mettez tous sur écoute, vous verrez que tout le monde trompe sa femme, jusqu'au plus haut sommet de l'État ; même le Président il a deux femmes[1] ! »

La juge brandit des conversations téléphoniques où le mis en examen semble évoquer son commerce.

« J'ai vendu tellement de choses dans ma vie, s'exclame Abdallah-réponse-à-tout. J'ai vendu des voitures, des vêtements, de la contrefaçon Dolce & Gabanna, Armani, Ralph Lauren, des vêtements pour homme la plupart du temps, pour enfants aussi ; j'ai eu aussi un petit lot de vêtements de femme...

– Êtes-vous si proche de votre frère pour vous comprendre à demi-mot lors de conversations qui ont lieu parfois dix fois par jour, où il n'est absolument pas question de garde d'enfants et, de surcroît, en berbère ?

– C'est interdit de parler en berbère ? J'ai un ami gitan ; des fois, quand il parle, je comprends rien non plus à ce qu'il dit. Vous me faites remarquer que quand je m'adresse à ma femme, on comprend ce que je dis ; c'est normal, avec ma femme, je vais pas parler en *wesh-wesh*. Quand vous allez dans le Nord, les gens parlent avec accent, en patois. Vous êtes pas de Paris, madame ? Ah, la province !!! Je m'adresse en berbère aux Berbères, mais pas à ma sœur ni à ma femme, quoique j'aie peut-être parlé une fois en berbère à ma sœur. Mes sœurs, elles sont nées en France, tandis qu'avec mon frère on est nés au bled !

– Vos voyages en Hollande ou en Belgique, pouvez-vous m'en redire la fréquence et la destination exacte ? Confirmez-vous que c'est pour aller voir des prostituées ?

– Bien sûr, on peut y aller demain, s'arrêter devant une vitrine, elles vont me reconnaître. Des fois, on y

---

1. François Hollande vient d'être élu président de la République, mais le nom de Nicolas Sarkozy est encore dans tous les esprits.

va avec mes potes sur un coup de délire : c'est pas loin, la Belgique ! »

La dernière fois que la juge avait voulu l'interroger, Abdallah avait commencé à tout casser dans son bureau ; il montre cette fois qu'il a l'esprit aussi vif que le corps. C'est là l'un des traits de caractère de la génération montante : récalcitrante par nature, séduisante par calcul.

« Kiks » et le « VIP »

En bas de l'échelle, le consommateur est roi, surtout s'il appartient à la jet-set. Comment le dealer parvient-il jusqu'à lui ? « La clef des vendeurs de cité, c'est le carnet d'adresses, confie un policier de la brigade des stupéfiants. Les noms des bons livreurs [ceux qui n'arnaquent pas le client] circulent parmi les consommateurs, dont certains distribuent la cocaïne à leurs invités comme ils leur serviraient des chips. On le sait dans le service, mais on y va avec des pincettes : quand le nom d'un journaliste apparaît dans un dossier, l'état-major se réunit pour savoir comment on traite... »

En l'occurrence, trop tard, les bandes enregistreuses tournent :

« Hello, tu peux me faire déposer deux invits, ce soir à 20 heures ? Kiss. »

« Hello ! VIP is back ! 20 heures, il aimerait 20 invits. »

« C cool à 14 heures chez lui et donc là me reste 2 box et 330 euros, et après VIP j'enverrai les comptes. Salam. »

Entre Fares B., alias « Kiks », un Franco-Algérien de 27 ans, et deux de ses gars, « Goliath » et « Dédé », deux blacks nés et grandis dans la banlieue parisienne, les SMS fusent. Leur petit commerce ne consiste évidemment pas à distribuer des « invitations », mais à livrer en cocaïne le Tout-Paris qui consomme. On est loin de la French Connection, mais, sans cette fourmilière, les gros réseaux ne seraient pas grand-chose. Le « VIP », c'est l'animateur de télévision Jean-Luc Delarue, décédé depuis. Un client parmi d'autres, puisque le tandem livre un certain nombre d'artistes, des marchands de tableaux comme des salariés nettement moins fortunés, fonctionnaires ou simples consultants en marketing, dont les numéros de téléphone s'affichent régulièrement sur les listings imprimés par les enquêteurs, sur leurs pas depuis le mois de juillet 2010...

Ce soir-là, 26 août 2010, « VIP » commande pour la quatrième fois « 10 box à 1 800 », ce qui devrait correspondre à vingt grammes de cocaïne. Un dispositif policier se positionne à proximité du métro Saint-Germain-des-Prés où on repère, autour de 20 heures, un « individu de type africain, 20 ans environ, mesurant environ deux mètres, de corpulence athlétique, porteur de lunettes de vue, vêtue d'un tee-shirt blanc et d'un pantalon de survêtement noir, à la main un sweat-shirt à capuche de couleur kaki ». On le voit expédier un SMS tandis qu'il marche d'un pas rapide en direction des quais : « J'sui a vip dans 2 min ». Puis il entre dans un bâtiment avant d'en ressortir cinq minutes plus tard, téléphone en main : « 18 vip » (le client en a pris pour 1 800 euros).

Entre les deux jeunes et ce client en or, ça gaze, ainsi qu'en témoigne cet échange saisi au vol en plein été :

« Ah, moi je vais sortir là voir Delarue vite fait, annonce l'un.

– Ah ouais.

– Ouais, bonne nouvelle, je vais chercher ma paye en même temps.

– Ah.

– Ce qui tombe bien, vu que je n'avais plus d'argent.

– Vas-y.

– Bon, bin négro tout noir, Dakar.

– Tout bronzé.

– Mais non, je suis un babtou [blanc], un blond aux yeux bleus.

– Tout bronzé !

– Vas-y, ma race, à demain, inch' Allah ! »

Le « pote de la télé » les met en joie. C'est un bon « iencli » (client). Quand ils doivent se voir, Kiks et ses vendeurs se « captent au corner », se voient vite fait « en bas dlatour », ou se fixent un rendez-vous pour échanger une liasse de billets dans un coin de la Défense réservé aux livraisons (l'un des « livreurs » vit du côté de Courbevoie, Hauts-de-Seine). « C comme avant ou le champagne est meilleur ? » s'inquiète une cliente. « C au top », rassure le vendeur. Ce sera « 2 invits » pour 20 heures…

Lorsqu'il se retrouve en garde à vue, le 15 septembre 2010, le jeune Farès refuse de s'alimenter parce qu'on lui refuse une cigarette. On lui présente une liasse saisie chez lui ? « C'est de l'argent qu'on m'a donné pour faire le mariage, dit-il. Chez les musulmans, il faut aider les jeunes qui vont se marier et qui n'ont pas trop d'argent. » Il a acheté des bijoux et un sac à main Gucci en espèces ? Il travaille un peu sur les marchés et emprunte. Les chaussures Louis Vuitton, elles aussi payées en liquide ? « Ma carte ne fonctionne plus, j'ai économisé », dit-il. Et puis, il a des terres et des fermes en Algérie et a vendu des têtes de moutons, « c'est presque un héritage ». Les trois feuilles trouvées chez sa mère, couvertes de noms et d'inscriptions diverses, intriguent les enquêteurs, mais le jeune homme a la réplique parfaite : « Je travaillais avant dans la communication, je leur envoie des messages quand il y a des invitations de théâtre, pour des premières ou des show-cases, voilà. »

« Aurélie 4, Marie 2, Frank 4, Pierre 6, Alice 2 » ?
Ce sont les invitations qu'il avait sous le coude, dit-il
avant de céder :

« J'ai acheté le listing d'une clientèle connue pour
consommer de la cocaïne à un Belge de Paris qui faisait ça avant. Je l'ai payé 25 000 euros, à crédit. [...]
Je prenais juste les commandes, et, au fil du temps, la
clientèle s'est agrandie, car les amis des consommateurs
commençaient à demander mon numéro. [...] Je faisais
en quelque sorte le secrétaire pour les consommateurs.
[...] Je ne vendais que par paire, toujours par deux
grammes, soit une box, comme je les appelle. Celui qui
me prenait la tête pour le prix, je lui faisais 120 euros,
sinon c'était 140. Les 180, c'est récent. Je savais très
bien à qui je vendais, c'est-à-dire à des personnes qui
ont de l'argent ; c'était en fonction de leur profession
ou de leur célébrité. »

Alors que le policier lui demande de raconter
une « bonne journée », Kiks n'hésite pas : « C'est dix
boxes, soit 20 grammes de cocaïne, ce qui fait une
moyenne de 1 300 ou 1 400 euros. » Moyenne men-
suelle : 300 grammes, soit autour de 20 000 euros.
Chiffre d'affaires annuel : 200 000 euros. Bénéfice net
pour sa pomme : 560 euros tous les 50 grammes ven-
dus, soit autour de 3 000 euros à la fin du mois. Tout
ça sans toucher à la cocaïne, l'affaire de « Dédé », son
plus sérieux vendeur, « très poli » : il en a testé un
autre qui avait un bon produit, mais il n'était jamais
à l'heure et les clients se plaignaient. Réglo, il passait
de temps en temps une petite commission à Aurélie, la
jeune femme qui lui avait donné les numéros de trois
clients importants.

Lui aussi en garde à vue, l'animateur de télévision
oscille entre abattement et soulagement : il a déjà tenté
plusieurs fois d'arrêter de sniffer cette cocaïne qui le
ronge. Quand on l'interroge sur son fournisseur, il
assure qu'il ne connaît pas les petits jeunes qui le

livrent. En cas de besoin, explique-t-il, il appelle une fille qu'il a connue « dans le monde de l'art » : « Je l'ai rencontrée à la galerie K. où elle travaille, dans une soirée, explique-t-il sans fard ni maquillage. Quelqu'un m'a dit qu'elle pouvait trouver un dealer et je suis allé lui demander. Lorsque je l'appelle, neuf fois sur dix, c'est pour commander de la cocaïne. Tout se passait par téléphone ou par texto. Je ne mettais jamais les quantités, car c'était entendu pour 20 grammes à chaque fois. Elle me rappelait quand le mec était là. Je descendais le chercher dans mon hall ou dans l'escalier… »

– Est-ce que vous vous rendez compte que consommer 20 grammes de cocaïne, c'est très important ? relance finement le brigadier.

– Oui, je me rends compte, mais c'est vrai que je consomme beaucoup, plaide Delarue. Hier soir, par exemple, j'ai été livré à 18 h 40 et j'ai consommé 4 grammes jusqu'à 2 heures et demie. [...] J'ai pris conscience que je devais arrêter, pour ma santé et mon équilibre personnel. »

Un jour, il avait commandé 40 grammes d'un coup pour 3 600 euros… Il en avait besoin pour écrire et se moquait certainement de savoir que « la meuf ki ramene les stars el ve sa com » (la fille qui ramène les stars, elle veut sa commission).

13.

La prison, Facebook des cités

« Le fric, le cul et la drogue structurent
la prison »

Avant d'entrer dans l'univers confiné de la prison, voici le témoignage, aussi cru que rare, d'un directeur longtemps en poste en région parisienne, dont nous tairons le nom pour lui éviter des désagréments dans l'exercice de ses délicates fonctions. Parmi les scènes invraisemblables dont il a été témoin, ce combat clandestin entre détenus, organisé en bonne et due forme avec la complicité d'un surveillant : un combat filmé, comme un catalyseur de toute la violence contenue entre les murs, avec paris ouverts aux spectateurs...

« En prison, dit cet observateur avisé, on ne prend le pouvoir que par le fric, ou parce qu'on a le monopole de la drogue. Tous les moyens de pression sont bons, notamment en direction des familles des surveillants, à l'extérieur : en cas de besoin, ils sont prêts à leur envoyer quelques Scarface de combat.

« Les vieux voyous ont peur de se faire démonter. Ils se sont embourgeoisés et ne veulent plus être dans la baston. Les jeunes sont adeptes du *freefight* [combat], et incontrôlables. Ils allongent vraiment et tapent jusqu'au sang. Ils font leurs coups de manière grégaire, en famille, entre "frères" s'ils sont musulmans. Ils ont leur langue, des "nourrices" à l'intérieur de la prison, des choufs [guetteurs] et des putes qui viennent les voir au parloir. Le fric, le cul et la drogue structurent la prison. Blacks ou Arabes, ils ont un ennemi commun : les matons. »

Gardons-nous de généraliser, mais, en matière de corruption, la situation se serait beaucoup dégradée ces dernières années. Un téléphone se revend entre 200 et 250 euros sans la carte SIM. Le surveillant qui en introduit trois par mois voit sa paie enfler sérieusement : en bas de l'échelle, il commence avec 1 200 euros par mois, plus les primes (environ 500) et les heures supplémentaires ; après quatre ou cinq ans de carrière, il touche autour de 2 200 euros. « Avec les "bigos" [téléphones], ils peuvent gagner plus que le directeur ! » lance notre interlocuteur qui a vu les rapports de forces évoluer sous ses yeux :

« Avant, les Corsico-Marseillais tenaient les prisons. La bascule en faveur des jeunes s'est faite avec les années 2000. Les émeutes de novembre 2005 [dans les cités] leur ont donné des forces et un savoir-faire en termes de guérilla urbaine. Ils ne craignent plus les grenades [lacrymogènes] : ils reculent au fond de la cour avant de charger, ce qui nous oblige à monter d'un cran et à tirer au Flash-Ball. »

Le directeur était aussi aux premières loges lorsque les bandits corses ont commencé à « se maquer avec des Arabes » : « C'est en prison que l'on voit s'épanouir les parrains de demain, dit-il. Ils n'auront pas l'accent du Midi, mais celui des Maliens de Vitry-sur-Seine ou des Kabyles d'Aulnay-sous-Bois. Ce sont eux qui gèrent aujourd'hui la taule. Ils ont le charisme qu'il faut et le pedigree qui va avec. Comme le truand corse des années 1970, ils feront la loi quand ils seront dehors. »

« Tu te rebelles pour rester vivant »

« Leur monde, c'est la jungle, constate Djamel du haut de ses 40 ans dont quinze sous les verrous pour vol à main armée. Dehors, ils fument du shit, mangent des sandwiches et passent leur temps à téléphoner. En prison ils fument du shit, font entrer des fringues, téléphonent et font venir des filles au parloir. » S'ils pouvaient cantiner officiellement le shit, ils le feraient. Comme ça n'est pas permis, les **barrettes** entrent par le parloir, serrées entre les fesses, **sous** les seins ou entre deux bourrelets, pour les plus **gras**... Tout bénéfice pour l'administration pénitentiaire ? Le shit est à la fois l'anesthésiant le plus sûr, le meilleur coupe-circuit et le plus solide des garde-fous. Comme le remarque un non-fumeur, rien de mieux pour « transformer les tigres en agneaux ».

Ceux qui ne fument pas en font entrer pour ceux qui fument. Par solidarité, disent-ils. Ou pour se faire un peu d'argent. Eux ne succomberont jamais : ils tiennent à garder le cerveau en éveil et occupent leur temps autrement, entre sport, douche, ménage et télé. Le sport, surtout. Au moins trois quarts d'heure de course quotidienne dans la cour, en veillant à changer de sens toutes les dix minutes, à acheter une nouvelle paire de chaussures tous les trois mois et à s'étirer une dizaine de minutes à la fin. Incompatible avec la fumette, cette hygiène de vie est, pour les voyous, la meilleure manière de se maintenir en état pour le jour où ils reprendront le flambeau.

« Toutes les raisons sont réunies pour que tu pètes un câble, mais les palpations des surveillants t'aident à rester à l'affût, explique un braqueur. Tu entres en résistance. Tu te rebelles pour rester vivant. Si tu plies, tu deviens un esclave. »

Parce que la prison, frime mise à part, c'est un endroit où l'on souffre, comme l'admet ce même braqueur :

« En prison, j'ai appris à regarder la misère en face. J'ai vu des gens crever de faim sans rien demander, et des malades du sida qui n'avaient pas les soins appropriés. J'ai vu la détresse des êtres humains parce que leur femme partait avec quelqu'un d'autre. J'ai appris qu'il y avait des gens mauvais qui avaient de bonnes raisons d'être là... J'ai aussi beaucoup appris sur moi-même : enfermé, tu sais très vite si tu t'es menti. Personne n'est fait pour la prison. Quand tu en as pour longtemps, tu ne penses qu'à t'évader. Sans t'en rendre compte, tu deviens très dangereux. Les surveillants ont peur, parce qu'ils ont conscience de ce qu'ils sont en train de faire ; d'ailleurs ils te le disent : "On est les sacrifiés." »

De temps en temps part un coup de lame pour un mot de travers, une contrariété, la faute à ces énergies qui rebondissent contre les murs, à cet univers où l'on ne peut changer de trottoir pour éviter l'obstacle, où le rire est plus fort et la colère plus concentrée, où l'on ne peut échapper à son rival, sauf à sauter par-dessus les barbelés...

Le shit et le sport à outrance ne sont pas les seuls moyens de fuir au quotidien, il y a aussi le téléphone et toute la panoplie des nouvelles technologies : « Le téléphone, c'est un statut social, observe un voyou de l'ancienne génération. Si tu n'en as pas, t'es un naze, un branquignol. Et pourtant ils sont tous branchés [sur écoutes] ! »

Ils s'en servent éventuellement pour leurs affaires, mais surtout pour rester en contact avec les proches. Il leur arrive aussi d'appeler leur avocat en se faisant passer pour leur frère, afin d'obtenir l'information qu'ils n'ont pas la patience d'attendre. Ou de contacter directement le greffe en se disant avocat, afin de suivre l'état d'avancement d'un permis de visite...

Les caïds n'ont pas seulement des portables, ils disposent aussi de tablettes. Ils sont sur Facebook et ont des comptes Internet. Ils s'appellent de cellule à cellule comme dans la cité...

Comment ce matériel entre-t-il dans les établissements ? Les jeunes voyous n'hésitent pas à mettre leurs mères, leurs sœurs ou leurs copines dans la boucle et à leur demander de franchir la fouille avec du shit et des puces, convaincus qu'elles vont se démultiplier pour leur apporter un brin de confort. Les gros appareils peuvent aussi arriver par les airs, parachutés dans du papier bulle, avec l'abonnement qui convient pour surfer sur le Net... Mais la route la plus empruntée est ailleurs, assène à son tour un trafiquant d'une quarantaine d'année, d'origine africaine :

« En prison, on assure le treizième mois des surveillants et des jeunes avocats qui rament. »

High school

« Ce que tu apprends dans la cour de prison, tu ne l'apprends pas en dix ans de fac de droit ! Le top, c'est d'être une éponge. C'est d'écouter les autres pour ne pas reproduire leurs erreurs. »

Les criminels endurcis mettent à profit leur séjour pour parfaire leur mental, mais aussi pour se perfectionner. Même s'il y a loin de la théorie à la pratique, les bonnes recettes et les bons réflexes s'apprennent auprès des voyous plus capés. À condition, bien sûr, de savoir faire preuve d'un peu de modestie, ce qui n'est pas forcément la qualité la plus répandue dans cette corporation. De ne pas jeter à la figure des autres son « papelard » (son CV criminel) comme une fin de non-recevoir...

À l'abri des murs, entre initiés, on soupèse la réputation des présidents de tribunaux. On évalue l'efficacité de tel ou tel policier. On se concentre sur le code de procédure pénale, comme un malade se mettrait à la biologie pour parler d'égal à égal avec son pharmacien.

Avec l'âge, on passe du stade d'élève à celui de « maître de conférences », selon le mot de l'un d'eux. Celui qui explique aux autres pourquoi il convient de privilégier les transports en commun pour se déplacer, d'éviter les téléphones, de toujours regarder autour de soi... Le vade-mecum de celui qui veut durer au-dehors, dans cet univers peuplé de jolies filles, de pièges et de couleurs susceptibles d'éblouir quiconque vient de passer cinq, six, dix ans à l'ombre. Un monde dangereux où les jaloux guettent au coin de la rue, où il faudra de nouveau jongler avec les identités et les horaires, se grimer, tricher, biaiser pour semer ses poursuivants...

La « ratière » a vite fait de se transformer en mouroir pour ceux qui se laissent abattre ; les autres enfilent leur jogging tous les matins et profitent de cette promiscuité pour se « cultiver ».

« Surtout, quand tu montes sur une affaire, débranche l'airbag, sinon tu peux le prendre en pleine tronche », glisse un pilote automobile à qui veut l'entendre, mais pas à n'importe qui : le caïd reconnaît du premier coup d'œil celui qui lui ressemble. Il n'a que peu de considération pour la « piétaille » qu'il appelle volontiers « racaille », ces jeunes qui engueulent les leurs au parloir parce qu'ils n'ont pas amené le bout de shit, ou alors un morceau trop léger... Eux se lèvent à 5 heures du matin, avant que le premier surveillant jette un œil par l'œilleton, ils nettoient leur cellule dans la foulée et portent un jean propre les jours de parloir, « par reconnaissance pour ceux qui viennent [les] voir ».

« Il y a un monde entre eux et nous », tranche l'un de ces « gradés », preuve qu'il n'y a rien de plus sélectif que la *high school* du crime. Ceux qui y sont admis serrent les rangs, comme les joueurs de rugby dans la mêlée [ou les gendarmes du GIGN dans l'action]. Ils se guettent à travers les murs. Se serrent la main quand la disposition des lieux le permet. Partagent des plaisirs simples : l'évocation des plages de Cancún, au Mexique ; s'asseoir pour contempler le ciel en essayant d'effacer le double grillage.

« Il y a des amitiés qui se construisent avec le temps et des amitiés qui naissent comme ça », observait le braqueur Redoine Faïd lorsqu'il était libre de ses mouvements. La règle étant de ne jamais montrer la moindre faiblesse ni devant les surveillants ni devant les autres prisonniers.

« En prison, on est 24 heures sur 24 avec un mec pendant un an, autant dire une vie, renchérit le nordiste Mohamed Denfer, considéré lui aussi comme un "grand bandit". Dehors, il faudrait quinze ans pour passer autant de temps ensemble. Cela crée des liens. »

La « société des braqueurs »

« La prison, c'est le creuset de la transversalité, le lieu où l'on recherche le savoir-faire de l'autre, confirme un patron de la PJ. Le jeune Arabe de 25 ans va se prendre d'amitié pour le Gaulois de 45 ans, et le Gitan sympathiser avec l'Arabe qu'il ne pouvait pas voir en peinture. »

« L'erreur de l'administration pénitentiaire, assoiffée de haine, ose proférer un récidiviste du fourgon blindé, c'est de regrouper tous les mecs valables dans les quartiers d'isolement. De quoi croyez-vous que l'on parle tous les soirs, de 18 heures à minuit ? De Zola ? De football ? La pénitentiaire ne voit pas le long terme, elle oublie qu'ils vont tous sortir un jour. Au final, c'est elle qui crée la société des braqueurs. »

Les équipes se forment au gré des affinités ou du territoire d'origine ; ces liens se prolongent à l'extérieur entre femmes et compagnes à la faveur des parloirs, du linge à laver, du covoiturage. Lyonnais, Marseillais, Parisiens, à chacun sa mentalité, à chacun ses avocats, mais les frontières s'estompent dès lors qu'on parle de projets concrets. C'est l'occasion de jeter les bases d'une équipe qui passera peut-être un jour à l'acte... à condition de s'accorder sur un certain nombre de règles. N° 1 : attendre patiemment que tous soient libérés pour « taper ». N° 2 : éviter d'incorporer un élément extérieur, on a vu où ça pouvait mener en visionnant *Heat*, le film où les gangsters finissent tous par tomber ou mourir parce que l'équipe a ouvert ses portes à un « étranger ». Les rescapés de la « dream team » (du braquage) et les survivants du « gang des postiches » des années 1980 confirmeront, eux dont les succès et les échecs sont décortiqués dans cette école du crime, comme on épluche la jurisprudence dans les cabinets d'avocats. N° 3 : éviter la cocaïne, cet excitant qui a poussé tant d'équipes à l'erreur. N° 4 : s'arrêter à temps, car, dans la durée, « ils » (la police) finiront par te « fracasser les reins ».

D'un point de vue strictement technique, rien de tel que de côtoyer un terroriste basque pour se remettre à niveau en matière de maniement de charges creuses. Se rapprocher d'un islamiste qui a fait ses classes sur le front bosniaque peut également se révéler instructif, par exemple pour qui veut devenir expert en RPG7, un lance-roquettes parfois utilisé lors de l'attaque de fourgons blindés. Pour joindre les croquis à la parole, les clefs USB font parfaitement l'affaire...

Mais la prison n'est pas seulement le berceau de nombreuses équipes de braqueurs, c'est aussi le lieu de toutes les connexions pour le milieu des stupéfiants. Le 93 pactise avec le 94. Grossistes, semi-grossistes, distributeurs, chauffeurs, pilotes échangent points de chute et numéros de téléphone, sans oublier de s'initier à l'espagnol avec les « mules » sud-américaines, ces passeurs de cocaïne tombés entre les mains des douanes ou de la police. Quelques mots qui pourront servir plus tard à ouvrir de nouvelles portes, car, avec un peu de chance, on sortira de prison avec, au fond de la poche, un numéro de téléphone en Colombie ou au Venezuela...

« *Le plus grand ennemi de la cavale, c'est la nostalgie* »

L'administration pénitentiaire a créé les quartiers d'isolement pour rassembler les « cas », ceux qu'elle estampille « détenus particulièrement surveillés », les DPS ; les « cas » en question mettent également à profit cette promiscuité pour réfléchir ensemble à des solutions radicales pour le court terme.

En septembre 2002 se retrouvent ponctuellement dans un même « quartier », celui de la Santé, Antonio Ferrara, le beau gosse de la banlieue sud, le malchanceux Christophe Khider, Jean-Claude Bonnal, dit « le Chinois », Michel Guellam, un garçon qui se fait appeler « Nietzsche » à cause de sa science, l'indétrônable Manu Dahan et un jeune braqueur de distributeurs de billets. Une brochette de fortes personnalités – à chacun ses amis, à chacun ses ennemis – qui tentent de se coaliser pour concrétiser leur obsession du moment : s'évader.

La petite bande parvient à faire entrer des explosifs par le parloir ; ce précieux matériel rejoint les détonateurs dans les douches. Il n'y a plus qu'à attendre l'intervention de camarades en liberté. Sauf que le projet est éventé, comme souvent. Et les candidats dispersés aux quatre coins du pays : tout est à refaire.

« Pour que ça marche, il faut des gens au-dehors qui veulent vraiment venir te chercher, rêve à voix haute un braqueur qui n'a pensé qu'à ça pendant dix ans. Quand ils arrivent, la logistique doit être en place... »

Pas si simple, à entendre ce braqueur d'une quarantaine d'années qui rappelle quelques principes élémentaires : ne pas créer de complexes chez les autres détenus, car leur jalousie peut te mettre en danger ; rester le plus discret possible ; ne jamais perdre patience ; disposer d'un bon pécule devant soi, car les vraies difficultés commencent une fois franchi le mur. Aller chercher son fils ou sa fille à l'école, partir en vacances, revenir dormir tous les soirs au même endroit, aller au cinéma quand on en a envie, acheter un ticket de métro sous l'œil de la caméra, laisser des messages sur les boîtes téléphoniques, envoyer un mail, dormir le matin : tout cela, l'évadé doit se l'interdire. Sa liberté a un goût de précaire, elle est « une vigilance de chaque instant », comme disait le braqueur Redoine Faïd lors d'une conversation prémonitoire, avant d'ajouter : « Tant qu'on est dehors, on a gagné, même si c'est pas la vraie liberté. »

Pas complètement libre, l'évadé est guetté par ce sentiment d'invincibilité qui envahit celui qui sort du « caveau » et vit comme un ressuscité. « À cet instant, on se sent immortel, confie un voyou passé par là. À la limite, on peut mourir. Alors qu'il faudrait penser à la prison au moins une fois par semaine... La règle d'or, c'est de tout lâcher. Les portables, les fringues, les planques et les points de chute, tout est à reprendre à zéro. Si tu as bien fait les choses, tu as une planque de secours, un lieu où tu n'as mis les pieds qu'une fois, avec quelques fringues, un ou deux calibres et un peu d'argent...

« Durant les trois premiers mois, tu te règles. Tu es hyper à découvert. Tu t'exposes. Tu ne te rends pas à un rendez-vous : tu envoies systématiquement chercher la personne que tu veux voir... L'été, quand Paris se vide, mieux vaut mettre un bob sur la tête et descendre sur la Côte, mais ne fais pas le beau en boîte de nuit avec ta cour autour de toi, car ce qui fait la grosse pointure, c'est la durée : après dix ans de cavale, tu deviendras un fantôme. »

Dix ans, autant dire une vie.

Le plus grand ennemi de la cavale ? La nostalgie, affirme ce connaisseur. Mais il y a pire : les enfants, pour celui qui les aime.

La traque

Au lendemain de son évasion de la prison de Sequedin, le 13 avril 2013, Redoine Faïd, porte-drapeau des caïds du nouveau siècle, inspire ce commentaire à un responsable de la PJ, une fois passée la colère de voir avec quelle aisance il a introduit des explosifs dans l'établissement :

« Ce garçon jouit d'une aura telle, dans les cités, que les dealers seraient prêts à faire une quête pour lui. Soit il va remonter sur un coup, soit il va bénéficier d'une aide. Sa faiblesse, c'est qu'il se croit le plus fort. Beaucoup nous croient plus forts qu'on est ; lui, c'est le contraire. »

Lancés à ses trousses, les policiers rassemblent tous les éléments en leur possession. Une intelligence atypique, pas de lien avec le milieu traditionnel, pas de clan autour de lui : on a affaire à un braqueur de fourgons qui ne peut se reconvertir dans les stupéfiants ni le racket. Il est né à Creil où sont ses plus fidèles amis. Son rayon d'action est limité : à part quelques escapades, on l'a rarement vu s'écarter de l'axe Paris-Lille. Il a du sang-froid, son évasion le prouve. Il devrait avoir rapidement besoin d'argent : les braqueurs sont moins riches que les dealers. S'il attaque un centre-fort, il le fera avec des complices de Creil, mais pas ceux qui l'ont aidé à s'évader. Il a enfin une femme et un jeune fils qu'il adore.

Option A : il a préparé une planque, par exemple une piaule en plein Paris où il va se terrer six mois avant de « taper » avec une équipe et de disparaître à l'étranger.

Option B : il passe très vite à l'attaque, ramasse un gros paquet d'argent et « s'arrache » vers une destination lointaine.

Dans le premier cas, il n'y a plus qu'à attendre, car il n'apparaîtra dans aucun viseur ; le second cas est plus favorable à la police : l'évadé va devoir circuler, s'activer, tourner autour de sa cible, s'équiper, aller au contact.

La PJ mise sur le fait que le fugitif va sous-estimer la mobilisation policière, imaginer que seule la préfecture de police de Paris est à ses trousses, ou l'Office central de lutte contre le crime organisé, mais pas les deux. « Il va croire qu'il a face à lui la Ligue II », résume un commissaire, alors que tous les moyens et tous les services sont mobilisés, de l'antigang à la BRB et de la PJ de Lille à la brigade des fugitifs, sans oublier les services techniques et la PJ de Versailles. Plus le Sirasco, la toute nouvelle plate-forme de renseignements de la PJ...

Les premiers indices arrivent assez rapidement. Redoine Faïd est bien dans l'option B. Il n'est ni en Algérie, ni au Maroc, ni en Israël, pays qu'il connaît bien, mais circule en région parisienne entre le 60, le 77 et le 93. Quelqu'un affirme qu'il cherche des papiers d'identité : fausse piste. Le vrai tuyau, c'est qu'il s'appuie sur un garçon inconnu des services, dont personne ne connaît le nom, mais dont le profil se précise. Est-il au contact direct du braqueur ? La PJ dispose bientôt d'un nom qui lui permet de lancer des vérifications systématiques dans les hôtels.

Voilà six semaines que l'ennemi public court, lorsque les enquêteurs localisent l'aide de camp présumé dans un B&B de la banlieue sud, à la fin du mois de mai 2013 : un jeune homme de 29 ans, catégorie « petites frappes », né à Dreux et vivant à Mantes-la-Jolie. La faille : il a croisé une personne qu'il n'aurait pas dû voir, probablement dans le cadre de la recherche de partenaires pour monter un coup, et le renseignement a cheminé jusqu'au sommet de la hiérarchie policière.

La réservation au B&B a été faite au nom de ce poisson pilote, et la dernière nuit approche, même s'il lui arrive de prolonger son séjour d'une nuit au tout dernier moment. Il est bien accompagné d'un homme qui semble grimé, avec barbe et lunettes. La police décide d'investir massivement les lieux : toute la technologie disponible (caméras, micros, détecteurs de mouvements...) est réquisitionnée de manière à sécuriser l'assaut et à prendre la cible en phase de sommeil profond...

« S'il avait eu moins confiance en lui, Redoine Faïd se serait planqué plusieurs mois », observe un des policiers chargés de coordonner la traque.

Selon les éléments en sa possession, l'évadé tournait autour d'un centre-fort. Il reconstituait une équipe à partir de ses rencontres carcérales. En cas de succès, il aurait probablement disparu pour longtemps à condition toutefois que le montant soit suffisant...

Mais l'assaut est en cours avec un objectif : l'attraper sans tirer un coup de feu. Cinq hommes pénètrent dans la chambre, histoire de « saturer l'espace » et de l'empêcher de saisir une arme ou une grenade. Redoine Faïd n'a pas le temps d'esquisser le moindre geste : déjà les policiers glissent un masque sur ses yeux hébétés.

Coup de téléphone en pleine nuit (2 h 40) au ministre de l'Intérieur, Manuel Valls, qui passe une heure, le lendemain, dans les locaux de la direction centrale de la police judiciaire, à Nanterre, après avoir suivi la traque pas à pas : quelques jours plus tôt, le ministre s'est déplacé à Villiers-sur-Marne pour évoquer le souvenir d'Aurélie Fouquet, policier municipal, assassinée un an auparavant, et évoquer la « traque mondiale » organisée pour retrouver le suspect Redoine Faïd...

La colonie

Il y a ceux qui s'évadent de prison et puis il y a tous les autres, largement majoritaires, qui savent leur séjour limité et tentent de s'acclimater, voire de prendre du bon temps. Comme ce jeune dealer d'origine africaine, 19 ans, dont les frères s'inquiètent un peu plus à chaque visite qu'ils lui rendent, tant il a le sourire aux lèvres. « Tout va bien », répète-t-il, mais ils n'en croient pas un mot. Ils interrogent l'avocat qui confirme : « Quand je vais le voir, il est pressé que ça se termine pour rejoindre ses nouveaux amis. »

« Il était avec ses nouvelles fréquentations, racontera un membre de la famille, quelques années plus tard. On avait peur qu'il se fasse dépouiller, mais la prison c'était pour lui une forme de colonie. Il faisait son sport, préparait la suite, apprenait de nouvelles techniques. Il avait apprivoisé les lieux et le personnel, alors que nous, au-dehors, on pleurait et on lui achetait la paire de baskets et le dernier survêtement, pour lui remonter le moral. »

Une colonie où l'on accueille bien le nouvel arrivant, du moins celui qui est recommandé, lui offrant le nécessaire pour se remettre de sa longue et épuisante garde à vue : Coca, jus de fruits, gâteaux, fromage blanc... Une façon d'entrer dans le vif du sujet, le but consistant à se débrouiller pour obtenir un peu plus de viande que les autres, fraîche et sous Cellophane, si possible, deux poulets au lieu d'un, un peu de poivre, même si c'est interdit. Sans se refuser ce petit luxe qui consiste à se raser à l'eau minérale...

Avec un peu de chance, black ou pas, beur ou pas, de gros voyous repéreront celui qui se distingue de la masse et lui proposeront de marcher avec eux dans la cour de promenade, forme d'aboudement qui vaut aussi protection (et allégeance). Quand il sortira, l'élu aura des amis manouches, une proposition de travail dans le domaine des bijoux, une autre dans le cuivre, et on pourra même lui prêter de l'argent pour se lancer. Comble du raffinement, il aura appris la pétanque avec ses nouveaux « potes », des gars qu'il aura un peu de mal à quitter, le jour de sa libération ; mais c'est promis, on se reverra...

14.

Beurs, blacks, feujs, Manouches :
le temps des communautés

« Ne sous-estimez pas les Africains
et les Antillais »

Black, blanc, beur, musulman, juif, catholique : la cage d'escalier fait davantage, pour souder les équipes, que la couleur de peau ou la religion. « La cité a cassé les barrières du racisme, ce que le milieu "tradi" n'avait pas réussi à faire », assure un jeune Franco-Algérien.

La première des « communautés » est celle de la cité. On ne touche pas au caïd du secteur, sinon la cité s'embrase. Même ceux qui ne le connaissent pas sont susceptibles de bouger pour lui. Qu'il le veuille ou non, son aura le dépasse. Il est respecté (ou honni). Il fait partie de ce quartier où il vit depuis plus de vingt ans. Il a pignon sur rue. On a joué au foot avec lui. On a fait un peu de bizness avec lui. On connaît ses frères, ses sœurs, sa mère, son père...

Si, par malheur, un « sous-marin » (véhicule de planque) est repéré dans le secteur, les jeunes sortent les boules de pétanque. Sans que personne ait besoin de sonner le ralliement, ils mettent le feu, s'agitent, organisent ce que les médias appellent une « émeute ». Contre l'autorité, ils sont même capables d'oublier les différends entre cages d'escalier : la culture antiflics est un dénominateur commun. Le quartier se rebelle comme un seul homme. Il montre sa force. Et chacun, à sa manière, de se faire remarquer des plus grands, de montrer qu'il « bouge », qu'il est « vaillant » et « sans pitié », dans l'espoir d'être un jour recruté, aspiré par une organisation.

Et puis il y a cette réalité communautaire, tabou que brise sans langue de bois un avocat (pénaliste) implanté en Seine-Saint-Denis :

« Quand les beurs se sont aperçus qu'ils avaient le nombre pour eux, ils ont pris conscience de leur poids dans les cités. Ils avaient l'argent, ils étaient structurés et seuls maîtres à bord, avec, en première ligne, des fratries importantes. L'arrivée progressive des blacks est en train de changer la donne. Avec la polygamie, certaines fratries peuvent compter jusqu'à une trentaine d'enfants dont la moitié de garçons, avec des pères qui lâchent prise. Quinze garçons, c'est une bande. Avec les mariages, la bande grandit encore. Là où les beurs ont écrasé les Gaulois, les blacks sont en passe d'écraser les beurs. Ce sont eux qui occupent la cité, alors que les beurs commencent à migrer vers les pavillons. Ils commencent très jeunes, en s'imposant comme les caïds de l'école. Ils entrent très tôt dans une délinquance plus violente. Ils cherchent à inspirer la peur et ne connaissent pas de limites. À partir d'une certaine heure, à Épinay-sur-Seine ou à Villetaneuse, on ne voit plus qu'eux dans la rue. »

Décryptage racial de la délinquance ? Accordons à cet avocat la possibilité de faire état de sa propre expérience, lui qui œuvre au cœur des cités depuis au moins deux décennies : « Cette vision, plaide-t-il, c'est la leur avant d'être la mienne. Ils travaillent entre eux, au sein de la communauté. On voit des beurs épouser des Manouches, mais pas de beurs épouser des blacks. Même chose dans la constitution des réseaux... »

« Aujourd'hui, confirme un pilier de l'Office central de lutte contre le trafic illicite de stupéfiants, ce sont encore les Arabes qui commandent les blacks, plus solides physiquement mais moins bien formés. Demain, les réseaux de distribution seront aux mains des blacks. C'est la nouvelle génération. C'est comme en Amérique du Sud où les Colombiens ont délégué le trafic aux Mexicains et aux Portoricains qui avaient pris la place des Italiens : la main-d'œuvre finit toujours par prendre le dessus. Tu as du pognon ? Tu fais flinguer les concurrents jusqu'au jour où quelqu'un paie plus cher. Les Arabes nous le disent déjà : "Nous, on négocie. Demain, vous allez en chier avec les blacks." »

Depuis que les producteurs sud-américains ont décidé que le nouveau « pipeline » de la cocaïne passait par les ports d'Afrique de l'Ouest, les immigrés issus de ces pays bénéficient d'une sorte de prime de proximité. Ils maîtrisent mieux que les beurs ou les Gaulois (comme on les appelle en prison) la langue et les codes en vigueur entre Dakar, Bamako et la Guinée équatoriale. Ils connaissent aussi parfaitement les usages en matière de corruption.

Le circuit suivi par la marchandise induit les équipes de demain. La cocaïne remonte-t-elle par le Maghreb pour pénétrer en Europe par l'Espagne ? Blacks et beurs doivent s'entendre sur les tarifs. Part-elle en direction des ports de l'ex-Yougoslavie ? Les ressortissants de ces pays encore chaotiques – Serbie, Macédoine, Kosovo, Bosnie – ont une liaison régulière avec les cités françaises depuis qu'ils les fournissent en armes et en munitions.

Les blacks ont également mis peu à peu la main sur la route des Antilles, longtemps considérée comme l'apanage des Gaulois. Le shit étant dans les îles une denrée rare, certains se sont lancés dans l'échange de marchandise « shit contre cocaïne », celle-ci débarquant en Guadeloupe, en Martinique ou à Saint-Martin par des côtes presque impossibles à surveiller... et si proches des pays producteurs !

Les voies de passage entre les îles et l'Europe varient selon les équipes. Les filles sont très prisées pour convoyer la marchandise au-dessus de l'Atlantique, dans un sens ou dans l'autre, au milieu de leurs bagages de touristes bronzées. La voie postale fonctionne également bien. Les grosses équipes recourent aux containers et à la voie maritime. Les déménagements vers la métropole sont volontiers mis à profit, mais on voit aussi de fausses bouteilles de rhum, et jusqu'à ce manège dont les contrepoids étaient remplis de cocaïne...

« Ne sous-estimez pas les Africains et les Antillais, avertit un caïd d'origine maghrébine. Même en matière de blanchiment, ils sont très au point. Ils ne rigolent pas. Ce sont des pros. Ils prennent énormément d'argent. Ça leur ouvre des portes. »

Et de citer l'exemple de cet Antillais prénommé Cédric, né à Cachan, en banlieue parisienne. Lorsqu'il a été arrêté pour la première fois en 1999, il avait 22 ans et roulait au volant d'une Lamborghini ; sa mère disposait d'un compte au Luxembourg lesté de 4 millions (de francs). Libéré à 28 ans, il serait passé du shit à la cocaïne en compagnie de ses nouveaux amis, des « figures » de la banlieue sud. Quand il est à nouveau tombé, on lui a collé sur le dos pas moins de 110 kilos de cocaïne...

Parmi les légendes montantes, les initiés citent également un Franco-Ivoirien d'une quarantaine d'années, grandi à Saint-Denis. À 16 ans, dit-on, il était régulièrement frappé par son père qui se défoulait également sur sa mère. Un jour, le père aurait fait creuser six trous dans le jardin pour y ensevelir ses enfants, de quoi inciter le plus vaillant d'entre eux à se substituer à ce paternel défaillant. Ses frères le suivirent sur le chemin qu'il choisit, celui des braquages, avec, à la clef, de lourdes peines de prison... Le garçon fascine par sa puissance physique. C'est aussi un grand séducteur dans la cellule duquel a été surprise un matin une surveillante (elle y avait passé la nuit).

Alors qu'un proche lui demande un jour comment il se débrouille pour sécuriser les cargaisons de shit qu'il fait venir d'Espagne, le Franco-Ivoirien répond sans sourciller : « Ben, s'ils s'approchent, on les fait fumer : où est le problème ? »

Ce garçon aurait investi dans un établissement de nuit parisien des beaux quartiers ; aux dernières nouvelles, personne ne s'amuserait à le racketter. « Tu sors un flingue, il en sort un plus gros que toi », constate un de ses camarades.

De quoi inciter ce dernier, pionnier du milieu franco-maghrébin, à réviser à la baisse son jugement sur les Noirs : « Ils ne sont pas structurés dans leur tête. Ils ont des potes, mais ils ne veulent pas une part : ils veulent tout. Ils ne réfléchissent pas au-delà, pour eux c'est 100 000 euros tout de suite. Ils n'ont pas une vraie mentalité de *bad boys*. »

Beurs, Gitans et feujs main dans la main

« Beurs et Gitans magouillent depuis toujours avec le milieu feuj dans les carambouilles », assure un voyou d'une trentaine d'années qui connaissait bien Amar Azoug, dit « Amar les yeux bleus », tombé sous les balles devant chez lui, à Saint-Mandé, le 30 avril 2010 vers 13 heures. Dissimulés dans une camionnette, tels des policiers en planque, deux tueurs l'attendaient. Très bien renseignés, ils ne se sont pas trompés de cible et ne lui ont laissé aucune chance. Professionnels jusqu'au bout, ils ont brûlé leur « sous-marin » avant de prendre la fuite sur une moto garée à proximité, tenue noire sur le dos, brassards de police au bras. Seul indice : la camionnette, faussement immatriculée, avait déjà été utilisée par des braqueurs lors d'une attaque de fourgon, raison pour laquelle la PJ l'avait discrètement équipée d'une balise.

D'origine algérienne, grandi dans le Val-d'Oise, Amar Azoug, 35 ans et toujours élégant, se sentait menacé. Il avait même tenu à en informer le commissariat de Vincennes en déposant plusieurs « mains courantes », sans dire précisément qui lui en voulait et pourquoi, lui qui avait été pris dans les mailles de la PJ, quelques années plus tôt, en compagnie d'un braqueur lui aussi fiché au grand banditisme, Abdelkrim Loo, après un raid contre un fourgon blindé.

Quelle erreur Amar Azoug avait-il commise ? Il chatouillait sans beaucoup de précaution quelques voyous ayant pignon sur rue dans la capitale, citant leurs noms à tort et à travers, comme si cela pouvait suffire à le protéger. Connu pour sa grande nervosité, l'ancien braqueur faisait par ailleurs des jaloux en accumulant des gains colossaux dans l'arnaque au CO_2, la nouvelle martingale du milieu juif : un pompage très organisé au détriment de la bourse européenne censée réguler les émissions de carbone, qui mobilisait à l'époque les mafias du monde entier, de Naples à Hong Kong en passant par Tel-Aviv et Paris. Avec un triple avantage : 1) les victimes, institutionnelles, n'ont pas de visage ; 2) elles ne font aucune publicité sur le montant de leurs pertes ; 3) pas besoin de cagoules ni de kalachnikov, une bonne connaissance des circuits financiers suffit.

Pour la seule année 2009, les transactions sur le marché du CO_2 ont frôlé les 89 milliards d'euros. Combien étaient complètement bidonnées ? Tracfin, l'œil de Bercy dans les banques, a donné l'alerte. La PJ s'est mobilisée. Quant à « Amar les yeux bleus », il pourrait bien être la première victime connue des embrouilles suscitées par ce soudain et massif apport d'espèces : l'arnaque à la mode réveille les racketteurs de tous poils. Les poids lourds du milieu sont à l'affût de ceux qui « éclatent la TEV » (TVA) et « font péter les quotas », comme on dit dans le jargon des initiés...

« Comme toutes les escroqueries en chaîne, la fraude à la taxe carbone repose sur la confiance entre les participants, explique un connaisseur. Tous les partenaires doivent y croire ; sinon, cela explose en vol. »

Les sommes en jeu sont si énormes que les « joueurs » éprouvent le besoin d'aller quérir des protecteurs parmi les voyous... Spectacle inusuel, des gangsters patentés, maghrébins ou manouches, paradent dans les bar-mitsva (baptêmes) et les mariages juifs au nom d'une passion commune : l'oseille.

Le solide « Amar les yeux bleus » avait établi son quartier général dans un bar chic de l'avenue de Suffren, à Paris. C'est là qu'il mettait au point ses opérations sur le « blue market », créé en 2007, dans le cadre du protocole de Kyoto, sur la pression des écologistes. Investissant dans l'immobilier, riche à millions, il coupait son téléphone les jours de shabbat pour plaire à ses nouveaux partenaires de jeu. Ceux-ci avaient besoin de ce pur produit du milieu des cités, et pas seulement pour s'encanailler ou se remémorer l'époque pied-noir ; lui avait besoin d'eux pour rouler sur l'or, en vrai : durant ces années fastes, des magots de 3 à 4 millions disparaissent chaque semaine sans que l'on sache vraiment s'il s'agit de détournements ou de la saine réaction d'une institution qui se serait aperçue de la faille...

« Les feujs se sont unis avec des voleurs qui n'ont plus eu qu'une envie, c'était de les doubler, décrypte ce proche du défunt Amar. Porter ces valises pleines de fric, cela finit par donner des idées. Amar se la jouait. Il répétait à qui voulait l'entendre qu'il avait une grosse équipe derrière lui. Mais il était seul. »

L'ancien braqueur a-t-il eu les yeux plus gros que le ventre ? Alors que la poule aux œufs d'or menace de cesser de pondre, les arnaques se multiplient avec, à la clef, au moins deux autres cadavres, un à Tel-Aviv et un à Paris.

Sami Souieb, surnommé « le caïd des hippodromes », 45 ans, est alors retranché en Israël, visiblement inquiet pour sa vie. À juste titre, car certains veulent voir un lien entre lui et l'élimination d'Amar, qu'il connaissait. Ils guettent même la première occasion de lui « casser les jambes »... Dans quelles conditions décide-t-il de venir à Paris malgré les menaces qui pèsent sur lui ? Le traquenard est parfait : le 14 septembre 2010, vers 20 h 30, l'homme a rendez-vous avec un ami du côté de la porte Maillot. Un scooter blanc approche avec deux passagers dont l'un brandit une arme de poing, calibre 7,65, équipée d'un silencieux. Il tire cinq fois. Touché à la poitrine, Sami Souieb a encore la force de se réfugier entre deux voitures, mais les secours ne parviendront pas à le ranimer. Les 300 000 euros retrouvés dans le coffre de son scooter semblent indiquer que les tueurs n'en voulaient pas à son argent, mais bien à sa vie. Un contrat, en somme, dont le commanditaire avait décidé de faire l'impasse sur la dette. La faute à la TVA miraculeuse ? À ces alliances aussi lucratives qu'iconoclastes ?

Le mariage de la voyoucratie et de la carambouille façon milieu juif ne date pas d'aujourd'hui et il arrive qu'il fasse des heureux : les connaisseurs conservent en mémoire l'histoire de ce jeune Juif parti de sa cité, dans le Val-de-Marne, pour faire son *alya* (littéralement : « montée ») en Israël. Il mit à profit son séjour pour suivre une formation de démineur dans les rangs de l'armée, savoir dont il ne se priva pas de faire profiter, à son retour, les amis du quartier qui avaient opté pour le braquage de fourgons blindés...

Du temps de sa splendeur, le clan Hornec, tête de pont du milieu manouche, naviguait lui aussi aux lisières d'un milieu juif, passé maître dans l'art de l'escroquerie, de la téléphonie (ils vendaient de faux abonnements pour toucher la prime des opérateurs) à la confection option fraude fiscale... Ne convenait-il pas de sécuriser ces parties de poker où l'on pose des centaines de milliers d'euros sur la table dans des bistrots échappant à tout contrôle ?

« On fait tous de la récupération de fonds pour les Juifs, assène un gangster parisien d'une quarantaine d'années, proche des Manouches. Ils ont besoin de nous parce qu'ils se font tous un peu la guerre. Pour nous, c'est la moitié ou rien. Parfois, c'est tout pour nous. »

On se croise à la Maison du caviar, au Fouquet's, au Mayfair, au Hilton de Londres, à Marbella chez Olivia Valère, ou dans les tripots. On joue ensemble, on s'entraide, on se fait peur, on s'arnaque à l'occasion : ainsi vont les relations entre le milieu tout court et ce milieu juif qui ne fait certes plus la une comme au temps des frères Zemmour, venus de Sétif, en Algérie (française), pour conquérir Paris, mais qui n'en existe pas moins sous des formes moins tapageuses. Il recourt facilement aux « petites mains » de la banlieue en cas de conflit, comme on l'a encore vu lors de cet enlèvement perpétré à Alfortville mais probablement commandité depuis Israël, mission délicate confiée... à une équipe de Noirs recrutés dans une cité. Payés au black, naturellement !

Ultime signe de la force de conviction de ces escrocs : la manière dont ils auraient accéléré la dérive d'un des plus coriaces commissaires de la PJ, Michel Neyret, alors considéré comme l'un des meilleurs connaisseurs du grand banditisme entre Lyon et Grenoble. Avant même de connaître son sort judiciaire, et sans entendre ses dénégations, les gazettes ont propulsé ce policier en tête de liste des grands ripoux ; la seule certitude pour l'heure c'est qu'il fréquentait assidûment plusieurs « feujs » au portefeuille débordant de générosité...

La lessiveuse idéale des frères Elmaleh

À ceux qui en douteraient encore, la saga des frères Elmaleh offre une démonstration imparable : l'argent du crime se fond à merveille dans les circuits de l'économie officielle[1]. À un bout de la chaîne, des caïds de banlieue devenus les rois du shit en gros ; à l'autre bout, une fratrie introduite dans les meilleurs établissements financiers de Genève. Dans les cités de Mantes-la-Jolie, de jeunes garçons passés maîtres dans l'art d'écouler les stocks de résine en provenance des montagnes marocaines ; côté suisse, une famille juive partie des faubourgs de Casablanca pour aller se frotter aux meilleurs gestionnaires de fortune de la place helvétique. Une florissante entreprise ayant le Maroc pour épicentre, Arabes et Juifs main dans la main pour servir la même « cause ».

Au départ, un dossier « classique » comme l'Office central de lutte contre le trafic illicite de stupéfiants en traite des dizaines dans l'année. Cible : un certain Sofiane Nedjam, 29 ans, franco-algérien, issu d'une famille dont plusieurs membres ont été fichés au grand banditisme, tombé des dizaines de fois, quand il était petit, entre les mains de la brigade anticriminalité (BAC) ; à fond dans le bizness de cannabis qu'il importerait par tonnes, dixit l'accusation, ce que conteste radicalement l'intéressé, assurant qu'il n'a jamais été interpellé avec le moindre gramme de drogue, qu'il

---

1. Dans l'hebdomadaire *Marianne* ont déjà été publiées les quelques lignes qui suivent.

n'est dans cette histoire qu'une petite main, et que la PJ s'est en quelque sorte offert une « belle affaire » sur son dos, lui infligeant neuf mois de prison au Maroc dans des conditions qui feraient presque passer, à ses yeux, la prison française pour un havre (presque) sympathique (les policiers marocains l'appelaient « l'homme aux 100 millions » et auraient tenté de lui extorquer un argent qu'il n'avait pas).

Photos, filatures, surveillances, les enquêteurs tournent au printemps 2012 autour d'une cité de Limay (Yvelines), dans la banlieue ouest de Paris. Le jeune Sofiane fréquente assidûment une supérette de la ville abritant un taxiphone. Il y entre plus de trente fois par jour et en ressort en général les mains vides. Fait-il une étude de prix ? Il utilise surtout le téléphone du magasin dont le patron serait un peu son secrétaire. Où l'on croit comprendre qu'il ne s'occuperait pas tant de shit que de l'argent récolté. Signe que les caïds du XXIe siècle savent compartimenter, ce qui limite les dégâts en cas d'intrusion policière. Malgré son jeune âge, Sofiane Nedjam jouit il est vrai d'une expérience certaine : incarcéré pour la première fois à 16 ans, il a été adoubé par les « gros voyous » grâce à son passé familial et à son comportement apparemment très professionnel. À la sortie, il a eu son « terrain » et vendu des barrettes ; à 19 ans, il a fait l'objet d'une tentative de meurtre qui lui a laissé en souvenir une balle de 9 mm dans la jambe ; il n'a cessé depuis de monter en gamme...

Le suspect est en contact avec de nombreuses personnes dont trois semblent jouer un rôle de collecteurs. Ils manipulent l'argent par sacs entiers, à tel point que le service antidrogue décide de faire entrer dans la partie les collègues de l'Office central de répression de la grande délinquance financière, dirigé par Jean-Marc Souvira. L'opération « Virus » est lancée. « Virus », comme le nom que donne Sofiane à un garçon qu'il considère comme un indicateur. Ce sera un modèle du genre, au moins sur le papier, car tous les retournements sont possibles devant la justice.

Les surveillances se poursuivent jusqu'à l'identification de celui vers qui semblent converger les collecteurs, tous d'origine maghrébine : un certain Mardoché Elmaleh, 48 ans. Il est la tête de pont d'une énorme « lessiveuse » qui passe par Genève, où sont installés depuis de nombreuses années trois de ses frères, Judah, Meyer et Nessim, spécialistes réputés de l'ingénierie financière. L'homme n'a jamais eu affaire à la justice, vit plutôt chichement dans un pavillon qu'il n'a pas fini de payer. Son avocat, Ariel Goldmann, assure qu'il est « embarqué dans une affaire qui le dépasse de très loin », probablement parce qu'il ne pouvait rien refuser à ses frères. Notamment à Meyer qui le rappelle à l'ordre au téléphone, le 4 avril 2012 : « Premièrement, les petits billets, tu sais très bien qu'on les prend pas ! Alors, pourquoi tu les as pris ? Je t'explique une chose : les billets de 20, plus personne ne les veut ! Je te l'ai dit, ne les prends plus ! » Ou encore l'enjoint, quelques jours plus tard, de l'appeler depuis la cabine téléphonique, consigne qu'il comprend de travers puisqu'il se rend dans une cabine pour... l'appeler depuis son portable !

Sofiane ne va pas directement au contact de Mardoché. Il transmet les sacs remplis de billets – entre 100 000 et 500 000 euros à chaque fois – à un intermédiaire qui se rapproche du petit frère Elmaleh. En deux mois et demi, les policiers comptabilisent quarante-six remises d'argent pour un montant de 2,6 millions d'euros. Les rencontres ont lieu dans les beaux quartiers de la capitale. À chaque fois Sofiane rend compte à un homme localisé au Maroc, un certain Simon Perez, ami d'enfance de la famille Elmaleh et apparemment en cheville avec les exportateurs de résine. Tout est cloisonné afin que trafiquants et financiers ne soient jamais vus ensemble : les sommes versées à Paris sont compensées en Espagne ou au Maroc, où elles servent à payer les fournisseurs.

À Genève, les frères Elmaleh font partie du décor. Simon, le père, courait après les sous pour nourrir ses sept enfants dans un quartier populaire de Casablanca ; Simy, la mère, a toujours travaillé pour permettre aux petits d'avancer dans la vie. Leurs fils ont réussi au-delà de toute espérance. Judah, l'aîné, est devenu directeur général adjoint de l'antenne genevoise de la HSBC, la première banque mondiale, née du côté de Hong Kong, au sein de laquelle il est chargé des relations avec les clients originaires d'Afrique du Nord, en particulier du Maroc ; il ne sera pas ennuyé dans cette enquête, mais a frôlé la catastrophe en 2006 à cause de l'un de ses clients en France, Henri Benhamou, passé du textile aux opérations de compensation entre France et Maroc. Meyer, 46 ans, a épousé à la fin des années 1980 l'une des héritières du fondateur d'une importante société de gestion de fonds de Genève, GPF SA, créée en 1977 ; il dirige également deux sociétés anglaises, Yewdale Ltd et Globalised Ltd. Nessim, 36 ans, s'est imposé lui aussi dans le petit monde des gestionnaires de fortune : il travaille à la HSBC Genève depuis 2001. Piliers de la communauté juive locale, les trois garçons suscitent respect et admiration.

Comment l'argent du shit s'est-il glissé dans une « lessiveuse » plus habituée à recycler l'argent de la fraude fiscale ? Les enquêteurs aimeraient poser la question à Simon Perez, alias « Barca », 47 ans, l'ami d'enfance des frères, mais ils devront patienter : soupçonné d'avoir fait le lien entre les deux mondes, il aurait provisoirement pris ses quartiers en Israël. Les établissements financiers helvétiques, eux, n'ont pas pour habitude de poser des questions. Ils n'ont d'ailleurs aucune raison de se méfier des clients des

Elmaleh qui ont fait leurs preuves depuis si longtemps. Et puis, tout est fait pour ne pas attirer l'attention.

« Contrairement à ce qui se passait autrefois, l'argent ne franchit plus les frontières », résume un responsable de l'enquête. Le système est basé sur la confiance. Réseaux familiaux et engagement oral remplacent les écritures, même si certains ne peuvent s'empêcher de prendre, à l'ancienne, quelques notes sur de petits cahiers à spirale. Et il ne serait pas venu à l'idée de Mardoché, le « coursier de luxe » de la famille, de prélever le moindre euro dans les sacs, pas plus que la petite sœur Freha, 42 ans, n'a touché à l'argent qui passait par le coffre-fort qu'elle louait dans une agence parisienne du CIC où la police saisira 700 000 euros le jour de la perquisition, le 10 octobre 2012.

Une partie des espèces issues du trafic refont surface au Maroc pour payer fournisseurs, intermédiaires, policiers corrompus. Les bénéfices, eux, restent en France où ils sont recyclés par les « banquiers » auprès de clients en mal de cash. Des sacs en plastique de supermarché, les espèces glissent dans des attachés-cases griffés avant d'être livrées à des clients ayant un point commun : tous disposent d'un compte bancaire à Genève, géré par l'un ou l'autre des frères. Entre le 23 mars 2012 et le 24 août 2012, Mardoché se voit remettre en vingt-cinq fois la somme de 3 263 500 euros qu'il ventile selon les instructions de ses frères. Il livre les sous comme des pizzas : à domicile. En une fois : 355 000 euros à une élue de la capitale. En quatre fois : 334 000 euros à un avocat spécialisé dans les procédures collectives. En une fois : 330 000 euros à un chef d'entreprise de 66 ans né lui aussi au Maroc. En sept fois : 230 000 euros au gérant d'une société de textile en redressement. En deux fois : 200 000 euros à un vieil ami des Elmaleh, Marc, originaire de Rabat, au Maroc. En deux fois : 150 000 euros à une autre relation de la famille. En six fois : 140 000 euros à un marchand de biens. En une fois : 100 000 euros à un homme d'affaires parisien. La même somme à un marchant d'art et 81 000 euros à un loueur de voitures de luxe installé sur la Côte d'Azur, originaire lui aussi du Maroc...

Ces sommes sont aussitôt compensées en Suisse où officie Meyer, considéré par les enquêteurs comme le « maître d'œuvre », lui qui gère un réseau d'entités juridiques basées en France, au Royaume-Uni, en Espagne, aux Émirats arabes unis, en Israël et aux États-Unis. D'une main il évacue le cash des trafiquants, de l'autre il permet à des entrepreneurs qui ont pignon sur rue de soustraire au fisc des sommes importantes. Au passage il prélève une commission oscillant entre 3 et 15 %.

« À la convergence des intérêts financiers de cette clientèle interlope, expliquent les enquêteurs, Meyer Elmaleh monnaie son expertise financière et son relationnel bancaire. »

Les malfaiteurs sont ravis, car la panoplie proposée par la société fiduciaire suisse GPF SA va au-delà de la compensation en espèces de sommes préalablement déposées en Suisse : création de trusts dans les centres offshore en particulier au Panama, mise à disposition de comptes bancaires de passage à Londres, faux prêts, fausses factures – elle sait tout faire. De quoi rapatrier les fonds, en fin de circuit, sur des comptes bancaires liés aux organisateurs du trafic, loin des yeux du tatillon Office de contrôle des changes qui sévit au Maroc...

Une enquête exemplaire, assurent les chefs de la police, mais la justice ne traite pas tous le protagonistes avec la même sévérité, puisque le seul à rester sous les verrous, un an plus tard, est le fameux collecteur, Sofiane Nedjam, qui crie son innocence et ne comprend guère que l'on s'acharne sur lui, comme s'il était (le mot est de lui) l'« Arabe de service ». À ses yeux, les policiers lui en veulent depuis qu'il a démasqué un indicateur de la PJ de Versailles, au sujet duquel il a alerté un certain nombre de personnes et qui s'est fait assassiner en décembre 2010 (Sofiane était alors en Espagne)... Pour le reste, deux des frères Elmaleh ont été jugés par les Suisses et condamnés à des peines dérisoires, les médias locaux évoquant « l'affaire virus avortée », tandis que le troisième, Mardoché, a depuis longtemps été remis en liberté en France, présentant sans doute assez de garantie.

Les Manouches, « rois des chouraveurs »

Les policiers les appellent les « Nouches », par commodité plus que par affection. « Ce sont les rois des chouraveurs [voleurs], de la marchandise tombée du camion », résume avec admiration un braqueur franco-algérien. Les spécialistes distinguent les « Manouches » des « Barengris » et les « voyageurs » des « forains », mais le grand public, lui, ne fait pas dans la dentelle : Gitans dans le sud de la France, ils sont des Manouches au nord de la Loire. Signe de leur influence, les beurs ont adopté une partie de leur vocabulaire : une balle c'est une « datte », « viens on se natchave », c'est « viens on se casse », « t'as pensé au machtok », c'est « t'as pensé aux armes » (ou aux papiers ou à n'importe quoi d'autre). La « vago », c'est la voiture, une « poucave » est une balance...

Tous les Manouches n'entrent évidemment pas dans la délinquance, mais une poignée suit le chemin qui mène des petits larcins au grand banditisme. « La plupart des grandes villes sont touchées : Lille, Nantes, Bordeaux, Marseille ou Paris, explique un responsable de la lutte contre le crime organisé. Leur force, c'est leur capacité d'observation. Toujours dehors, ils montrent une aptitude certaine à obtenir des informations confidentielles. Le milieu manouche est hermétique et cloisonné, mais ses membres savent mutualiser l'information au sein de la communauté. À la faveur des rassemblements évangéliques, ils se passent les noms des bons "pigeons" moyennant un billet. Ils ne cherchent pas à tenir un territoire, mais à faire des coups. Certains arrivent à rassembler un vrai patrimoine en construisant sans permis, tout en restant non imposables et en échappant à toutes les taxes. »

L'Île-de-France est le fief de nombreuses familles depuis que les Allemands ont parqué les Manouches dans la grande couronne pendant la Seconde Guerre mondiale. C'est là, autour de Montreuil, que le clan Hornec (largement évoqué dans le premier volume de *Parrains et Caïds*) a prospéré. Dominé par trois frères, il aura marqué l'histoire du banditisme dans la capitale en s'émancipant du milieu traditionnel qui les avait pris sous sa coupe, comme l'explique ce commissaire qui les connaît bien :

« Les frères Hornec n'ont pas supporté d'être écrasés par Claude Genova qui tenait à l'époque le pavé parisien et imposait sa loi. Ils ont décidé de prendre sa place et de s'emparer de ses parts de marché, mais cette façon de jouer les parrains n'était pas dans leurs traditions. »

On connaît la suite : une incursion mal préparée sur le marché de la drogue, la chute, de lourdes peines de prison avec, à la clef, le recul des positions du clan, même si leur patronyme est devenu une marque propre à faire trembler leurs rivaux sur tout le territoire, de la porte de Bagnolet à la Croisette.

D'autres familles affichent leur réussite sans prétendre empiéter sur le milieu traditionnel, notamment dans les Pays de Loire et en Bretagne. Entre attaques à la voiture bélier et braquages de riches commerçants, ils emmagasinent des fortunes, comme l'ont constaté les policiers à l'occasion du passage du franc à l'euro : sous leurs yeux, dans l'enceinte d'une hacienda bretonne où la famille avait l'habitude d'organiser des courses de quads, le manège des sacs remplis de billets...

« Les Gitans sont disséminés sur tout le territoire, mais ils ont leur logique propre, précise un cadre de l'Office central de lutte contre le crime organisé. Ils sont autonomes au sein de leur communauté et le plus souvent poly-infractions. Ils sont dans le vol de fret, les vols "par qualité", vols où ils se font passer pour policiers, facteurs ou plombiers, les escroqueries au jade ou à l'ivoire qui réclament un solide bagout, le trafic de voitures, le recel d'or et de bijoux, marché qu'ils disputent aux "bijoutiers" juifs. »

Pas vraiment itinérants, ils ont tôt fait de construire le chalet à côté de la caravane, mais ils ont cette capacité de se transporter loin de leur base à quoi on reconnaît les grands bandits. Un jour ils opèrent en Suisse, le mois suivant en Belgique ou au Luxembourg... avant de regagner le giron familial implanté sur un territoire particulièrement hostile à la police, où les planques sont aussi difficiles que dans une cité-ghetto.

« Chez les Manouches, les voleurs font vivre les autres, décrypte un policier. La solidité et la pérennité des équipes reposent sur la solidarité familiale. Ils se perdent quand ils se mélangent avec les Maghrébins qu'ils ont connus gamins dans les cités. »

La communauté n'échappe cependant pas aux embrouilles et aux trahisons, l'un des sports favoris consistant à racketter le voisin : les « voyageurs », spé-cialisés dans les escroqueries, sont souvent la cible des « Barengris » qui viennent prélever leur dîme avant de leur promettre une protection... Le tout assorti d'une immunité à peu près certaine, tant porter plainte n'est pas dans leur culture.

La police judiciaire a longtemps abandonné cette communauté aux gendarmes qui se sont engouffrés dans la brèche pour mettre un pied dans la lutte contre le banditisme. Les vols de camions n'étaient pas pris très au sérieux jusqu'au jour où les policiers se sont aperçus que les voleurs pouvaient passer, le lendemain, à l'attaque d'un distributeur de billets à l'explosif, avant de cibler une bijouterie quelques jours plus tard. Avec une violence assez débridée qui envoie plusieurs fonctionnaires au cimetière.

Ainsi en cette nuit du 27 novembre 2011 où une voiture de la brigade anticriminalité d'Aix-en-Provence se retrouve face à une équipe partie à l'assaut de magasins à l'aide de disqueuses. Un homme brandit une kalachnikov et fait feu dans le brouillard, blessant mortellement un policier avant de disparaître avec ses complices, laissant derrière eux une voiture remplie de... poisson congelé. Combien étaient-ils à bord ? Les fuyards ont laissé l'un des leurs derrière eux, abattu d'une balle que l'on imagine accidentelle : Patrick Lombard, arrêté une quarantaine de fois par la police pour violences volontaires, violences à agent de la force publique, refus d'obtempérer, vols à main armée, séquestrations, évasions ou délits de fuite... Un profil qui, ajouté aux traces génétiques laissées dans l'habitacle, permettra de mettre la main sur les présumés braqueurs fous.

Commentaire d'un cadre de l'Office central de lutte contre le crime organisé : « Ils logent à cinquante kilomètres des centres urbains, dans des coins inapprochables, sont équipés de disqueuses et pillent systématiquement la lunetterie comme le dépôt de pulls. Ils sont capables d'effectuer des raids de quatre cents kilomètres dans la nuit. Pour surveiller les équipes, il faut être nombreux, surtout qu'ils changent souvent de voitures et ne sont plus accoudés tous les soirs au comptoir du même bar. »

Y aura-t-il à nouveau une famille assez puissante pour imposer sa loi dans la communauté ? L'heure est plutôt à l'éparpillement.

Voyage (subjectif) en Manouchie

Alors que la voiture avance dans les rues de Montreuil-sous-Bois, le conducteur, policier de son état, se transforme en guide touristique : « Cette ville est le creuset des alliances ethniques. Un Manouche au volant, un gros black derrière, parce qu'il tape plus fort, un jeune Maghrébin et un Gaulois, fils d'un gros voyou des années 1960 : c'est l'équipage type. Ils se sont connus au collège et ne se font pas la guerre. L'école est le creuset où on oublie qu'on est des Morillons ou du Clos, de Bel-Air ou de Léo-Lagrange, blanc ou noir : on est de Montreuil. La plupart de mes collègues pensaient qu'on ne verrait jamais un Manouche avec un Noir ou un Arabe, parce qu'ils étaient racistes, mais ils se trompaient. Arrachages de DAB [distributeur automatique de billets], attaques de bijouteries en plein jour, vols à l'italienne, vols à la portière, collets marseillais[1] : toutes les nouvelles techniques ont été testées ici, autour de la Croix-de-Chavaux, avant d'être copiées ailleurs dans le pays. Les premiers à avoir installé des caméras sous leurs voitures pour repérer la route qui mène aux entrepôts de shit, en Andalousie, sont partis d'ici : grâce aux images, ils retrouvaient sans problème le chemin pour aller les cambrioler. »

Alors que le véhicule remonte le boulevard de la Boissière, des souvenirs de « chasses » mémorables reviennent à l'esprit du guide qui n'ignore rien des habitudes du « gibier » local : « Les braquages, c'est tôt le matin, parce que ça roule mieux... Les Manouches sédentarisés se concentrent sur deux secteurs dans le haut Montreuil... Des rues "implanquables" en police judiciaire traditionnelle... Mieux vaut éviter de croiser

---

1. Un système destiné à piéger les distributeurs automatiques de billets.

le regard des mecs, ils te détronchent à la vitesse de l'éclair... Avant qu'ils n'installent ces chicanes [des ralentisseurs], ça roulait à 150 km/h, dans le secteur. Les autoroutes sont à portée de main, et là, tu ne rattrapes personne : au revoir, monsieur ! »

Pavillons et caravanes n'ont pas beaucoup de secrets pour ce fonctionnaire tout-terrain capable de tracer l'arbre généalogique de ces grandes familles dont on retrouve des cousins sur les communes de Gournay-sur-Marne, de Champigny, de Villeneuve-Saint-Georges ou d'Émerainville. « Une génération de bandits a grandi ici », raconte-t-il en évoquant l'histoire de ce patron d'une casse automobile qui avait répondu aux tentatives de racket en tirant sur un jeune au fusil de chasse, avant de rouler le corps dans un tapis et d'aller l'abandonner, incendié, quelque part en forêt de Fontainebleau. Le genre d'« incidents » qui reste imprimé dans la mémoire de ses camarades, surtout quand la victime passait, à 25 ans, pour le chef d'un gang de furieux baptisé « Goldy les montres » (spécialisé dans l'attaque violente de bijouteries dans les galeries marchandes).

« La criminalité fonctionne sur le modèle de la grosse société, du PDG aux conducteurs de travaux, poursuit le fonctionnaire. Ils font tout ce qui rapporte. Le jeune vole les voitures pour les anciens. Il prend 1 000 euros pour une Audi RS4. Il recommence. Il se fait chasser par la police, mais ne se fait pas attraper ? C'est un "bon petit" qui s'entend bientôt dire par les grands : "Tu veux pas monter avec nous ?" »

Le policier accélère : il a reconnu quelqu'un. Puis reprend son récit :

« Pour les armes, les Manouches peuvent compter sur les Yougos, très implantés à Pavillons-sous-Bois. Les kalachs, ce sont eux qui les fournissent. »

Il parle mystérieusement d'équipes « à tiroirs », mais ce qui surprend, c'est le nombre impressionnant de terrains vagues livrés à un habitat sans permis.

« Ce territoire est gigantesque, poursuit-il en bifurquant vers la rue de la Demi-Lune. Si tu ne connais pas ta topographie en détail, tu ne peux pas bosser... Cette rue était le passage obligé pour aller du Plateau à la cité Jean-Moulin où vivaient pas mal de "pilotes"...

« Tous les nouveaux modèles de voitures de luxe, je les ai vus dans ce quartier, siffle le policier avec une certaine admiration. La première Golf V6, la première Audi 26, le premier coupé Mercedes CSL... Avec, au volant, des types fringués comme des cadres supérieurs. »

La « Manouchie orientale » (on est à l'est de la capitale) est un carrefour : le think tank de la voyoucratie organisé tient meeting permanent dans ces parages. Une mine d'informations pour les flics qui veulent savoir qui circule avec qui, à bord de quel véhicule. La base du renseignement : « Les Manouches ne sont pas tous dans le crime, prend soin de répéter notre guide, mais ceux qui ont les deux pieds dedans n'achèteront jamais ne serait-ce qu'une ampoule : ils préfèrent la voler. C'est dans ce secteur qu'ils ont passé les premières alliances avec des Maghrébins du Val de Fontenay ou de Rosny. C'est là que la nouvelle génération apprend le métier, à la faveur de ces rues en cul-de-sac, ou derrière ces murs peints à la chaux pour renvoyer le soleil, à une époque où des maraîchers, ici, faisaient encore pousser des pêchers. »

Une grande mobilité, des bases arrière un peu partout, de la fluidité dans la circulation de l'information, la transmission du savoir d'une génération à l'autre : voilà les principaux atouts que notre expert prête à ce milieu manouche. Un braquage à la voiture-bélier est-il commis dans la capitale ? Il est à peu près certain que l'enquête remontera vers Montreuil dont les « ressortissants », si l'on ose dire, commettent leurs forfaits jusqu'à Toulouse, Rouen ou Puget-sur-Argens (Var). En revanche, peu de risques de voir ici une émeute survenir gratuitement : moins la police est présente, plus prospère cette économie parallèle, devenue pour beaucoup la seule économie susceptible de les nourrir.

Le secteur a ses têtes d'affiche, ses champions, mais aussi ses morts au combat. La violence n'est pas à tous les coins de rue, mais, quand elle surgit, elle est imparable. Antonio Lages, patron à 22 ans d'une célèbre boîte de nuit, le Fun Raï, venait de la cité Bel-Air : il a été assassiné, dit-on, pour une simple « affaire de gonzesses ». D'une balle brenneke renforcée avec une vis : déchirures garanties. Une spécialité locale.

Les frères

La dernière communauté à la mode est celle des barbus. C'est en prison qu'elle s'affiche et s'affirme le plus ouvertement.

« Les frères, c'est solidaire, ça rigole pas », résume un braqueur d'origine algérienne qui fait le ramadan, mais sans plus.

Leur force d'attraction est à la hauteur de la couverture qu'ils peuvent offrir, mieux que la CMU (couverture maladie universelle), à voir le nombre de détenus qui passent du catholicisme à l'islam pour se sentir moins seuls. C'est notamment le cas de ceux qui sont incarcérés pour des affaires de mœurs qui les mettent au ban de toutes les communautés.

La prison a tendance à gommer les frontières. Elle voit marcher côte à côte, dans la cour, l'Algérien, le Tunisien et le Marocain, pas forcément amis quand ils sont dehors. Mais les barbus ne se mélangent qu'entre eux. Et ils imposent leur loi, comme l'a vérifié à ses dépens un détenu franco-français qui prétendait prendre sa douche nu, au nom de l'hygiène. La première fois, les barbus lui ont juste ordonné d'enfiler un slip. Le lendemain, ils ont été un peu plus insistants,

avant de fondre sur lui et de le bastonner. Plutôt que
d'accepter ces diktats, le prisonnier a préféré se priver
de douche pendant plusieurs jours.

Il aurait certes pu demander à être transféré dans
l'aile voisine, celle où on ne croise pas un Arabe ni
un black, celle des Français, des gars sophistiqués et
propres sur eux, mais il s'en sera gardé. L'endroit res-
pirait la propreté, croyait-il savoir, mais les autres détenus l'auraient pris pour un violeur ou un pédophile.
Plutôt supporter la loi des « barbus ».

15.

La génération kalachnikov
dans l'œil de la police

« Ils n'ont pas peur de mourir »

« On assiste à une montée en puissance des jeunes de banlieue dans le banditisme. Ils arrivent avec les valeurs de la cité, une violence inouïe, la volonté d'en découdre avec les flics quand ils montent sur un coup : s'il le faut, ils se servent de leurs armes pour tuer. Ils n'ont pas peur de mourir. Ils montent sur une affaire comme un ultime espoir, avec l'idée qu'ils peuvent y laisser leur peau. »

Le commissaire qui s'exprime, la quarantaine, a fait ses classes dans le 93, le département où se sont épanouies des générations de gangsters, avant de rejoindre l'un des services de pointe de la police judiciaire, l'Office central de lutte contre le crime organisé.

« Il y a dix ans, on croisait encore des voyous qui étaient fiers d'avoir fait un travail "propre", poursuit-il. Aujourd'hui, c'est sale : il y a du sang. »

La veille de notre entretien, un convoyeur de fonds a perdu la vie du côté de Metz : la quantité d'explosifs était trop forte. Ratage complet : originaires de Roubaix et connus pour braquage de banque, les malfaiteurs sont repartis sans emporter un centime.

Quelques semaines auparavant, lors de l'attaque d'un centre-fort, un voyou a poursuivi les flics avec la volonté de les achever alors qu'ils s'étaient réfugiés derrière un muret. Pas vraiment une surprise pour ce policier qui a vu poindre cette radicalité :

« Je savais que le nouveau banditisme viendrait des cités. La Seine-Saint-Denis, c'est la matrice des braqueurs. Il y a un tel vivier entre Bobigny, Noisy-le-Sec et Bondy ! C'est un territoire qui leur est dédié, comme le triangle Orly-Choisy-Vitry dans le Val-de-Marne, ou Nanterre-Asnières-Villeneuve-la-Garenne dans les Hauts-de-Seine. Ils sont avides d'argent, de pouvoir et de reconnaissance. La seule perche qui leur est tendue pour gagner une aura, c'est d'aller au mastic[1]. Certains optent pour les stups, d'autres montent avec des anciens sur les fourgons blindés. Beaucoup ne demandent qu'à passer à l'acte. C'est là que ça va pécher, à cause des amateurs qu'ils entraînent derrière eux. »

Depuis tout petits, quand le gardien de la paix les interrogeait sur un défaut de permis, ces jeunes criminels ont appris à ne pas parler, mais cela ne suffit pas à faire un « professionnel », heureusement pour la police qui a besoin de maillons faibles. C'est l'un de ces « amateurs » qui a valu à Antonio Ferrara, le Napolitain de la banlieue sud, d'être débusqué alors qu'il coulait des jours plutôt festifs en cavale après son évasion de la maison d'arrêt de Fresnes : sans son aide, le braqueur aurait encore couru quelque temps.

« Avant, il y avait moins de maillons faibles, poursuit le commissaire. Il n'y avait que des gens parfaitement rodés à leur mode de vie. » Une faille qui compense les difficultés d'approche liées à la topographie de ces cités faciles à transformer en forteresses : « Les surveillances sont presque impossibles au sein

---

1. De monter sur un braquage.

du quartier. Ils sautent d'un scooter à l'autre, d'une voiture à l'autre. On ne peut même pas rentrer pour effectuer une vérification sur une boîte aux lettres sans se faire repérer ! »

En attendant, c'est désormais pour cette nouvelle génération que l'on déplace l'artillerie lourde, ces hommes de l'antigang en tenue de Robocop qui « poussent de la fonte » tous les jours, loin des flics bedonnants d'autrefois. Le signe que ces nouveaux venus font à leur tour partie du gotha du banditisme, même s'il y a là un petit côté téléréalité : comme les chanteurs, on peut être promu gangster numéro un en quelques mois... pour retomber aussitôt dans l'oubli.

« La mentalité supérette »

« Ces cités difficiles à prendre font leur force, confirme un autre cadre de l'Office central de lutte contre le crime organisé, mais elles sont aussi leur faiblesse : à l'extérieur, ces voyous sont moins à l'aise. »

Les services de pointe de la PJ ne sont cependant pas exempts de tout reproche, à l'en croire : « On a accumulé du retard, concède-t-il. Longtemps on est restés focalisés sur les anciens bandits. On assurait le fonds de commerce en les filant quand ils sortaient de prison, au risque de passer à côté des nouveaux. On était enfermés dans nos clichés. On les a négligés parce qu'on pensait qu'ils ne dépasseraient pas le stade de la cité. »

Un retard aujourd'hui en passe d'être comblé, puisque ce vieux routier n'a plus d'yeux que pour ces caïds de cité avec lesquels il avoue avoir un peu de mal à communiquer, comme le voyou du Vieux-Port, à Marseille, peine parfois à trouver un langage commun avec son homologue des quartiers nord.

« La nouvelle génération n'a pas les mêmes repères que les anciens, avance-t-il. Les vieux sont riches, mais ils ont la mentalité "cabanon" : le tour de bateau avec les putes et les millions de la taxe carbone leur vont très bien. Ils aspiraient à une reconnaissance du milieu, ils visaient le cursus honorum. Les jeunes, eux, ne cherchent pas la reconnaissance du milieu. Ce sont des hommes d'affaires vivant dans la marginalité avec un seul souci : protéger le bizness. Ils se foutent d'avoir leur table attitrée dans la discothèque, avec "leur" bouteille. Ils ont la mentalité "supérette" : la marchandise doit arriver à l'heure. Si ça ne va pas, ils licencient. Si tu installes une baraque à pizzas sur leur parking, ils te dégomment. »

Le milieu, c'étaient des garçons qui s'identifiaient facilement entre eux, se connaissaient à défaut de s'apprécier. Les nouveaux gangsters sont des francs-tireurs inféodés à personne, poursuit notre interlocuteur :

« Les vieux étaient issus de sociétés claniques où le père pesait ; les successeurs sont fils de pères absents qui ne les ont parfois même pas reconnus. Ils n'ont pas de références, hormis la religion qui n'est souvent qu'un vernis. Ils se créent des bulles, autour de leur cité, dans lesquelles ils sont plus ou moins autonomes, entre les armes, la cocaïne, le racket de la pizzeria du coin et le vol de fret. »

Tous les policiers ne partagent pas cet avis, mais ce commissaire ne voit pas la nouvelle génération atteindre le niveau de l'ancienne : « Le milieu, c'est une envergure internationale et de l'entregent, soutient-il. Les Corses sont partout dans le monde et ont leurs entrées au ministère de l'Intérieur. Les Manouches resteront en bas de la chaîne alimentaire. Ils ne boufferont jamais avec les politiques. »

« Tu manges avec moi : tu es dans la famille »

Place Beauvau, à la direction centrale de la police judiciaire : « Des violents et des abrutis, on en trouve dans toutes les cages d'escalier, constate un responsable de cette maison qui coordonne les investigations contre le crime organisé sous toutes ses formes. La plupart feront les grouillots toute leur vie ; les plus intraitables, les plus craints et les plus intelligents sortiront du lot. On le voit déjà en Espagne où des mecs émergent. Ce sont les cadres de demain, mais un danger les guette : celui de l'argent facile, de la flambe. Leurs aînés n'étaient pas gourmands au-delà du raisonnable, eux ne savent plus quoi faire du pognon. »

Le diagnostic que porte ce fonctionnaire sur le milieu des cités n'est pas politiquement correct, mais limpide. À ceux qui parlent de « zones de non-droit », il oppose une autre vision : « On a laissé se développer des zones de droit différent, soumises à l'ordre des dealers : "Tu manges avec moi, tu es dans la famille." L'idéal, pour eux, c'est une cité qui ne fait pas de vagues, de façon à tenir la police à distance. Personne n'a la prétention d'éradiquer complètement le trafic, mais nous devons le contenir le plus possible. Tout le monde doit y passer, du petit dealer à l'importateur. Il ne faut plus hésiter à confisquer le pognon de la mère, des sœurs, des frères. Le message qu'on doit leur transmettre tient en une phrase : "Tu es fou, mais on est plus fous que toi." C'est la seule façon de rééquilibrer la relation et de substituer l'ordre de la République à celui des bandes. C'est à l'État d'assurer l'ordre, pas aux dealers ! »

Les grosses opérations, à grand renfort de CRS, amusent les médias, mais ce commissaire est bien placé pour savoir qu'elles ne règlent rien : « Comme avec le banditisme corse, seul un investissement en profondeur portera ses fruits. Nous devons concentrer nos efforts pour identifier les meneurs. Depuis longtemps ce ne sont plus des "branleurs", mais de vrais voyous avec des plans en Espagne ou au Maroc, et qui engrangent d'énormes bénéfices. »

« Ce sont des gars aguerris, habitués à faire la courette avec les flics, confirme Christian Lothion, directeur central de la PJ jusqu'au 1er janvier 2014. Les voyous traditionnels les évitaient ; eux tapent avec les voitures-bélier et font des go-fast avec l'idée d'échapper à tout prix aux flics, quitte à percuter. Ils ont un vrai courage physique, qu'on pourrait prendre pour de l'inconscience. Même chose pour les règlements de comptes. Avant, les voyous avaient une stratégie. Aujourd'hui, ils se lèvent le matin sans savoir qu'ils vont flinguer un mec sur un coup de sang. On est dans le meurtre pulsion, plus facile pour nous à élucider. »

« Tu peux m'envoyer 4 tonnes
tout de suite ? »

Puissance, surface financière, implantation internationale : aux yeux de ce commissaire basé lui aussi à Nanterre, aucun doute non plus que les réseaux « cannabis » relèvent désormais du « crime organisé », donc de la compétence de l'Office central de répression du trafic illicite de stupéfiants. Le milieu « classique » conserve certes un rôle dans le trafic, lui qui traite d'égal à égal avec les Sud-Américains et les Italiens, mais, dans les zones stratégiques, à Tanger, dans le sud de l'Espagne, à Barcelone, Anvers ou Rotterdam, ses chefs de file doivent compter avec les figures du milieu des cités, explique ce spécialiste :

« Il y a vingt ans, Momo était délinquant sur la voie publique et relevait de la sécurité publique. La

PJ avait assez à faire avec le milieu traditionnel et les braquages. Est-ce une erreur ? Sans doute, à la lumière de ce qui s'est produit. Aujourd'hui, on a des équipes qui brassent 3 tonnes par mois et disent qu'il faut être fou pour aller braquer. Ils laissent ça aux vieux, chez qui c'est une véritable addiction, et aux débutants à la recherche d'une mise de fonds pour se lancer dans le trafic. Certains suivent le cursus, passent par la voie publique et la criminalité violente de proximité, mais on se retrouve souvent, à haut niveau, face à des inconnus quasi insoupçonnables. »

La preuve par ce garçon de 24 ans, grandi à Aubervilliers, berceau du banditisme s'il en est, dont le nom apparaît au détour d'une commande de plusieurs tonnes de shit... La PJ s'attache aux basques de deux de ses présumés « accessoiristes », dépêchés dans le sud de l'Espagne pour gérer le stock. En surveillant l'entrepôt avec les collègues espagnols, elle s'aperçoit que l'équipe livre des Italiens, des gens des pays de l'Est et des Néerlandais. Lorsque l'opération est déclenchée, 2 tonnes sont saisies sur place et le réseau est « aplati » en France. Seule ombre au tableau : le chef a disparu des radars. Particularité du personnage : passé criminel, néant. Les enquêteurs l'imaginent retranché à Amsterdam, mais ils se trompent. Lorsqu'ils le coincent dans une cabine téléphonique du 93, il est en train de converser avec ses fournisseurs :

« Ici ça va pas bien, il faut que je me refasse, dit-il à son interlocuteur. Tu peux m'envoyer 4 tonnes tout de suite ? »

C'est la première fois de sa vie que ce jeune homme a affaire à la police, mais, à l'heure de la garde à vue, il se comporte en businessman. S'il peut économiser 4 000 euros sur les frais d'avocat, il n'hésite pas : il demande l'aide juridictionnelle que l'on réserve aux démunis, de la même manière qu'il s'est toujours débrouillé pour bénéficier de la CMU. Son argent est à

Dubaï ou au Maroc, plus à l'abri que s'il s'était offert un pavillon à Argenteuil.

Comment en est-il arrivé là ? « En général, c'est le plus cruel qui commande », tranche notre interlocuteur policier.

Le trafic de cannabis, confirme ce commissaire, est aujourd'hui à 90 % entre les mains des caïds de banlieue qui partagent celui de l'héroïne avec les Turcs, maîtres de la route des Balkans, et la cocaïne avec tous ceux qu'attirent ses profits : voyous corses et marseillais, Italiens, gangs des Caraïbes, Sud-Américains... « Le marché du shit n'est absolument pas centralisé, poursuit-il. Il est segmenté, parcellisé, calé sur les relations familiales et le quartier. Avec près de 12 millions de consommateurs recensés en France, il y a de la place pour tous. »

La nouvelle voyoucratie est une voyoucratie commerçante. Ceux qui réussissent sont des marchands devenus bandits, ce qui marche nettement mieux que l'inverse : les braqueurs manouches que l'on a vus s'aventurer sur le marché de la cocaïne se sont cassé le nez, tant il est vrai qu'on n'achète pas 200 kilos sans trop savoir comment s'en débarrasser. Des marchands qui pratiquent le dumping font des promotions sur tel ou tel produit, privilégient le groupage à l'heure du transport et procéderont, si besoin est, à une étude de marché avant d'investir un nouveau territoire...

« Ils n'ont même pas eu à balayer le milieu traditionnel »

Le son de cloche n'est pas très différent quand on se rapproche de la police judiciaire parisienne encore basée quai des Orfèvres.

« Avant, une même famille pouvait tenir la cité et superviser l'importation, observe, à l'étage de la direction, l'inspecteur général Jean-Jacques Herlem. Aujourd'hui, les commanditaires ont une surface financière certaine et touchent à peine le produit. Ce qui compte, à leur niveau, c'est de pouvoir lever les fonds et gérer les risques. »

À un autre étage du « 36 », un pilier de la brigade des stupéfiants complète le tableau :

« La cité, ce n'est plus le territoire de l'État. Ils y sont chez eux et nous le disent. Ils contrôlent les entrées : "Tu es qui ?" "Tu vas chez qui ?" Ils cherchent à démasquer les policiers et nos informateurs. Les caciques du trafic ont une surface financière qui leur permet de poser des caméras quand ils le veulent, d'utiliser des détecteurs de balises… Ils possèdent aussi les connaissances techniques de leur génération, utilisent des brouilleurs, savent retirer les batteries de leur téléphone. »

À Sevran (93), les dealers ont confisqué les caméras que la brigade avait posées et repris le trafic dès le lendemain, cagoulés. Au moindre doute, ils vont voir le gardien et le secouent pour avoir la liste des appartements inoccupés dans la cité, ceux que la police pourrait utiliser. La marchandise est bien planquée. Même chose pour les armes et l'argent, placés chez des « nourrices » qui n'ont pas forcément le choix, comme l'explique cet officier :

« Les dealers sèment la peur auprès de la population. S'il le faut, pour être sûrs d'être bien compris, ils mettent leurs menaces à exécution en commençant par exploser la boîte aux lettres du récalcitrant ou par rayer sa voiture. »

Quand il a vu une équipe attaquer un convoi de shit avec une voiture immatriculée comme une vraie voiture de police, gyrophare sur le toit, ce fonctionnaire s'est franchement demandé s'il n'était pas trop tard pour enrayer le phénomène :

« Il y a des professionnels du crime qu'on ne touchera plus, dit-il. Ils ont connu en prison des mecs qui leur ont proposé le kilo de cocaïne à 10 000 euros à une époque où les Sud-Américains cherchaient de nouveaux débouchés. Ils avaient le savoir-faire pour le shit et l'héroïne, ils ont simplement changé de fournisseurs. Ils n'ont même pas eu à balayer le milieu traditionnel : ils se sont développés en parallèle. »

Les « gros » ont une adresse dans la cité, un pavillon dans les environs, des biens immobiliers dans les beaux quartiers de la capitale et au bled où ils participent à de gigantesques projets dans l'aménagement touristique. « Prendre les armes pour faire une banque, plus personne ne le fait tellement les stups génèrent d'argent ! avance le policier, chiffres en tête. Deux kilos de shit rapportent plus que l'attaque du casino d'Uriage ! Avec la cocaïne, si la qualité est là, le prix peux tripler entre l'achat et la revente... »

Le kilo de cocaïne s'achète autour de 900 dollars (environ 700 euros) en Colombie, sortie du pays non comprise ; il se revend 35 000 euros à Paris. Même si le transport se facture jusqu'à 7 000 euros, la culbute reste importante, sachant qu'au détail le prix du gramme varie de 60 euros dans le 18e arrondissement à 100 euros sur les Champs-Élysées...

De quoi pronostiquer un boom des règlements de comptes dans les années à venir, sur fond de dettes impayées, de guerre de territoires et de cargaisons volées.

« On pensait que c'étaient des analphabètes »

De l'autre côté de la rue, au siège de la brigade de répression du banditisme, toujours sur l'île de la Cité, un fin connaisseur de la voyoucratie parisienne se livre au jeu des différences entre ancienne et nouvelle générations.

Le milieu était un concentré de frimeurs qui voulaient afficher leur réussite ? « Les jeunes s'affichent parfois sur les Champs-Élysées, mais ils passent beaucoup de temps derrière leur Playstation, sauf pendant les trois mois de l'année où ils s'offrent des vacances de rêve. »

Les jeunes s'en sortent plutôt bien avec les stups ? Ils sont en revanche moins à l'aise que leurs aînés pour attaquer des fourgons blindés, activité qui passe le plus souvent par un accord verbal avec celui qui vous livre les informations de l'intérieur. Écueil majeur : les informateurs potentiels, prêts à trahir leur entreprise, « ne croient pas à la parole des jeunes de cité ».

Quelques codes régissaient les relations entre voyous ? « Aujourd'hui, ils se foutent sur la gueule pour un rien. Un différend commercial surgit avec un partenaire ? Pour ne pas passer pour une truffe, je l'élimine. Tu m'as mal parlé ? Je te fume, même s'il n'y a aucun intérêt en jeu. Leurs codes sont issus de l'immigration africaine : on ne s'en sort qu'en se battant. »

On savait qui était le chef ? « Il n'y a plus de têtes pensantes ni de spécialités bien définies : on peut servir un jour de pilote pour un braquage, convoyer des stups le lendemain, se muer en tireur le surlendemain... »

La police savait à peu près évaluer les forces en présence ? « Notre gros souci, aujourd'hui, c'est leur nombre. »

La police connaissait la plupart des voyous par leur nom ? Non seulement ce n'est plus le cas, mais elle n'est souvent même plus capable de reconnaître un mode opératoire, une allure ou une marque de voiture. « La violence est la marque de fabrique la plus répandue », dit notre interlocuteur en invoquant à la fois la trouille de se faire prendre et une accoutumance au flingage.

Conclusion de ce pilier du Quai des Orfèvres : « On ne s'est pas méfié de cette génération. On les prenait pour des analphabètes, on est loin de compte ! »

« C'est un milieu de fumiers »

La région parisienne est loin d'avoir le monopole du sujet. La capitale rhodanienne et ses environs sont eux aussi très exposés. En écoutant ce commissaire de la direction interrégionale de la police judiciaire de Lyon, on se dit que le schéma de la cité imprenable s'est démultiplié sur l'ensemble du territoire, et que le portrait du caïd richissime est à peu près interchangeable...

« Avec les stups, dit-il, ils visent le profit immédiat. Une mise de fonds et c'est parti, avec une rentabilité quasi certaine. La seule difficulté, c'est quand ils marchent sur les pieds de quelqu'un : cela risque de mal se terminer, parce que c'est un milieu de fumiers où personne ne fait confiance à personne.

« Ils ne roulent pas dans des voitures de sport, sauf quand ils en louent une. Ils bouffent des kebabs et des McDo, se lèvent pour aller au bar à chicha. Ils ont une vie de merde, sauf pendant les vacances, quand ils vont faire les beaux et draguer à Saint-Tropez, en Espagne ou à Courchevel. Ils passent leur nuit au téléphone : "Wesh, t'es où ?" "Wesh, on se voit ?" Ils restent le plus souvent dans leur quartier. S'ils en sortent, c'est pour "taper".

« Ce sont de petits noyaux de potes qui fonctionnent comme des ados, avec le même instinct grégaire. Ils se sont connus à l'école ou en prison. Leur pays, c'est Vénissieux, c'est pas la Kabylie. C'est la cité. Ils parlent beaucoup moins arabe que leurs aînés. Ils ne supportent pas le muezzin, j'en ai même entendu un dire que le clocher de l'église lui manquait, en prison. C'est peut-être là une forme d'intégration !... »

« Le tribunal des stups, c'est le calibre »

Marseille, siège de la police judiciaire (l'Évêché), dans le bureau d'un commandant spécialisé dans la lutte contre le trafic de drogue, qui ajoute de la couleur au portrait de la génération montante :

« Les jeunes visent le court terme. Ils n'ont pas de plan de carrière. C'est chacun pour sa gueule, chacun pour son coup. Ils ne sont même pas solidaires, à la différence des Corses qui se soutiennent de Bastia à Paris.

« En apparence, ce ne sont pas des sauvages, mais la facilité avec laquelle monte la violence est surprenante. Après un face-à-face entre Gitans et Noirs, on a ramassé 200 douilles !

« Tous se ressemblent, mais l'intelligence peut en mener certains très loin s'ils ne se font pas tuer avant : le tribunal de commerce des stups, c'est le calibre.

« Le rêve, c'est de récolter 2, 3, 4, 5 millions d'euros et de s'arrêter. C'est de faire le maximum de fric et d'investir au pays dans des hôtels et des appartements. Une fois qu'ils mettent un pied dans la vraie économie, on ne les rattrape plus... »

Le trafic les prépare à cette reconversion : dans les quartiers les plus structurés, on prévoit le plateau-repas pour le guetteur. Le système de promotion interne, lui, plagie l'économie réelle : une haute école de commerce dont la rue serait le campus.

Quant aux braqueurs, dont Marseille a longtemps été l'un des creusets les plus fertiles, l'évolution suit ici la même courbe qu'à Paris ou Lyon, avec les mêmes dangers : on voit désormais monter au braquage des garçons au casier judiciaire vierge, comme le constate ce pilier de la brigade de répression du banditisme :

« Ils perdent leur boulot en intérim ? Ils vont faire un braquo ! Ils croient savoir manier une arme parce qu'ils ont vu comment on faisait au cinéma, mais ils n'ont pas toujours les épaules, ce qui engendre parfois de dangereux phénomènes de panique. En cas de confrontation avec la police ou avec des convoyeurs, ils ne tirent pas en l'air, comme les anciens, mais en face. Ce sont des fous furieux ! »

« On est des bricoleurs »

A-t-on les moyens d'enrayer le boom de ce commerce illicite et la criminalisation des quartiers qui va de pair ? Une poignée de policiers considèrent que la lutte est purement illusoire et que, si l'on se dote d'un service antidrogue, c'est surtout « pour se donner bonne conscience ». « C'est une belle hypocrisie, assène l'un de ces pessimistes invétérés. Les plus hypocrites sont les Américains qui n'ont jamais hésité à utiliser la drogue à des fins géopolitiques. »

Les responsables politiques jouent-ils avec les mots lorsqu'ils parlent, comme c'est le cas de la plupart des ministres de l'Intérieur de ces dix dernières années, de « guerre » contre la drogue ? « J'aimerais que ce soit une guerre, réplique ce cadre de la PJ mobilisé à cent pour cent sur le sujet, encore faudrait-il aller au-delà des mots. La drogue est un enjeu politique majeur, défini comme tel, mais on n'est pas aidés. On fait la guerre avec les moyens du bord. On est cent quarante personnes, quand les Britanniques mobilisent quatre mille cinq cents agents contre le crime organisé. En fait de guerre, on pratique plutôt l'escarmouche ! »

La plupart de ceux qui traquent les réseaux de stups sont motivés comme quatre, mais nombreux sont ceux qui réclament davantage de « souplesse » et de « liberté » dans l'action quotidienne, au risque de bousculer des supérieurs parfois accusés par leur base de

« chercher avant tout à éviter l'accident de parcours qui nuirait à leur plan de carrière ».

Quel que soit le service, la hiérarchie en prend pour son grade : « On n'a pas perdu la guerre, observe un "soldat" de la lutte antidrogue, mais on doit tous les jours se battre pour travailler et faire une belle affaire. La hiérarchie exige du rendement, ce qui incite à taper dans les demi-sels. Elle veut des saisies pour faire bien dans le tableau. Elle est dans l'apparence. Ces hauts fonctionnaires sortis de la fac sont souvent déconnectés des réalités. Ils raisonnent "budget" et ne te donnent pas les moyens techniques ni humains de mener à bien une longue investigation... »

Un de ses collègues intervient pour critiquer à son tour les choix des supérieurs : « Si la finalité, c'est de saisir le produit, on est nuls, dit-il. On fait mal aux trafiquants, mais on saisit tout juste 1 % de ce qui entre dans le pays. Il faut se concentrer sur les réseaux en place dans les cités plutôt que de ramasser les cadavres en se lamentant. »

Et nos interlocuteurs de pointer les faiblesses de la répression, entre les « archaïsmes » du code pénal et le parc de véhicules dont ils disposent pour leurs filatures, « de grosses voitures françaises à 30 000 euros alors qu'il nous faudrait des Skoda ou des petites voitures japonaises ». Erreur de « casting » des « technocrates » qui gouvernent la police, tranchent-ils d'une même voix.

Parfois la morale s'en mêle. Peut-on, doit-on, quand on dispose d'un renseignement sur un réseau, le laisser opérer et regarder passer les kilos de drogue afin d'avoir une vision globale et une chance d'identifier la tête ? « La hiérarchie est naturellement frileuse, mais toutes les affaires que l'on fait à court terme laissent un goût d'inachevé, déplore un officier de la brigade des stupéfiants de Versailles. La question n'est pas celle du nombre de policiers en service, poursuit-il, mais on se dresse beaucoup de barrières face à des adversaires très professionnels qui ne mettent pas forcément leur téléphone au nom de leur grand-mère. »

Les plus ambitieux rêvent que la PJ dispose un jour des moyens technologiques dont sont équipés leurs collègues du renseignement intérieur (contre-espionnage). « À côté, remarque aimablement l'un d'eux, on est des bricoleurs. »

La comparaison est certes cruelle, mais, lorsqu'elle a besoin d'un hélicoptère pour suivre un camion bourré de shit sur les routes d'Île-de-France et recevoir le top départ depuis les airs à l'heure de l'assaut, la PJ l'obtient.

La marge de manœuvre financière n'en reste pas moins étroite en période de restrictions budgétaires. Une fois réglées les factures à rallonge des opérateurs téléphoniques réquisitionnés dans la plupart des dossiers, il ne reste plus grand-chose en caisse pour payer correctement les indicateurs.

La PJ n'a pas non plus de quoi assumer une infiltration de longue durée, seule façon de vraiment déstabiliser les réseaux. Difficile de motiver les candidats si on ne peut leur offrir autour de 10 % de la valeur de la marchandise saisie. Ils se voient aujourd'hui proposer le recours au statut de repentis, à la mode italienne ou américaine, mais qui va parler si personne n'est capable de leur assurer, à eux et à leur famille, anonymat et sécurité pour au moins dix ans ?

Ce serait cependant trop facile si tout dépendait de la loi et des chefs : « Les vraies belles enquêtes achoppent sur les frontières, reconnaît un membre de la brigade des stupéfiants de Lyon. Même les Espagnols ne jouent pas toujours le jeu, notamment quand ils interceptent un convoi sans attendre de savoir à qui la marchandise était destinée. »

Une fois la langue de bois diplomatique oubliée, il y aurait d'énormes marges de progrès en perspective du côté de la coopération internationale : « Officiellement, les Espagnols sont de bons partenaires, poursuit notre interlocuteur. Officieusement, on leur fournit plus de renseignements sur le terrorisme basque qu'ils ne nous en donnent en matière de came. Les services espagnols sont par ailleurs très morcelés, et c'est sans compter avec la corruption. La police marocaine, elle, commence à dialoguer avec nous, doucement, mais c'est plus difficile avec les Algériens : ils ont tendance à choper le suspect dont on leur fournit l'identité et à le mettre au placard pour vingt piges, nous privant de mener l'enquête à son terme. »

« Lâcher les financiers sur le terrain »

L'Office central de répression de la grande délinquance financière, lui aussi basé à Nanterre, est longtemps resté concentré sur les « cols blancs », jusqu'à la nomination à sa tête de Jean-Marc Souvira, formé à la lutte contre le banditisme. La mission que lui confie alors le directeur central de la PJ, Christian Lothion, est limpide : élucider le fonctionnement des groupes criminels, démasquer leurs circuits financiers et leurs modes de blanchiment, traquer les gisements de cash.

La méthode est d'abord testée en Corse où l'Office est saisi de plusieurs affaires en même temps que la police criminelle au lendemain de l'assassinat de Richard Casanova, l'un des piliers de La Brise de mer, par son ancien complice Francis Mariani. Elle permet de saisir de l'argent, mais aussi de comprendre comment vivent les bandits insulaires et pourquoi ils s'entre-tuent, souvent sur fond de captation de biens immobiliers.

L'idée qui fait son chemin dans les esprits, c'est de lâcher les « financiers » sur le terrain en même temps que les enquêteurs des stups ou du crime organisé, et non pas après, comme cela se faisait jusqu'alors. De ne plus se contenter de prendre le relais une fois l'enquête criminelle bouclée, mais d'intervenir à chaud avant que la documentation et les traces se volatilisent.

Les résultats ne tardent pas, puisque ce nouvel attelage fait ses preuves avec l'opération « Largo Winch » qui aboutit à la fermeture simultanée de trois cercles de jeux parisiens aux mains du grand banditisme corse : le Wagram, l'Eldo et le Haussmann. L'opération « Calisson » intervient dans la foulée, qui démasque les racketteurs, corses là encore, des boîtes de nuit et des brasseries aixoises. Sans oublier les coups portés aux finances des bandits issus de la communauté des gens du voyage.

« Les dealers des cités sont toujours en train de préparer la prochaine affaire, observe un responsable du service. Ils ne pensent qu'à une chose : augmenter leur force de frappe et grossir. Bien sûr, ils s'achètent une baraque en Espagne, mais leur premier objectif, c'est de monter en puissance, de dégommer la concurrence, de s'affirmer comme leaders et de remporter la Champions League. Pour ça, il leur faut gérer la croissance. »

Cette *task force* policière peut-elle permettre, demain, de mettre au jour l'ingénierie financière des cités ? Un premier dossier a montré ce qu'elle pouvait donner, avec le démontage de la « lessiveuse » mise en place par deux des frères Elmaleh, accusés d'avoir mis leur savoir-faire, avec les fraudeurs du fisc, au service des millionnaires du shit (voir chapitre 14). Où l'on comprend que l'argent du crime se dilue dans l'économie réelle en empruntant les tuyaux utilisés depuis toujours pour laver l'argent de la fraude ou de la corruption. Que les deux mondes s'entrecroisent au milieu du sablier géant par où transite l'« argent sale » avec escales à Londres et au Panama...

Peut-on parler là de la première enquête du XXIe siècle ? En tout cas, cela y ressemble.

Les espions s'en mêlent

Longtemps l'économie souterraine a été l'un des champs d'observation des RG (Renseignements généraux). Les enquêteurs de ce service nourrissaient en « notes blanches », sur les bandes et les gangs, une police judiciaire qui ne s'en servait pas toujours. Une approche qui survit dans le cadre de la direction du renseignement de la préfecture de police (DRPP) de Paris. Arme fatale : les groupes « violences urbaines », dont les policiers espions infiltrent les cités, travail de longue haleine destiné à coucher sur le papier l'organigramme du trafic, photos à l'appui. Un poste d'observation idéal pour connaître les clans à l'œuvre derrière cette économie souterraine, si l'on en croit un cadre de ce service :

« Dans certains quartiers, on n'est pas loin de ce qui pourrait ressembler à une organisation mafieuse, pyramidale, mais ce qui domine, ce sont plutôt des clans familiaux. Une famille, c'est une petite entreprise bien rodée qui englobe cousins, neveux, oncles, tantes, beaux-frères. L'un tombe, l'autre prend sa place. Le clan est aussi solidaire qu'une secte. Il a son avocat qui connaît bien les affaires de la maison. Si on l'attaque, la population des environs descend dans la rue pour prendre sa défense. Les voitures ne brûlent pas dans les quartiers tenus, mais, après l'arrestation d'un patron, on peut s'attendre à ce qu'un bus ou quelques véhicules soient incendiés. »

C'est ce que ce fonctionnaire appelle « une gestion politique de la cité » : on tolère les policiers, mais, s'ils cassent le trafic, on le leur fait payer. Dix voitures brûlées après un coup de filet, c'est un message adressé au commissaire du secteur : s'il ne veut pas d'ennuis avec ses supérieurs pour cause de violences urbaines, qu'il renonce à faire patrouiller ses hommes dans le quartier !

Les plongées répétées des enquêteurs de la DRPP révèlent une juxtaposition de petites boutiques disposant de peu de stock, et une organisation de fourmilière. « Quelques gars s'en sortent bien, mais la plupart n'ont qu'un boulot éphémère qui ne les enrichit pas », remarque notre interlocuteur. Dans ses albums de photos, tous ont à peu près le même profil : le prototype porte un survêtement sur le dos, il a le crâne rasé, l'air un peu méchant, est déscolarisé, acculturé, avec « plus de chances de devenir un grand voyou que Prix Nobel de médecine s'il ne succombe pas en chemin au "saturnisme" [le plomb] ». Des garçons à qui il serait vain de dire que *Scarface* n'est pas un exemple, eux qui n'ont pas toujours conscience d'être devant des policiers ou à la barre d'un tribunal.

Quelle est la part de cette économie souterraine dans l'économie française ? Est-ce qu'elle ne jouerait pas un rôle important dans la cohésion sociale ? « Il suffit de regarder les sites de vente entre particuliers pour comprendre qu'elle représente une part substantielle de l'économie réelle, mais c'est souvent une économie de subsistance », réplique ce fonctionnaire qui voit, derrière le trafic de drogue, l'une des formes les plus abouties du libéralisme. « Ils ont leur propre droit social, leurs barèmes, et ils s'entendent sur les prix, dit-il. Ils se prêtent les choufs [guetteurs] et gratifient d'une prime celui qui détecte les flics mieux que les autres... »

La surveillance des quartiers ne se limite pas à celle de ces affairistes, elle s'étend aussi aux « barbus » de tous poils. L'occasion de vérifier que bizness et intégrisme font parfois bon ménage : « Les barbus, c'est comme les Corses, analyse notre interlocuteur. Les uns rackettent sous couvert de l'islam, les autres sous couvert de nationalisme. On demande du fric pour la mosquée ou pour la cause. Une grande mosquée peut drainer entre 800 000 et un million d'euros par an rien qu'avec la collecte du vendredi. Les parents ne se posent pas de questions quand on leur achète une maison au bled, tout comme les patrons de la mosquée ferment les yeux sur la couleur de l'argent. » Ultime point commun : chaque mosquée cultive son indépendance et son territoire avec la même logique que les trafiquants veillent sur leur « terrain » et leurs clients.

Comment ce fonctionnaire voit-il évoluer la « guerre » en cours ? « C'est un puits sans fond, dit-il. D'autant qu'on a perdu du terrain lors de la disparition des RG qui suivaient l'économie souterraine depuis vingt ans. Il y a des trous dans la raquette ! Si on ne veut pas perdre la guerre, il faudrait beaucoup plus d'échanges d'informations entre les services. Il faudrait aussi parler plus franchement avec le roi du Maroc et lui demander de contrôler ce qui se fait chez lui. Mais, tant qu'il y aura des consommateurs, les cartels auront les moyens. »

« C'est une guerre psychologique »

Changement de trottoir : quelle est la vision des policiers en uniforme, ceux qui sont tous les jours au contact de la rue ? Nous sommes à nouveau dans la capitale, dans les locaux de la préfecture de police, au siège de la direction de la sécurité de proximité de l'agglomération parisienne. Notre interlocuteur, pur produit de la sécurité publique, a lui aussi quelques idées sur la manière de prendre pied dans les citadelles du shit :

« Pour réussir dans une zone difficile, il faut s'implanter de manière pérenne sur le terrain, dit-il. Cela paraît stupide, mais autant le dire. Les premiers mois, dans un secteur où on n'a pas l'habitude de vous voir, vous recevez des cailloux. Vous ne laissez rien passer et vous vous mettez en capacité de régler dans l'heure les problèmes qui se posent : en matière de violences urbaines, les premiers instants sont toujours cruciaux. Vous établissez dans le même temps un lien avec les habitants et les commerçants. Si vous ne faites que passer, ils ne vous regardent plus, mais beaucoup sont demandeurs. Au bout d'un moment, vous faites partie du paysage. Vos fonctionnaires se sentent confortés, et la population a plus confiance en eux. C'est une question de volonté, de punch et de rapport de forces. Et, en règle générale, vos troupes vous suivent : policiers et gendarmes aiment sentir qu'on les mènent sur les bons sentiers. Cela donne du sens à leur travail. »

On est loin des investigations de la PJ, mais, pour ce responsable de la sécurité publique, le combat contre l'économie souterraine passe par une collaboration totale entre tous les acteurs, y compris l'administration fiscale, avec, en haut du dispositif, le procureur et le préfet du département :

« La Caisse nationale d'assurance maladie, l'Urssaf, la Caisse nationale d'assurance vieillesse, tous doivent se sentir concernés ! insiste-t-il. Quand on épluche le dossier d'un suspect, on l'épluche jusqu'au bout. Un gars roule en Ferrari ? On le passe au crible, mais aussi toute sa famille. La convocation de la grand-mère par les Impôts, ça fait toujours de l'effet ! Si la voiture est louée en Allemagne ou en Italie, pour bien montrer que la règle du jeu a changé on l'envoie à la fourrière. »

Un quartier, à l'entendre, c'est quatre ou cinq « têtes couronnées » faciles à identifier. « Ce ne sont pas forcément de grands voyous, mais ils sont dangereux, poursuit-il. Il faut les serrer de près et leur dire, les yeux dans les yeux : "Personne ne flingue personne, sinon on ramasse tout le monde." Ils sont dans leur univers et en fixent les règles de fonctionnement. Si on intervient, ils sont perdus et se croient sous surveillance permanente. C'est une guerre psychologique. Pas la peine d'attendre l'événement pour intervenir, comme a tendance à le faire la PJ. On ne peut pas toujours laisser l'événement se produire, même si on pense que ça n'est pas une grosse perte s'ils se flinguent entre eux. Les citoyens normaux ne peuvent pas comprendre qu'on laisse se produire un règlement de comptes alors qu'on l'a vu venir. »

Pour savoir si l'énergie déployée a un impact, notre interlocuteur prétend détenir un indicateur infaillible : le jour où il entend dire sur les écoutes que le quartier est « mort pour le bizness », c'est que la police a marqué un point. « Mais, sans le soutien de la justice, tient-il à ajouter, tout cela ne mène pas très loin ! »

16.

Les nouveaux gangsters
et le « démon du flic »

Les « deks »

Condés, keufs, deks : les petits noms que les voyous donnent aux flics évoluent avec les générations, mais le regard qu'ils portent sur eux ne change pas énormément.

Il y a ceux, en bas de l'échelle de la délinquance, qui tapent sur les flics tous les jours, verbalement et quelquefois en vrai. Et puis il y a ceux, au sommet de la hiérarchie, qui en parlent avec un certain respect. Oui, avec respect, aussi curieux que cela puisse paraître ! Un respect qui flirte avec le sens de la survie, car à trop sous-estimer l'adversaire, les caïds des cités le savent, on tombe vite dans ses filets.

« Putain, ils sont forts, ces enculés ! » lâche un jeune braqueur avec la même admiration que celle dont fait montre Al Pacino (le gangster) pour Robert De Niro (le flic) dans *Heat*, film culte. Non sans se vanter d'avoir rencontré « des grands flics qui ont des couilles » (*sic*).

« Ils sont payés pour travailler sur toi tous les jours, embraye un de ses compères. Le flic, il met des carottes à son fils pour te surveiller. Son propre gosse, il le calcule pas. Il n'est pas là à l'heure des devoirs. Il fout son ménage en l'air par amour du boulot. Il n'a même pas le temps de regarder la déchéance de sa vie privée. Il n'y a rien de pire qu'un flic passionné : c'est quelqu'un de très dangereux. »

Un dévouement à la cause policière qui l'effraie visiblement, au point qu'il s'est fixé une règle : s'il ne pense pas aux « deks » pendant plus de trois jours d'affilée, c'est qu'il n'est plus dans le coup. Autant changer de métier !

« Ce ne sont pas seulement des chasseurs, reprend le premier, ce sont des possédés. Ils sont possédés par le démon du flic. »

Passés l'un et l'autre entre les mains des brigades d'élite du Quai des Orfèvres, ils en tirent une certaine fierté, mais pas que de bons souvenirs, comme en témoigne le récit non édulcoré et invérifiable que livre l'un d'eux :

« C'est des mecs stressés, cernés, fatigués et shootés à l'adrénaline. Quand ils m'ont arrêté, ils ont utilisé la force "nécessaire", comme ils disent : ils m'ont défoncé la gueule en me traitant de "pédé" et d'"enculé". C'est la pression, la peur. Ils se vengent. Ils te font payer leur vie privée que tu fous en l'air, et leurs salaires de misère. Tu es allongé par terre, les menottes dans le dos, tu prends une avalanche de coups de pied et tu penses à protéger tes dents. Après, ils te relèvent et un flic te dit : "T'es pas armé ? C'est dommage, je t'aurais fumé." Il a la rage contre toi. Il a un flingue dans la main, pas un petit, et, s'il te tire dessus, il est couvert par la hiérarchie. On est loin de Navarro, du flic humain, bon gars, et de Julie Lescaut !

« Pendant le trajet, ils te collent la tête dans la banquette et un flingue sur la tempe : "Si tu bouges, je te fume." Pendant la garde à vue, ils te foutent à poil. C'est leur façon de marquer leur territoire, de te dire : "On n'a pas peur de toi. Tu es chez nous." Tu prends encore un coup de pied, d'un type qui te dit : "Ah, putain, je t'avais pas vu !" Tu saignes un peu, tu as des éraflures, des bleus. Ils te relèvent. "Je suppose que tu veux voir un médecin ?" demande l'un d'eux. Et là, j'ouvre la bouche pour la première fois : "Ah non, ça va très bien, moi." Ils sont un peu surpris que je leur donne du "monsieur", pas du "bâtard", ni du "fils de pute". Je mets la barre trop haut pour eux, là, ils ne peuvent plus se comporter comme de vulgaires flics de banlieue... »

Bien sûr, le caïd nouvelle génération met un point d'honneur à garder le silence durant sa garde à vue, du moins officiellement : le silence fait partie de la panoplie de ceux qui veulent durer. Comme le cloisonnement, l'apprentissage de la clandestinité ou l'art de passer les frontières sans se faire remarquer. Le plus dur consiste à donner le mot à ceux qu'on a quittés juste avant l'arrestation, à leur dire que la planque n'est pas grillée, qu'ils peuvent dormir tranquilles... Il en va des relations futures avec des associés que l'on retrouvera forcément un jour, dehors ou dedans. Une étape plus importante que ces bosses que le gangster oublie vite, allant même jusqu'à admettre que « les flics ont fait leur job », qu'au moins ils l'ont arrêté sans le tuer...

Loin de se focaliser sur ses blessures, le braqueur déploie toutes ses antennes pour observer le comportement de son meilleur ennemi, enregistrant les intonations, scrutant les tenues vestimentaires, attrapant au vol la phrase d'un policier qui semble répondre à sa compagne : « Ouais, bébé, je serai là ce soir... Ouais, je l'ai eu... »

Pour en ressortir avec la conviction qu'à force de filer des gangsters, de les écouter, ces policiers en arriveraient presque à s'identifier à eux, du moins à adopter certaines de leurs mimiques, voire une partie de leur vocabulaire...

« *Tu apprends à connaître l'ennemi* »

« Les flics sont très, très forts, mais on est malins, nous aussi, plastronne un jeune trafiquant d'origine africaine. On a deux pieds, deux mains. »

Le jeu du chat et de la souris ne commence pas au berceau, mais la tension s'installe vite, chaque génération tentant au moins d'égaler la précédente et de préserver le précieux territoire.

« Pour montrer qu'ils sont là, que c'est pas des bal-tringues[1], les jeunes deviennent vite violents, décrypte ce caïd désormais trentenaire. Le jeu, c'est de ramener le flic chez nous, de finir en guerre et que le meilleur gagne ! Ils passent une fois, deux fois, six fois, t'insultent, te traitent de "petit con", de "petit voleur", et ça finit par s'enflammer... On a tous eu des outrages et des rébellions. C'est l'engrenage. Tu suis le groupe. Tu montres que t'as peur de rien, que t'es en place, que t'es présent. C'est une forme de rite initiatique. Banlieusards contre flics. Tu es en première ligne, puis, en grandissant, tu te fais le plus discret possible. Tu t'esquives. Si tu peux, même, tu calmes le jeu... »

Le bandit en herbe se fait les dents avec les gars de la BAC (brigade anticriminalité) du secteur. Il repère leurs visages, enregistre leurs prénoms, apprend à connaître l'adversaire en rêvant de le mater. Une sorte d'école préparatoire avant la cour des grands, celle où il devra se mesurer aux flics de la brigade de répression du banditisme ou de l'antigang, comme le raconte non sans forfanterie un petit « notable » du braquage :

« Je connais une quinzaine de visages à la BRB, et les noms de ceux qui comptent à l'antigang. Ils les donnent pendant les procès, et puis il y a les reportages

---

1. Ou branquignols, demi-sel, voyous de seconde zone.

sur M6. Il faut connaître les policiers aussi bien qu'ils te connaissent ! »

Et notre interlocuteur, un Français d'origine algérienne, de faire étalage de sa science comme pour mieux apprivoiser sa propre peur :

« L'antigang avait débauché des anciens d'Indochine ou de la guerre d'Algérie, des mecs aguerris au feu. Ils serraient les braqueurs en flag. Robert Broussard, Christian Lambert, Christian Caron, c'étaient des cracks, des vedettes que tous les bandits connaissaient. Ils avaient un côté show-biz, ils étaient un peu mégalos, mais ils faisaient peur. Leurs successeurs sont les seuls à conserver cette notion du terrain. Ils sont capables d'arrêter des gens qui n'utilisent pas de voiture ni de téléphone portable. Les vieux leur ont transmis leur savoir. Ils sont dans l'ambiance des années 1980 et ça les rend dangereux, d'autant qu'ils ont du lourd au niveau équipement, et qu'ils s'entraînent en mixte avec le Raid. »

Par la télévision et les livres, le braqueur moderne se cultive en permanence sur les flics, jusqu'à consacrer une soirée entière à planquer aux abords du lieu où un service d'élite organise sa soirée annuelle : l'occasion de « photographier » encore quelques visages. Mais le moment le plus enrichissant, si l'on ose dire, reste celui de la garde à vue : « Ils baissent vite la garde et montrent leurs cartes, poursuit cet admirateur du commissaire Broussard. Ils font montre d'une grande assurance, parce qu'ils arrêtent tout le monde. Ça leur met la grosse tête. »

« Il est plus facile de corrompre un poulet qu'il y a vingt ans »

De la haine des jeunes envers les flics, on sait à peu près tout. On entend moins souvent parler de l'admiration, voire de la fascination que certains de ces nouveaux gangsters vouent à leur adversaire.

Tous n'ont pas rêvé de devenir policiers ou gendarmes quand ils avaient 10 ans, mais cette attirance éclate au grand jour derrière le propos de cet autre braqueur confirmé pour qui l'assaut lancé par le GIGN (groupe d'intervention de la gendarmerie nationale), sous la houlette de Denis Favier (devenu par la suite directeur général de la gendarmerie), pour libérer les passagers d'un Airbus pris en otages sur l'aéroport de Marignane, en décembre 1994, est un modèle du genre :
« C'est la grande classe, lâche-t-il. On veut faire du Denis Favier, nous aussi ! »

Et de s'avouer lecteur assidu des livres où ces champions des forces de l'ordre étalent leur savoir-faire, à l'instar de l'ancien commandant du GIGN, Philippe Legorjus, dont la prose lui a révélé maints secrets. « Les gendarmes ne sont pas si cons, même s'ils se découvrent énormément, observe-t-il. L'organisation du GIGN ressemble à celle des braqueurs. Nous aussi, on a quelqu'un dédié à la gestion de la logistique : équipement, lampes, cagoules... »

Surprenante proximité, également, dans les propos de cette autre figure du milieu des cités pour qui « personne ne fera mieux que les policiers en matière de technologie ». Compliment pas tout à fait gratuit, puisqu'il s'agit avant tout de bien mesurer la force de la police pour mieux s'en protéger, comme le laisse voir la suite de l'éloge :

« Les anciens [voyous] veulent vivre avec leur temps, ils prennent des téléphones, mais ils se font tous mordre par les condés. Dès que tu as un portable, même si tu le laisses chez toi au moment de monter sur un coup, ils vont dire que tu étais sur place. Le mieux, c'est de ne jamais parler au téléphone : un coup de fil peut t'envoyer pour quinze ans en prison. »

Les flatteries volent cependant en éclats à la première occasion. Il suffit, pour s'en convaincre, d'écouter Farid, braqueur grandi en Seine-Saint-Denis qui a la PJ parisienne à ses basques et s'en accommode parfaitement :

« Les flics d'aujourd'hui sont des flics de bureau. Ils travaillent à distance, avec les magnétos et les caméras, avec des images sur leur ordinateur. Même ceux de la BRI (antigang) ne sont plus au courant de rien. Ils suivent un type, ils le voient manger, mais ils ne savent même pas de qui il s'agit. Ils ont vingt dossiers en attente et sont bouffés par le temps. »

Pour un peu, il leur reprocherait de manquer de respect pour le gibier qu'il incarne, grief que formule sans ambages cet autre gangster francilien :

« Les flics ne nous aiment pas. Ils vont à La Courneuve en rechignant. Ils ramènent le Raid pour casser des caves, mais les jeunes les regardent en se marrant. Le "D" de Raid, tu peux le retirer : la dissuasion, on la voit pas. C'est du m'as-tu-vu, de la pacotille ! »

Et si la police avait fait l'impasse sur ce gibier du xxie siècle ? C'est la thèse de ce braqueur franco-marocain grandi dans une cité du nord de la capitale, aujourd'hui sous les verrous pour une bonne dizaine d'années :

« Le milieu des cités, expliquait-il avant son arrestation, les flics ne l'ont pas vu venir. Ils nous ont laissés grandir alors qu'ils n'avaient plus d'anciens à se mettre sous la dent. La BRB est victime de son ego. "Nous, disent-ils, on ne fait que les grands voyous." Quand ils tombent sur nous, c'est : "Tu t'es pris pour quoi, là ? Pour un gangster ?" Ou encore : "Qui t'a mis là ? Qui t'a fait monter ?" Ils cherchent des gros voyous, pas des mecs des cités. Ils nous considèrent comme des "loubards". On ne peut pas être la personne la plus recherchée d'Île-de-France... »

Constat qu'il concluait par des encouragements, un peu comme on stimule un élève en progrès pendant le conseil de classe : « Ils sont en train de s'ajuster, mais c'est difficile pour eux. Ils ont du mal à admettre que le nouvel ennemi est black-blanc-beur, qu'il est dans les cités, qu'il brasse des millions et règle ses comptes à la kalachnikov. Ils ont raison de s'affoler, parce que la cocaïne engendre énormément de violences et qu'un jour ces jeunes-là vont viser un magistrat, un policier ou des matons. »

Nordine, la quarantaine révolue et sa vie de voyou derrière lui, assure que chaque génération a pour sa part les flics qu'elle mérite : « Les flics, à mon époque, c'était la Gestapo ! dit-il. J'étais un résistant, c'étaient mes ennemis. On se faisait massacrer à chaque fois qu'ils nous arrêtaient. Les nouveaux flics ressemblent aux nouveaux voyous : on se comprend bien. Il est plus facile de corrompre un poulet qu'il y a vingt ans ! »

Comme le savoir-faire se transmet d'une génération de policiers à l'autre, les voyous entretiennent eux aussi leur mémoire collective. Les jeunes cultivent avec gourmandise le souvenir des pratiques pour le moins particulières de la PJ dans les années 1970, ces fameuses « opérations retour » que décrit l'un d'eux comme il raconterait l'histoire du Chaperon rouge :

« Ils attendaient les voyous près de leur planque et les flinguaient, quand ils revenaient de leur braquage, en prétextant la légitime défense. Après, le jeu consistait à savoir qui avait tiré la balle mortelle. »

Une époque révolue au regard de laquelle la période actuelle paraît bien tranquille même si ces pratiques n'ont jamais été démasquées par la justice...

« Si j'étais flic, je ferais un carnage »

La police rêve d'infiltrer le milieu des cités, mais, là encore, les jeunes ont beaucoup appris de leurs aînés. Comme les anciens, ils savent que la meilleure façon de se prémunir, c'est de posséder le maximum de renseignements sur la « bande » rivale. Loin de rester cantonnés sur leur territoire, ils arpentent celui de l'adversaire, à l'affût des failles du système et de la faiblesse des hommes.

« Les jeunes ont infiltré la police avant qu'elle ne les infiltre, assure un acteur de ce milieu, la quarantaine élégante et sportive. Ils ont une faculté d'adaptation, un sens de la survie et une vitalité qu'on ne soupçonne pas. Ils ont voyagé et savent écouter. La ruse est leur arme favorite. »

Comme aimantés par la police, ils vont plus souvent à elle qu'on ne l'imagine. En général dans l'idée de se servir d'elle, comme ces importateurs de drogue qui balancent régulièrement plusieurs de leurs « mules » (convoyeurs de drogue) à la police pour être certains que les autres entreront sans encombre sur le territoire français, quitte à en installer cinq dans le même avion... Ou ces dealers à qui le propriétaire du « terrain » voisin faisait de l'ombre, à tel point qu'ils ont fini par livrer les noms de tout son « personnel », offrant sur un plateau à la police un succès salué par le préfet et le ministre...

Combien sont-ils qui prospèrent grâce au sauf-conduit accordé par le policier qui les traite et les a inscrits au fameux Bureau central des sources ? Qui sont ceux qui franchissent le pas en espérant gagner une forme de protection, au risque de se retrouver condamnés à mort par leur milieu ? « L'indic, c'est celui qui se fait prendre et qui a peur de la prison, assure un gangster qui ne l'est manifestement pas [indic]. Il arrive qu'ensuite il se prenne au jeu, qu'il appelle lui-même le policier pour le mettre sur une piste. Le flic devient son pote, tant et si bien que ses collègues pourraient mal l'interpréter... »

« Les meilleurs indics sont ceux que tu as au béguin, réplique un commissaire qui en a traité plusieurs dizaines au fil de sa carrière. Pourquoi celui-là va te parler et pas tel autre ? Leurs ressorts psychologiques sont difficiles à déchiffrer. Il trouve que tu as une tête sympa ? Sa gonzesse lui fait la gueule ? On ne saura jamais ce qui a permis à la mécanique de s'enclencher, mais ce qui est certain, c'est qu'il y faut de l'empathie, de la distance et du temps. »

Membre du service départemental de la police judiciaire des Hauts-de-Seine, ce commandant chevronné confirme qu'il sonde la plupart de ceux qu'il arrête. S'il les sent réceptifs, il leur rend visite en prison, discrètement si possible. « C'est un investissement, dit-il. Les purs et durs ne parleront jamais à un flic. Il faut dénicher le gars au-dessus de la moyenne avec qui tu as une chance d'installer un dialogue. Au début, il jure toujours qu'il ne "mange pas de ce pain-là". Puis on fait connaissance et, au bout de quelque temps, il t'appelle pour tout et n'importe quoi. »

À l'entendre, les volontaires ne manquent pas, comme si les voyous avaient besoin de ce lien contre nature. Un lien qui peut s'inscrire dans la durée et revêtir des formes inattendues, jusqu'à cet informateur qui lui explique un jour qu'il le considère quasiment comme son père, avant de lancer : « T'es la voix de la raison ! »

« Le lien est fort, forcément, commente le policier. Il est fort parce qu'il est dangereux et qu'ils ont peur. »

Un autre, en plein milieu d'un rendez-vous de travail, lui avoue qu'il serait entré dans la police s'il en avait eu la possibilité, avant d'ajouter :

« Si j'étais flic, je ferais un carnage !

– Sauf que plus personne ne te parlerait ! » objecte le fonctionnaire pour ramener son interlocuteur à la raison.

Le voyou a le choix de collaborer ou non, d'aller au contact des policiers ou non, mais, s'il franchit le pas, « ce n'est pas pour le drapeau », affirme notre interlocuteur. « S'il vient vers nous, poursuit-il, c'est pour se venger de quelqu'un, pour écarter un concurrent, pour l'argent qu'on va lui donner, ou pour une protection aléatoire, parce que le magistrat, au final, quoi qu'on dise, fera ce qu'il veut de lui... »

« Dis, tonton, pourquoi tu tousses ? »

Le boom du marché des stups profite aussi à la police : comme il y a toujours quelque chose à négocier, les tuyaux abondent. Corollaire de l'individualisme ambiant, la rue balance la rue. « On nous met sur des tas de projets criminels, à nous de faire le tri », résume un policier.

Ceux qui ont connu quelques « beaux mecs » rechignent parfois à l'idée de nouer des relations de longue haleine avec des jeunes dont la fréquentation les emmerde profondément et dont ils disent qu'il faut « les tenir par les couilles » pour avoir une chance d'en tirer quelque chose. Comment traiter des garçons dont on est convaincu qu'ils ne savent rien faire, à part attaquer des « dabistes[1] » dans une zone piétonne ? Ils finissent néanmoins par s'y faire, tant les indics sont devenus indispensables pour s'y retrouver dans le maquis du deal : autrefois, la PJ revenait toujours vers les mêmes objectifs ; aujourd'hui, chaque affaire débouche sur de nouveaux personnages et la surprise est au coin de la rue : pourquoi pas, demain, une équipe du Mans ou de Metz qui irriguerait Paris en shit...

L'affect n'est d'ailleurs pas le seul moteur de la relation entre flics et voyous : la question de la compensation vient rapidement sur le tapis. Quelle somme donner à un « tonton » qui apporte une affaire clefs en

---

1. Ceux qui approvisionnent les distributeurs automatiques de billets.

main, avec le numéro d'immatriculation de la voiture, l'heure de passage et la quantité de drogue que l'on trouvera dans le coffre ?

« Pour accéder à ce niveau d'informations, il faut être très proche de ceux qu'on balance », plaide un fonctionnaire en poste dans une brigade des stupéfiants, qui trouve la police bien pingre avec ses auxiliaires, nettement plus, en tout cas, que les douanes qui régalent leurs indics à la hauteur de ce qu'ils apportent dans leurs filets.

La taille du poisson fait parfois flamber les tarifs, mais ça reste exceptionnel. Le « tonton » qui a permis de loger le braqueur Antonio Ferrara lors de sa cavale, en 2003, aurait touché 75 000 euros en deux fois, mais le ministère de l'Intérieur n'a pas déboursé un centime : la Fédération des convoyeurs de fonds a réglé l'addition... Une somme d'ailleurs aussitôt recyclée dans le crime, puisque son bénéficiaire jouait, prenait de la cocaïne et était friand de prostituées ! L'homme, au demeurant, n'aurait pas pris le risque de balancer une telle pointure s'il avait été un voyou patenté : c'est par raccroc qu'il était tombé sur un ami de Ferrara, à l'époque à la recherche d'armes pour un braquage. Il aurait dès lors suffi aux enquêteurs de faire miroiter la fourniture de « matériel » pour faire sortir du bois Farid Boudissa dont la petite amie était la sœur jumelle de celle d'Antonio Ferrara... En sus de l'argent, la source aurait obtenu un « arrangement » dans un commissariat de la région parisienne, un minuscule service largement à portée de main de policiers lancés sur la piste de l'ennemi public numéro un du moment.

Hier donnée sous la table, la gratification est aujourd'hui officielle – une transparence qui ne suffit apparemment pas à rassurer tous les chefs de service... La chute de l'une des icônes de la PJ, le commissaire Michel Neyret, tombé en octobre 2011 sur le champ de bataille parce que l'un de ses informateurs aurait inversé le rapport de forces en sa faveur, est passée par là. Un dossier initié par la brigade des stupéfiants de Paris, où l'on découvre qu'un policier peut fort bien inventer des « tontons » pour toucher l'argent qu'il est censé leur donner, puiser dans les saisies de shit pour en rémunérer d'autres, sans oublier de boire à leurs frais...

« En matière de gestion des indics, ce scandale a calmé tout le monde », admet un commissaire.

« L'affaire Neyret marque un tournant pour la PJ, confirme un officier. On faisait des "mexicaines" [des perquisitions dans le dos des juges], on bougeait les voitures pour les baliser, sans faire de procès-verbal, on laissait les mecs calibrés entrer dans une banque... Maintenant c'est terminé. La hiérarchie ne suit plus. Avec les indics, c'est la même chose : on est allés au bout d'un processus. On ne veut plus s'emmerder avec eux, surtout que les magistrats ont durci leur approche. Je ne vois plus comment on pourrait céder 100 kilos de shit au "tonton" qui nous en apporte une tonne. »

Pire : plusieurs informateurs se sont retrouvés sous les verrous sans que la hiérarchie policière s'en émeuve. « Pour nos chefs, l'indic est un numéro, mais, quand tu es au contact, il a une dimension humaine, proteste un officier qui a tous les jours les mains dans le cambouis. Pour eux, si l'informateur se fait tuer, on en trouvera un autre, mais c'est un homme avec une famille, et c'est souvent nous qui sommes allés le chercher... »

« En cas de problème, tu es seul, renchérit un autre officier. La PJ est peut-être une famille, mais c'est chacun pour sa gueule. En face, les gars ont de l'argent, et, même en prison, ils se soutiennent. Chez nous, la dernière fois qu'un chef de groupe a eu un problème avec un informateur, il a été entendu par le juge pire qu'un voyou et, depuis, il végète. »

Un autre policier met en cause, en sus du « principe de précaution », les effets pervers d'une course aux chiffres qui a profondément transformé le travail policier :

« Avant, les gardiens de la paix obtenaient des infos par des merdeux qui s'en tiraient, en échange, avec une simple main courante. On créait une proximité en sauvant la mise du "tonton" qui conduisait un peu bourré : on faisait annuler la procédure et il conservait son permis... On a cassé ce fil au nom des statistiques. On ne peut plus décrocher un informateur. Quel est son intérêt, s'il ne peut rien obtenir en échange de sa contribution ? »

Serait-on, en matière d'indics, entré dans une forme de période glaciaire ? Si tel est le cas, elle ne devrait pas s'éterniser, tant la force de frappe de la police s'en trouverait amoindrie. Sans compter que pas mal de voyous sont demandeurs...

« Si tu te mets avec nous, tu ne seras plus jamais dans le besoin »

C'est l'histoire de deux garçons plus tout jeunes, présentant le profil de ceux qui ont réussi dans les stupéfiants puisqu'ils ont de bons contacts en Amérique du Sud et brassent, outre des tonnes de shit marocain, entre 50 et 100 kilos de cocaïne par mois...

Loin de se cantonner à leur département, les Hauts-de-Seine, Sofiane et Nadir ont leurs habitudes dans une brasserie des Halles et rayonnent jusqu'à Marseille, qu'ils arrosent en marchandise, avec les aléas habituels : l'assassinat de Saïd Tir, figure du banditisme phocéen, plombe leurs comptes de près de 500 000 euros.

La neutralisation d'une nouvelle cargaison, 2 tonnes d'un coup, n'obère en rien leur invraisemblable aplomb, à en croire la proposition que l'un d'eux fait au fonctionnaire qui l'interroge ce jour-là :

« Si tu te mets avec nous, tu ne seras plus jamais dans le besoin. Ça fait des années qu'on est en place. On a une surface financière que vous n'imaginez pas. On a des antennes partout, mais pas dans ton service... »

Un appel du pied en bonne et due forme, signé d'un jeune homme qui ne se refuse rien, lui qui n'est pas reçu dans sa banque avec le public, mais à l'étage réservé aux bons clients (il rêve d'aménager une base nautique de luxe en Algérie)... De quoi se prendre pour le maître du monde et, en passant, de la police !

17.

La génération kalachnikov
dans l'œil de ceux qui la jugent

*« C'est un petit monde d'initiés,
ils se connaissent tous »*

« Le risque "prison" est intégré. Ils savent qu'un jour ils seront auditionnés par un juge. Ils savent que la peine sera divisée par deux. Leur seul souci est d'éviter qu'on mette la main sur leurs biens immobiliers. »

Ainsi s'exprime l'un des piliers de la JIRS (juridiction interrégionale spécialisée) parisienne. « Ils ont la culture des armes, poursuit-il. Dès qu'il y a quelques centaines de kilos, il y a une arme. Il n'y a pas d'"hommes d'honneur", comme dans le milieu à l'ancienne, rien que des gens qui sont là pour faire le plus d'argent possible, le plus rapidement possible. Leur truc, c'est d'aller "péter" le million en Espagne où ils peuvent claquer 10 000 euros autour d'une table. »

Quand ils arrivent devant cette juridiction spécialement créée pour traiter le crime organisé, ils expliquent en général qu'ils ne méritent pas un tel traitement, notamment les investigations internationales qui risquent de s'enclencher pour rechercher leurs éventuels comptes à l'étranger ou leurs investissements dans l'immobilier, en Espagne ou au Maroc. Ils savent qu'il vaut mieux tomber avec 200 kilos à Paris qu'à Bourges, niveau sanction, mais la JIRS sent pour eux le cachot. Ils ne sont pas non plus très rassurés à l'idée qu'une cour d'assises spéciale pourrait bientôt juger quelques importateurs de cannabis.

« Les réseaux sont de plus en plus structurés, dit encore ce magistrat. Ils ont des clients dans toute la France, voire en Belgique et aux Pays-Bas. Ils importent pour de gros acheteurs, avec des bénéfices colossaux, sachant que le transport vaut parfois plus cher que la marchandise. Les équipes "banlieue" sont très solidement implantées et se passent du milieu traditionnel. Elles se sont internationalisées et disposent de relais à Malaga et au Maroc. Mais c'est un petit monde d'initiés : ils se connaissent tous. »

Cinquante tonnes de cannabis saisies en une seule fois en Espagne, 1,2 million d'euros saisis chez un dealer en région parisienne, la même chose à Lyon et à Marseille : les chiffres parlent d'eux-mêmes. Quand l'argent ne repart pas vers l'Espagne ou le Maroc, il est investi en France par le truchement de paradis fiscaux.

« Le capitalisme mondialisé est une chance pour ces trafiquants, observe le juge. Avant, ils blanchissaient dans les casinos et auprès des agents de change. Aujourd'hui, on arrête des "banquiers" qui disent ne pas savoir qu'il s'agissait de l'argent des stups, un peu comme les femmes de voyous quand on les interroge sur leur train de vie. Les montants en jeu et la présence de petites coupures ne semblent pas les alerter ! »

Le magistrat n'est pas dupe, il sait qu'une affaire réussie dans une cité de la banlieue parisienne, c'est une place à prendre pour de potentiels successeurs : quand les clients sont là, le produit doit être au rendez-vous. Il connaît aussi les faiblesses de l'appareil répressif, qui sont celles de la loi : quelques jours avant notre entretien, une famille bien implantée à La Courneuve a remporté un indéniable succès avec une relaxe en appel dans une importante affaire de blanchiment.

Pour déstabiliser les gangs des cités, le magistrat croit au système des repentis, plus efficace, à ses yeux, que le « saute-dessus » valorisé jusqu'à présent et les saisies à répétition. La loi a été votée, mais elle est longtemps restée lettre morte, faute de budget. Un décret daté de l'automne 2013 devrait permettre d'entrer dans le vif du sujet. L'idéal, aux yeux du magistrat, serait que l'on puisse garantir au repenti et à sa famille une nouvelle vie, une protection et des faux papiers pendant au moins deux ans. « Ce serait l'arme fatale, dit-il. Aujourd'hui, celui qui parle sait qu'il va souffrir en taule, sans compter les menaces planant sur sa famille. » N'a-t-on pas vu récemment, à Sevran (93), des voyous incendier l'appartement d'une femme qui avait prétendument parlé ?

Comme celle de la police, l'action de la justice tamponne sur les frontières. Notamment sur les réticences du royaume chérifien, principal producteur de cannabis, où les trafiquants achètent la paix avec des liasses de billets et où quelques noms, toujours les mêmes, reviennent sur le devant de la scène : ceux de grandes familles installées à Tanger avec des ramifications dans les montagnes du Rif. Une grosse partie de l'économie du pays repose sur ce commerce qui transite par l'Espagne et l'Italie, déplore à mots couverts le magistrat. De temps en temps, pour des raisons indéchiffrables, la police marocaine arrête un trafiquant : sans doute une manière, pour le Maroc, de donner des gages à la communauté internationale, mais la justice française apprend à composer.

Les Espagnols, eux, seraient nettement plus volontaristes, mais le système judiciaire du pays est complexe : un juge de Marbella n'a pas compétence à Malaga, pourtant voisine de quelques kilomètres, quand un membre de la JIRS de Paris peut se déplacer dans la France entière.

Notre interlocuteur ne voit pas passer que des trafiquants de stups : il traite aussi du cas de nombreux braqueurs. Ceux qui « veulent l'argent tout de suite » sont plus nombreux que ceux qui se donnent les moyens et le temps d'attaquer des centres-forts : ce n'est pas tous les jours que le palais de justice de Paris voit arriver des garçons du calibre de ceux rassemblés par cet ancien parachutiste d'une quarantaine d'années. Une version contemporaine des « postiches » d'autrefois, avec, comme élément moteur, ce garçon né à Drancy (93), cité Gagarine, particulièrement adroit dans le maniement des explosifs. Un mélange de voyous issus des cités de Bobigny et de braqueurs du nord de la France, disposant d'une force de frappe suffisante pour pénétrer dans un centre-fort à Orly, Val-de-Marne. Sauf que, ce jour de septembre 2011, manque de chance, un employé de la société de transport de fonds se trouvait derrière la porte et qu'il n'a pas survécu à la puissance du souffle...

Pour contrecarrer la montée de nouvelles équipes, le magistrat réclame plus de moyens budgétaires pour les offices centraux de la police judiciaire. Il espère aussi un changement d'approche. « On travaille trop sur les faits, dit-il. Il faut cibler des gens connus et s'atteler à démonter des équipes. Les patrons de la police judiciaire ne peuvent plus toujours se permettre ce luxe, mais ce serait la seule façon d'avancer. »

« Ils sont dans la rupture, assez agressifs, et rien ne semble les impressionner »

La classe criminelle de demain, ce juge d'instruction lui aussi en fonction à la JIRS la voit se dessiner au fil des dossiers : des Colombiens, de plus en plus d'Africains du Niger, du Ghana, de Guinée, se substituent peu à peu aux classiques Marseillais, aux Corses et au fameux milieu de la banlieue sud (de la capitale). Puis il y a les cités, avec des voyous qui apparaissent dans le décor du jour au lendemain, au cœur de gros trafics, alors qu'ils étaient inconnus de la justice. Signe de vitalité et de renouvellement perpétuel...

« On a des jeunes qui montent très rapidement dans la hiérarchie et vont sur des braquages de bijouteries équipés de masses, constate le magistrat. Ils sont dans la rupture, assez agressifs, et rien ne semble les impressionner. Ils foncent plutôt que de se rendre. Ils campent sur leurs positions, répétant la même phrase : "Vous n'avez rien contre moi !" Ils nient tout, jusqu'à contester la propriété du téléphone qu'ils ont sur eux. Ils sont dans la négation de l'ordre établi. On leur montre une photo d'eux devant le 4 × 4 qui a servi au braquage ? Ils protestent : "Si les flics nous ont vus, pourquoi ils nous ont pas arrêtés ?" »

L'expression « beaux mecs » prend soudain, avec cette génération, un coup de vieux. Elle ne cadre plus avec le profil de ces mineurs qui tentent de braquer un fourgon dans le Val-de-Marne, à Ivry, ratent leur coup et abandonnent sur place téléphones, oreillettes et voiture volée. Pas davantage avec ces jeunes dealers qui empochent 1 000 euros par jour et se croient à l'abri parce qu'ils changent la puce de leur téléphone deux fois par jour tout en se parlant en langage codé.

L'autre tendance, observe ce magistrat, est à l'émergence d'une criminalité « transnationale », à l'exemple de celle que l'on voit derrière les réseaux de prostitution, avec des proxénètes bulgares, russes ou nigérians. Une internationalisation vers laquelle glissent de plus en plus les trafiquants des cités, rendant leur approche nettement plus compliquée pour la police et la justice. Comment démasquer les investissements réalisés au

Maroc ou retrouver les véhicules de luxe expédiés au Mali ? Comment les « prendre au portefeuille » par-delà les frontières ?

Les commissions rogatoires internationales ont leurs limites que ce magistrat connaît bien, lui aussi. « Il y a un frémissement avec quelques pays, admet-il. On a réussi à bloquer des comptes, mais de là à ce que le pays concerné engage des poursuites, il y a encore de la marge ! »

« Ils sont dans la toute-puissance »

Le parquet de Bobigny, au cœur de la Seine-Saint-Denis, est probablement le meilleur poste d'observation du trafic de stupéfiants en France : le département est une plaque tournante nationale, voire internationale. Pour ce magistrat, l'un des huit chargés de suivre la lutte contre la délinquance « organisée » dans le 93, pas de doute : si l'on n'emploie pas des moyens exceptionnels, on n'a aucune chance de déférer les chefs de file devant la justice. Pas un dossier sérieux ne prospère dans ce tribunal sans que les enquêteurs aient recours à l'arme de la téléphonie, à l'épluchage des bornes d'appel, à la sonorisation de véhicules ou à la captation d'images sur un parking ou ailleurs. C'est la seule façon d'ébranler et de confondre ces garçons qui brassent le shit par centaines de kilos, s'appuient sur des cabinets comptables pour laver leurs bénéfices, payent des impôts s'il le faut et ont pris l'habitude d'inspecter sans cesse leur environnement.

Prenons la célèbre cité des 4 000, à La Courneuve. Les règlements de comptes y sont rares et on n'y a pas vu un émeutier – ou si peu, en novembre 2005 –, mais le magistrat ne se fie pas à ces apparences trompeuses : il sait que le secteur est bien tenu. Il sait aussi que la marchandise que l'on y trouve est de bonne qualité, qu'il s'agisse de résine ou d'herbe. Du moins jusqu'à la destruction de cette barre délabrée, durant l'été 2010, avec, à la clef, un chantier peu favorable au trafic...

Comme dans la plupart des quartiers, deux ou trois familles des 4 000 exercent une forme de monopole et se transmettent le savoir-faire entre frères. Les condamnations ont beau pleuvoir, ils reprennent dès leur sortie de prison, « ancrés » dans le bizness, comme le remarque ce magistrat qui n'a pas constaté, chez ces jeunes trafiquants, d'immenses capacités d'amendement...

« Au milieu de la misère, celui qui est capable de donner 1 000 euros est un prophète, lâche notre interlocuteur. Ils corrompent tout, les services publics comme les sociétés privées de sécurité. Ils ont un fonctionnaire dans la poche pour les cartes grises et des contacts dans le commissariat le plus proche. Ils ont trois téléphones, un pour le trafic, un pour la légitime, un pour la maîtresse, et autant de voitures. Ils sont dans la toute-puissance, comme l'étaient les féodaux, mais ils n'ont pas vraiment d'attaches. Ils dorment à droite, à gauche, lisent la presse, regardent la télé. »

Pas si illettrés qu'ils voudraient qu'on le croie, ces caïds millionnaires sont un brin paranos. Au lendemain de la diffusion d'un reportage sur son quartier, on en a vu un envoyer sa sœur au bled avec une valise remplie de billets. Comme si la police rappliquait toujours dans le sillage des médias...

Pour ce magistrat, les policiers qui sont sur le terrain manquent à la fois d'espace, de moyens et d'officiers de police judiciaire pour traiter les très nombreuses garde à vue. Mais c'est surtout du côté des services spécialisés que le bât blesse, à l'entendre : « Ils sont asphyxiés par la masse. Le flux des affaires est trop important pour qu'ils accumulent les informations ; du coup, ils connaissent mal le "gibier". Il faut dire qu'ils sont quatre fois moins nombreux que leurs collègues des Hauts-de-Seine, si l'on se rapporte au nombre de dossiers à traiter. »

Prenant de la distance par rapport à son département, le parquetier perçoit bien, lui aussi, les limites de la répression : « Sur les 250 tonnes de résine consommées en France chaque année, on en saisit 20 tonnes, dit-il. Pour saisir 100 kilos, il faut déployer une infrastructure terrible avec intervention du GIGN, hélicoptère et, pourquoi pas, neutralisation du viaduc de Millau ! On en reste au niveau du symbole. »

« La justice ne leur fait pas peur »

« La justice ne leur fait pas peur, affirme un autre magistrat en fonction dans ce même tribunal de Bobigny. Ils ne la reconnaissent pas. Les femmes, les mères ne viennent pas au palais, ce qui s'y passe ne les regarde pas, mais la cité est là pour voir et soutenir les siens. Cette présence explique que les témoins se défaussent le plus souvent. Ils préfèrent dire qu'ils n'ont rien vu plutôt que d'affronter les emmerdements. Ceux qui trouvent que ça va trop loin parlent aux policiers, mais ils assument rarement leurs déclarations le jour de l'audience. »

Quant à ceux qui se trouvent dans le box, ils ne sont pas toujours faciles à contenir, surtout s'ils sont nombreux. « Ça peut facilement partir dans tous les sens », reconnaît le magistrat qui préconise de les laisser s'exprimer si on veut avoir une chance de tenir le cap d'une audience. Tout un art...

La justice ne leur fait pas peur, mais ce n'est pas faute de se montrer sévère. La répression s'est même énormément accrue sur le front des stupéfiants, ces dernières années, avec des jeunes d'une vingtaine d'années qui écopent de peines de sept, huit, neuf ans de prison, nettement plus que s'ils avaient commis un braquage, alors qu'ils n'ont jamais eu affaire à la justice auparavant. Un message clair en direction des cités, dont l'impact n'est pas forcément celui recherché : tant qu'à faire de risquer gros, entend-on dire, autant passer tout de suite de 5 à 500 kilos, puisque le risque est le même ! Quant à la distinction entre cannabis, cocaïne et héroïne, longtemps inscrite dans le nombre d'années de prison distribuées, elle s'est elle aussi estompée au fur et à mesure que les peines se sont rapprochées.

Ce n'est pas le seul écueil que pointe ce magistrat réaliste. « La justice déporte les points de deal, elle ne les fait pas disparaître », admet-il avant d'avancer la seule solution valable à ses yeux, si l'on tient vraiment à enrayer le trafic : couper l'accès aux clients.

« Une allégeance innée au quartier »

Ce magistrat en poste dans un tribunal de la région parisienne voudrait que la police modifie ses méthodes de travail, en particulier dans la gestion des indicateurs : « En s'appuyant sur le gros pour qu'il balance les petits, on risque de devenir une police privée au service de ceux qui tiennent la cité, assène-t-il. Cela n'a pas de véritable impact sur le trafic ni sur le quartier : on ne parviendra pas ainsi à faire passer l'idée que la recherche d'emploi paie plus que la cage d'escalier. Les policiers ne sont pas assez formés pour traiter les "tontons". » Et de préconiser une profonde modification de la chaîne, par exemple en intéressant les policiers à l'audience où sera examiner leur affaire, ce qui semble évident mais n'entre pas dans les schémas en vigueur. Comme si on ne tenait pas à savoir qu'un « beau résultat » policier pouvait parfois accoucher d'un fiasco judiciaire...

Ce n'est pas le seul grief que formule notre interlocuteur : à ses yeux, les services de police, à l'échelle d'un département comme les Hauts-de-Seine ou la Seine-Saint-Denis, n'échangent pas suffisamment leurs informations. « La sûreté enquête sur un trafic, la PJ sur un autre, la "Crim" sur un meurtre, le "groupe enlèvement" sur une séquestration, mais ils ne recoupent pas leurs renseignements entre eux, se plaint-il. La perte d'informations est énorme. Si personne ne recoupe au niveau du parquet, c'est un peu la vache qui regarde passer le train. »

Un changement de braquet du côté de la police ne pèserait cependant qu'à la marge, car le véritable verrou est ailleurs, dans le double discours de deux acteurs clefs du trafic : les Pays-Bas et le Maroc, que ce magistrat range dans le même panier sous le nom de « narco-États ». *Off*, évidemment...

Mais il balaie aussi devant sa porte. Il reconnaît que la justice n'est pas dimensionnée pour absorber toutes les affaires, qu'elle accumule un « stock terrible » et que des affaires lourdes, comme l'attaque d'un fourgon de police à l'arme de guerre, en viennent à attendre plus de deux ans avant d'être jugées... Sentiment d'impuissance ? « On a parfois l'impression qu'un ordre suprême maintient les choses en place, confie ce magistrat. On les attrape, mais le but du jeu, c'est qu'on continue à courir après les mêmes alors qu'on voudrait courir après les autres... »

Côté voyous, ce qui frappe le professionnel qu'il est, jour après jour au balcon avec vue sur le crime, c'est cette « allégeance innée au quartier » que l'on retrouve dans la plupart des affaires. Nul besoin de décorum ni d'adoubement pour entrer dans le gang, comme on le voit dans les mafias : avoir grandi dans le quartier suffit. Un quartier dans lequel on apprend très jeune à ne rien dire aux flics ni au juge. Où le poids du groupe est tel qu'en cas de flingage, sur trente personnes susceptibles d'avoir assisté à la scène, la moitié n'ouvrira même pas sa porte aux enquêteurs, tandis que l'autre dira ne rien avoir vu, alors que la scène s'est passée en plein après-midi. « Les seuls qui parlent le font sous X avant de disparaître, regrette le magistrat. Ils refuseront les confrontations et le témoignage au procès, sauf s'ils sont animés par un besoin de vengeance. »

« Ils sont plus mondialisés que nos voyous traditionnels »

Après avoir œuvré comme juge d'instruction et eu bon nombre de voyous dans le collimateur, Étienne Apaire a rejoint pour quelques années l'Observatoire français des drogues et de la toxicomanie. L'occasion de constater le « morcellement » du trafic, avec de plus en plus de volontaires pour aller chercher la drogue au bled, aux Pays-Bas ou en Espagne, « nid accueillant » de toutes les mafias.

Selon ses comptes, le chiffre d'affaires d'un grossiste en cannabis oscille entre 250 000 et 500 000 euros par an, loin des 6 000 euros qu'empochent les détaillants, véritables « OS » du shit avec, en guise de lot de consolation, l'espoir de devenir contremaîtres.

L'arrivée de la cocaïne par l'Afrique de l'Ouest inspire au magistrat un pronostic assez sombre : « Les organisations criminelles qui prospèrent sur ce trafic pourraient devenir aussi puissantes que leurs homologues mexicaines », dit-il avant de dresser le portrait de la génération montante : « Ce sont des gars qu'on n'a pas vus venir, parce qu'ils ne s'inscrivent pas dans un historique connu. Plus mondialisés que nos voyous traditionnels, ils ont toujours voyagé, mettent leur argent à Dubaï ou à l'île Maurice, tout en s'appuyant sur des réseaux familiaux. Chez eux en Espagne, ils charrient chaque année vers la France entre 250 et 300 tonnes de cannabis. Ils ont appris le travail, créé des alliances et tué des gens. Ils sont implantés sur tout le territoire français qu'ils irriguent à flux continu, face à des policiers encore mal renseignés sur eux. »

Pour Étienne Apaire également, la seule arme qui atteigne son but, c'est la confiscation des biens des trafiquants, et pas seulement de l'argent saisi : « Si on ne le fait pas, dit-il, la prison n'est qu'un accident du travail. » S'il estime par ailleurs qu'il convient de maintenir la pression sur les halls d'immeubles, la clef se situe selon lui à Marbella où vivent les « têtes de pont » du trafic.

Un braqueur parle des juges

Focalisés sur les flics, les jeunes voyous ne mésestiment pas l'importance des juges, à entendre cette figure de proue de la nouvelle génération (que nous ne nommerons pas pour ne pas aggraver son cas) :

« Qui te met en prison ? Qui te libère ? Qui connaît tous les dossiers ? Qui décide de t'interpeller ? Qui accorde des moyens à la police ? Le juge, c'est le grand manitou. Celui qui veut bien faire les choses doit commencer par respecter le magistrat. Tant qu'il est juste avec toi, il n'y a pas de raisons pour que ça se passe mal. S'il te fait la misère, en revanche, s'il veut que tu te fasses de la prison de manière douloureuse, tu t'endurcis et tu accumules le ressentiment. La douleur crée la haine. L'inquisition [sic] obtient les effets inverses de ceux qu'elle recherche. »

La donne n'est plus la même, à entendre ce braqueur expérimenté à l'heure de comparaître devant une cour d'assises. Plus question de « croisade » ni même d'affrontement, alors que, dans la balance, risquent de s'accumuler les années... « Se plaindre de la prison, se présenter comme une victime, ça joue contre toi, affirme notre docte interlocuteur. Les victimes, elles sont en face [sur le banc des parties civiles]. Il faut les laisser venir, répondre aux questions le plus brièvement possible : plus tu t'exprimes, plus tu réveilles les jurés. Plus tu te dévoiles, plus tu justifies la présence du GIGN dans la salle... et presque ta peine. »

18.

La génération kalachnikov dans l'œil de ceux qui la défendent

« Sa carrière est courte comme celle d'un footballeur professionnel »

Avec une certaine désinvolture, les voyous les appellent volontiers les « baveux ». Parfois ils les respectent, souvent ils pestent contre eux : si l'avocat ne vient pas les voir tous les quinze jours en prison, s'il n'obtient pas leur libération immédiate, c'est qu'il est « nul »...

Ils sont en première ligne, à la fois auxiliaires de la justice et porte-parole de leur client. Les plus anciens ont connu le grand banditisme du siècle dernier ; les plus jeunes ont fait leurs armes avec le nouveau cru, ces « voyous de cité » que l'on dit incontrôlables. Certains d'entre eux crèvent très vite l'écran, peut-être trop, grâce à un grand flic ami qui distribue leur carte de visite, ou à un cousin gangster qui propage leur renommée ; mais la plupart travaillent d'arrache-pied et misent sur un résultat miraculeux dont l'écho fera le tour des prisons et lancera leur carrière.

Comme chez les bandits, chaque département a son « taulier » en robe noire. Marcel Baldo est incontournable en Seine-Saint-Denis, Franck Nataly dans l'Essonne, Francis Aragon et Morad Falek dans les Hauts-de-Seine,

Yassine Bouzrou, Amar Bouaou, Clarisse Serre ou Frédéric Trovato en Île-de-France, sans oublier Philippe Dehapiot, incontournable pionnier, Philippe Scrève à Lyon, Franck De Vita à Nice. Liste non exhaustive... Des nouveaux gangsters, ils ne connaissent certainement pas tous les secrets, mais ils ont une certaine idée de leur fonctionnement, de leurs faiblesses, aussi de leur rapport à l'argent, puisqu'ils sont censés leurs payer des honoraires. Avant d'entendre une vingtaine d'entre eux, voici le portrait que dresse, du client type, un avocat parisien qui, pour parler vrai, a exigé de laisser son numéro de toque (et donc son nom) au vestiaire (il n'est pas le seul, on le verra, à avoir réclamé l'anonymat, condition d'une plus paisible survie professionnelle) :

« Le nouveau gangster est jeune, très jeune, très intelligent, et son état d'esprit est simple : j'y vais à fond jusqu'au jour où je me fais gauler. J'aurai tellement de fric que je pourrai préparer ma reconversion.

« Sa carrière est courte, comme celle d'un footballeur professionnel. Il accumule le maximum d'argent en un temps record.

« Il sait se couper de sa famille, ne pas s'attacher. Il ne se vante pas et sa petite amie ignore tout de ses activités. Sur son casier judiciaire, on ne voit que des délits routiers.

« Il évite les boîtes [de nuit] infestées de flics et leur préfère un karaoké pourri. Il est moins flambeur qu'on ne le croit, la mode étant à la discrétion. Il flambe à l'étranger, Espagne ou Thaïlande, loin de la [brigade] mondaine et des gonzesses qui balancent.

« La violence lui permet de passer à l'extorsion de fonds et au racket, d'asseoir son autorité. Il a grandi là-dedans et engrangé le savoir-faire de ses aînés. Ceux qui lui mettent des carottes ou qui balancent se retrouveront dans la Seine où personne ne les cherchera.

« À la différence du braqueur, plus sportif, plus parano aussi, le trafiquant de stups est bien nourri :

en prison, l'un planifie son évasion, tandis que l'autre mange des entrecôtes. C'est son côté commerçant. Il a pignon sur rue et compte ses billets, le soir venu.

« La gloire ne l'intéresse pas forcément. Avoir la notoriété du parrain, c'est mauvais : on devient une cible prioritaire pour les flics. À la fin, il le sait, plus personne ne voulait serrer la main de Francis le Belge, sauf à chercher d'entrée de jeu le mandat de dépôt.

« Il est très discipliné, hyper-méfiant. Il a une connaissance parfaite de la téléphonie et des méthodes de la police, et une bonne maîtrise des circuits de blanchiment. Il voit ses collègues dans les petits cafés de la cité où les flics n'entrent pas. Il sait gérer les ressources humaines, offrir à chacun une perspective d'évolution professionnelle et renouveler le personnel. Il engage des gens sans casier judiciaire pour en faire ses "nourrices", un recrutement qui se fait sans violence : ce serait trop risqué. Il corrompt les gens par l'argent. Il apporte une certaine paix sociale à son quartier, maîtrise les débordements, s'attire la sympathie de la population.

« C'est plus un épicier qu'un bandit. S'il est brillant, il s'arrête au bon moment et ouvre un commerce licite. Il investit dans un kebab ou un taxiphone, achète un pavillon et s'installe avec sa femme et ses gosses.

« Il n'est pas forcément dans la haine aveugle du policier : il distingue le "cow-boy" du flic respectueux. Si, en revanche, une perquisition se passe mal, si les policiers cassent tout, frappent ses sœurs, il est capable d'aller plastiquer une voiture de flic.

« Le jour de son procès, il refuse que ses parents soient présents. Ses sœurs, oui, surtout si ce sont elles qui se sont occupées de payer l'avocat et de suivre le dossier, mais pas les parents.

« En prison, soit il ne supporte pas et devient une loque, soit il s'adapte en une demi-journée. Dans le premier cas, son avenir de bandit est compromis.

Dans le second, il fait montre d'une force mentale et de qualités qui lui permettront de durer. Il veut voir son avocat régulièrement, pas pour être choyé, mais pour travailler le dossier. On reconnaît le caïd au respect qu'il dégage, aux moyens financiers qu'il déploie et au nombre de visites de ses avocats. »

« Tant que le toréador n'entre pas
sur le territoire du taureau,
le taureau ne bouge pas » (Jean-Yves Liénard)

Ancien parmi les anciens, le pénaliste versaillais Jean-Yves Liénard en a vu défiler, des générations de voyous ! Il sait combien le rapport entre la nouvelle génération et ses défenseurs peut très rapidement virer au rapport de forces, tant la robe noire leur inspire peu de respect. « Pour beaucoup, le baveux [l'avocat] est là pour prendre du fric, dit-il avec le réalisme qui le caractérise. S'ils peuvent éviter, ils évitent. »

Tant qu'on ne lui demande pas de plaider contre sa conviction, Me Liénard fait le métier qu'il résume ainsi :

« Qu'ils soient innocents ou coupables m'est indifférent. Je vais essayer de trouver la thèse la plus recevable judiciairement, comme je conseillerais mon propre frère, et je vais tenter de la leur faire adopter. Si l'épreuve douloureuse passe par l'aveu, je ne ferai pas l'impasse. Je suis là pour leur donner de meilleures chances et limiter la déconfiture pénale, pas pour leur faire plaisir. »

Me Liénard ne parle pas de « clients », mais de « prévenus ». Il est aux premières loges pour observer la transition entre le grand banditisme et les quartiers, et peu lui importent la couleur de peau ou la religion. Les nouvelles organisations auxquelles il est confronté à travers ses dossiers sont « très déstructurées » par rapport à celles qu'il a pu connaître : « Ces jeunes ne s'identifient même pas aux grands voyous, observe-t-il.

Leur délinquance, c'est la came à 90 %. Ils sont dans l'immédiateté et le bling-bling. Le modèle, ce sont les joueurs de foot professionnels, avec leur montre en or. De parrain, je n'en vois plus, ou alors c'est le parrain de la cage d'escalier ou de la cité. Ils éliminent celui qui n'est pas du quartier, qui a pourtant la même culture, vend la même drogue, couche avec les mêmes filles, mais menace leur territoire. Tant que le toréador n'entre pas sur le territoire du taureau, le taureau ne bouge pas... »

« À 16 ans, ils sont larges comme des armoires »
(Anonyme)

« Comme clients, les jeunes blacks sont les plus durs, admet un avocat qui souhaite que l'on taise son nom comme une bonne partie de mes interlocuteurs. Dès qu'ils ont payé, ils ont acheté l'avocat qui doit les sortir tout de suite de prison. S'ils sont condamnés, ils n'acceptent pas la sanction. Si le résultat n'est pas bon, ça part en cris et en menaces. Ils ne nous considèrent pas forcément beaucoup plus qu'un gardien d'immeuble !

« C'est ce que nous laissent en héritage des juges pour enfants angéliques qui pensent le jeune comme un jeune, alors qu'à 14 ans il est déjà dans le trafic, avec de l'argent et des copines. À 16 ans, ils sont larges comme des armoires et tiennent le pavé. Quand ils arrivent à la majorité, ils ont plus de cinquante anté-cédents qui correspondent au nombre de fois qu'ils se sont fait prendre.

« Il y a quelques familles de fous dangereux qu'il vaut mieux ne pas défendre si on ne veut pas être vic-time d'un fait divers, mais il ne faut pas non plus exa-gérer. Comme le dit notre ex-confrère Karim Achoui [qui s'est pourtant fait tirer dessus dans la rue en sortant de son cabinet], il est moins dangereux d'être avocat que de réparer des pylônes. »

« Si tu es lent, tu meurs » (Michel Konitz)

« La règle, c'est qu'il n'y a plus de règle. Tout le monde le sait et ça marche comme ça. Avant, il y avait le milieu ; aujourd'hui, ils se fédèrent par cité, à la mode "amis d'enfance". La figure du parrain qui reste dans son coin sans toucher à rien a disparu. »

Le diagnostic de Me Michel Konitz n'est pas très éloigné de celui de Me Liénard, et il sait de quoi il parle : depuis plus de trente ans, ce pénaliste parisien vit avec la banlieue dans son cabinet. L'ère de la cage d'escalier, il en parle en connaisseur :

« Il suffit d'une dizaine de jeunes pour faire la loi en bas d'un immeuble. C'est devenu tellement facile de trouver le produit que tout le monde peut s'y mettre. Le seul problème, c'est la concurrence. C'est pas comme le muguet le 1er mai : on ne peut s'installer et vendre sans l'autorisation du chef. Si quelqu'un les ennuie, ils le mettent à terre. Le gars fait sa loi dans sa barre d'immeubles, jusqu'au jour où il se fait tuer par plus jeune que lui. »

Au fil des dossiers, l'avocat constate que la police identifie facilement les « choufs » (guetteurs) et les vendeurs, plus difficilement les commanditaires : « Elle arrête les plus jeunes, mais ils sont remplaçables. Ce sont des kamikazes auxquels on paiera l'avocat. Ils savent depuis l'âge de 5 ans qu'ils seront incarcérés, comme le fils de bourgeois sait qu'il va passer son bac. Ils n'ont absolument pas peur de la prison. Le drame n'est pas d'y aller, mais de se retrouver dans la mauvaise prison, celle où ils n'ont pas leurs copains. »

La police casse un réseau ? Des têtes tombent ? Des jeunes reprennent le terrain, l'avocat est bien placé pour le savoir : « C'est comme quand on va à la pêche, dit-il, on est à peu près sûr de prendre un poisson de la même taille si on revient la fois suivante au même endroit. »

Par expérience, Me Michel Konitz sait que les « petits » finissent toujours par gagner contre les plus vieux, quitte à se « charger » (s'armer) le jour où ils en ont assez de prendre des coups. Il le constate, la nouvelle génération ne règle pas ses différends à un contre un, mais plus facilement à douze contre trois. Il le sent, la logique territoriale est à l'œuvre derrière les rébellions perpétuelles face à la police. Il en est convaincu, la loi républicaine s'affaiblit dans ces quartiers au profit d'une loi qui prévaut chez les corbeaux : le groupe défend celui qui crie.

« Si tu es lent, tu meurs, poursuit l'avocat. Ce qui compte, ce n'est pas la taille, c'est la réactivité. »

Et Michel Konitz, fidèle à sa ligne de défense, de renvoyer la société à ses responsabilités : « À Villiers-le-Bel, la médiathèque est fermée : le seul interlocuteur, c'est les flics. Soit ça caillasse, soit ça discute. C'est tout ce qu'on leur offre. On récolte ce qu'on a semé pendant vingt ans. »

Cette clientèle est-elle gérable ? Comment se comporte-t-elle lorsqu'elle passe de la cité à la rue du Louvre, dans le 1er arrondissement parisien ? « Si on ne rentre pas dans leur monde, ils restent dans le leur, assure Michel Konitz. Ils préfèrent d'ailleurs avoir un bon avocat qu'un mauvais ami. »

« Il y en a qui me font peur » (Anonyme)

« Dans la cité, la parole donnée n'existe pas : on ne connaît que la violence. Même le client que tu aimes bien finira par te niquer, par habitude.

« Leur but, c'est d'être le plus fort. Le voyou avait une conscience de ce qu'il était dans le monde de l'avocat. Celui qui naît dans la cité ne connaît que cette loi : à 6 ans, il se fait bourrer la gueule par son aîné ; à 18 ans, il bourre la gueule à tout le monde. Les truands singeaient les bourgeois ; leurs héritiers ont leur culture, et ce sont les bourgeois qui les singent.

« Ils n'aiment que l'argent. Pour s'en sortir, quand on est avocat, il ne faut pas avoir d'affects. On faisait hier ce métier pour être aimé, aujourd'hui on parle "tarifs".

« C'est aussi un monde de mythomanes. Un jour, des types ont débarqué au cabinet : "On est là pour vous protéger, maître", expliquent-ils. C'était un coup de frime, il ne s'est jamais rien passé...

« Il y en a, bien sûr, qui me font peur, parfois. Ils ont un irrépressible besoin de s'imposer. Ils sont dans la toute-puissance. En taule, si un type décide de maquer toute une aile, c'est comme ça. Il se fera à moitié tué, peut-être, mais il sera le chef. »

« L'ordre du milieu, ils s'en moquent »
(Emmanuel Marsigny)

La logique de cette nouvelle génération se résume en quelques mots aux yeux de Me Emmanuel Marsigny, avocat pénaliste parisien réputé : ils n'ont plus le temps d'attendre.

« Il n'y a plus d'apprentissage, observe-t-il. Ils doivent s'imposer vite et monter très vite. C'est comme dans le reste de la société : avant, aucun politique ne se présentait à l'élection présidentielle, hormis une petite poignée. Aujourd'hui, même un Xavier Bertrand dit qu'il veut se présenter. Plus rien n'est hors de portée. Il suffit de le vouloir, de le demander. Pourquoi attendre ? Les jeunes gangsters y vont à fond. Ils veulent faire du fric rapidement, ce qui demande d'être plus violent que les autres. Ils voient un fourgon blindé, ils l'attaquent, quand leurs aînés n'y allaient qu'au terme d'un cursus initiatique. Ils sont dans l'immédiateté, celle de Twitter. Il n'y a plus de place pour les juges de paix : on tue pour un rien. Ils ont perdu le sens de la mesure. Ils ne supportent plus la hiérarchie. L'ordre du milieu, les devoirs que cela impliquait, ils s'en moquent. D'autant qu'aujourd'hui n'importe qui peut aller chercher une tonne de shit au Maroc, et c'est la même chose pour les armes, accessibles à tous. »

Mais Emmanuel Marsigny est encore moins indulgent avec cette justice pénale qu'il côtoie depuis 1995, une justice qu'il voit souvent « incapable de se départir de la thèse initiée par les services d'enquête ». « Cela me renforce d'autant plus dans ma volonté de lutter contre ce que je considère comme une injustice, affirme le pénaliste parisien. Je leur rappelle sans arrêt qu'il faut douter, se départir des préjugés, car sans cette distance, il ne peut y avoir de justice sereine... »

Mission impossible ? En matière de grande criminalité, les idées toutes faites hantent les prétoires, et les enquêteurs ont vite fait, à l'entendre, de renvoyer devant le tribunal des dossiers « vides de toute charge ». De quoi rester motivé !

« Un vieux voyou avant l'heure »
(Clarisse Serre)

Elle est pénaliste, en bloc et en détail. Elle a de qui tenir, puisqu'elle a débuté auprès de Me Patrick Maisonneuve, en 1995, avant d'entrer en 1997 au cabinet de Me Pierre Haïk qui sont au droit pénal ce que Francis le Belge était au grand banditisme : des parrains. De 2002 à 2003, Me Clarisse Serre poursuit son apprentissage auprès d'une autre figure du barreau parisien, Philippe Dehapiot, grand pourfendeur de nullités. C'est là qu'elle hérite d'un client prometteur, Loïc Delière, enfant de la banlieue sud et camarade de jeux de l'intenable Antonio Ferrara.

Loïc Delière a beau être très jeune, il a déjà écopé d'une peine de vingt ans de prison lorsque s'ouvre le procès du braquage de Gentilly, à l'automne 2006, où l'on juge une brochette assez représentative du nouveau banditisme. Me Serre plaide l'acquittement ; le client prend neuf ans. Il hésite à faire appel, elle insiste et obtient ce que les avocats appellent un « résultat » : la confusion totale des peines, ce qui laisse tout de même à son client vingt ans à purger.

« Il m'a fait une confiance énorme, comme un vieux voyou avant l'heure, observe l'avocate. C'est un garçon qui assume son incarcération et ne se plaint jamais, malgré les multiples "rotations de sécurité" qui lui ont été infligées après l'évasion de Ferrara. On a tout fait pour le briser, mais il a tenu le coup. »

Certains voyous ont tendance à considérer les avocates comme des potiches, notamment parmi les Gitans pour qui la femme a rarement sa place au cœur des affaires. Cela n'empêche pas Clarisse Serre de s'imposer dans cet univers, elle qui a décidé, en automne 2013, d'ouvrir une antenne près du tribunal de Bobigny, pôle de gravité de la nouvelle génération de gangsters.

Peu sensible au charme du « gros voyou », l'avocate ne se connaît « aucune fascination » pour le milieu, même si elle a un faible pour ces personnalités qu'on dirait parfois surgies d'un polar : « Il faut être solide psychologiquement et costaud physiquement pour faire du pénal, quand on est une femme, dit-elle. Mais l'essentiel, ce sont les résultats. »

« Ils sont plus capitalistes que le patron de Goldman Sachs ! » (Anonyme)

« Dans certains dossiers, cela peut ne servir à rien de désigner un "gros" avocat. Les mecs ont compris que cela pouvait même agacer le magistrat de voir un Rmiste capable de débourser d'énormes honoraires. S'il le faut, ils se contentent de l'avocat commis d'office.

Pourquoi lâcher 3 000 euros pour un résultat qui ne sera pas extraordinaire ?

« Ceux qui veulent se la péter savent quel avocat choisir, comme ceux qui cherchent un avocat voyou ou ceux qui jouent la proximité. On connaît des avocats qui tutoient leurs clients et donnent leur numéro de portable à tout un chacun. L'avocat peut être facilement *borderline*, et ça se sait dans les maisons d'arrêt : "Lui il est bien, il est cool", disent les détenus.

« Il vaut mieux être payé avant : s'ils veulent que le véhicule démarre, il faut mettre de l'essence. Un premier rendez-vous durant lequel on ne parle pas honoraires, ça n'est pas bon. Après, leur reconnaissance se matérialise rarement par le solde des honoraires ou un honoraire de résultat. On s'en tire en général avec la promesse de voir vite de "superclients" frapper à la porte du cabinet.

« Faut-il dire au client ce qu'il a envie d'entendre ? Qu'il a raison ? Faut-il au contraire regarder les charges qui pèsent et en parler ? Dans le premier cas, on s'expose à le voir débarquer un jour au bureau et réclamer "son" pognon... »

« Paraît-il que tu défends des balances ? ! »
(Joseph Cohen-Sabban)

La soixantaine venue, « Jo » assure qu'il ne va pas s'éterniser sous la robe, mais on raccroche difficilement lorsqu'on est devenu une institution. « Je me suis installé dans la durée, dit celui qui respire à peine entre deux dossiers. J'ai défendu des familles emblématiques. Quand on est l'avocat de "Machin", les portes s'ouvrent. Aujourd'hui, je vis sur une autoroute où tout le monde m'aime. »

Les « cartes de visite », Mᵉ Cohen-Sabban n'en manque pas, lui qui a tiré de problèmes majeurs quelques figures du nouveau banditisme. La légende ne veut-elle pas qu'il soit devenu l'exécuteur testamentaire de Nordine Nasri ? « Occupe-toi de ma femme et de mon fils, ils vont me tuer », lui aurait dit le fulgurant bandit avant de disparaître définitivement. L'avocat a fait le nécessaire pour préserver les intérêts des proches.

« C'est un milieu très familial, dit-il. Ils marchent en fratries au sein desquelles ils ne se balancent jamais. Une fratrie s'impose par l'argent, ou plutôt par sa capacité à l'accumuler. »

À ceux de ses clients qui croient pouvoir acheter les juges, les avocats ou les flics, il réplique : « Dépensez votre argent si vous avez envie d'y croire, mais, pour moi, ça n'existe pas. »

Un brin paternel, « Jo » se voit parfois comme « le père qu'ils n'ont jamais eu : « Je n'ai pas un rapport maladif à l'oseille, dit-il. Je ne les ruine pas. Ils ont besoin de moi… et je n'ai pas besoin des emmerdeurs. » Cela permet d'opérer un premier tri.

Comme bien des pénalistes, il est arrivé à Me Cohen-Sabban de voir débarquer au cabinet des costauds qui cherchaient à engager la conversation sur le mode : « Paraît-il que tu défends des balances ?! » « Il faut un certain sang-froid pour leur indiquer fermement la porte », concède-t-il.

Parti de la banlieue sud de la capitale avec pour client un « juge de paix » influent dans le secteur, Me Cohen-Sabban a rapidement défendu les habitués de son bar du boulevard Voltaire, à Paris. Aujourd'hui, mobilité des voyous oblige, il défend des types de Mantes-la-Jolie à Bordeaux, avec une conscience aiguë de leur fragilité : « Avant, ils allaient plus vite que la loi, mais ça n'est plus vrai : la table de bistrot est branchée, l'autoradio est un émetteur, on les écoute jusque dans leur cellule. Ils peuvent tout perdre sur une affaire, quand ce n'est pas la vie. Les vrais bons repartent au bled et montent des affaires. »

« Si le résultat n'est pas là... » (Anonyme)

Comment être certain de se faire payer ? Une recette parmi d'autres : « On suggère au client de provisionner la partie "honoraires au résultat". Si le résultat n'est pas là, on rend l'argent. Celui qui ne le rend pas peut se prendre une balle. »

« Le service public stups fonctionne 7 jours sur 7 »
(Yassine Bouzrou)

« De bonnes équipes, il y en a partout. Ils ont la trentaine. Ils importent la résine par 200, 300 kilos. Leur marché est surtout local, mais les sommes qu'ils brassent font d'eux des hommes importants. Le porte-monnaie compte aujourd'hui plus que le nom. »

Me Yassine Bouzrou est bien placé pour décrypter la génération montante du banditisme : né en 1979, il est devenu avocat quand elle a commencé à s'émanciper de ses aînés. Implanté à Paris, à deux pas du palais de justice, il s'est d'abord installé avenue des Champs-Élysées, au-dessus du McDo – difficile de faire plus voyant.

« Le jour où tu deviens baveux, tu me donnes ta carte », lui avait glissé l'un des caïds de ce quartier de Courbevoie, Hauts-de-Seine, où il a grandi ; fils d'un chauffeur livreur, mère garde-malade, tous deux originaire de Tiznit (Maroc), il est bientôt l'avocat de toutes les petites frappes de Nanterre, un démarrage en trombe qui lui permet de s'offrir en toute légalité la Porsche de ses rêves.

Moins de dix ans plus tard, Me Bouzrou rayonne sur tout le territoire, de Bobigny à Pau en passant par Marseille et les Hauts-de-Seine, département considéré par la PJ comme l'une des plaques tournantes du trafic de stupéfiants en France.

Comment garder la bonne distance avec les quartiers quand on y a soi-même grandi ? « C'est une question de formation », dit cet avocat qui a effectué son premier stage chez Mᵉ Jean-Yves Liénard, baron du pénal, après avoir découvert son portrait dans le tome 1 de Parrains et Caïds (2005). « Il m'a pris sous son aile », dit-il, comme, dans la foulée, Mᵉ Jean-Yves Leborgne (qui s'exprimait dans le même livre). « Ils m'ont appris qu'on ne déjeunait pas avec son client, qu'on ne devait pas s'afficher avec un client hors du palais, et que l'on devait toujours le vouvoyer, même celui qui vous tutoie. » Il s'abstient de défendre ceux qu'il a connus sur les bancs de l'école, précisément pour éviter de se retrouver devant le conseil de l'Ordre, mais il avait une longueur d'avance : dans le quartier où il a grandi, on sait que cela ne se passe pas toujours bien, avec la police.

Violer le secret de l'instruction pour satisfaire l'ami d'un détenu ? Les moyens de communication dont disposent les détenus en prison sont tels, entre Facebook et le téléphone, que ce serait aussi vain que risqué. Dès qu'il a pris connaissance d'un dossier, l'avocat rédige une synthèse à l'intention du client, ce qui reste à ses yeux le meilleur moyen d'éviter d'être harcelé par ses camarades en liberté. Une méthode à laquelle un célèbre rappeur rend bientôt publiquement hommage : « Quant t'es dans le trou/t'appelles Mᵉ Bouzrou... » Aussitôt imité par un autre : « On fait un coup/et on se paye Bouzrou... »

« Il y a deux sortes de trafics, le trafic de terrain et le sous-marin, témoigne l'avocat. Le terrain, c'est la vente au détail au vu et au su de tout le monde, avec des nourrices et des guetteurs que l'on renouvelle régulièrement ; en général, il appartient à la même famille depuis plusieurs décennies. Le sous-marin, c'est le type qui va se fournir au Maroc et revend aux grossistes.

Les prix sont tellement bas sur place qu'il est toujours gagnant. Et puis, la demande est telle qu'il y a de la place pour tout le monde : le service public stups fonctionne 7 jours sur 7 ! »

De son point de vue d'avocat, ceux qui tirent aujourd'hui les ficelles du trafic sont des garçons discrets et implantés depuis longtemps. Leurs revendeurs tombent régulièrement, mais ils les remplacent aussitôt. S'ils ne voulaient pas le beurre et l'argent du beurre, certains de ces jeunes caïds iraient sans doute très loin... « Ils apprennent en prison en regardant les erreurs des autres, analyse l'avocat. Tel est tombé alors qu'il flambait dans une boîte de nuit dans le Sud, tel autre parce qu'il roulait en Porsche Cayenne. Dans leur domaine, ce sont de très bons élèves. Ils commettent les actes qui leur permettent de gagner un maximum d'argent en encourant les peines les plus faibles. Ils savent qu'un vol-effraction avec violences légères coûte quinze mois de prison, que l'attaque de la vitrine d'une bijouterie au marteau, sans pénétrer dans le magasin, s'apparente à un vol avec effraction sans arme. Ils sont très intelligents et calculent plus qu'on ne le croie. Mis à part quelques cas, ils ne tireront pas sur la police. »

Comment gère-t-on cette clientèle explosive ? Au niveau du langage, l'avocat évite les expressions trop codées qui pourraient l'écarter de la place qui est la sienne. À celui qui l'encourage en disant : « On compte sur vous pour l'arracher, maître ! », il réplique calmement : « Monsieur, je vais plaider la remise en liberté. » Même si on le sollicite en arabe, il répond en français pour éviter tout malentendu. Surtout si la scène se passe sous les yeux d'un surveillant de prison qui pourrait y voir le mal...

« Il faut être extrêmement prudent et extrêmement rigoureux en matière déontologique, insiste Me Yassine Bouzrou. Il faut savoir refuser une somme d'argent si elle est disproportionnée. Cela permet de rester maître de la défense, de ne pas donner l'impression au client qu'il peut avoir le contrôle sur tout. »

On imagine assez bien comment pourrait se comporter un de ces jeunes voyous s'il considérait qu'il avait versé suffisamment d'argent pour « consommer » le cabinet comme il le ferait avec l'*open bar* ! Reste à le persuader qu'en versant moins il aura droit à la même défense, ce qui n'est pas gagné d'avance...

« On est là pour les cadrer » (Anonyme)

Scène ordinaire dans le bureau d'un juge.

Le client s'énerve et dérape : « Cette pute de juge, elle m'aime pas !

– Elle fait son travail, tempère l'avocat.

– Merci, maître », dit la juge.

« On est là pour faire en sorte que cela se passe bien, commente quelques mois plus tard l'avocat. On est là pour les cadrer, empêcher, par exemple, qu'une confrontation ne dégénère en crachats et en insultes. »

« S'ils faisaient du commerce légal,
ils seraient très bons »
(Marie-Alix Canut-Bernard)

Quand on se présente à son cabinet, ce n'est pas sans rendez-vous. Lorsqu'on arrive en retard, on s'excuse. Elle n'appelle pas ses clients par leur prénom et ils ne la tutoient pas. Fixer rapidement les règles, c'est aussi la méthode de Me Marie-Alix Canut-Bernard. Une manière de s'imposer pour cette femme qui précise, étant « assez féminine », s'interdire le registre de la séduction. Et qui a choisi d'implanter son cabinet avenue Kleber, en face de l'hôtel Rafaël, au cœur du triangle d'or parisien, histoire de s'assurer – cela compte – une bonne visibilité.

Serment prêté en 1992, un crochet par l'Afrique, un petit pas du côté du droit du travail et sept ans passés auprès de Mᵉ Joseph Cohen-Sabban l'ont convaincue de devenir son propre patron en 1998. Un mois plus tard, elle fait condamner la France et sa police pour torture par la Cour européenne des droits de l'homme où elle a plaidé sa cause devant dix-huit juges. L'occasion de découvrir de quelle animosité les policiers sont capables quand l'un des leurs est en cause, et de relativiser les comparutions immédiates à venir. Le tout accompagné d'une notoriété explosive assurée par *Le Monde* et *Le Canard enchaîné* : le client, un homme de 55 ans, moitié marocain, moitié néerlandais, arrêté pour trafic de drogue et recommandé par un « notable » du banditisme parisien, accusait tout de même les flics de l'avoir violé à l'aide d'une matraque prénommée « Albert » !

Petite leçon de vie au passage quand l'un des fonctionnaires concernés se voit remettre la médaille du Mérite par Nicolas Sarkozy, alors ministre de l'Intérieur...

Elle aurait voulu devenir actrice, mais c'est en plaidant que Mᵉ Canut-Bernard se fait un nom. Comment ne pas trébucher lorsqu'on est en haut des marches ? Plusieurs magistrats la désignent pour leur propre défense, mais ce sont les cités qui assurent sa réputation : d'abord celles du 93, puis du 92. Au point qu'un jour, sur les vingt-cinq membres d'un réseau de trafic de stupéfiants mis à terre, dix-sept sortent de leur poche sa carte de visite : le chef, officiellement gérant d'une société de plomberie, l'avait généreusement distribuée à ses hommes. L'occasion de découvrir ce dont sont capables ces blacks, ces blancs et ces beurs qui se sont souvent connus sur les bancs de l'école avant de se lancer dans le « commerce ».

Comment conserver leur confiance au-delà des aléas judiciaires ? Comment faire en sorte qu'ils la recommandent à leur tour à leurs amis ? Il faut déjà qu'ils l'écoutent, mais cela ne suffit pas. « Je dis ce que je fais et je fais ce que je dis », explique-t-elle avant de concéder : « Une femme doit en faire deux fois plus que les hommes. »

Au tribunal de Nanterre, Me Canut-Bernard devient la reine de la demande d'actes. C'est ainsi qu'elle obtient la libération du « Chinois », un homme dont la récidive aura eu des répercussions politiques et judiciaires considérables à l'époque où le socialiste Lionel Jospin est à Matignon (un braquage dégénère en tuerie, l'opposition s'enflamme, la majorité au pouvoir vacille). Elle s'endurcit avec la reconstitution d'une bagarre à la boule de pétanque dans les murs de la centrale de Clairvaux, comprend que les juges ont généralement envie qu'on leur parle du dossier, renonce vite à l'idée de plaider pour ces voyous l'enfance « malheureuse ». Elle monte au front en « guerrière », mais, quand les clients la cherchent, ils la trouvent, assure-t-elle.

À l'heure du procès, l'avocate incite aussi le client à « parler correctement » au juge. Elle le met en garde, pour plus tard, contre ces éléments de train de vie de plus en plus souvent mis en avant par les tribunaux, ces mariages fastueux dont ils conservent des photos à la maison, les vêtements luxueux de madame, les vacances aux sports d'hiver ou ce petit séjour à l'île Maurice...

« S'ils faisaient du commerce légal, ils seraient très bons », conclut Me Canut-Bernard.

« *On ne peut pas tout acheter* » *(Anonyme)*

L'argent, encore :
« Avec les honoraires, on est obligé d'être terrible, avoue un avocat. Il faut exiger d'être payé avant de se mettre au travail, d'autant que les clients sont de plus en plus exigeants. Ils nous considèrent comme des prestataires de services, avec une obligation de résultat : "Je paye, j'ai le droit de sortir de prison..." Il m'est arrivé de rendre son argent à un client qui

avait adressé à la secrétaire un "Va niquer ta mère !" très déplacé… Je peux aussi restituer une partie des honoraires si on ne s'entend pas sur la stratégie. Cela permet de garder une certaine liberté. »

Le pire, à l'entendre, c'est un père qui apporte 10 000 euros en disant : « C'est pour que mon fils sorte. » « C'est très mauvais de partir sur cette base », affirme-t-il.

« Un avocat qui n'aime pas le droit,
c'est comme un boulanger qui n'aime pas la farine ! »
(Thomas Bidnic)

Son truc, c'est la recherche de « moyens » susceptibles de réduire l'accusation en miettes : Mᵉ Thomas Bidnic exploite toutes les virgules, tous les silences, toutes les impasses du code de procédure pénale. Abonné de la chambre d'instruction, il ferraille au nom du petit livre rouge. La loi, rien que la loi, toute la loi : jusqu'à la dernière demande d'acte, les recours il épuisera.

Tiens, par exemple, le Bureau central des sources (le fichier des indicateurs) a-t-il une existence légale ? Aux dernières nouvelles, Mᵉ Bidnic n'avait pas trouvé le texte de loi le réglementant… Un argument supplémentaire pour défendre ce client poursuivi pour trafic de stupéfiants, un type « qui carbure à 200 à l'heure ». « Si on enlève le renseignement anonyme, il n'y a plus rien dans le dossier ! » affirme-t-il en brandissant l'article 706-57 et suivants du code de procédure pénale.

« Quand je fais sortir un gars pacifiquement, ce n'est pas seulement réjouissant, confie cet avocat qui se perçoit comme un "intercesseur" entre les présumés voyous, les juges et le parquet. Je joue aux échecs. Je ne laisse rien passer, ni sur la forme, ni sur le fond. Je tire le maximum des décisions qui me sont favorables. Je pousse les magistrats à l'erreur, et, le plus souvent, ils se piègent eux-mêmes en répondant par le mépris. Ils tombent dans le précipice qu'on leur a montré... »

La clientèle est plutôt du genre exigeant, et plus avisée qu'on ne l'imagine. Tout voyous qu'ils sont, ils suivent pas à pas la discussion juridique, même quand elle devient acrobatique. Ils savent qu'il y a une chance sur deux pour que le magistrat, à la fin, dise : « On ne le sortira pas parce que c'est un voyou », ou qu'il invoque un très peu juridique « intérêt supérieur de l'État ». Mais ils connaissent la règle du jeu.

Jamais battu, Me Bidnic supporte mal que le doute disparaisse de l'esprit du magistrat dès lors qu'il se retrouve face à un « petit Arabe ». Alors qu'une avocate générale lui reproche de faire du droit devant le tribunal correctionnel de Nanterre où il défend un présumé trafiquant de stupéfiants, il lance :

« Un avocat qui n'aime pas le droit, c'est comme un boulanger qui n'aime pas la farine ! »

« L'avocat peut se retrouver sous pression »
(Anonyme)

Les avocats eux-mêmes issus des cités ont-ils plus de soucis que les autres avec la déontologie ? « Ils sont plombés par la proximité, par un problème de culture, de rapport à la loi, croit savoir un avocat né dans les beaux quartiers, comme l'écrasante majorité d'entre eux. Comment faire quand un type balance, pendant une garde à vue, l'un de vos copains du quartier ? Comment résister si le copain en question vous appelle et vous demande qui l'a balancé ? L'avocat peut se retrouver sous pression, pris en otage par la cité. Il suffit d'un rien pour tomber carrément entre les mains des voyous. Il suffit d'accepter de se faire payer en montres, et c'est fini... »

Gageons que ces dangers ne guettent pas seulement les avocats nés dans les quartiers « sensibles », mais tous ceux qui sont confrontés à cette nouvelle voyoucratie débordante de liquidités !

« Même carbonisés, ils exigent l'impossible »
(Frédéric Trovato)

« Avocat, on reste à sa place, même face au client le plus séducteur. »

Quand on a commencé comme avocat fiscaliste, comme c'est le cas de Me Frédéric Trovato, on n'a pas forcément appris à copiner avec les clients. On sait en revanche ce qu'éplucher une procédure signifie. Avec un peu de chance, même, on aime ça.

Tandis que les ténors de la plaidoirie se chauffent pour l'audience, lui passe le dossier au crible. La liberté n'attend pas : s'il y a moyen de dénicher un vice de procédure et de sortir de prison avant le procès, le gangster est toujours preneur.

Avocat depuis 1998, Me Trovato bascule vers le pénal lorsque son employeur, Francis Lefebvre, vénéré parmi les fiscalistes, prend sa retraite. Parce qu'il s'intéresse aux être humains, dit-il. Ses origines siciliennes facilitent-elles le contact avec quelques voyous issus de l'ancienne génération ? Il admire la force mentale de ceux qui ont « quarante piges à faire ». Des gens « hors normes », des « dinosaures » qui n'ont pas grand-chose à voir avec la nouvelle génération.

« Quand ils étaient pris en flag, avec un dossier ficelé, les anciens disaient : "Maître, j'ai joué, j'ai perdu." Aujourd'hui, même carbonisés, ils exigent l'impossible. Ils sont le fruit de leur histoire. Les avocats se font débarquer au bout de six mois sans savoir pourquoi ! »

Sentiment que Frédéric Trovato pondère aussitôt en invoquant ces jeunes « qui tiennent la route », à

l'instar d'un Nino Ferrara, « qui a toujours le sourire au parloir », ou d'un Dominique Battini (jeune
Bastiais), « qui ne se plaint jamais ». Des braqueurs
qu'il ne met pas dans le même sac que les vendeurs
de shit qui s'entre-tuent pour le contrôle du territoire.

Pour lui aussi, le vouvoiement est la clef d'un
rapport sans bavure. « Si vous m'avez désigné, dit-il à
ceux qui s'en affranchissent, ce n'est pas pour devenir
votre copain. » L'avantage, par rapport aux clients qu'il
recevait au temps où il était fiscaliste, c'est qu'on ne
perd pas de temps en parlottes. Alors que l'homme
d'affaires en guerre avec les impôts peut passer tous les
soirs au cabinet chercher du réconfort, le voyou, lui,
est le plus souvent incarcéré : les heures de discussion
sont comptées, d'autant plus que l'administration pénitentiaire est capricieuse et que le détenu n'est pas toujours acheminé dans les temps vers le parloir avocats.
Une raison supplémentaire d'économiser sa salive, car
Me Trovato le sait : « Si on promet beaucoup, le capital
confiance fond rapidement. »

« Si tu ne t'imposes pas dès les premiers parloirs... »
(Anonyme)

« Certains clients sont si intenables qu'ils ne sont
pas défendables, déclare un pénaliste parisien. Si tu ne
t'imposes pas dès les premiers parloirs, cela ne peut
que mal se passer. À moyen terme, les reproches vont
surgir.

« Il faut aussi tenir les proches à distance, et ceux
qui n'hésitent pas à débarquer au cabinet dans la ferme
intention de consulter le dossier parce qu'ils savent
qu'ils vont être arrêtés tôt ou tard. Ils sont prêts à
payer très cher pour ça ! »

« Ce seraient des chefs d'entreprise hors pair »
(Amar Bouaou)

Amar Bouaou a 27 ans en l'an 2000 lorsqu'il prête serment. À l'époque, le détenu qui dispose d'un téléphone est le roi de la prison ; aujourd'hui, celui qui n'en a pas passe pour le roi des truffes. Commentaire de l'avocat :
« Heureusement qu'il y a le téléphone et le shit. Avec des peines de plus en plus longues et la surpopulation, la prison serait sans cela une poudrière ingérable. Le téléphone permet de maintenir un lien et de tenir le coup. »

Un « coup de bol », s'il est devenu avocat : « Fils d'un ouvrier et d'une mère au foyer qui ne savait ni lire ni écrire, je suis un miraculé social », dit-il en évoquant les révisions nocturnes qui lui ont permis d'obtenir le bac dans la dernière ligne droite, dans ce quartier de Fontenay-sous-Bois où la rue était plus attractive que l'école. Son père, un Kabyle d'Algérie, l'envoie auprès d'un patron du BTP qui le pistonne pour s'inscrire à la fac de Saint-Maur, en droit. Il se focalise en autodidacte sur la procédure pénale et devient le deuxième avocat du quartier – une « fierté », même si on le « chambre » un peu.

« L'avantage, c'est que je suis dans le réel, dans la vraie vie, dit Me Bouaou lorsqu'on l'interroge sur sa proximité avec la clientèle. Je les connais bien. Le modèle, c'est celui qui a beaucoup d'argent mais qui n'a pas de nom. C'est celui qui a réussi sans qu'on l'identifie. »

Il croise le chemin du jeune Karim Achoui, l'avocat qui monte dans le cœur de la voyoucratie parisienne ; celui-ci lui propose de le rejoindre dans le cabinet où il est associé avec Me Jean-Marc Florent, boulevard Malesherbes, à Paris. « La période est faste, je suis stakhanoviste, Karim Achoui est exigeant, résume Amar Bouaou. C'est lui qui m'a permis d'être ce que je suis. »

De petits voleurs en petits dealers, pistant la relaxe qui le fera connaître, le jeune avocat comprend que la première reconnaissance que lui vaudront les clients, c'est de le désigner. Et qu'ils ne le désigneront que s'il est efficace et travailleur. C'est sa marque de fabrique lorsqu'il ouvre son propre cabinet, seul, non loin de la gare du Nord, à Paris.

Le fait d'être maghrébin, à l'instar de nombre de clients des tribunaux correctionnels qui traitent de stupéfiants, ne serait pas, selon lui, un avantage, mais un handicap. « Il y a un complexe, diagnostique Me Bouaou. On pense que le Maghrébin sera moins efficace. On doit démontrer quatre fois plus que les autres. Et puis, les clients cherchent une personne compétente, pas quelqu'un qui leur ressemble. »

La confiance, c'est la « règle générale », dit-il encore quand on l'interroge sur les liens qui se tissent dans l'ombre des parloirs. « Il faut fixer tout de suite le cadre et mettre des digues. Je suis maître de la défense à mener. Je ne plaide pas la relaxe pour faire plaisir au client. Je ne lui livre pas du rêve, mais des cauchemars, autrement dit la vérité, alors qu'il a besoin d'espoir. Je ne peux mentir à celui qui est en détention. J'entends aussi rester crédible devant les juges. »

Me Amar Bouaou a commencé dans l'Oise avant d'élargir son champ de bataille à la région parisienne et bientôt à l'Hexagone, lui qui, pour se détendre, le soir, surfe sur les sites de jurisprudence en rêvant à la décision « miraculeuse » qu'il obtiendra grâce à une erreur procédurale. « Il est difficile d'obtenir une stricte application de la loi pénale en matière de stupéfiants, reconnaît-il cependant. Le trafiquant c'est l'ennemi. La loi est la même pour tous, mais on peut faire des exceptions. La justice laxiste, c'est une vaste farce. En matière de crime organisé, le droit recule. »

Quand les règles ne lui semblent pas respectées, l'avocat peut se tourner vers la Cour européenne des droits de l'homme. Il l'a fait par exemple après l'affaire de la fusillade de Villiers-sur-Marne qui a coûté la vie à une policière municipale, quand il a découvert qu'une balise GPS avait été posée sans base légale sous un véhicule. « Les policiers disent qu'ils ont perdu le véhicule, retrouvé par hasard par un fonctionnaire qui allait jouer au hockey ; sauf qu'il était balisé et géolocalisé, plaide-t-il. C'est là un faux en écriture publique ! » Si l'instance européenne reconnaissait l'atteinte à la vie privée, cette enquête classée « sensible » s'en trouverait fragilisée.

L'autre rencontre qui pèse sur le cours de sa vie professionnelle est celle d'Antonio Ferrara dont Me Bouaou prend en 2003 la défense après la défection involontaire de Me Karim Achoui, soupçonné par la police d'avoir joué un rôle lors de l'évasion de Ferrara de la maison d'arrêt de Fresnes. Il n'est pas le seul à travailler pour cette tête d'affiche que les avocats s'arrachent, puisqu'il fait banc commun avec Mes Lionel Moroni, Éric Dupond-Moretti et Frédéric Trovato. Mais il ne s'en cache pas : il s'attache à ce client, « une personne extraordinaire qu'on ne peut résumer à l'évasion de Fresnes », « un garçon qui ne met jamais la pression sur ses avocats et veut aujourd'hui sortir par la grande porte ».

Contrairement à certains de ses confrères, Me Bouaou ne trouve pas la clientèle particulièrement irrespectueuse. « Ils ont choisi le chemin de l'illicite, mais, quand il s'agit de l'avenir de leurs enfants, affirme-t-il, ils pensent excellence et meilleures études. Ils ne se complaisent pas dans leur sphère et ne sont pas fiers de ce qu'ils font. Dans la vie normale, ce seraient des chefs d'entreprise hors pair : ambitieux, travailleurs, prompts à prendre des risques, ils montent des organisations bien huilées et difficiles à démanteler, ils acquièrent une richesse, puis investissent dans la pierre pour passer à autre chose. C'est leur mode d'insertion. »

« C'est l'enfant roi, élevé sans limites »
(Anonyme)

Un avocat lyonnais l'affirme : « Le jeune Maghrébin grandi dans la cité est souvent immature. C'est l'enfant roi, élevé sans limites. Si on le laisse prendre ses aises, on est vite dans le copinage. »

« Les jeunes épousent facilement
l'habit du voyou classique » (Franck De Vita)

L'avocat en pointe aujourd'hui sur le front du banditisme, à Nice, c'est lui. Parmi ses atouts, Mᵉ Franck De Vita a pour lui la jeunesse et le fait d'être un enfant du Vieux-Port. À la différence de ceux qui, sauf accident, n'auront jamais affaire aux tribunaux, il a grandi dans la rue où l'on sait que la justice n'est jamais loin du fait divers. Des voyous il a d'abord connu les anciens ; beaucoup sont morts, mais ça lui donne le recul nécessaire pour dresser un bref portrait de leurs successeurs :
« Ils sont rigoureux, pensent aux revenus officiels, et limitent le côté ostentatoire. En règle générale, ils évitent le conflit avec le milieu en place, du moins ceux qui ont compris qu'il y avait des règles si on voulait durer. »
Il n'y a pas que les voyous qui changent : Nice aussi, qui n'est plus l'« usine à pognon » qu'elle était. L'Iguane Café ne sert plus depuis longtemps de point de ralliement à tout ce que la ville comptait de noctambules, flics et voyous compris : à minuit sonné, on roule désormais jusqu'à Cannes ou Monaco pour dépenser et festoyer...
La sociabilité n'a cependant pas disparu et le pénaliste n'échappe pas aux règles du « village » niçois où les frontières sont moins étanches qu'ailleurs : s'il faut

sortir en ville pour rencontrer les clients, M^e De Vita enfourche son scooter.

« Je défends un mec de la jungle... »
(Anonyme)

À chacun son monde, affirme ce pénaliste expérimenté :
« Je défends un mec de la jungle, mais je ne suis pas un membre de cette jungle. Cela me permet de demander au tribunal de le juger normalement, même s'il vient de la zone. La beauté de ce métier, c'est de se battre jusqu'au bout pour des gens qui ne vous ressemblent pas. On est plus fort si on est extérieur. »

« Celui qui fait des études passe pour un bouffon »
(Marcel Baldo)

Me Marcel Baldo connaît le tribunal de Bobigny mieux que d'autres : c'est son fief. Les petits jeunes des cités, il les a vus grandir. Il les a vus se regrouper, se structurer et prendre en main le trafic de shit. Il a compris qu'ils étaient en train d'amasser des fortunes et de devenir presque « inattaquables » à l'abri de ces cités où « celui qui fait des études passe pour un bouffon ».
La police, affirme-t-il, n'arrête le plus souvent que les revendeurs et les gérants de paille, lesquels sont « salariés de l'organisation » et aussitôt remplacés. « On atomise les "riens du tout" sans toucher aux employeurs, observe l'avocat. La PJ commence à s'y intéresser, mais, dans des villes comme Sevran, ils sont dépassés par le nombre. Le bizness est facile. Il suffit de ne pas avoir peur, d'avoir les hommes et de prendre un point de vente. Les bénéfices arrivent vite, d'autant

plus qu'on ne paie pas d'impôts. La lutte est presque perdue, tant cette économie occulte s'est développée. »

La légalisation du shit, prônée par certains élus du département, au premier rang desquels Stéphane Gatignon, le maire (Vert) de Sevran, serait cependant, aux yeux de cet avocat, une « stupidité » : « Ils iront vers les braquages et les drogues dures, pronostique-t-il, lui qui connaît bien les "lascars". Ils ne se passeront pas de cet argent. »

« Ils manient les armes comme des Kleenex »
(Béatrice Eyrignoux)

Sur la Côte-d'Azur, on la présente comme la pénaliste qui monte. Avocate dès l'âge de 21 ans, en 1991, Béatrice Eyrignoux n'a pas choisi le pénal : les commissions d'office l'ont fait pour elle. Une quarantaine de procès aux assises plus tard, elle a un aperçu de ce que la grande criminalité peut produire, entre les anciens comme Thierry Derlan, à qui sa famille a proposé une voiture blindée lors de sa remise en liberté après quinze ans de prison (l'euro avait remplacé le franc, entre autres révolutions) et ces jeunes qui tuent, à peine entrés dans une bijouterie.

« C'est de la folie, dit-elle, ils n'ont aucune connaissance des armes. Ils manient ça comme des Kleenex ! »

L'évolution des comportements touche bien sûr les avocats. « Avant, poursuit-elle, ils avaient un avocat à la vie à la mort. Aujourd'hui, ils s'accrochent tous aux avocats qui passent à la télé... Ils ont leur iPhone en prison, ils sont dans la communication et regardent le poids de l'avocat dans les journaux. » Ou dans les livres...

19.

Dictionnaire (personnel)
de la génération montante

ALIAS

Comme leurs ancêtres du milieu, les jeunes pousses du banditisme prisent les surnoms. Certains ont traversé les années sans se démoder, d'autres ont surgi au gré des modes. Florilège :

Gringo, Sisko, KDS, Paki, Niaga, Gros, Docteur, Dadou, Chouki, Beber, Le Clando, Merguez, Moustique, Le Nain, Pomme d'Adam, L'Albanais, Pikatchou, Pokémon, Cochon, Rabisch, Radio, La Blonde, Mac Manaman, Rabouin, Choukette, Oussama, Pilou, Le Big, Sucette, Bison, Le Gwer, Doudou, Rafton, Crevette, Grosse Tête, Le Clando, Bibouche, Gros Sac, Cardinal, Coucou, Racho, Mache, La Boîte, Pioche, Brioche, Le World, Le black, Le Raouf, Krim, Ninja, Sky, Le Corse arabe, Bibi, Le Minot, Le P'tit, Boulimique, Bouclette, La Mafia, L'Âne, Le Chat rouge, Pierre Palmade, Bourvil, Le Baron, Marron, Néné, Le Plombier, Vini, Chooker, Rouille, Biche, Douda, Paquet, Speedy...

AMBITION

Le moteur de la nouvelle génération, c'est une ambition démesurée. Elle est à la fois leur force et leur défaut. Leurs aînés savaient s'arrêter quand ils avaient 10 millions de francs sur leur compte ; aujourd'hui, ils disent :

« Mais qu'est-ce que tu fais avec 1,5 million d'euros ? »

À côté d'eux, certains bandits traditionnels feraient presque figure de pauvres malgré un train de vie bien au-dessus de la moyenne.

AUTOCRITIQUE

« Ce qui nous manque parfois, c'est le cerveau. On voit des gars en cavale avec trois téléphones sur eux. Les voyous des années 1970 savaient où se cacher, souvent chez des mecs en règle. On n'investit pas assez dans la sécurité. On est trop pingre. On sait que la PJ travaille sur les fréquences vocales, mais on ne prend pas de précautions. Une fois dans le métier, on est trop à l'aise. On est trop m'as-tu-vu. On sous-estime la justice. »

BABYBEL

Plaquette de 100 grammes de cannabis.

BALISE

Placée sous les véhicules, elle permet d'en suivre les déplacements à distance. De plus en plus couramment utilisée par les enquêteurs, à tel point que les voyous prennent les devants, comme l'explique au juge qui l'entend ce trafiquant de stupéfiants :

« Lorsque j'ai été entendu, des gendarmes ont posé quelque chose sur ma voiture, en tout cas c'était possible, car on m'a fait beaucoup attendre. C'est pour ça que j'ai cherché la balise, par la suite. »

BALKANS

Les voitures, les cars, tout est bon pour rapporter quelques kalachnikovs de Bosnie, de Slovénie, du Kosovo, de Croatie, de Roumanie ou de Serbie.

Les douaniers ont reçu pour consigne de faire descendre régulièrement les passagers des cars afin de détecter les valises qui n'appartiennent à personne, mais les semi-grossistes ont des combines redoutables, comme celle qui consiste à dissimuler les armes dans les rouleaux de tissu destinés à la confection.

BIZARRE

Question d'un policier à un gardé à vue :
« C'est quand même bizarre que vous soyez interpellé dans la même procédure de trafic de stupéfiants que monsieur D. avec qui vous avez souvent des contacts, vous ne trouvez pas ? »
Réponse : « Si, c'est très bizarre. »

BLING-BLING

« Si, à 40 ans, je peux pas avoir une Breitling, c'est que j'ai raté ma vie. »
À chacun son rythme, à chacun ses marques préférées, à chacun son domaine de prédilection. L'homme qui s'exprime ainsi devant le tribunal correctionnel de Marseille fait son beurre avec les cartes bancaires, les voitures et la cocaïne, selon la présidente qui lui demande innocemment comment il s'y retrouve, entre toutes ces activités.

BOX

Un box avec trois ou quatre voitures prêtes à l'emploi : celui qui n'a pas ça n'est pas dans la course.

« La voiture est leur principal outil de travail », dit un policier, membre d'une brigade de recherches et d'intervention.

L'histoire commence souvent par un car-jacking (un vol de voiture sur la voie publique en éjectant son conducteur). La voiture disparaît ensuite pendant quelques mois dans un box, tout l'art consistant à la garnir, le jour venu, de nouvelles plaques d'immatriculation, si possible crédibles. Loin d'être laissée à l'abandon, elle est entretenue, voire améliorée, notamment côté amortisseurs, en vue de charges lourdes.

« B1 »

Le « bulletin numéro un » – « B1 » dans le jargon –, c'est le casier judiciaire. Nominatif, il permet de découvrir en un coup d'œil le parcours judiciaire d'un individu. Il n'y a pas de « B1 » type, mais ceux des nouveaux gangsters sont assez répétitifs. La première condamnation intervient avant 20 ans et elle est en général assortie du sursis. Motif : violences aggravées. La suivante peut être accompagnée d'une mise à l'épreuve de deux ans pour recel de bien provenant d'un vol. Entre-temps, le bulletin mentionne une amende de 450 euros pour conduite d'un véhicule sans permis et sans assurance. Encore deux mois d'emprisonnement avec sursis pour port d'arme de catégorie 6 et rébellion, avant la première peine ferme : un an pour violence sur personne vulnérable, dégradation d'un bien appartenant à autrui et menace de mort réitérée. Nouvelle condamnation à un an ferme, l'année suivante, pour extorsion par violence. Quelques mois plus tard, le jeune homme, âgé de 21 ans, écope de cinq mois d'emprisonnement pour violence sur personne dépositaire de l'autorité publique. Puis c'est l'accumulation des peines liées aux stupéfiants : détention et transport de marchandise réputée importée en contrebande, détention non autorisée de stupéfiants, offre ou cession non autorisée de stupéfiants, usage illicite de stupéfiants (récidive)...

Le début d'une carrière qui noircira bientôt cinq ou six pages.

CABOCHARDS

Mieux qu'un discours, cet extrait de *Cabochards*, la chanson fétiche du rappeur (vedette) Seth Gueko :

> « À Éden ça magouille
> Envie d'ken, vide ma gourde
> Les Roumaines qui s'débrouillent
> Les dékiz[1] qui déboulent
> Prends des risques, prends tes couilles
> Nique le fisc et c'est cool
> Au casse-pipe en cagoule
> Le bénef qui s'écoule
> Nique l'Opac et la CAF de Paname
> Les gros blarfs on les farfe ! les bananes !... »

CAMAROS

Nom parfois donné aux Marocains.

COCAÏNE

Coco, halib, bid, bidel... La cocaïne est un masque, elle fait partie de la panoplie, comme le flingue ou le bolide de luxe, la maîtresse, la montre et la chaîne en or. Elle est un accessoire indispensable.

Le voyou qui en prend sait que c'est une faiblesse, mais finit par l'oublier. Il commence pour égayer ses soirées, puis verse dans un usage « professionnel », comme l'explique un non-consommateur :

« Ils ont des journées interminables. Ils en prennent pour garder la pêche, mais cela finit par renforcer

---

1. Flics.

leur parano naturelle ; ça la justifie. Ils ne maîtrisent pas leur prudence. Ils finissent par voir des flics partout, par perdre du temps et commettre des erreurs : en cavale il faut vivre normalement, prendre les transports en commun, être à jeun le plus souvent possible, ne pas élever la voix, éviter les portables, autant de choses que la cocaïne et le champagne font vite oublier. Au bout du compte, le braqueur finit par en prendre avant de monter sur un coup, mais il n'en parle à personne, car ça l'obligerait à parler de cette peur qui peut paralyser à l'heure d'immobiliser un fourgon. Ce serait avouer qu'il n'est pas si costaud. »

COLLECTIONNEUR D'ARMES

Propriétaire d'une société spécialisée dans les réducteurs de son pour armes à feu, ce Belfortain prospère jusqu'à ce qu'une loi change radicalement la donne en 2011 : déclarés illégaux, les silencieux doivent désormais entrer dans la clandestinité. Sa société périclite aussitôt, mais le bricoleur de génie a de la ressource. Poussé à la faute par la crise, il achète sur le marché des armes démilitarisées et les remet en service.

Au moment de son arrestation, l'homme est une idole du milieu, avec un bémol : une kalachnikov passée entre ses mains coûte 1 700 euros. Ce qui inspirera à l'un de ses acheteurs, interrogé par la justice, cette phrase d'anthologie : « Pour aller tuer un mec, c'est beaucoup trop cher ! »

COMPTES

Les mauvais comptes font les bons ennemis. Ces deux-là, pour le moment, ont l'air à peu près d'accord, à en croire cet échange téléphonique :
« Ouais, gros.
— Ouais, ma gueule.

– Ouais, t'as compté ou pas ?

– Ouais.

– T'as tout compté ?

– Ouais, tout ce que tu m'as passé, ouais.

– C'était bon, le compte ?

– Pile.

– Pile-pile ?

– Ouais, y manquait rien du tout.

– T'es sûr, ma poule ?

– Ouallah...

– Ouais, ben vas-y, c'est bon.

– Ouallah, pas de souci.

– Non, non, parce que j'ai fait les comptes, là, et j'ai un trou de 200. Je comprends pas, mais vas-y, c'est pas grave. Toi, c'est bon ?

– Non, non, moi c'est bon.

– Vas-y, je vais faire mes comptes. »

DOBÉ

Verlan de bédo : joint, ou petit bout de shit. Dérivé : bédave (fumer).

EGO

« Ils ont des ego surdimensionnés, affirme quelqu'un qui côtoie les caïds contemporains. Ils n'ont peur de personne et sont prêts à faire la guerre à tout le monde. »

ENTREPRISE

Quand les trafiquants de stupéfiants ont quelques liquidités à placer, ils ouvrent volontiers un fast-food. Activité déclarée : petite restauration avec vente de boissons chaudes ou froides non alcoolisées. Forme juridique : la société à responsabilité limitée (forcément). Un capital de 1 000 euros suffit.

ESPAGNE

L'Espagne et le banditisme français, c'est déjà une longue histoire. Dès les années 1970, sous Franco, les voyous marseillais y trouvent refuge. Ils apprécient les bordels où ils côtoient quelques généraux, mais, surtout, l'étonnante liberté dont ils jouissent dans un pays pas encore confronté au crime organisé.

Marbella prend bientôt des airs de Saint-Tropez, mais ce n'est pas seulement le soleil qui retient les voyous parisiens, lyonnais, niçois, grenoblois et marseillais : c'est la proximité avec la côte marocaine et les montagnes du Rif, grenier à cannabis du Maroc. C'est aussi la relative permissivité ambiante, avec une police locale dépassée par les événements et une police nationale concentrée sur les séparatistes basques. C'est encore cette facilité avec laquelle ils achètent douaniers, flics, magistrats et élus, loin de l'œil de Madrid.

Les Lyonnais, à l'instar de Jacques Grangeon, voyou notoire, prennent leurs quartiers dans cette Andalousie si accueillante où ils se sentent chez eux, affichant leur réussite sans crainte de voir la police fiscale les interroger sur leurs splendides villas et leurs voitures de luxe. Ce sont eux qui tiennent le marché du shit.

Lorsque pointent les premiers jeunes issus des cités, les anciens les paient au lance-pierre. Jusqu'au jour où ces « branleurs », ces « bougnoules », « assoiffés d'oseille », décident d'aller se servir eux-mêmes. La transition ne se passe pas dans la douceur : morts, arnaques, embrouilles interminables. Et, à la fin, « Jacques » est rayé de la carte, et c'est « Karim » qui gagne.

FAMILLE

C'est un jeune qui a fait fortune dans le shit qui parle le mieux du sujet. Écoutons-le :

« Les membres de la famille ferment les yeux. Le môme paye la télé et le loyer, en plus il respecte les traditions, alors ils laissent faire. Quand la police vient chercher leur fils, ils ne comprennent pas : "C'est un bon petit, il nous aide", protestent-ils. Ils ne savent rien de ce qu'il fait, mais ils le couvrent. Ce jeune-là a tout intérêt à rester dans la cité. C'est là qu'il est le plus indétectable. À part sa chambre, équipée high-tech, il ne laisse rien voir de sa réussite. C'est sa prison dorée. Pour la police, planquer est quasi impossible. Et comme il arrose la cité, personne ne le balance. »

Tout le monde ne profite pas de la manne, mais l'argent circule. Les « nourrices » touchent autour de 500 euros par mois. Les « guetteurs » encaissent entre 300 et 400 euros. Les « charbonneurs », qui portent les barrettes jusqu'aux clients ou les reçoivent derrière leurs échoppes, touchent un peu plus. Chacun donne un peu à sa mère, à ses frères et sœurs. Et cette présence de l'argent de la drogue à tous les étages, ou presque, fait que les dealers sont aussi craints que protégés.

FRÈRE

Tout le monde.

FRINGUES

Boss, Versace, Adidas, Armani : la nouvelle génération fait claquer les marques haut et fort.

« Ils s'habillent parce qu'ils ont besoin d'exister, explique un trentenaire. Ils cultivent leur mégalo. »

Le must : ce dealer de La Courneuve qui se présente devant le tribunal de Bobigny, à l'heure de son procès, trois fois estampillé Armani : la marque s'affiche dans son dos (sur son tee-shirt), sur son blouson et sur la bandoulière de son sac.

Le plus accro reste cependant ce jeune garçon de 25 ans, d'origine algérienne, issu d'une famille très pauvre, qui se met à braquer exclusivement des boutiques où l'on vend ses fringues préférées. Il aime tellement ça qu'il commet l'erreur de s'en prendre à visage découvert à un magasin où il a acheté une montre deux semaines plus tôt. Évidemment, la vendeuse le reconnaît et il est rapidement confondu.

Fashion victim jusqu'au bout, il viendra voir son avocat au parloir avec des chaussures Gucci aux pieds, avant de lâcher, trémolos à l'appui : « Mais je suis allergique aux contrefaçons ! »

Une carte à jouer pour la plaidoirie ?

FUMER

1) *Version soft.* Conversation entre un garçon incarcéré et sa copine en liberté.

Lui : Il y a pas de haschich ici, il y a que de la beuh.

Sa copine : Hein ?

Lui : Il y a pas de haschich, il y a que de la beuh.

Sa copine : Ouais.

Lui : Ah ouais, et toi, tu en as pas un peu, de haschich ?

Sa copine : Non.

Lui : C'est pas possible que tu en trouves un petit peu avant que tu viennes me voir ?

Sa copine : Je sais pas du tout, il faut voir.

Lui : Ouais, que de la beuh, c'est la mort, je te jure !

Sa copine : Ouais, quand il y en a, t'en veux pas.

Lui : Non, c'est pas ça, mais trop de beuh, ça tue la beuh, je te jure. Il ne faut pas en fumer toute la journée, toute la nuit, il faut en fumer deux-trois, le soir, et tu dors direct.

Sa copine : Ben ouais.

Lui : Bah ouais, ça sert à rien d'en fumer toute la journée.

2) *Version hard.*
SMS : « JE SUI DS UN ETAT DE NERVOSITÉ ABUSÉ ET
EN PLUS G PLU RIEN À FUMER ET C TA FAUTE
PUTIN FAI CHIER... »

GADJI

Féminin de *gadjo* : celui qui n'est pas manouche
ou gitan. Application pratique avec le témoignage de
cette jeune femme qui rapporte à la police l'agression
dont elle vient d'être victime, près d'Aix-en-Provence,
en rentrant chez elle avec son compagnon :
« Alors que mon compagnon allait tourner sur la
gauche pour emprunter un petit chemin qui conduit à
notre maison, le véhicule des agresseurs nous a doublés
par la gauche et s'est immobilisé devant notre voiture.
Deux hommes sont sortis du véhicule Renault Mégane
de couleur noire et ils se sont positionnés côté conducteur. L'un d'eux braquait mon compagnon avec une
arme à feu, et l'autre me braquait également avec une
arme à feu. Ils ont crié : "Dégagez, dégagez vite !" Mon
compagnon est sorti du véhicule et s'est positionné
dans un petit fossé ; moi, je suis sortie de mon propre
chef, puis j'ai commencé à marcher doucement. J'ai
entendu un des agresseurs crier : "La *gadji* ! La *gadji* !
Le sac à la *gadji* !" Je me suis arrêtée, je me suis retour-
née et je me suis retrouvée en face d'un individu. Je lui
ai tendu mon sac à main. Les individus sont montés
dans la voiture et ont pris la fuite à vive allure. »

GLUPON

Par SMS, une fille demande à sa copine ce qu'elle
fait.
Réponse : « ça smok un glupon, et toi ? »
Également recevable : pilon, joint, pétard, chtoune...

GO-SLOW

Après le go-fast, voici les premiers go-slow. Moins voyants, moins bruyants, ils sont plus difficiles à détecter.

HERBE

Beuh, bubble, pépé, cramée, bronzée, flambée, com (pour commerciale), am (pour amnésia)...

HUÎTRES

Ce jeune Maghrébin de Marseille était en train de déguster des coquillages le jour où on l'accuse d'avoir terrorisé quelqu'un :

« J'étais en train de manger des huîtres chez Riri, à la Belle de Mai », explique-t-il au juge qui le questionne.

Un signe d'intégration, sans doute, mais le magistrat insiste.

« Je ne risquais pas de le frapper, puisque c'est un vieux et que je ne suis pas quelqu'un de violent, riposte-t-il. Je lui ai simplement rappelé qu'il m'a pris pour un con. »

IAM

Échange de SMS entre une fille et un garçon, où il est question du groupe de rap IAM, basé à Marseille :

« La femme a d. vien just de me finir le ongle !! jve aller prendr ma douch et toi kestubranl ? »

« Jme mate le concert d iam en egypte ! ! ! Lol »

Traduction :

« La femme à D. vient juste de me finir les ongles. Je vais prendre ma douche, et toi qu'est-ce que tu branles ? »

« Je me mate le concert d'IAM en Égypte !!! Lol. »

INTERCEPTION

En langage judiciaire, l'écoute téléphonique, arme fatale, s'introduit ainsi :

« Synthétisons comme suit l'ensemble des éléments recueillis dans le cadre de la présente interception. Cette ligne a été interceptée du 12 au 21 juin. Elle n'a été utilisée que jusqu'au 6 juin. Il s'agit d'une ligne "entrée libre" achetée sans aucune justification d'identité. Elle n'a jamais été identifiée.

« Elle a été utilisée par un individu nommé par nos soins X., qui fréquentait assidûment le quartier dit de... L'utilisation de cette ligne n'était que dans le but de joindre K., alors en Espagne. »

INVESTISSEMENTS

Les têtes d'affiche du trafic de drogue sont aussi d'audacieux investisseurs. Parmi les projets susceptibles de capter leurs liquidités, la marina en Tunisie a le vent en poupe. Moins sexy mais tout aussi rentable : le lotissement en Algérie ou au Maroc. Ceux qui souhaitent conserver leur argent sous le coude optent pour le placement aux Bahamas.

« La marque de fabrique de ces nouveaux bandits, c'est le pognon, confirme un pilier de la lutte contre le trafic de stupéfiants. Peu de voyous traditionnels ont disposé d'autant de liquidités. Il leur manquait la bosse du commerce ! »

KANTAR

Unité de compte : 100 kilos de cannabis.

KHALIFE

Sur le « terrain » où l'on vend la drogue, les rôles sont bien répartis et la hiérarchie est respectée. Les « employés » acceptent l'autorité de ce chef qui leur permet d'obtenir une paie raisonnable, sans diplôme et sans même avoir besoin de postuler.

Il faut cependant du charisme et une forte capacité de dissuasion pour tenir la place, car le fait que les recettes se font au jour le jour, devant tout le monde, peut faire tourner les têtes et donner envie à tel ou tel de devenir khalife à la place du khalife.

LA LETTRE

Cette lettre, envoyée depuis la prison de Cayenne et datée du 25 septembre 2010, est adressée par un certain Mamadou, 25 ans, au juge des libertés et de la détention :

« Je voudrais tout abord m'excusé et demander pardon à la justice. Je sais que j'ai commis une grosse bêtise et j'en suis pas fier. J'ai mis mon ex-petite copine dans la merde sans qu'elle le sache et je le regrette profondément. J'ai fait ça parce que je devais une dette, je suis pas un criminel et encore moins un dealer. Ici c'est très dur, on est 8 dans une cellule, le racket et la violence au quotidien c'est très dur. Défois j'ai envie de me mettre la corde au cou, mais je veux pas en arriver là. Je vous demande une dernière chance de me réinséré sérieusement dans la vie actif, travaillé comme tout bon citoyens.

« Merci de m'avoir écouter.

« PS : Dézolé pour les fautes d'orthographe. »

LUNETTES À VISION NOCTURNE

Contrôlé par la douane en entrant sur le canton de Genève, un jeune trafiquant de stupéfiants transportait avec lui 51 000 euros et des lunettes à vision nocturne. Au juge qui le questionne quelques années plus tard, il fait cette réponse désarmante :

« Vous me dites que le test à la cocaïne était positif sur les billets, mais vous devez être au courant qu'aux États-Unis il y a 80 % des billets qui réagissent positivement à la cocaïne ! L'argent c'était du black, car je faisais du jardinage. Ça n'a rien à voir avec les stups. Pour les lunettes, c'était un gadget, c'était pour le délire ! »

MARBELLA

Côté face : une délicieuse et chic cité balnéaire.
Côté pile : champagne, cocaïne à gogo et **fortunes** faites en « niquant » les autres.

MAROC

Premier producteur mondial de cannabis, le Maroc exporterait autour de 400 tonnes par an vers la France. Pur, coupé au henné, au cirage ou au gasoil : le pays offre tout l'éventail. Une manne irremplaçable, comme l'explique un acteur de la filière :

« Le pays tient le choc grâce au soutien des grosses familles trafiquantes. Les Marocains sont internationaux, ils sont implantés en Espagne, en Belgique et en Hollande. Au Maroc, tout le monde sait d'où partent les bateaux et tout le monde touche sur tout, mais on partage plus qu'en Tunisie. »

Plus sombre, la vision de ce policier français engagé dans la lutte contre le trafic :

« Quand je vais au Maroc, je suis bien accueilli tant que je ne dérange pas. La marchandise sort sous le contrôle des policiers ou des militaires, comme au Venezuela, autre narco-État. »

Les Marocains font des efforts qui leur valent la reconnaissance des officiels français. Mais ceux qui savent sourient : s'ils arrachent les plants les plus visibles, ils en plantent de nouveaux ailleurs, de meilleure qualité. En fait, cette économie souterraine est aussi vitale pour le pays qu'elle l'est dans les banlieues françaises, la seule différence étant la monnaie : 500 000 euros côté français feront 5 millions de dirhams au Maroc.

MARRAKECH

« Le milieu, en vacances, c'est *La croisière s'amuse*, clame un avocat du sud de la France. C'est Cannes et Saint-Tropez en été et Marrakech en hiver. »

MATÉRIALISME

« Ce sont des gens qui n'ont pas de rêve, dit un avocat qui défend une ribambelle de voyous. Ils ont décidé de posséder, d'*avoir*. »

MENTALE

« La mentale ? C'est tous des requins, tous des bâtards, résume un braqueur de la région parisienne. Si tu veux survivre, ne fais confiance à personne, hormis à tes gars. N'accepte jamais un intrus dans ton groupe. Sois sans pitié avec la concurrence. Sois le plus discret possible et cloisonne, cloisonne encore. »

MÈRE

On la cite à toutes les sauces, la maman. Trois exemples extraits de SMS :

« Oh la flippe de ma mère je viens de passer un barrage sur 200 mètres. »

« Quel vicelard la vie de ma mère c'est grave... »

« Sur la vie de ma mère j'arrive pas à zapper ouallah... C'est un mec à mon avis il travaille avec les tunes. La vie de ma mère. »

MERGUEZ

Les nouveaux gangsters sont les rois de la « merguez », comme on désigne dans le jargon les voitures volées, si bien maquillées qu'elles sont indétectables. Ils ont fait main basse sur le lucratif trafic de voitures de luxe qui fut longtemps l'apanage des voyous à l'ancienne. Le plus gros est exporté vers les pays du Maghreb et l'Afrique noire où le nombre de Porsche Cayenne et autres Mercedes 4 × 4 en circulation croît d'année en année. Le reste est mis à disposition des braqueurs de tous poils, gros consommateurs dans la mesure où le bolide ne sert qu'une fois avant de partir en fumée.

MÈTRE

Le mètre est l'unité de mesure du cannabis. Un mètre, c'est une tonne. Parfois, à l'heure de décrypter une conversation, les policiers s'y perdent. Exemple :

« Je lui ai demandé avant-hier de remettre deux mètres, il m'a dit qu'il avait la place de deux mètres et demi, et l'autre d'un mètre vingt, et je rajouterai de la sienne ; il m'a dit que je pouvais prendre ce que je voulais, le "Grand" il m'a dit qu'il n'y avait pas de problème, après on partagera ici à quatre, lui, son beau-frère, toi et moi. »

MEUFS

SMS envoyée par une fille à une copine :

« Putain elles me gavent trop toutes c meufs la que des grosses putes ! vraiment trop de petasses sur cette terre moi aussi je v me la péter maintenant, sur facebook g marqué moi aussi j ai 25 mille photos de moi sur mon facebook je suis trop belle je suis une bête de star jdevrais avoir ma place au louvre... j'ai cherché un défaut g pas trouvé mdr elles se prennent toutes pour d stars et se foutent a poil sur leurs photos mais elles ont pas honte sérieux ? ! »

MISS MAROC

Le must, pour ce nouveau riche de la drogue, c'était de circuler au volant d'une Lamborghini, évidemment louée à une société basée à l'étranger. Le jour de son arrestation, la passagère n'était autre que sa compagne du moment, une ancienne Miss Maroc à qui il octroyait, pour son train de vie, la bagatelle de 9 000 euros par mois. Le jeune homme se donnait les moyens de ses ambitions et de ses rêves : il importait entre 200 et 300 kilos de cannabis chaque semaine.

NARVALO

Terme manouche. Équivalent de « barjot ».

NOURRICE

Personne inconnue des fichiers chez qui on entrepose drogue, armes et argent, moyennant en général un petit loyer.

OUALLAH

Tic de langage qui revient dans de très nombreuses écoutes téléphoniques. Interjection pouvant se traduire par : je te jure. De l'arabe *wou' Allah* (par Dieu). Exemple :

« Tranquille, tranquille, te casse pas la tête. Inch'Allah rien que ouallah, j'attends rien que ça, frère, si lui il rentre, je suis bien, frère, ouallah. Si il faut même, tu te déplaces même pas, je te les fais poser jusqu'à là-bas, frère, ouallah ! »

PAYS-BAS

Amsterdam fait de l'ombre à l'Espagne.

Pour approvisionner la Seine-Saint-Denis, notamment en héroïne (deux fois moins chère que la cocaïne), la route est plus simple : on arrive par le nord, plus besoin de traverser la capitale.

« Pour aller en Espagne, témoigne un trafiquant, c'est un mois de préparation, il faut une voiture ouvreuse et les radars compliquent la rotation. La Hollande, c'est le nouvel eldorado. Depuis Paris, on y va dans la journée. »

Les frais sont moindres si l'on prend en compte l'essence et les péages. La route étant moins longue, les risques d'être pris sont moins importants, même s'il faut franchir deux frontières.

Le milieu traditionnel avait ses têtes de pont aux Pays-Bas ; le milieu maghrébin est aujourd'hui parfaitement implanté dans le paysage local, peut-être mieux encore que dans le sud de l'Espagne. Ses chefs de file ont pignon sur rue à La Haye ou Rotterdam.

Avantage non négligeable : les juges français ont beau envoyer leurs listes de questions à leurs homologues néerlandais, les réponses restent minces.

JEAN-LOUIS PELLETIER

L'ex-plus grand pénaliste, désormais à la retraite, inspirait une certaine confiance aux voyous qui le recommandaient en ces termes à leurs amis : « Prends Pelletier, il fera trembler les murs. Il se tait, il laisse le monologue s'installer, les jurés s'endorment, et à la fin il arrive. »

L'un de ses jeunes clients le surnommait « Johnny Cochrane ».

PEP 500

Le Pep 500 est importé de l'ex-Yougoslavie. Mal dosé, cet explosif peut pulvériser un distributeur automatique de billets et les bâtiments alentour.

PÉPÈREMENT

Tranquillement.

PÉQUENOTS

À péquenot, péquenot et demi, comme l'explique ce gangster parisien, quadragénaire : « Le jeune de cité de la première couronne a un sentiment de supériorité sur celui de la deuxième couronne. Celui de Creil est pour lui un paysan. Ce sont des rivalités quasi ethniques qui dépassent les questions de compétence. »

PLAYA

Plage.
Échange par SMS entre une jeune femme et son ex :
« Hey !! cava chou ? Alor t vakance che les nudiste ? (Hé, ça va, chou ? Alors, tes vacances chez les nudistes ?)
– Dsl de rep maintenant ! oui mes vacances serieux c'etait le top ! Le gros bordel lol et toi alors ? T'es partie un peu ?
– Moi je sui parti a avignon playa et riviere toute la semaine !!
– T'as rencontre un cheri ?
– Et nan tjs pa depuis toi !! lol toi meme pa jte poz la kestion je c dja la reponse !! Mdr (Hé non, toujours pas depuis toi. Toi je te pose même pas la question, je sais déjà la réponse.)

– Et nan !!
– Mais comment tu fais ?? lol !
– Meme moi je c pa kmen je fai !! lol ! (Même moi, je sais pas comment je fais.)
– Faut dire que c'est pas facile de passer apres moi, lol !
– E we !! en k demain aprem tu fai koi ? – tu te sen daler a la playa ak moi et mon kor datlete ? !! mdr (Eh oui, en cas demain après-midi tu fais quoi ? Tu te sens d'aller à la playa avec moi et mon corps d'athlète ? !) »

POUCAVE

« Balance » en langue manouche. On meurt pour moins que ça dans les cités, mais celui qui passe pour une « poucave » est à peu près certain de mourir avant d'avoir des cheveux gris, que ce soit dans le milieu traditionnel ou chez les nouveaux gangsters.

PRISON

La « rate » (ratière), il y en a qui en redemandent, à en croire ce jugement porté par un trafiquant sur l'un de ses « collègues » :
« C'est un malade, je crois qu'il aime la prison, je te jure... je te jure qu'il aime la prison... onze ans il n'a pas compris, c'est qu'il veut la prison... »

PTIT DIX

Un « ptit dix », c'est « dix balles » de shit. La plus petite coupure, en somme.

RAP

Extrait d'une chanson signée Kennedy :

« M'faut des faux fafs man j'ai une fiche de recherche.
J'esquiverai pas le ferme si les flics me serrent.

Toujours la violence et la drogue me suivent de près.
Il m'faut une somme à 7 chiffres sur mes fiches de paye.
J'ai un problème avec la gent féminine peut-être
Qu'il serait temps que j'arrête de faire souffrir la fille
que j'aime.
Elle me soutient quand je déprime tu sais [...]
Le temps c'est de l'argent autour du poignet une Rolex
mec.
Et 1 000 euros d'espèces quand j'traîne avec mes potos.
Grosse caisse genre X5 ou ML.
Il m'faut un flingue parce que les jaloux me guettent
Si j'me fais caner que la rue et le rap français me
regrette. »

SCHNOUF

On croyait ce mot réservé au XXe siècle, mais le voilà dans la bouche d'une fille de 23 ans qui parle de son ex avec une amie :

« Il est tombé dans la schnouf, c'est pour ça qu'il est parti en live. »

START-UP

La génération Audiard et Melville a été supplantée par la génération *24 heures* et *Les Experts*. Le milieu était dur, discriminatoire et dictatorial ; la nouvelle génération ne l'est pas moins, mais, aujourd'hui, chacun peut monter sa start-up du crime.

STREET

SMS adressé par un jeune dealer à un de ses complices :

« On prend dlage mais on est tj lé king de la street. » (On prend de l'âge, mais on est toujours les rois de la rue.)

THAÏLANDE

C'est le dernier territoire à la mode chez les jeunes voyous. Plusieurs dealers officiellement disparus, que la police et leurs amis considèrent parfois comme morts, ont en réalité refait leur vie en Thaïlande avec de faux papiers d'identité.

« Avec 100 000 euros, tu peux monter un bon bizness », témoigne un connaisseur. Seule condition requise par les autorités : épouser une ressortissante du pays.

Comme peut l'être la prison, mais en nettement plus cool, le pays est le lieu de toutes les rencontres. Quoi de plus naturel que de laisser s'épanouir de nouvelles amitiés à la faveur des bordels de Pattaya ou des plages huppées de Phuket ? Le Niçois et le gars de Trappes, celui de Roubaix et celui de Vénissieux ont, sous ces tropiques, au moins un point commun : ils parlent français, mangent français, boivent français.

La Thaïlande, c'est le rêve. La vie pas chère. Les voitures louées sans caution. Les belles motos à 20 euros la journée. Et les filles.

TILLEUL

L'un des autres petits noms utilisés au téléphone pour désigner le « produit ». Variantes : ciment, voiture (« petite », « grande », « belle »...), moto, truc...

TMAX

Le trafiquant qui a réussi se doit de l'afficher un minimum : il en va de sa crédibilité. Il dispose d'un appartement ou d'un pavillon dans un quartier résidentiel. Il arbore au poignet une montre de marque. Surtout, il ne roule pas à mobylette, mais chevauche un TMAX, le scooter à la mode. Pas n'importe quel modèle : un trafiquant des Hauts-de-Seine, prénommé Nadir, avait négocié un dossier griffé « Vuitton », et, pour la carrosserie, une couleur que personne ne pouvait jusque-là obtenir.

VALISE

Dans la valise idéale d'un jeune homme ayant fait fortune dans le commerce du cannabis, on trouverait : une casquette, une veste et un sac en toile Dolce & Gabbana, un bob Armani, une ceinture Louis Vuitton, des baskets Louis Vuitton, un polo Burberry, un sweat-shirt et un tee-shirt Ferre, trois jean Diesel, un tee-shirt Armani, quatre caleçons Ralph Lauren.

VIEUX

Dans le milieu d'autrefois, les vieux employaient les jeunes aux basses besognes ; aujourd'hui c'est le contraire : les jeunes paient les vieux pour planquer leur marchandise ou leur argent. La nouvelle génération contrôle l'ancienne. Au sens figuré et au sens propre, puisque les guetteurs surveillent les voies d'accès à la cité.

VOITURE

Au volant d'une Audi RS4 ou RS6, ils sont comme aux commandes d'un avion. Parfait pour remonter le shit depuis le sud de l'Espagne à 200 km/h.

Dans le langage courant, la voiture, c'est la *vago*, terme manouche.

20.

Parlez, ça tourne !

Quand les gangsters palabrent, les bandes tournent... Ces conversations sont parfois si caricaturales qu'on pourrait les croire inventées. Elles sont le fruit de milliers d'heures d'écoutes téléphoniques réalisées dans toute la France par les services de police ou de gendarmerie sous le contrôle de la justice, sans oublier ces nouveaux moyens technologiques qui permettent – toujours légalement – de poser des micros aux abords d'un banc public, dans un parloir, une cellule, une voiture, un appartement ou une chambre d'hôtel.

Difficile de faire l'impasse sur un matériau aussi riche d'enseignement, pas seulement sur la façon dont ces jeunes gangsters s'expriment. Ces conversations véhiculent une violence qui, par ailleurs, s'exprime souvent par les armes ; on y entend aussi parler d'amitié, d'amour, d'argent (souvent), des relations qui se tissent au sein des gangs.

Le lecteur comprendra que les noms des personnes, parfois aussi des lieux, ont été occultés : nulle atteinte ne saurait être faite à la présomption d'innocence.

Colère

Deux jeunes gangsters fraîchement interpellés laissent exploser leur colère dans les geôles sonorisées. L'un d'eux attend d'être appelé pour une confrontation. Extraits :

« Ils m'amènent à la confrontation, hein !!

– Tu te mouilles la tête, tu te mets tous les cheveux en avant.

– Toute façon, ils étaient cagoulés, les gens qui ont fait ça.

– Mais c'est normal qu'il nous a reconnus, il a vu notre photo dans le journal.

– Mais ça tient pas, ça !

– Oh, je me languis de rentrer à la Farlède [une prison], hein ? Un gros pétard, la X Box, le son à fond... »

(L'un d'eux demande du feu à un policier qui passe dans le couloir ; le fonctionnaire refuse.)

« Comment, non ? Vous voulez pas nous allumer des cigarettes ! Vous voulez qu'on fait le bordel toute la nuit, ou quoi ? Hé ! On vous demande gentiment... vous voulez qu'on fait quoi ? On vous casse tout dans les geôles, hein ? »

(L'autre tente vainement d'amadouer le policier.)

« Oh, écoute-moi, tu nous as pris pour des agresseurs de sacs à main ? Hein ? Tu crois qu'on est des trous du cul ? Ouvre-moi la geôle, je t'encule, fils de pute ! Va me chercher du feu ! »

(Le policier explique qu'il n'a pas le droit.)

« Va me chercher du feu, oh, salope ! Vous voulez pas qu'on fume ? Je vais vous fumer, dès que je vais vous croiser dehors, je vais vous fumer ! T'entends ce que je t'ai dit ? (Il tape sur la vitre.) Regarde ma tête, hein ! J'ai vu la tienne, hein ! J'ai vu la tienne, hein ! »

Rendez-vous

À l'heure de se retrouver, quelques précautions s'imposent si l'on veut déjouer les surveillances policières :

« Wesh[1], tu dors ?

– Non, non !

– T'es où, là ?

– Je suis dans mon salon.

– Dans une euh... dans 25 minutes, tu me rejoins à la station après le péage.

– Allez, ça roule.

– Hé, tu sais ce que tu fais là, euh... Ben, vas-y, éteins ton téléphone.

– Ouais.

– Pas là, mais dans vingt minutes éteins ton téléphone.

– Ouais, c'est bon, ciao.

– Débranche-le, enlève la batterie... Et regarde bien derrière toi.

– T'inquiète pas, je serai dans la cabine.

– Non mais, euh.... Débranche le téléphone et regarde bien derrière toi.

– Ouais, t'inquiète pas. »

Divorce à la mode dealer

Entre elle et lui, c'est la guerre. Totale :

Lui : Vas-y, arrête de m'appeler.

Elle : Tu vas voir la con de ta mère, la pute.

Lui : Vas-y, fais ce que tu veux.

---

1. Vient de l'expression dialectale (Algérie) *Wesh rak ?* (Comment vas-tu ?).

Elle : Je vais te balancer, dealer de shit, gros fils de pute, t'as vu ta mère je vais l'enculer, sale dealer !

Lui : Dealer de quoi ?

Elle : T'as vu tout ton shit que tu vas faire passer, je vais te balancer cash !

Lui : OK, allez, adieu. Change de numéro...

Elle : Je vais balancer ta pute de mère.

Lui : OK, OK.

Elle : Tu m'as laissée avec 2 000 euros, sale fils de pute.

Lui : Tu voulais 100 000 euros ?

Elle : Sale fils de pute ! Ton bâtard de père, tout le monde y va manger ! Je vais t'enculer, toi et ton shit de merde ! Je vais t'envoyer en prison, toi, tu es obligé d'aller en prison !

Lui : Envoie-moi en prison, envoie-moi loin, je préférerais être en prison que d'entendre le son de ta voix... »

Sous

Dans le milieu, on ne rigole pas avec les dettes. Première démonstration avec cette conversation énergique :

« Alors, on se voit à quelle heure ?

– Il faut attendre demain.

– À quoi tu joues, franchement ?

– Écoute !!!

– J'écoute rien ! Tu m'as assez pris pour un pédé, pour un con ! J'écoute rien, moi.

– Je t'ai pas pris pour un con, déjà un. Tu m'as foutu la merde avec ma femme.

– J'en ai rien à foutre, je m'en bats les couilles ; les gros enculés, je les respecte pas. Demain tu me les amènes ? Tu te dis un homme, mais tu n'as pas de figure. Tu devais me les rendre au bout de deux semaines, ça fait six semaines. Je me suis renseigné, on m'a dit ce que tu étais. Demain, tu les donnes à ta femme, parce que moi je redescends chez toi, poto.

— Les avoir, tu vas les avoir, ça c'est clair et net.

— Non, mais je les veux là demain, pas dans six mois. Je les reveux, c'est tout.

— Laisse-moi finir !!!

— Qu'est-ce que t'as fait avec ? T'es parti payer des gens. T'es parti faire la fête, t'es parti te payer des putes au Maroc. Sois content, parce que je l'ai pas dit à ta femme, espèce d'enculé ! T'es parti à Marrakech, t'es parti t'éclater ! Tu me les ramènes les 30, la totalité, ni 10, ni 15, ni 20. Les 30 !

— Ton pote il m'a donné 60, je lui ai rendu les sous le soir même. T'as capté ce que je veux dire ? Si je le voulais je le niquais, ton pote. Je suis pas un homme, moi ? »

Sœur

Comment retrouver la trace d'une fille ? En appelant son frère :

« Allô ? !

— Ça va, ou quoi ?

— Et toi ?

— Je l'ai pas vu, cette folle.

— C'est pas grave, je vais la traquer.

— Tu sais quoi, j'ai parlé avec ma reme [mère], elle en peut plus de cette fille, elle veut la prendre, elle veut la défoncer.

— Non, mais c'est une droguée, je vais la tuer, j'en ai marre qu'elle se drogue, tu vas voir.

— Elle en veut plus de cette fille, tout le temps elle lui dit : "Casse-toi de chez moi !" Elle veut pas comprendre, elle fait la merde avec tout le monde... Ma mère elle veut te voir.

– Non, non, s'il te plaît.

– Heu..

– Le premier qui la trouve appelle l'autre. »

Plage

Il arrive aussi que les gangsters parlent au téléphone de choses sérieuses, en l'occurrence d'investissements :

« J'ai vu un collègue à moi, il m'a dit qu'il y avait des plages à vendre, à Cannes.

– Ouais, mais à quel prix ? T'as vu le prix ?

– Non, on m'a pas dit le prix.

– C'est deux millions, la moins chère c'est deux millions.

– C'est laquelle ?

– La plage du F.

– Mais c'est pratiquement fait, le compromis il est signé.

– C'était une bonne petite affaire, non ?

– Ouais, mais bon, c'est une plage. C'est une concession sur sept ans.

– Renouvelable, non ?

– Le chiffre d'affaires, il est à un million.

– Pas plus ?

– Si vous m'aviez dit que vous cherchiez une plage, je vous en aurai parlé... »

Visite

L'impatience est de mise dans le bizness où ce garçon semble considérer toute explication comme une diversion :

« Je vais t'expliquer un truc.

– Mais je m'en fous, moi, ça y est, c'est mort là, t'as pas besoin de m'expliquer, ne viens pas pour rien !! Sur ma mère, hé !

– Non, non, mais je vais t'expliquer un truc vite fait.

– Ouais, mais ne viens pas pour rien, parce que sur ma mère, tu vas, tu vas pas repartir, hé !

– Non, non, ça va.

– Ben, ça va, vas-y, viens ! »

Journal

Présumés complices dans une affaire qui a défrayé les médias, deux garçons croient avoir trouvé la parade : dire que ceux qui les accusent se sont inspirés de ce qu'ils ont lu dans la presse :

« Quand ils te demandent pourquoi les gens ils disent ça, tu leur dis que tout le monde il l'a lu dans le journal. Tu leur dis : c'est pour ça que les gens ils disent ça, hein !

– Quoi, c'est passé dans le journal ?

– Mais tu te rappelles pas ?

– Non.

– Dans les infos, ils ont dit qu'ils avaient retrouvé la kalachnikov dans la maison...

– Arrête !

– Mais oui !

– Ah je savais pas !

– Comme quoi ils avaient retrouvé la kalachnikov qui avait servi à ça.

– Ah ben, je vais leur faire le bordel, alors !

– Hé oui, je les ai gardés, les articles.

– Les journal ?

– Hé oui ! »

Puce

Un homme appelle sa compagne pour lui trans-
mettre quelques consignes de sécurité :
Elle : Allô ?... Allô ?
Lui : Ouais ?
Elle : Ouais ?
Lui : Qu'est-ce que j'veux dire.. Ouais, tu.. il est
où, mon téléphone, l'autre, là ?
Elle : Le normal ?
Lui : Ah, il est là.. Toi tu l'as, l'tien ?
Elle : Ouais, ouais.
Lui : Ouais, ben jette-le, celui-là !
Elle : Vas-y !... Je casse la puce ?
Lui : Ouais, jette. Jette-le ! Tu m'appelles sur
l'autre !
Elle : Vas-y.
Lui : Ciao. »

95 B

Conversation entre une jeune femme et un garçon
apparemment au volant d'une voiture :
Elle : Allô ?
Lui : Wesh, tranquille 95 B C D. (*rire*)
Elle : GHIJKLMMOPQRST.
Lui : Oh, on est dans les X, là, bientôt ? (*rire*)
Elle : (*rire*)
Lui : Ouais, demain, inch'Allah ?
Elle : Inch'Allah demain !
Lui : Tu pars demain à Paris ou tu prends le vol
demain directement ?
Elle : Non, demain je pars à Paris, je dors à Paris,
et je décolle euh... samedi matin.

Lui : Je serais bien venu dormir à Paris, dis, oh bordel de merde !

Elle : Pourquoi faire ? Pour Samira ?

Lui : Qui ça ? Oh, rien à foutre, ouallah ! Samira, c'est 95 moins. (*rire*)

Elle : Ben, attends, Fifi aussi, c'est 95, hein !

Lui : Tu rigoles ou quoi ? Et, à ce niveau-là, il n'y en a pas une qui t'arrive à la cheville !

Elle : Ah, bé oui, le bon Dieu il m'a bien équipée, qu'est-ce que tu veux que je te dise ?

Lui : Ouallah, il t'a donné du matériel.

Elle : Dame nature elle fait bien les choses.

Lui : Ouais, ça va, sinon ?

Elle : Ouais, ça va, et toi ? Tranquille ?

Lui : Ouais, hamdoullah[1] ouallah.

Elle : Et vous, qu'est-ce que vous en dites, alors ?

Lui : Ah rien, on est en vago [voiture], on chasse les meufs, là

Elle : C'est vrai ?

Lui : Ben, c'est la merde, hein.

Elle : Y a rien, hein, t'as vu ?

Lui : C'est la crise.

Elle : Elles étaient, elles étaient pas si mal que ça, les filles de Grenoble, hein ?

Lui. Oh ben...

Elle : Y avait de l'ambiance, y avait de la rigolade.

Lui : Oh, y a pas une nouvelle meuf au fait, dans ton agenda, toi ? Ah ouais, carrément, Samantha ! Putain, c'est bien un blase de gros nichons.

Elle : Ouais, ouais, elle s'est mariée en plus avec un Marocain. J'dis : Comment que ça se fait, que t'aimais pas les Arabes ? Elle me dit : Ah si, maintenant...

Lui : Ouais, je vais me rabattre sur une meuf de Grenoble...

---

1. « Je remercie Dieu » (*al-hamdoulillah*).

Elle : C'est qui ? Sandra ?

Lui : Sandra.

Elle : Mais Sandra, elle est prise, Sandra !

Lui : Elle est prise où ? Ben moi aussi, je vais la prendre, ouallah. (*rire*)

Elle : Ben alors, moi, franchement, dans moins de quarante-huit heures je suis dans le sable blanc et les cocotiers. Franchement, je me prendrai encore moins la tête, je te le dis, hein !

Lui : Les Mexicains, ils sont tout petits, ils vont t'arriver juste aux seins !

Elle : On se rappelle quand je rentre, inch'Allah[1] ! »

Bons à rien

Extrait d'une engueulade qui promet des lendemains difficiles, où l'engueulé n'a visiblement pas trop son mot à dire :

« Ben moi, j'aime pas les mecs idiots. Des mecs idiots, ils peuvent te faire prendre dix piges de placard.

– Hum, hum, hum...

– C'est des pfff... Putain de truc de mongol, pour ça j'prends la mort, des fois, j'te dis c'est des bons à rien, ils servent à rien, ils veulent des tunes ils veulent des tunes, mais ils veulent rien faire, les gens. Ils veulent des tunes, ils s'habillent en Hermès, en Rolex, en mes couilles, ils doivent tous des tunes. J'vais attraper un ulcère à cause des gens comme ça, la tête de ma mère, c'est vrai ! »

---

1. Si Dieu le veut.

Nouveaux téléphones

Un homme appelle sa compagne et lui demande d'activer deux nouvelles puces dans l'espoir d'échapper aux écoutes :

Lui : T'es où ? T'es à la maison ?

Elle : Ouais.

Lui : Heu, t'as vu les deux trucs neufs que t'as, là ?

Elle : Ouais.

Lui : T'as vu, tu les prends, tu sors de la maison, tu fais cinq, six bornes, t'as vu, tu les actives.

Elle : Ouais.

Lui : Tu prends un bout de papier, tu marques chacun, t'sais, tu les appelles pas ensemble, hein ?

Elle : Je les quoi ?

Lui : Tu les fais activer, mais tu..., tu les appelles pas l'un de l'autre, juste tu me notes leur numéro sur un bout de papier.

Elle : Ouais.

Lui : D'accord ? Comme ça, quand j'arrive, c'est prêt, d'accord ?

Elle : Ouais, là tu viens dans combien de temps ?

Lui : Non mais, peu importe ! Fais-le, s'te plaît.

Elle : Ouais.

Lui : Allez, merci. »

« Papiers »

Mais où est donc passé l'argent ? X. soutient que son interlocuteur ne lui avait pas dit qu'il aurait besoin si rapidement des « papiers ». La tension monte :

« Mais c'est pas ton problème, ça, je t'ai dit : Tu le mets dans un endroit où en une heure on peut récupérer de suite. Ah, putain ! Oh, putain ! Parce que t'as quoi, là ? T'as les premiers papiers ou les deuxièmes papiers ?

— J'ai les premiers, et ce matin je me suis arrangé avec quelqu'un qui me donne une partie, et je lui rends mercredi

— Et combien il t'a donné ?

— Il m'a donné vingt, là, et je dois repasser tout à l'heure.

— Pour combien ?

— Il va me rajouter dix, normalement.

— Ça fait quoi ? Ça veut dire cent trente ?

— Voilà, ouais.

— Oh, mais sur le Coran, tu joues avec mes sous, la vie de ma mère !

— Non, ouallah, ouallah, ouallah, la tête de mes enfants, j'ai pas joué avec, frère.

— Oh, sur la tombe de mon père, si tu me casses les couilles, ça va mal se passer, hein !

— Je fais pas exprès, gros, ouallah, ouallah...

— Ouais, eh ben vas-y voir le pélot [mec], et donne-les. Qu'est-ce que tu veux que je te dise ?

— OK.

— Ouais, j'espère que tu me prends pas pour un con, toi ?

— La tête de ma mère ! La tête de ma mère !

— Écoute-moi, ta mère, ton grand-père, je m'en bats les couilles ! T'as déjà juré sur tout ça, alors arrête de me foutre la mort. J'espère que t'es pas en train de jouer avec moi, zobi, la vie de ma mère !

— Non, non, non.

— C est bon, allez, vas-y, donne le euh... le vête-ment, et après tu me rappelles.

— Tranquille.

— Ben, vas-y.

— Quand je finis tout, je t'appelle, hein ? »

Cœur noir

L'un est au Maroc, l'autre en Espagne. Tous deux guettent le bon prix, la bonne qualité, le bon fournisseur...

« Ouallah, ouallah, je sais, je sais, je sais : celui qui porte l'argent dans son cœur, c'est lui qui a le cœur noir, frère. Ceux-là, c'est ceux-là qui sont dangereux, frère, ouallah, c'est ceux-là, ceux qui ont l'argent dans le cœur, ceux-là ils sont très, très dangereux, ouallah, parce qu'ils voient rien du tout, ils voient que l'argent. Bref, qu'est-ce tu veux faire ? On n'a pas fini d'en voir, frère, hein ?

— Ouallah !

— On n'a pas fini d'en voir, on sera tranquilles, le jour où on sera mort, on n'entendra plus rien !

— À part ça, ça va ?

— Ça va, ouallah, ça va, frère.

— Et ton ami, il te dit quoi, bordel, là ? Sur euh... là-bas, là, au Maroc...

— Mon ami il me dit ça va se faire, ça va se faire.

— Il a machiné les Parisiens, et nous, il nous a laissés dans la merde...

— Mais non, ça c'est une autre affaire, c'est encore des autres équipes qui leur ont donné. Et même eux, ils ont rien. De t'façon j'les appelle tous les jours, j'appelle tout le monde tous les jours, ouallah. Hier, j'ai vu un mètre, là, un mètre cinquante [une tonne et demie], j'lui ai dit : laisse tomber.

— Mais un mètre cinquante de quoi ?

— De la qualité.

— Putain, combien ?

— Laisse tomber, frère : à 16 balles [1 600 euros le kilo] !

— Et il aurait pas pu les faire... euh à 14 1/2 ?

– Je te dis, c't'enculé, il m'avait affiché à 22, frère. Ça s'est battu, c'est arrivé jusqu'à 16, frère.

– Comment, 22 ?

– En premier, il m'affichait 22.

– 22, c'est le prix de chez nous !

– Ouais, ben il avait affiché 22, puis maintenant il est à 16.

– Il est malade, lui !

– Pas grave, même comme ça, c'est pas la peine. J'espère l'autre il rentre vite. Si l'autre il rentre vite, euh... c'est bon il y aura ce qu'il faut. T'as compris : y aura bien, et puis c'est tout, inch'Allah !

– Inch'Allah !

– Tranquille, tranquille, te casse pas la tête. S'il faut, même, tu te déplaces même pas, je te les fais poser jusque là-bas, frère. Tu vas rester longtemps là-bas ?

– Je vais rester à Barcelone une nuit ou deux, je vais essayer de voir le vieux papy.

– Hum d'accord, inch'Allah. OK, OK.

– Allez, à plus tard, frère.

– Allez, je t'embrasse. »

Vitesse

Sur la route entre France et Espagne, à l'aller (avec l'argent) comme au retour (avec le shit), pas question de lever la pédale. Et gare à celui qui lambine :

« Allô ? !

– Ouais ?

– Ouais, ça va, vous êtes où ?

– On est à Montpellier, là !

– C'est tout ! ! !

– Ouais...

– C'est pas possible, mais qui c'est qui conduit, là ? !

– Euh, c'est le frère, hein ? On est à cent cinquante, tu veux qu'on roule à combien ? ?

– Allez !!! Mais roule, zobi, là ! » (*rire*)

Auchan, Carrefour...

Un trafiquant installé en Espagne appelle un convoyeur. L'homme est prêt à se mettre en route sur-le-champ, mais, innocemment, il demande :

« On rentre demain ?

– Laisse tomber, laisse tomber, frère.

– Hein ?

– Laisse tomber, ouallah.

– Pourquoi ?

– Laisse tomber, frère. Excuse-moi de t'avoir dérangé.

– Sérieux ? ! ?

– Tu crois que tu vas à Carrefour, là ? Attends, tu crois que tu vas à Carrefour ? Tu viens, tu rentres demain, mais tu te crois où, là ?

– Mais moi, j'ai l'habitude de faire ça, moi !

– Demain, attends, laisse tomber, je veux pas t'avoir sur le dos, moi. Oublie, oublie. Sur le Coran, ho, tu crois que tu vas à Auchan, pélot ? Tu vas là-bas, tu fais tes courses, tu reviens, normal...

– Mais comme d'hab. Moi, j'arrive demain...

– Non, mais laisse tomber, ouallah, laisse tomber, annule tout sur le Coran, annule tout ! »

(L'homme raccroche et appelle un autre convoyeur qui ne paraît pas non plus très disponible...)

« Dis-moi tout, mon frère.

– Eh ben, comme la dernière fois, si l'taf t'intéresse ; ce soir, deux potes à moi ils t'récupèrent, tu m'dis où.

– Vas-y, ouais, mais aller-retour, là ?

– Ah, commence pas... Dis-moi qu'est-ce qu'il
y a ? !

– Parce que j'devais faire un truc... et j'attends
juste qu'on m'appelle, c'est pour ça.

– Ah, mais toi ça y est, t'es marié avec tout
l'monde !!

– T'as compris !

– C'est pas bon.

– Hein ?

– T'es marié avec tout l'monde, frère, c'est pour
ça que c'est pas bon.

– J'suis marié avec personne, frère, c'est juste par
rapport à l'autre.

– Mais si, quand j'dis t'es marié avec tout l'monde,
ça veut dire que tu fais avec tout l'monde, tu t'en fous
si les deks ils sont derrière toi, tu ramènes les deks
aux autres, c'est ça ! Au fond d'toi, tu sais très bien
qu'est-ce qu'il y a.

– Ben, y a rien du tout frère, ouallah ! » (rire)

Balance

Nous sommes dans les geôles d'un hôtel de police
où plusieurs gangsters communiquent et se menacent
d'une pièce à l'autre. Ambiance à couper au couteau :
« De toute façon, j'en ai plus pour longtemps...

– Hein ?

– J'en ai plus pour longtemps, hein ! Normalement,
avant les fêtes, je suis dehors, hein !

– C'est pas possible !

– Normalement, avant les fêtes, je suis dehors.

– C'est qui qui t'a dit ça ?

– C'est moi, je vais me le faire à la Payet. [Il
rêve de s'évader en hélicoptère comme Pascal Payet en
2007.] Hé ouais, la tête de ma mère, hein ! Je vais la
faire à la Payet, et après, je vais aller le chercher, ce

fils de pute, au Pontet. Tu vas voir ! Je vais le charcler dans la promenade, je vais le charcler [tuer] ! »

(Sur ces promesses, X. interpelle une autre personne gardée à vue dans le cadre d'une confrontation à venir :)

« Hé, Nono !

– Ouais.

– Pourquoi tu m'as balancé, fils de pute ?

– Hein ?

– Pourquoi tu m'as balancé ?

– Hé, tu es fou ou quoi, toi ?

– Comment ? Tu as dit que tu as vendu deux kilos de shit pour moi. C'est marqué sur la déposition, hein ! Ho ! Quand tu vas arriver au Pontet, je vais appeler B., il va te déchirer, fils de pute ! Et ton frère, je vais lui faire arracher la tête, dehors ! Et ta sœur, je vais la violer, ta sœur, fils de pute ! Ho, balance ! Hein ! Tu fais le bandit ? Tu fais le bandit, et après tu chantes ? Salope, va ! »

Copines

Leurs amis viennent de tomber entre les mains de la police. Deux filles se réconfortent comme elles peuvent en attendant le premier parloir :

« Allô ? !

– C'est toi qui m'appelles depuis tout à l'heure en masqué ?

– Ben oui, ça va, ma poule ?

– Ça va, et toi ?

– Qu'est-ce que tu fous ?

– J'suis chez mon oncle, il a une grande maison de Dallas avec piscine et tout.

– T'as de la chance, hein !

– Ouais, mais franchement, j'ai pas le moral...

– T'as pas le moral, ça c'est clair !

– Je peux pas me lâcher, j'en suis à ma troisième nuit à pleurer, à pas manger...

– Arrête ! Putain !

– J'en peux plus, franchement j'suis écœurée. On était H 24 ensemble, on se téléphonait dix fois par jour ; là, j'ai l'impression que j'ai enterré un ami, c'est l'horreur.

– Et là, tu crois que tu vas le voir ou pas ?

– Ben, t'sais, j'vais d'abord laisser la place à la famille pendant deux ou trois mois, t'as vu, et pis après, j'vais lui demander. Parce que sa femme... Elle habite à côté, j'la vois tout le temps à Carrefour faire ses courses, c'est elle qui me conseillait pour mes puces du bled et tout...

– Il aurait dû te la présenter grave, surtout que t'es vraiment une amie qui a vraiment rien.

– Ah non, moi, franchement, j'suis en deuil, on dirait que j'ai perdu quelqu'un.

– Non mais, ça va te passer.

– Non, non mais, j'espère qu'y vont pas croire à des trucs de fous : y faisait rien, j'te jure, le mec y faisait rien.

– Comme j't'ai dit, ça va te passer... Tu vois, moi, mon propre mari, quand il était en rate [prison], j'étais malheureuse, après ça m'est passé...

– Ouais, mais t'as vu. Ces mecs m'ont sorti la tête de l'eau, dès que j'avais un pet de travers y me téléphonaient et y savaient, à ma voix, que ça allait ou que ça allait pas : "Qu'est-ce que tu fais, poulette ? – Rien, rien... – Arrête de mentir, lève ton cul, lève ton cul, dépêche-toi, sors de chez toi, on arrive, on est là, on est là !"

– Oh, putain ! Ah mais lui y va être sous haute surveillance ou des machins comme ça.

– Ouais, mais je pense : tous ! tous ! tous !

– Y fait pas une prison normale.

– Les petites prisons, elles, elles sont pas assez sécurisées pour ce grand bandit.

– Ouais, ouais, ouais...

– Moi, j'ai déjà écrit, mais j'savais pas, parce que t'as le centre pénitencier et t'as la maison d'arrêt, donc je sais pas où il l'ont mis, donc j'ai déjà envoyé une lettre, j'ai mis centre pénitencier *ou* maison d'arrêt, mais j'ai pas encore le numéro d'écrou, j'ai rien...

– Oui, mais c'est dans la même prison.

– Oui, mais après, c'est pas le même greffe.

– Ah, d'accord.

– Est-ce que le greffe y vont s'emmerder à chercher, puisque y a pas de numéro d'écrou ? De toute façon, la lettre elle va repartir au juge d'instruction, elle va être lue, y va les renvoyer dans deux mois, y s'en battent les couilles ! »

Bateau

La discussion entre les deux hommes porte sur un navire qui pourrait assurer quelques livraisons :

« Dis-moi, un bateau de quarante-deux mètres, c'est gros ou c'est pas gros ?

– Hein ?

– Quarante-deux mètres ?

– Où ?

– C'est gros ou c'est pas gros, pour un bateau commercial ?

– Un quarante-deux mètres, c'est gros ! ! Quarante-deux ! ! T'sais c'est quoi, un quarante-deux ?

– Bon, j't'explique, hein : j't'ai ramené un quarante-deux mètres avec un équipage corrompu, le mec y va dans ton pays à toi.

– OK [en arabe].

– Le mec y pose de l'argent garanti, c'est un quarante-deux, y fait des gros voyages, là, t'as compris, les gros bateaux, là...

– C'est géant, quarante-deux !

– Tu vas lui donner, tu vas les récupérer en pleine mer. Y part en Espagne, en Italie, où tu veux : Amérique latine, y va n'importe où.

– OK.

– C'est un bateau commercial, t'as compris ?

– Ouais, ouais, c'est intéressant, je vais dormir un petit peu. »

« *Moi, si ça m'arrive...* »

Deux garçons évoquent la réaction de quelqu'un qui n'aurait pas pris assez sérieusement la défense d'un cousin molesté :

« Y ont niqué son cousin et il a rien fait !

– C'est une baltringue !

– Putain !

– Moi, j'suis parti voir son cousin, et alors là, faut que tu me dises si c'est classe ou pas, j'lui dis : moi, j'vais te parler en tant que pote, c'est comme si je vois que tu galères, t'es quand même quelqu'un que je vois depuis dix ans et tout, malgré que, des fois, t'es un peu un fou dans ta tête...

– Ouais...

– ... tout ce que je peux te proposer, c'est on va, moi et toi, y sont à tel endroit, viens on va les piquer... Tu sais ce qu'y m'a répondu ?

– Mmm...

– T'as vu, c'est bon, y a les keufs... Je lui dis : moi, personnellement, si jamais ça m'arrive la même chose qu'à toi...

– Franchement, la vérité...

– ... moi, je lui ai dit, moi si ça m'arrive, la même chose qu'à toi, il faut que le mec en question déménage avec toute sa famille !

– Moi, si quelqu'un y me fait ça, y faut qui m'tue, s'il veut dormir tranquille, y faut qui me tue, y a pas une autre solution, y me tue et puis il est tranquille... »

Love

Deux filles parlent d'un garçon très déterminé :
« Il arrête pas d'harceler.
– Ouais.
– Il est revenu en force.
– Ouais.
– Force et pouvoir ! La vie de ma mère ! Il lâche plus le sexe !
– (*Rire*)
– Mais ça y est, lui, il a revu des photos, ça y est, ça lui a retitillé le truc. Alors, celui-là, la vie de ma mère, je vais pas le lâcher aussi. Sur la tête de ma mère, j'te dis : maintenant je prends tout le monde ! Je vais avoir trois portables !
– (*Rire*)
– Je m'en bats les couilles ! Sans pitié, maintenant, la vie de ma mère, sans pitié, rien à foutre, ils vont se faire foutre ! Maintenant, je ferai plus de concessions. Tu comprends ce que je veux dire ?
– C'est bien, ouais, ouais...
– Maintenant je fais tout le monde, je prends tout le monde. Tu vois, je zappe personne, j'aime tout le monde.
– T'es la bienvenue !
– J'aime tout le monde, j'ai un gros cœur, j'ai un grand cœur. (*rire*)
– (*Rire*)
– J'allais lui dire quoi ? Eh ben, tu me trompes ? Pourtant, tu m'aimes ? Eh ben, moi c'est pareil, je t'aime mais je te trompe, c'est pareil. Ça empêche pas mes sentiments pour toi !
– Voilà ! »

(Elles raccrochent, puis la conversation reprend un peu plus tard dans la journée :)
« Mais je veux un homme que j'aime !

– Bien sûr...

– Parce que lui [elle cite son prénom], je l'aime pas à un point où je... j'accepterais une prison dorée.

– Bien sûr.

– C'est tout. Regarde [elle cite un autre prénom], il revient à la charge, un truc de ouf ! Il m'a dit t'sais quoi ? Il m'a dit : je viens, je demande ta main et tout, je veux quelque chose de sérieux, je veux prendre un appartement avec toi, tu manqueras de rien...

– Tu l'aimes ?

– Non, non, non !

– Non, c'est un voyou, laisse tomber, laisse tomber...

– Je peux avoir la sécurité à côté, il veut que je fasse un bébé, il m'a dit : je te mets dans un appart à Paris et tout... Je peux avoir cette prison dorée, mais je veux la prison avec un homme que j'aime ! »

Maman

Deux garçons parlent (encore et toujours) d'argent :
« Toi, tu les as données à qui ?

– Les tunes ? À sa mère, à sa sœur, à ceux que je trouve à la maison.

– Mais toi, à qui tu les as donnés, les six mille cinq ?

– À sa mère.

– Ben, c'est bon.

– Toujours à la maman, moi.

– OK, allez, frère ! »

Bricoleurs

Où l'on s'aperçoit que téléphoner n'est pas si simple, qu'il faut sans cesse changer de puce et que ces garçons mettent au point des codes très complexes dans l'espoir – apparemment vain – de sécuriser leurs lignes :

« T'as vu, j'ai reçu le nouveau numéro, je vais rentrer chez moi et je t'appelle demain...

– Regarde, toi tu achètes un nouveau numéro... tu m'appelles sur le nouveau et tu jettes celui-là.

– Par contre, je t'appelle demain, je vais pas ressortir juste pour appeler.

– Juste un SMS ?

– J'irai faire un tour avec ma fille dehors et je t'envoie le message... »

(Ils raccrochent ; la conversation reprend le lendemain :)

« Allô ? !

– Wesh, frère, ça va ?

– Ça va. Oh, je viens de l'allumer à l'instant, en plus. Ouallah !

– Tu l'as vu, tu l'as eu, le message ? Ben ouais, je t'ai envoyé un message.

– Ouais, je viens de le voir à l'instant, là.

– Vas-y, achète un nouveau bigo !

– Ouais, ça marche. Ben, le temps que j'arrive au quartier.

– Tu me prends le code, vas-y... vas-y, c'est bon !

– Ouais.

– J'attends parce que j'ai envie de le jeter, celui-là, vas-y.

– Allez, vas-y ! Impeccable, moi aussi. Ben, dès que j'arrive au quartier, je fais ça.

– Ouais, vas-y, vas-y ! Allez, mon pote.

– Dans une demi-heure. »

Consignes

Pas de correspondant au bout de la ligne, il laisse un message :

« Attention, frérot, me fais pas manquer parce que c'est pas des guignols. Faut pas s'amuser à pas être au rendez-vous. Si tu fais le truc, il y a que toi qui le vois. Quand tu achètes le truc, quand t'achètes la voiture, pas de crédit. Et je veux être au courant de tout, et dessus tu prévois pour nous. »

Ballot manquant

Un ballot de cannabis a disparu. Son propriétaire s'affole et accuse :

« Salut !

– Salut ! Comment vas-tu ?

– Ça va, alors c'est quoi, ce retard ?

– Il ne t'a pas raconté ce qui s'est passé, ou quoi ?

– Non.

– Mohamed a récupéré la *boleta* [ballot] ! Je l'avais cachée, je l'avais enfouie, et puis je l'avais laissée. Il était le seul à le savoir, tu comprends ?

– Oui.

– L'autre fois, quand je t'avais appelé au téléphone en sa compagnie, il m'a cassé les oreilles, il me demandait l'argent, et moi je lui ai remis sa part.

– Et ensuite ?

– Pour la première marchandise, lui il a rien ramené, pas un sou ! Et moi je lui ai donné 5 millions, et après il m'a dit : "Sors la *boleta*, je vais la vendre à un monsieur !" Alors je lui ai répondu : "Tu l'amènes ici et, comme ça, il la paie ici !" C'était pour éviter de la sortir pour rien. Après, moi je suis parti hier, et un copain à moi m'a dit : "Remets-moi dix pièces, je te les paie cash, de suite !" Et quand je suis allé, le soir, pour creuser, j'ai trouvé le trou vide. J'ai trouvé une pelle sur place, et là j'ai compris que c'était lui ! Tu peux l'appeler et lui dire de me contacter immédiatement ? Tu lui cries dessus ! Je l'attends encore, je te jure que je n'ai pas dormi et je n'ai pas mangé !

– C'est bon, je vais l'appeler de suite !

– Merci. »

(La conversation reprend un peu plus tard :)

« Je viens de me renseigner auprès de mes amis, ils m'ont dit qu'il est soi-disant parti livrer quelqu'un à Bordeaux, mais, de toutes les façons, je suis en train de l'attendre.

– Oui.

– Je veux que tu en parles à ton père, et demande-lui ce que je dois faire avec ce mec... Dès que je le croise, je vais l'amener chez moi avec des amis, et je me demande ce que je vais lui faire ! Je te le jure, je vais le torturer, ou bien je ne sais pas ce que je vais lui faire ! Je te jure, il y a trop de problèmes avec ce mec !

– Hé oui !

– Je l'ai enfouie sous terre volontairement pour éviter qu'on nous l'emporte ! Et lui, il est allé directement à cet endroit ! Et, en plus, il a abandonné une pelle sur place ! »

Sous

Conversation entre un producteur (de shit) marocain et un importateur français :

« Ils ont préparé la marchandise, tout est prêt ! lance le producteur.

– D'accord.

– C'est pour cela que je t'ai dit de voir avec le Grand. C'est pour bouger, pour qu'on travaille, et nous on prend notre part, on ne reste pas comme ça sans le sou !!

— C'est vrai.

— Vas-y le voir, tu dis il y a du travail, et la route est assurée à cent pour cent.

— Je vais le voir dans l'après-midi et je te rappelle.

— Bon, frère, c'est à toi de voir ce qui se passe, et bouge un peu !

— Comment il est, le marché, à la baisse ou à la hausse ! ?

— Non, il monte, il monte, parce que cette année ils sont en train de combattre les fellahs » (les services de l'État marocain répriment les agriculteurs).

Sapes

On pourrait croire que ces deux-là travaillent dans la confection, mais ils trompent leur monde :

« Oh, j'ai reçu des chemises !

— Et ton neveu, il a reçu des jeans un peu ?

— Hé oui, il a reçu des jeans et des chemises.

— Jure !

— Sur ma fille !

— Bon, OK.

— Descends demain. Y a tout.

— Y a tout ce qu'il faut ? »

Dette

Un créancier tient son débiteur au bout du fil, qui plus est pas tout à fait libre de ses mouvements puisqu'il n'est pas seul... Pas question de le lâcher :

« Allô ? !

— Ouais !

— Tu me prends pour un con !

– Non, pas du tout

– Écoute-moi, écoute-moi ! Tu vas rester maintenant à Continent, je vais arriver et je vais t'arracher la tête et je vais te niquer ta race ! Tu as compris : je suis pas un enculé, moi !

– Écoute-moi !

– Ferme ta gueule ! Qu'est-ce que tu as dit la dernière fois à mon ami que c'était réglé. T'as réglé à l'heure ? Donne à mon ami tout ce que tu as dans la poche !

– Je veux que tu viennes lundi, je te les donne...

– Tu sais quoi ? Sur mes enfants, je les récupère maintenant ! Maintenant je te nique ta mère. Maintenant !

– Ne parle pas comme ça, putain ! »

(L'endetté passe le téléphone à un autre garçon ; la conversation se poursuit :)

« Fouille-le ! Fouille-le ! »

(L'endetté reprend l'appareil et jure qu'il n'a pas l'argent.)

« Écoute-moi, je vais te mettre dans une cave maintenant et tu vas me les donner ; maintenant je veux les sous !

– Attends, je reviens, je vais les chercher et je reviens...

– Sur la vie de mes enfants, si dans une heure tu me donnes pas les sous, je vais dans le resto à ton frère, là bas ! »

(L'autre garçon reprend le téléphone :)

« Allô ?

– Oh ! Ne le lâche pas, hein ? Va avec lui.

– Ça va, pas de problème. »

Mariage

Quand il est dans l'attente, même le trafiquant devient philosophe, mais le religieux n'est jamais loin :
« La famille va bien ?

– Tout le monde va bien, et ton affaire ça va, au moins ?

– Ouais, tout va bien, maintenant on attend un peu.

– Oui, parce que, ces jours-ci, la situation est très serrée...

– Ouais, tu le sais.

– On prie Dieu pour le bien !

– On dit que celui qui se presse arrive en retard !

– C'est vrai ! On ne doit pas se presser quand on vise quelque chose qui a un intérêt !

– Voilà.

– C'est comme ça, mon frère.

– Parfois on court, mais on ne sait pas où on est, et on sait pas où est notre intérêt ! Et où tu es, là ?

– Je suis dans un mariage, mon frère, je suis au bled.

– Félicitations. »

À poil

Sans argent, le dealer est nu. Démonstration :
« Ah j'ai les nerfs, moi, dans cette histoire, j'ai perdu de l'argent.

– Ouais, je sais.

– Je suis comme un dingue.

– Je sais, mon frère.

– Je l'ai appelé et je l'ai insulté de tous les noms, je vais lui enculer sa reum [mère].

– Ça fait plusieurs fois que je lui dis, mais il était sur un nuage noir.

– C'est pas grave, ça me servira de leçon.

– Hé, mon frère, il était aveuglé !

– Ouais, par sa pute, là !! Si je te dis le trou qu'il m'a fait, tu vas prendre peur. Il m'a laissé à poil ! »

Viande hachée

Un prisonnier négocie son approvisionnement avec un de ses prochains visiteurs :

« Dès que tu as eu Djamel, tu lui dis si c'est bon pour les téléphones : il m'en faut deux, là !

– Il t'en faut deux ?

– Ouais, il m'en faut deux, urgent. J'ai deux acheteurs, là.

– Ah ouais ? Je voulais te dire, là : tu m'as demandé de la viande hachée.

– Ouais, c'est bon ?

– Ouais, je l'ai pris et tout. Mais comment on va passer ?

– Tu lui dis qu'elle l'aplatisse vite fait et tu la mets entre ton caleçon et ton jean, t'as vu ? !

– Ah ouais, OK.

– Comme elle me ramenait mon sandwich, tu lui dis.

– Ouais, mais là y a 500 grammes, frère !

– Ça va, y a des mecs, ils ramènent des deux kilos.

– Ah ouais !

– Dis à la daronne [mère], elle met ça comme d'hab, et tranquille, t'as vu. »

Un truc dans la chaussette

Dialogue entre un prisonnier et une fille qui finit par lui faire la morale :

Elle : Ouais, mon bébé, ça va ?

Lui : Non, ça va pas, holà !

Elle : Pourquoi, qu'est-ce qu'il y a ?

Lui : Hé, ils ont attrapé mon petit frère devant la prison !

Elle : En train de faire quoi ?

Lui : Ils l'ont attrapé avec le bloc de shit dans sa chaussette, ce con.

Elle : Vas-y, putain !

Lui : Ouais, il met un bloc dans sa chaussette, à ce qu'il paraît ça se voyait flippant, le truc ! Mets un jean large, mets un jogging large, si tu mets dans ta chaussette. Et le surveillant il lui dit : « Lève ton bas, fais voir tes chaussettes. » Il lève une jambe, il ne veut pas lever l'autre jambe, il lui dit : « Il n'y a rien. » Le surveillant, supergentil, lui dit : « Écoute, vas-y, sors, ne fais pas de problèmes. » Il n'a pas voulu écouter.

Elle : Putain, mais il est con, aussi, lui.

Lui : Il prend le bloc, il le donne au surveillant, il lui dit : « C'est bon, laisse-moi rentrer maintenant. » Il lui donne le bloc et il croit qu'il va le laisser ?? Sur le Coran ! Ils ont claqué la porte et ils ont appelé les keufs.

Elle : T'es pas sérieux !!

Lui : Sur le Coran ! Après, ma mère elle vient dégoûtée, en pleurs, elle me passe un kilo de viande hachée et ils me la prennent et la jettent à la poubelle...

Elle : Ouais ! Tu sais toujours à quoi t'attendre, même si tu fais les choses bien. Maintenant, gardez tous la pêche. Vous êtes malades, vous !!! Wesh, t'es en prison, tu demandes du shit !!! Tu t'attends à quoi ? Tu t'attends à ce qu'on te dise : Ouais, vas-y, c'est bon, tranquille ? Mais t'es fou, toi aussi ! Maintenant, réfléchis bien, tu fais du mal à qui, là ? Tu fais pas du mal qu'à toi, tu fais du mal à tout ton entourage, tu fais du mal à ta mère aussi. »

Demain

Où l'on comprend que la préoccupation de demain ne sera pas différente de celle d'aujourd'hui : l'argent.
« On se voit demain ?
– Oui.
– Ce serait bien, les compteurs ils sont à zéro. »

SMS en rafales

Quelques SMS livrés au lecteur bruts de décoffrage, orthographe et syntaxe originales comprises, avec traduction :
« Keskia euu c ki ki c fai tirez desu. » (« Qu'est-ce qu'il y a ? C'est qui qui s'est fait tirer dessus ? »)

« c vrai ya un Gadjo il c fait tué ». (« C'est vrai, il y a un Gadjo [non-Gitan] qui s'est fait tirer dessus. »)

« Pitin chui trop vener sur ma mer sur ma vie jé envi de pété kelk choze. » (« Putain, je suis trop vener [énervé], sur ma mère, sur ma vie, j'ai envie de péter quelque chose. »)

« Pck lanculé dfils de pute il a frapé X. sur ma mere jvé lcasse… i va se souvnir kon frape pa un plus ptit ke soi et surtou si c le poto la. » (« Parce que l'enculé de fils de pute il a frappé X., sur ma mère je vais le casser, il va se souvenir qu'on frappe pas un plus petit que soi, et surtout si c'est le pote, là. »)

« Donc la te reste 1 box et te reste 260 euros à prendre. Donc la y aura 10 à 1800, 1 à 260 pour toi, reste 9 à 1 540 ensuite, 5 à 600 pour la nouvelle série.

Reste 940 pour mes 4 et la com. Ataleur. » (Conversation entre un fournisseur et un livreur de cocaïne.)

« Compte 200 euros par jour pour lgrand jeu jet set et 100 euros par jour pour t'amuser bien normal sans t'priver. » (Consignes à un ami qui s'offre quelques jours de vacances au Maroc.)

« Salut cest karim j ai 100 grame de chite en baret et j ai 5 kartouche a revendre bisou. » (« Salut, c'est Karim, j'ai 100 grammes de shit en barrettes et j'ai cinq cartouches à revendre. Bisou.)

TABLE DES MATIÈRES

Composé par Nord Compo Multimédia
7, rue de Fives, 59650 Villeneuve-d'Ascq

Impression réalisée par
CPI BRODARD ET TAUPIN
La Flèche

pour le compte des Éditions Fayard
en janvier 2014

PAPIER À BASE DE
FIBRES CERTIFIÉES

Fayard s'engage pour
l'environnement en réduisant
l'empreinte carbone de ses livres.
Celle de cet exemplaire est de :

0,300 kg éq. CO_2
Rendez-vous sur
www.fayard-durable.fr

Imprimé en France
Dépôt légal : janvier 2014
N° d'impression : 3002887
36-57-3616-4/01